PROBIDADE ADMINISTRATIVA
Comentários à Lei 8.429/92 e Legislação Complementar

Marcelo Figueiredo

PROBIDADE ADMINISTRATIVA

*Comentários à Lei 8.429/92
e Legislação Complementar*

*6ª edição,
atualizada e ampliada*

MALHEIROS
EDITORES

PROBIDADE ADMINISTRATIVA
© Marcelo Figueiredo

1ª edição, 1995; 2ª edição, 1997; 3ª edição, 1998; 4ª edição, 2000; 5ª edição, 2004.

ISBN 978-85-7420-943-2

Direitos reservados desta edição por
MALHEIROS EDITORES LTDA.
Rua Paes de Araújo, 29, conjunto 171
CEP 04531-940 – São Paulo – SP
Tel.: (11) 3078-7205 – Fax: (11) 3168-5495
URL: www.malheiroseditores.com.br
e-mail: malheiroseditores@terra.com.br

Composição
PC Editorial Ltda.

Capa:
Criação: Vânia Lúcia Amato
Arte: PC Editorial Ltda.

Impresso no Brasil
Printed in Brazil
08.2009

SUMÁRIO

NOTA INTRODUTÓRIA (À 1ª EDIÇÃO)	13
NOTA À 4ª EDIÇÃO	15
INTRODUÇÃO	17
EVOLUÇÃO DAS JURISPRUDÊNCIA MAIS RECENTE	29

Jurisprudência
Prejudicialidade existente entre as ações de improbidade movidas
contra agentes políticos e a Reclamação 2.138 30
Agentes políticos e a lei de Improbidade Administrativa 34

COMENTÁRIOS À LEI 8.429, DE 2 DE JUNHO DE 1992
Panorama geral do "enriquecimento ilícito" 41

Capítulo I – Das Disposições Gerais
– Art. 1º 47
  Improbidade 47
  Agentes públicos e equiparados 51
  Proteção ao patrimônio público – Conceito e abrangência 54
– Parágrafo único do art. 1º 57
– Art. 2º 57
– Art. 3º 57
– Art. 4º 58
– Art. 5º 61
– Art. 6º 65
– Art. 7º 67
– Parágrafo único do art. 7º 69
  Jurisprudência acerca da diferença entre os arts. 7º e 16 (diferença
  entre indisponibilidade e seqüestro de bens) 71
– Art. 8º 74
  Jurisprudência 75

Capítulo II – Dos Atos de Improbidade Administrativa
Seção I – Dos atos da improbidade administrativa que importam enriquecimento ilícito
- Art. 9º 77
- Inciso I do art. 9º 82
- Inciso II do art. 9º 83
- Inciso III do art. 9º 86
- Inciso IV do art. 9º 86
- Inciso V do art. 9º 87
- Inciso VI do art. 9º 88
- Inciso VII do art. 9º 89
- Inciso VIII do art. 9º 91
- Inciso IX do art. 9º 92
- Inciso X do art. 9º 93
- Inciso XI do art. 9º 93
- Inciso XII do art. 9º 94

Seção II – Dos atos de improbidade administrativa que causam prejuízo ao erário
- Art. 10 95
- Inciso I do art. 10 99
- Inciso II do art. 10 99
- Inciso III do art. 10 100
- Inciso IV do art. 10 102
- Inciso V do art. 10 103
- Inciso VI do art. 10 103
- Inciso VII do art. 10 104
- Inciso VIII do art. 10 105
- Inciso IX do art. 10 111
- Inciso X do art. 10 111
- Inciso XI do art. 10 112
- Inciso XII do art. 10 112
- Inciso XIII do art. 10 113
- Incisos XIV e XV do art. 10 113

Seção III – Dos atos de improbidade administrativa que atentam contra os princípios da Administração Pública
- Art. 11 115
- Inciso I do art. 11 120
- Inciso II do art. 11 121
- Inciso III do art. 11 122
- Inciso IV do art. 11 123
- Inciso V do art. 11 124
- Inciso VI do art. 11 125

SUMÁRIO 7

- Inciso VII do art. 11 125
Capítulo III – Das Penas
- Art. 12 127
    Independência das instâncias civil, penal e administrativa 127
    Jurisprudência 128
    Aplicação das penas em bloco ou alternativamente 135
    Jurisprudência 137
- Inciso I do art. 12 148
    Jurisprudência após a edição da Lei 10.628/2002
    Acórdão anteriores ao julgamento da ADI 2.797 158
    Acórdão posteriores ao julgamento da ADI 2.797: inconstitucionalidade dos §§ 1º e 2º do art. 84 da Lei 10.628/2002 161
- Inciso II do art. 12 166
- Inciso III do art. 12 166
- Parágrafo único do art. 12 168
Capítulo IV – Da Declaração de Bens
- Art. 13 171
- § 1º do art. 13 172
- § 2º do art. 13 172
- § 3º do art. 13 173
- § 4º do art. 13 174
Capítulo V – Do Procedimento Administrativo e do Processo Judicial
- Art. 14 175
- § 1º do art. 14 176
    Jurisprudência 176
- § 2º do art. 14 178
- § 3º do art. 14 179
- Art. 15 parágrafo único 180
- Art. 16 e §§ 1º e 2º 182
- Art. 17 189
    Jurisprudência 191
- § 1º do art. 17 194
    Jurisprudência 196
- § 2º do art. 17 197
- § 3º do art. 17 198
    Jurisprudência 200
    Litisconsórcio facultativo da pessoa jurídica de direito público ... 201
    Litisconsórcio necessário 202
- § 4º do art. 17 203
- § 5º do art. 17 204
    Jurisprudência 206

- § 6º do art. 17 206
  Jurisprudência 207
- §§ 7º a 11 do art. 17 209
  Jurisprudência 210
- § 12 do art. 17 221
- Art. 18 221

Capítulo VI – Das Disposições Penais
- Art. 19 223
- Parágrafo único do art. 19 223
- Art. 20 229
- Parágrafo único do art. 20 230
  Jurisprudência 231
  Impossibilidade de afastamento provisório do agente político
  com base no art. 20 236
- Art. 21 e incisos I e II 237
  Jurisprudência 240
- Art. 22 243
  Jurisprudência 244

Capítulo VII – Da Prescrição
- Art. 23 e incisos I e II 245
  Jurisprudência 247
  Prescrição qüinqüenal 250
  Prescrição vintenária 253
  Imprescritibilidade da ação 253
  Imprescritibilidade do pedido autônomo de ressarcimento do erário
  público 256
  Prescrição decenal 257
  Prescrição em relação a terceiro 257

Capítulo VIII – Das Disposições Finais
- Art. 24 260
  Jurisprudência 261
- Art. 25 264

APÊNDICE DE LEGISLAÇÃO
LEI 8.429, DE 2 DE JUNHO DE 1992 – *Dispõe sobre as sanções aplicáveis aos agentes públicos nos casos de enriquecimento ilícito no exercício de mandato, cargo, emprego ou função na Administração Pública direta, indireta ou fundacional e dá outras providências* 265

DECRETO 5.483, DE 30 DE JUNHO DE 2005 – *Regulamenta, no âmbito do Poder Executivo Federal, o art. 13 da Lei n. 8.429, de*

2 de junho de 1992, institui a sindicância patrimonial e dá outras providências 271

CONSTITUIÇÃO DA REPÚBLICA FEDERATIVA DO BRASIL, DE 5.10.1988 – Artigos relacionados: 5º, V, X, XXXIV, XXXV, XL, XLV a XLVII, LIV, LV, LVII, LXVIII a LXX, LXXIII; 14, § 9º; 15, I a V; 37, II, XXI, e §§ 1º, 2º, 4º a 7º; 41 e §§ 1º a 4º; 70, parágrafo único; 71, I a XI e §§ 1º a 4º; 72 e §§ 1º e 2º; 74, I a IV e §§ 1º e 2º; 75 e parágrafo único; 85, V e parágrafo único; 93, VIII; 127, §§ 1º a 3º; 129, I a III; 150, I a VI e § 6º; 167, I a XI e §§ 1º a 4º; 175, parágrafo único e incisos I a IV............ 273

CÓDIGO CIVIL *(Lei 10.406, de 10.1.2002)* – Artigos relacionados: 98; 99; 186, 205, 538; 555, 1.997, 1.999 a 2.001 283

CÓDIGO DE PROCESSO CIVIL *(Lei 5.869, de 11.1.1973)* – Atigos relacionados: 81 a 85; 269; 475-N; 1.017........................... 285

CÓDIGO PENAL *(Decreto-lei 2.848, de 7.12.1940)* – Artigos relacionados: 91; 92; 153; 154; 299; 313-A a 317; 319; 321; 325; 326; 332; 333; 335; 339; 340; 357; 359-A a 359-H 287

CÓDIGO DE PROCESSO PENAL *(Decreto-lei 3.689, de 3.10.1941)* – Artigos relacionados: 4º; 5º; 84; 301 293

CÓDIGO TRIBUTÁRIO NACIONAL *(Lei 5.172, de 25.10.1966)* – Artigos relacionados: 97; 111; 112; 141; 151; 156; 175 a 179; 194 a 200... 294

DECRETO 20.910, DE 6 DE JANEIRO DE 1932 – *Regula a prescrição qüinqüenal*.. 298

DECRETO-LEI 4.597, DE 19 DE AGOSTO DE 1942 – *Dispõe sobre a prescrição das ações contra a Fazenda Pública e dá outras providências* 299

LEI 1.079, DE 10 DE ABRIL DE 1950 – *Define os crimes de responsabilidade e regula o respectivo processo de julgamento*............. 300

LEI 4.320, DE 17 DE MARÇO DE 1964 – *Estatui normas gerais de direito financeiro para elaboração e controle dos orçamentos e balanços da União, dos Estados, dos Municípios e do Distrito Federal* 302

LEI 4.717, DE 29 DE JUNHO DE 1965 – *Regula a Ação Popular* 306

DECRETO-LEI 200, DE 25 DE FEVEREIRO DE 1967 – *Dispõe sobre a organização da Administração Federal, estabelece diretrizes para a Reforma Administrativa e dá outras providências*............... 312

DECRETO-LEI 201, DE 27 DE FEVEREIRO DE 1967 – *Dispõe sobre a responsabilidade dos Prefeitos e Vereadores, e dá outras providências* 312

LEI 6.404, DE 15 DE DEZEMBRO DE 1976 – *Dispõe sobre as sociedades por ações* 314

LEI 6.830, DE 22 DE NOVEMBRO DE 1980 – *Dispõe sobre a cobrança judicial da Dívida Ativa da Fazenda Pública e dá outras providências* 316

LEI 7.347, DE 24 DE JULHO DE 1985 – *Disciplina a Ação Civil Pública de responsabilidade por danos causados ao meio ambiente, ao consumidor, a bens e direitos de valor artístico, estético, histórico, turístico e paisagístico, e dá outras providências* 317

LEI 7.492, DE 16 DE JUNHO DE 1986 – *Define os crimes contra o Sistema Financeiro Nacional e dá outras providências* 319

LEI 8.112, DE 11 DE DEZEMBRO DE 1990 – *Dispõe sobre o Regime Jurídico dos Servidores Públicos Civis da União, das autarquias e das fundações públicas federais* 323

LEI 8.137, DE 27 DE DEZEMBRO DE 1990 – *Define crimes contra a ordem tributária, econômica e contra as relações de consumo, e dá outras providências* 334

LEI 8.397, DE 6 DE JANEIRO DE 1992 – *Institui medida cautelar fiscal e dá outras providências* 339

DECRETO DE 4 DE JANEIRO DE 1993 – *Cria a Comissão destinada a receber denúncias e reclamações relativas a irregularidades de atos da Administração Pública Federal* 339

PORTARIA MJ-19, DE 19 DE JANEIRO DE 1993 340

LEI 8.666, DE 21 DE JUNHO DE 1993 – *Regulamenta o art. 37, inciso XXI, da Constituição Federal, institui normas para licitações e contratos da Administração Pública e dá outras providências*..... 341

LEI 8.730, DE 10 DE NOVEMBRO DE 1993 – *Estabelece a obrigatoriedade da declaração de bens e rendas para o exercício de cargos, empregos e funções nos Poderes Executivo, Legislativo e Judiciário, e dá outras providências* 348

DECRETO 983, DE 12 DE NOVEMBRO DE 1993 – *Dispõe sobre a colaboração dos órgãos e entidades da Administração Pública Federal com o Ministério Público Federal na repressão a todas as formas de improbidade administrativa* 350

LEI 8.884, DE 11 DE JUNHO DE 1994 – *Transforma o Conselho Administrativo de Defesa Econômica – CADE em autarquia, dis-*

SUMÁRIO 11

põe sobre a prevenção e a repressão às infrações contra a ordem econômica e dá outras providências.. 351

DECRETO 1.171, DE 22 DE JUNHO DE 1994 – *Aprova o Código de Ética Profissional do Servidor Público Civil do Poder Executivo Federal*... 351

LEI COMPLEMENTAR 101, DE 4 DE MAIO DE 2000 – *Estabelece normas de finanças públicas voltadas para a responsabilidade na gestão fiscal e dá outras providências*.. 356

DECRETO 6.029, DE 1º DE FEVEREIRO DE 2007 – *Institui Sistema de Gestão da Ética do Poder Executivo Federal, e dá outras providências*.. 357

RESOLUÇÃO 524, DE 28 DE SETEMBRO DE 2006 – *Institucionaliza a utilização do Sistema BACEN-JUD 2.0 no âmbito da Justiça Federal de primeiro e segundo graus*...................................... 362

ÍNDICE DOS ARTIGOS DA LEI 8.429/1992.................................. 365

ÍNDICE JURISPRUDENCIAL REFERENTE ÀS NOTAS DE RODAPÉ 367

NOTA INTRODUTÓRIA (À 1ª EDIÇÃO)

Os atos de improbidade praticados *por qualquer agente público* têm nova disciplina legal. Veio a lume a Lei 8.429, de 2 de junho de 1992. O diploma dá concreção à Constituição Federal (art. 37, § 4º, e 15, V). Passados alguns anos de sua vigência, não temos notícia de sua real utilização. Paradoxalmente, o Brasil (como, de resto, outras Nações) não pode ser considerado um modelo de combate à corrupção, de preservação da moralidade pública, enfim, de respeito e lisura no trato da coisa pública.

A improbidade é fenômeno que acompanha o Homem em sua trajetória no tempo. O tema, portanto, é antiqüíssimo e ao mesmo tempo atual. Em toda parte não existem soluções mágicas ou acabadas para o combate à corrupção.

Inobstante tais dificuldades estruturais e culturais, veio a lume a presente lei. Nosso dever, como operadores do Direito, será aplicá-la. O diploma é falho em diversos aspectos, na forma e no conteúdo. Ao longo das anotações, o leitor poderá perceber o quanto afirmamos.

A lei contempla, basicamente, três categorias de atos de improbidade administrativa: 1) atos de improbidade administrativa que importam enriquecimento ilícito; 2) atos de improbidade administrativa que causam prejuízo ao erário; 3) atos de improbidade administrativa que atentam contra os princípios da administração pública (arts. 9º, 10 e 11).

Estabelece as seguintes penas no art. 12: 1) perda de bens ou valores acrescidos ilicitamente ao patrimônio; 2) ressarcimento integral do dano causado; 3) perda da função pública; 4) suspensão dos direitos políticos; 5) pagamento de multa civil variável; 6) proibição de contratar com o Poder Público, receber benefícios, incentivos fiscais e creditícios, direta ou indiretamente, ainda que por intermédio de pessoa jurídica da qual seja sócio majoritário.

Contempla ainda controle a propósito da evolução patrimonial dos agentes públicos, matéria que, depois, foi complementada pela Lei 8.730/93.

Verifica-se que, conquanto existam inúmeros defeitos técnicos-jurídicos (que apontaremos adiante), *habemus legem*. Temos o instrumental jurídico necessário ao combate à corrupção da coisa pública.

É possível o início de amplas investigações a respeito dos atos de improbidade, bloqueio de contas bancárias, operações financeiras, alienações, aquisições, enfim, de atos considerados ilícitos, contrários ao Direito. A lei em foco autoriza à autoridade administrativa, ao Poder Judiciário (sempre quando chamado a oferecer sua tutela), ao Ministério Público, inúmeras possibilidades de ação, atuando repressiva ou preventivamente. Há, portanto, instrumentos legais para o combate à improbidade.

Não será a primeira nem a última vez que temos à nossa frente o instrumental jurídico e deixamos de aplicá-lo. É lamentável que assim seja. Esperamos que, com as breves anotações feitas, possamos ter contribuído para que tal realidade se transforme. Todos aqueles que fazem do Direito seu dia-a-dia têm o dever de conhecê-lo e aplicá-lo.

Após o texto de cada artigo ou inciso da lei, segue breve referência legislativa visando a auxiliar o intérprete da lei anotada. Os dispositivos legais postos em destaque foram reproduzidos no final do trabalho (apêndice de legislação).

NOTA À 4ª EDIÇÃO

De 1995, ano da 1ª edição deste trabalho, até esta 4ª edição, apenas cinco anos se passaram. Entretanto, foi possível, nesse curto período, acompanhar a evolução do tema – "Probidade-Improbidade" – na doutrina e na jurisprudência, e os resultados são animadores.

Quando realizamos o trabalho, por ocasião de sua 1ª edição, não imaginávamos que esse pequeno instrumento – a Lei de Improbidade – pudesse ter um papel tão relevante na punição de agentes administrativos e empresários privados que diariamente violam os princípios da moralidade e da probidade administrativas. Na verdade, a impunidade sempre foi o grande mal que nos aflige. O cansaço da sociedade com a falta de transparência das decisões políticas atinge níveis intoleráveis, e o sistema jurídico começa a reagir, pressionado por uma nova ordem de coisas.

A rejeição à corrupção, a convicção de que o desenvolvimento econômico depende de atores honestos e probos, parecem dar os primeiros passos, fruto de um trabalho árduo do Ministério Público, da Advocacia, das Procuradorias Públicas, do Poder Judiciário, dos Professores, das Universidades, dos Institutos Jurídicos – enfim, de todos aqueles que, com sinceridade de propósitos, desejam um Brasil mais limpo. Alguns setores empresariais já perceberam que devem atuar com responsabilidade social, sem o quê não ingressam na nova "ética", que determina atenção com o meio ambiente, com uma política de geração de empregos, com a diminuição dos desníveis sociais, com uma maior redistribuição de renda etc.

A convicção da impunidade vai diminuindo aos poucos. É o que parece. É o necessário.

O fenômeno não é nacional. Toda a comunidade internacional pressiona por uma nova ética nas relações estatais e mesmo no relacionamento cidadão-Estado. O uso do poder para obtenção de vantagens ilícitas já não encontra amparo na sociedade consciente, nas organizações não-governamentais – enfim, na comunidade.

Atualmente, várias Constituições proclamam como garantia do cidadão o acesso às fontes de informações oficiais (Bélgica, Finlândia, Espanha, Polônia, Portugal, Suécia). Até os poderosos organismos econômicos internacionais, como o Banco Mundial, ao que se sabe, restringem operações financeiras com países onde o nível de corrupção afeta o perfil da economia interna. Convenções e tratados internacionais têm surgido pretendendo combater o fenômeno da "lavagem de dinheiro", do pagamento de propinas; enfim, procurando punir os agentes econômicos, públicos ou privados, que corrompem.

Estudos conectam a corrupção à ineficiência. No Brasil aumentam as pressões para uma limpeza no Poder Legislativo, a fim de que o nepotismo seja varrido da estrutura do poder, que o Brasil possa ter uma legislação política e eleitoral duradoura, regras claras que evitem a manipulação ilícita do poder econômico. No âmbito do Poder Executivo clama-se por ética nas relações estatais, pelo abandono do uso indiscriminado de medidas provisórias, por maiores controles judiciais e participativos no trato da coisa pública. No Poder Judiciário desejam-se mudanças na estrutura a fim de que a Justiça seja mais célere, sem que, com isso, haja perda de qualidade ou das garantias fundamentais das partes. Ainda advoga-se, com razão, uma maior transparência nas decisões administrativas do Poder Judiciário, muitas vezes dominado por uma cultura impermeável a mudanças.

A corrupção tem muitas faces e é fenômeno complexo. Dizem os doutos que jamais pode ser eliminada, mas, como uma doença crônica, mantida sob rígidos controles.

Nesse contexto, ao que parece, estamos evoluindo. Que a luta da cidadania continue.

INTRODUÇÃO[1]

Após 12 anos desde a edição da Lei de Improbidade Administrativa, chegamos agora à 5ª edição de seus comentários.

Nela, realizamos uma revisão geral da obra, acrescentando a evolução da jurisprudência e, ademais, as modificações legislativas havidas nesse período. A lei foi alterada em seu art. 17 e parágrafos. Acrescentaram-se – lamenta-se – por Medida Provisória (a de n. 2.180-34, de 24.8.2001) oito parágrafos ao texto original da lei (§§ 5º a 12). As mudanças parecem ser uma resposta do legislador a uma má utilização da ação de improbidade. Ou, se quisermos, com as modificações realizadas, de um lado, confere-se maior *racionalidade* à ação de improbidade, de modo a dificultar a propositura de ações *temerárias*.

As modificações permitem ao Estado-Juiz – reconheça-se, de uma forma mais ágil –, abortar o prosseguimento de ações insubsistentes, ouvindo desde logo, e sem necessidade de instrução prolongada, as razões do "requerido", quer para afastar prontamente a imputação da presença de *ato de improbidade administrativa*, quer para prosseguir na ação, com sua citação. Cria-se, assim, uma fase de defesa prévia, a exemplo de vários ritos sumários do passado, presentes em diversas leis de cunho civil ou penal.

Temos certeza de que as modificações empreendidas na lei não devem ser – e certamente não serão – consideradas como uma forma de dificultar a atuação do bravo Ministério Público Brasileiro, porque, se essa foi a intenção, ainda que remota, inócuo será o resultado.

Mas a grande modificação legislativa deu-se mesmo de forma autônoma, com a edição da Lei 10.628, de 24.12.2002, que, não obstante a data de sua edição, não pode ser considerada um presente natalino à sociedade.

1. Esta "Introdução" foi inserida na 5ª edição, em 2004.

Com ela acendeu-se uma vez mais a polêmica relativa ao tema do foro especial, do foro privilegiado, e assuntos conexos. Vivemos de marchas e contramarchas. Quando a Lei de Improbidade comprovou ser mais um instrumento eficaz de combate à imoralidade administrativa, os poderosos de plantão querem enfraquecer sua pujança, concentrando sua propositura nos Tribunais do país, evidentemente não vocacionados – de regra – como o *locus* adequado para esse primeiro juízo acerca do fato.

Na raiz desse debate deveríamos encontrar a *cidadania respeitada*, mas o que encontramos, normalmente, para expressar tais preocupações é o termo "blindagem", expressão cunhada para a proteção, a "defesa" (*sic*) covarde, de agentes políticos preocupados com os futuros processos e ações que certamente a *cidadania ativa* promoverá contra eles.

Curioso o fenômeno. Em todo o mundo, o político, findo o mandato é – se for o caso – processado normalmente, por um juiz comum, porque retorna à vida civil como um cidadão igual a todos os outros. Se nada deve, não deveria temer.

Mas é curioso como, no fundo, esse fenômeno revela uma resistência à idéia de *democracia*, uma vocação hereditária a privilégios e posições pessoais, que certamente remonta ao Brasil Colonial. Essa a questão política maior que está subjacente a todo o tema do *foro privilegiado*.

Mas, como dizíamos, a Lei 10.628/2002 acrescentou os § 1º e § 2º ao art. 84 do CPP. As modificações pretendidas são relevantes e afetam fundo o tema da ação de improbidade, o combate à imoralidade administrativa – e, portanto, aproveitamos já a oportunidade para comentá-las à guisa de "Prefácio".

O § 1º recebeu a seguinte redação: "A competência especial por prerrogativa de função, relativa a atos administrativos do agente, prevalece ainda que o inquérito ou a ação judicial sejam iniciados após a cessação do exercício da função pública".

Já, o § 2º recebeu a seguinte redação: "A ação de improbidade, de que trata a Lei n. 8.429, de 2 de junho de 1992, será proposta perante o tribunal competente para processar e julgar *criminalmente* o funcionário ou autoridade na hipótese de prerrogativa de foro em razão do exercício de função pública, observado o disposto no § 1º" (grifamos).

Dir-se-á que nenhuma novidade há na figura do *foro privilegiado* ou *especial* no Direito Constitucional Comparado ou Brasileiro. Ou, ainda, que um tema – inviolabilidade ou imunidade processual – nada tem com o outro – foro privilegiado ou especial. Ledo engano! Ao que parece, um tema acabou influenciando o outro de forma inexorável.

INTRODUÇÃO 19

Assim – é curioso –, ninguém sequer cogita (*de lege ferenda*) da possibilidade de um deputado ser julgado por um juiz comum. Como, também, ninguém sequer imagina a cena de um guarda de trânsito multando um carro oficial ou o de um cidadão comum, se seu motorista fosse, por exemplo, um ex-Presidente da República, ou mesmo o Presidente da República (supondo que o Presidente circulasse dirigindo seu próprio automóvel).

De fato, *historicamente*, se formos verificar suas *origens*, *que remontam ao século XVI* (na Inglaterra e França, sobretudo), acharemos que para assegurar a *independência* dos representantes políticos foram-lhes garantidas e asseguradas *imunidades parlamentares*. Assim explica-se a *inviolabilidade* no exercício do mandato, por suas *opiniões, palavras e votos* – o que significa não poderem ser responsabilizados pelo modo segundo o qual desempenham o mandato.

Do mesmo modo – e essencialmente para garantir-se a *independência* de sua atuação –, temos o exemplo dos *predicamentos* da Magistratura, do Ministério Público etc.

Posteriormente, avançando um pouco no tempo, assentou-se a noção de que as *imunidades parlamentares* estão vinculadas à proteção do *Poder Legislativo*, da *Instituição*, que necessita de defesa contra os inimigos da democracia, internos ou externos. Ademais, protege-se através dela – a imunidade – o mandato representativo, que deve ter um exercício independente.

A imunidade (gênero) e seus tipos – real, inviolabilidade ou irresponsabilidade, e *processual* ou formal –, portanto, não configuram novidade alguma, quer no Direito Comparado, quer no Direito Nacional.

Como corolário dessa série de *proteções* dadas ao Parlamento (como também ao Executivo e ao Judiciário), precipuamente, e ao parlamentar, como instrumento do primeiro, forjaram-se mecanismos de resguardo desses importantes agentes políticos; *um deles é o foro "privilegiado"*.

O foro por prerrogativa de função ou especial é, por assim dizer, uma *conseqüência* ou *aspecto* histórico das imunidades; ou, ainda, se quisermos, um seu elemento. Mas, como qualquer outro instituto jurídico e político, vem sendo reforçado de tal modo, que podemos acoimá-lo de uma *demasia*, um *privilégio*, no pior sentido da expressão!

Podemos, nesse particular aspecto, endossar a lição de Francisco Campos quando afirma: "As Assembléias democráticas têm uma tendência muito pronunciada a exagerar o sentimento de sua própria importância, o que as conduz, muitas vezes, a estender, além do limite razoável, as *prerrogativas* e *privilégios* que elas julgam essenciais à garantia e defesa de sua independência. Tanto quanto, porém, matéria tão plástica e difusa, própria a ser afeiçoada ao capricho das oportunidades e ao sabor dos sentimentos e emoções, a que se acham tão expostas as Assembléias Legislativas, comporta regras e princípios, o princípio que deve presidir à interpretação ou construção dos *privilégios parlamentares* é o de que *devem ser entendidos nos seus termos estritos, como toda exceção às regras gerais de imputabilidade e de responsabilidade, particularmente em regimes democráticos, em que o postulado da igualdade perante a lei só deve declinar em casos absolutamente excepcionais e por motivos de rigorosa necessidade ou utilidade pública*" (Direito Constitucional, vol. II, Rio de Janeiro, Freitas Bastos, 1956, p. 107).

A mesma crítica, pelas mesmas razões apontadas, pode ser feita ao foro por prerrogativa de função e seus excessos, para comportar quase qualquer autoridade em quase quaisquer circunstâncias, em interpretações evidentemente forçadas...

Supõe-se – sem qualquer fundamento de ordem *lógica* ou *científica* – que os *Tribunais* do país estariam mais e melhor preparados para receber determinadas causas em que figurem como réus ou requeridos altas figuras da República Brasileira.

Assim, compete ao STF processar e julgar, originariamente, nas *infrações penais comuns*, o Presidente da República, o Vice-Presidente, os Membros do Congresso Nacional, seus próprios Ministros e o Procurador-Geral da República; nas *infrações penais comuns* e nos *crimes de responsabilidade*, os Ministros de Estado (cf. art. 102, I, "b" e "c").

Do mesmo modo, encontramos no STJ a competência para processar e julgar, *nos crimes comuns*, o Governador de Estado e o do Distrito Federal e, nestes e nos *de responsabilidade*, os desembargadores dos Tribunais de Justiça (art. 105, I, "a", da CF).[2]

2. "Administrativo – Ação Civil Pública – Ato administrativo emanado de agente político – Prefeito – Lei de Improbidade Administrativa. Competência. É cabível o controle, pelo judiciário, do ato administrativo emanado de agente político. É unânime a doutrina ao apontar o juiz de primeiro grau como competente para processar e julgar os agentes políticos, mesmo os que têm foro especial por prerrogativa de função. Contudo, há previsão constitucional expressa relativamente aos prefeitos, que devem ser julgados, enquanto administradores, pelo Tribunal de Justiça. Manutenção do afastamento do Prefeito, ordenada por juiz de primeiro grau, porque chancelado o ato pelo Tribunal. Recurso especial improvido" (STJ, REsp 167.547, rela. Min. Eliana Calmon, j. 7.5.2005, m.v.).

"Ação Civil por ato de improbidade administrativa – Inocorrência de violação de literal disposição de lei – Inaplicabilidade do artigo 29, X da CF, para a fixação da

INTRODUÇÃO 21

Na Constituição do Estado de São Paulo, por sua vez, encontramos o art. 74, regra que fixa a competência do Tribunal de Justiça para processar e julgar originariamente, nas *infrações penais comuns*, o Vice-Governador, os Secretários de Estado, os Deputados Estaduais, o Procurador-Geral de Justiça, o Procurador-Geral do Estado, o Defensor Público Geral e os Prefeitos Municipais.

Desse modo – reafirmamos –, não vemos razão *lógica* ou *científica* que justifique a necessidade ou o dito "aperfeiçoamento" da figura do *foro privilegiado especial* ou do *foro por prerrogativa de função*.

Chegamos, mesmo, até a discutir a validade (*de lege ferenda*) do foro privilegiado das mais altas autoridades da República, à exceção dos Chefes de Poderes – o Presidente da República, os Presidentes da Câmara e do Senado e os Ministros do STF.

Mas, dando como bom, legítimo e justo o Direito Constitucional Positivo Brasileiro, por que razão foi editada a Lei federal 10.628/2002 – abstraindo, por um momento, o problema de sua inconstitucionalidade?

Se as mais altas autoridades da República já respondem, nos *crimes comuns e de responsabilidade* – são processadas e julgadas –, perante Tribunais (STF, STJ e Tribunais de Justiça), por que razão necessitaríamos de uma lei como a editada?

A razão talvez seja outra, e esteja na construção pretoriana do STF. É que a Súmula 394, editada em 1964, ao longo do tempo erigiu ou estendeu a interpretação segundo a qual havia *privilégio de foro* em matéria penal para os crimes cometidos *durante o exercício funcional*, ainda que o inquérito ou a ação penal viessem a ser iniciados após a cessação daquele exercício.

A Súmula 394 foi editada – e, sobretudo, fundamentada – em nome da proteção do exercício da função pública. Dizia-se que o julgamento pelos Tribunais traria, naturalmente, maior parcialidade e isenção, se cotejados com a primeira instância. O argumento prosperou na jurisprudência – coincidentemente, em um período de exceção –, inclusive para prorrogar a competência dos Tribunais em nome da mesma alardeada "proteção ao exercício da função pública".

competência originária do Tribunal de Justiça, eis que a competência ali definida se refere aos crimes comuns de ação pública, processado conforme Código de Processo Penal, por decorrerem de investigação de natureza criminal – Sujeição do prefeito municipal às sanções da Lei n. 8.429/92, aplicável a todo e qualquer agente público, servidor ou não, neste conceito se enquadrando o prefeito municipal, conforme o disposto no artigo 2º do referido diploma legal – Improcedência da ação" (TJMG, Ação Rescisória 1.0000.00.325204-6/000, rel. Schalcher Ventura, j. 7.12.2005, m.v.).

Como já afirmamos, nada demonstra a procedência desses argumentos. Se é verdade que a pressão é naturalmente maior na figura de um único magistrado e supostamente diluída em um Tribunal, o juiz deve saber trabalhar sob pressão, inclusive política; do contrário não honra sua toga. Pressão existirá sempre, seja de um agente político oriundo do Executivo ou do Legislativo (Federal, ou Estadual ou Municipal), seja de um grande empresário, que detém grande poder econômico, muitas vezes mais eficaz do que a temida "pressão política".

Ademais, o duplo grau, como regra geral da realidade brasileira no aspecto de garantia processual, supera os eventuais malefícios de pressões políticas.

Acreditamos, pois, que, à exceção das mais altas figuras da República, da cúpula mesma do Poder, nenhum benefício traz à cidadania o foro por prerrogativa de função na forma como vem sendo compreendido pelo legislador.

Na década de 90 do século passado, a despeito da nova ordem constitucional democrática instaurada em 1988, diversos julgamentos do STF conferiram validade à Súmula *ainda que extinto o mandato* (v., por exemplo, o RE 144.823-7, rel. Min. Marco Aurélio). Igualmente governadores passaram a ser julgados pelo STJ, ainda que o crime tivesse sido praticado quando Ministros.

Em 1999 o STF *cancelou* a Súmula 394, ao argumento de que o art. 102, I, "b", da CF – que estabelece sua competência para processar e julgar originariamente, nas *infrações penais comuns*, o Presidente da República, o Vice-Presidente, os membros do Congresso Nacional, seus próprios Ministros e o Procurador-Geral da República – *não alcança aquelas pessoas que não mais exerçam mandato ou cargo.*

Essa decisão, a nosso juízo, está ajustada aos princípios e normas constitucionais, ao sistema constitucional, aos valores impregnados no Estado Democrático de Direito. Com ela valorizam-se as Instituições – e não as pessoas, meros ocupantes de cargos, a serviço da democracia e do povo.

Retornava-se, assim – acreditávamos – , ao caminho da responsabilidade. Entretanto, certamente incomodadas com a ausência do foro especial, algumas altas Autoridades da República preocuparam-se com seu destino. Sabiam que poderiam muito bem ser processadas e alcançadas inclusive pela Lei de Improbidade Administrativa, que – felizmente – a todos pode (ou podia) alcançar, *sem privilégio de foro ou função.*

Então, a corrente que sempre advogou – equivocadamente – a natureza *penal* das sanções da Lei de Improbidade ganhou força, e foi, assim,

INTRODUÇÃO

impulsionada por esses mesmos políticos que temiam a aplicação da lei. Advogavam, assim, em causa própria.

Ato contínuo, e em um movimento político orquestrado pelo grupo que desejava a todo custo o retorno da Súmula, inúmeras reclamações foram bater às portas do STF e no STJ.

São exemplos interessantes desse movimento – criativo, reconheça-se – os seguintes julgados: a) Recl 2.347-SP/MC,[3] rel. Min. Celso de Mello, *DJU* 26.6.2003 – onde ex-Prefeito, réu em ação civil de improbidade administrativa julgada procedente por sentença irrecorrível, sustentava a existência de "direito" ao julgamento pelo TJSP, por força da nova Lei 10.628/2002; b) Recl 2.365-SP/MC,[4] rel. Min. Nélson Jobim, *DJU* 1.7.2003 – onde Secretário do Governo do Estado, e antes Deputado Federal, processado por ato de improbidade administrativa também entendia ter direito ao foro especial do STF; como o pedido da ação civil pública envolvia ressarcimento ao erário, entendeu o Relator que a condenação era *patrimonial*, não havendo questão penal envolvida, indeferindo, pois a medida liminar. Como esses, inúmeros outros casos poderiam ser citados.

No STJ confira-se, ainda, o magnífico voto proferido pelo Min. Antônio de Pádua Ribeiro na Pet. 2.593-GO, onde S. Exa. declarou a incompetência do STJ para processar e julgar ação de responsabilidade por ato de improbidade administrativa, com fundamento no art. 105, I, "a" (*DJU* 9.12.2003). No mesmo sentido, vide, ainda, Recl 780-AP, rel. para o acórdão Min. Ruy Rosado de Aguiar, *DJU* 7.10.2002, e Recl 1.505, rel. Min. Arnaldo da Fonseca, *DJU* 2.12.2003.

Inúmeros argumentos foram esgrimidos nessas reclamações. Os mais significativos, entretanto, podem ser resumidos na afirmação de que as ações de improbidade administrativa detêm natureza penal e, assim, as condutas apresentavam-se como autênticos crimes de responsabilidade, quer quanto à sua natureza, quer quanto aos seus efeitos.

No bojo desse movimento, aguarda-se uma posição definitiva do STF acerca da matéria.

É certo que na Recl 2.138-DF o Min. Nélson Jobim, seu Relator, e os Mins. Gilmar Mendes, Ellen Gracie, Maurício Corrêa e Ilmar Galvão

---

3. O STF não conheceu da presente reclamação por entender incabível, com trânsito em julgado em 19.4.2006.
4. Trânsito em julgado em 17.3.2004 com a seguinte decisão "O objeto da Ação Civil Pública se restringiu à condenação do reclamante em ressarcimento ao erário, nos moldes previstos no artigo 3º, da Lei n. 7.347/85. A condenação foi meramente patrimonial. Não há usurpação da competência deste tribunal. Nego seguimento".

julgaram *procedente* o pedido formulado, para assentar a competência do STF e declarar extinto o processo em curso perante a 14ª Vara da Seção Judiciária do Distrito Federal.[5]

A União desenvolveu nessa e em outras reclamações a argumentação de que a Justiça Federal não tem competência para julgar um ex-Ministro de Estado pela Lei de Improbidade Administrativa. Sendo agente político, ainda segundo a União, deveria ser julgado não pela Lei de Improbidade Administrativa, mas pela lei que define os crimes de responsabilidade (Lei 1.079/1950).[6] Além disso, argumentou a União, nessa e em outras reclamações, que a prerrogativa de foro não seria um privilégio, porque direcionada ao cargo, e não a seu ocupante.

Já vimos que esses argumentos são totalmente improcedentes e insubsistentes. Confundem-se, inclusive, propositadamente, crime de responsabilidade, crime comum, *impeachement* e ato de improbidade – todos distintos, e cada um deles sujeito a regime diverso, segundo a Constituição e as leis materiais e processuais.

Resta ainda elencar os argumentos centrais acerca da inconstitucionalidade da Lei 10.628, de 24.12.2002 – ADI 2.797,[7] promovida pela Associação Nacional dos Membros do Ministério Público.

5. Discute-se a necessidade de se suspenderem as ações de improbidade movidas contra agentes políticos até julgamento definitivo da Rcl n. 2.138. O STJ ainda não firmou posicionamento pacífico. Ver ementas ao final desse capítulo.

6. Há decisão recentíssima do STJ adotando tal posicionamento: ver ementa ao final desse capítulo.

7. *Informativo* n. 401 STF: "O Tribunal concluiu julgamento de duas ações diretas ajuizadas pela Associação Nacional dos Membros do Ministério Público – CONAMP e pela Associação dos Magistrados Brasileiros – AMB para declarar, por maioria, a inconstitucionalidade dos §§ 1º e 2º do art. 84 do Código de Processo Penal, inseridos pelo art. 1º da Lei 10.628/2002. Entendeu-se que o § 1º do art. 84 do CPP, além de ter feito interpretação autêntica da Carta Magna, o que seria reservado à norma de hierarquia constitucional, usurpou a competência do STF como guardião da Constituição Federal ao inverter a leitura por ele já feita de norma constitucional, o que, se admitido, implicaria submeter a interpretação constitucional do Supremo ao referendo do legislador ordinário. Considerando, ademais, que o § 2º do art. 84 do CPP veiculou duas regras – a que estende, à ação de improbidade administrativa, a competência especial por prerrogativa de função para inquérito e ação penais e a que manda aplicar, em relação à mesma ação de improbidade, a previsão do § 1º do citado artigo – concluiu-se que a primeira resultaria na criação de nova hipótese de competência originária não prevista no rol taxativo da Constituição Federal, e, a segunda estaria atingida por arrastamento. Ressaltou-se, ademais, que a ação de improbidade administrativa é de natureza civil, conforme se depreende do § 4º do art. 37 da CF, e que o STF jamais entendeu ser competente para o conhecimento de ações civis, por ato de ofício, ajuizadas contra as autoridades para cujo processo

INTRODUÇÃO

Não poderia o legislador ordinário – segundo alega, *com razão*, a Associação requerente – arvorar-se em poder constituinte e acrescentar mais uma competência originária no rol exaustivo de competências de cada Tribunal; além de se arvorar, desastradamente, em intérprete maior da Constituição. A repartição da competência jurisdicional, sobretudo a competência originária para processo e julgamento de crimes comuns e de responsabilidade, é fixada na Constituição de forma expressa e exaustiva.

Por fim, acreditamos poder fixar uma vez mais nossa posição acerca de alguns temas envolvendo a matéria.

Diga-se, preliminarmente, que a tentativa de imprimir caráter penal à Lei de Improbidade é, inegavelmente, forçada. Como sustentamos desde a 1ª edição desta obra, a Lei de Improbidade Administrativa não tem caráter ou natureza de lei penal.

O § 4º do art. 37 da CF é claro ao dispor que "os atos de improbidade administrativa importarão a suspensão dos direitos políticos, a perda da função pública, a indisponibilidade dos bens e o ressarcimento ao

penal o seria. Vencidos os Ministros Eros Grau, Gilmar Mendes e Ellen Gracie que afastavam o vício formal, ao fundamento de que o legislador pode atuar como intérprete da Constituição, discordando de decisão do Supremo, exclusivamente quando não se tratar de hipótese em que a Corte tenha decidido pela inconstitucionalidade de uma lei, em face de vício formal ou material, e que, afirmando a necessidade da manutenção da prerrogativa de foro mesmo após cessado o exercício da função pública, a natureza penal da ação de improbidade e a convivência impossível desta com uma ação penal correspondente, por crime de responsabilidade, ajuizadas perante instâncias judiciárias distintas, julgavam parcialmente procedente o pedido formulado, para conferir aos artigos impugnados interpretação conforme no sentido de que: a) o agente político, mesmo afastado da função que atrai o foro por prerrogativa de função, deve ser processado e julgado perante esse foro, se acusado criminalmente por fato ligado ao exercício das funções inerentes ao cargo; b) o agente político não responde a ação de improbidade administrativa se sujeito a crime de responsabilidade pelo mesmo fato; c) os demais agentes públicos, em relação aos quais a improbidade não consubstancie crime de responsabilidade, respondem à ação de improbidade no foro definido por prerrogativa de função, desde que a ação de improbidade tenha por objeto ato funcional (ADI 2.797-DF e ADI 2.860-DF, rel. Min. Sepúlveda Pertence, j. 15.9.2005."

Observação do Autor: Pelas razões que já expusemos anteriormente, também não concordamos com a fundamentação dos votos vencidos. Entendemos que um dos pontos de maior destaque da lei de improbidade é exatamente a distinção que faz, naturalmente, a exigir uma interpretação sistemática da Constituição, que afasta os crimes comuns dos crimes de responsabilidade. Não há foro especial, a nosso sentir, para a improbidade administrativa, salvo se houver crime e ação penal incidindo, nesta única hipótese, o foro especial.

erário, na forma e gradação previstas em lei, *sem prejuízo da ação penal cabível*" (grifamos). É evidente que não está a Constituição considerando o ato de improbidade uma categoria de ato de natureza penal – do contrário, a menção a ação penal autônoma seria dispensável e inútil.

A Constituição não contém palavras, signos, inúteis.

A variedade da natureza das sanções contidas na Lei de Improbidade Administrativa não induz o intérprete a concluir que, por isso, seriam de natureza penal. Aliás, muito ao contrário, a variedade de sanções foi alvitrada pelo legislador exatamente para permitir ao Estado-Juiz as adequadas verificação e tipificação do fato.

Não raro existem condenações em ações de improbidade simplesmente em multas civis, sem que esteja presente o elemento doloso ou, mesmo, a figura do ato de improbidade que causa enriquecimento ilícito. Em outras há, *v.g.*, a condenação por violação de um princípio, condenação em multa civil correspondente a uma vez o vencimento do servidor, já que ausente prejuízo econômico. Vê-se que entender que a ação de improbidade tem natureza penal apenas porque em seu texto contemplam-se sanções graves como as que constam do § 4º do art. 37 da CF é cometer grave equívoco.

Do mesmo modo é a exegese do art. 15, III e V, da CF, onde se vê que "é vedada a cassação de direitos políticos, cuja perda ou suspensão só se dará nos casos de: (...) III – condenação criminal transitada em julgado, enquanto durarem seus efeitos". A hipótese de improbidade está alojada em outro dispositivo, no inciso V desse mesmo artigo, tudo a indicar que se trata de um instituto e de uma ação, de uma categoria (improbidade) autônoma, que não se confunde com a outra, o crime, ou com os meios de combater a imoralidade administrativa, tais como a indisponibilidade de bens etc.

Entender – como quer a União nas reclamações acima enunciadas – que os atos de improbidade importam, naqueles casos, crimes de responsabilidade é, evidentemente, improcedente. Isso porque, como sustentamos há tempos, existem diversas categorias de atos de improbidade na lei – atos de mera ilegalidade, atos de improbidade simples, atos de improbidade que importam enriquecimento ilícito (atos verdadeiramente ímprobos), atos de improbidade que causam prejuízo ao erário (dolosos ou culposos) e, ainda, atos de improbidade que violam os princípios da Administração Pública (também culposos ou dolosos), normalmente condutas conjugadas aos tipos anteriores.

Ademais, somente algumas autoridades poderiam praticar os "crimes de responsabilidade" contra a probidade da Administração, contem-

INTRODUÇÃO 27

plados no inciso V do art. 85 da CF. Para esses casos há que atentar para as conduta previstas expressa e taxativamente na Lei 1.079/1950, recepcionada em parte pela Constituição de 1988, como já decidiu o STF no "caso *Collor de Mello*".

Por fim, não há, portanto, que confundir *crime de responsabilidade* com *ato de improbidade*.[8]

Essas são as principais questões envolvendo as recentes transformações da Lei de Improbidade. Esperamos que o STF siga o caminho já trilhado por alguns Tribunais da Federação, como o TJSP, que, de forma serena, reconheceu a inconstitucionalidade da Lei 10.628/2002 em acórdão proferido no AI 313.238-5-1/00, por sua 9ª Câmara de Direito Público de Férias, relator o Des. Antônio Rulli.

---

8. Neste sentido: TJMG, Ag. 1.0000.00.317831-6/000(1), rel. Hyparco Immesi, j. 14.4.2005, v.u.

EVOLUÇÃO DA JURISPRUDÊNCIA MAIS RECENTE

Chegamos à 6ª edição de nosso trabalho. Da 5ª a 6ª edição realizamos uma ampla revisão no texto, quer no que toca à legislação aplicável ou referência, quer no que toca a jurisprudência nacional.

Nesta nova edição devemos registrar, com pesar, as insistentes tentativas do poder econômico e político para manter os privilégios do foro privilegiado – matéria já amplamente exposta na Introdução acima – deslocado do contexto e principiologia constitucional.

As justificativas – quer de alguns setores do poder político, quer de algumas decisões judiciais – para forçar a modificação legislativa e, até, constitucional desta matéria, não nos convence.

Eventual superposição de sanções, nas várias esferas de responsabilização do direito (civil, penal, popular, de improbidade, política, etc.), não é novidade, quer no direito brasileiro quer em outros ordenamentos e não raras vezes é fenômeno necessário visando o combate mais eficaz da corrupção e ao abuso do poder econômico e político hoje cada vez mais sofisticado, globalizado.

A mentalidade provinciana de estabelecer privilégios ainda é uma constante no Brasil. A idéia de República, de isonomia e de democracia política ainda trava fortes batalhas com o poder político do "coronel" hoje travestido, mas ainda presente nos vários rincões do Brasil. É espantosa a cooptação que o "poder político" logra junto ao "poder jurídico".

Esperamos que a cidadania vença essa batalha e que privilégios ou exceções sejam sempre justificáveis e excepcionais, sobretudo no tema do foro privilegiado no combate à improbidade administrativa.

Sobre esse tema é útil começar a nossa análise pelas mais recentes e polêmicas decisões do STF.

Jurisprudência

Prejudicialidade existente entre as ações de improbidade movidas contra agentes políticos e a Reclamação 2.138

• Reclamação – com pedido de liminar – contra o Juiz Federal da 17ª Vara-DF, que recebeu ação civil pública contra Deputado Federal referente a fatos ocorridos quando este era ocupante do cargo de Ministro de Estado do Desenvolvimento Agrário.

Requer-se, em caráter liminar, a suspensão da ação civil pública de improbidade administrativa 2006.34.00.037843-0 e sua avocação a este Tribunal.

As considerações do Ministério Público levantam preliminar de inadmissibilidade da reclamação, sob o argumento que a Rcl 2.138, "se concluído estivesse o julgamento, não seriam vinculantes, *erga omnes*, mas apenas *inter partes*". A reclamação constitucional prevê três hipóteses de cabimento: ofensa a um dos julgados do Supremo Tribunal Federal, não aplicação de súmula vinculante (incluído pela EC 45/2004) e usurpação da competência originária do Tribunal.

Mesmo que a inicial cite a Rcl 2.138 como paradigma, à época dos fatos o reclamante era Ministro de Estado. A reclamação se sustenta – neste juízo liminar – pela hipótese de usurpação de competência do Supremo Tribunal Federal. Não se trata, por outro lado, do mesmo tema da ADI 2.797 (Pertence, *DJ* 19.12.2006); o que está em jogo é a dimensão do conceito "agente político", a fim de, especificamente, estabelecer o foro adequado à luz do art. 102, I, "c", da Constituição. O Supremo Tribunal Federal já iniciou a discussão sobre esse tema (Rcl 2.138), com votos já proferidos – no sentido da limitação da ação de improbidade contra agentes políticos – dos em. Ministros Jobim, Gilmar, Ellen, Corrêa e Peluso. O *leading case* encontra-se com pedido de vista do em. Min. Joaquim Barbosa.

Não é o caso, entretanto, de avocar imediatamente o processo: a pendência da orientação firme do Supremo Tribunal impede avocar a ação civil pública. Entretanto, o curso da ação de improbidade pode gerar eventual contradição com a tese que pode ser vencedora no Tribunal.

Esse o quadro, sem qualquer comprometimento com o tema de fundo, mas sensível às possíveis conseqüências processuais que o caso sugere, defiro parcialmente a liminar para sustar o curso da ação civil pública de improbidade administrativa 2006.34.00.037843-0, em trâmite no Juízo Federal da 17ª Vara da Seção Judiciária do Distrito Federal. Comunique-se, reiterando-se o pedido de informações. Julgou improcedente a reclamação o em. Min. Velloso. Após, à manifestação do Ministério Público. Brasília, 12 de fevereiro de 2007 (STF, Rcl 4.895, rel. Sepúlveda Pertence).

• Processual Civil. Recurso Especial. Competência. Ação de Improbidade Administrativa contra Prefeito e ex-Prefeito. Suspensão do feito determinado pelo Tribunal de Segundo Grau em razão da pendência de julgamento da Reclamação n. 2.138-6 no STF. Inconstitucionalidade declarada da Lei n. 10.628/2002. Manifestação de mérito do Colendo STF na ADI n.

2.797-DF. Competência do juízo singular. 1. Tratam os autos de ação civil pública por ato de improbidade administrativa com pedido anulatório movida pelo Ministério Público do Estado do Rio Grande do Sul contra Pedro Alíbio Prates Carvalho (ex-Prefeito do Município de Tenente Portela), Neivaldo Antoniollo (Prefeito Municipal de Tenente Portela), Cooperativa de Trabalho Rural e Urbano de Tenente Portela e Município de Tenente Portela. Atribuiu aos três primeiros réus a prática das condutas tipificadas nos arts. 10, VIII e 11, *caput*, I, da Lei n. 8.429/92, consistentes da contratação ilegal de pessoas para o desempenho de funções públicas, para o Município, por intermédio da Cooperativa-ré. Postulou, liminarmente, a suspensão dos efeitos jurídicos de todos os contratos havidos entre o Município e a Cooperativa, e também dos respectivos aditamentos que estivessem em curso e tendo por objeto a contratação de mão-de-obra em favor do Município, determinando-se o liminar afastamento de todas as pessoas que prestassem ou que viessem a prestar serviços ao Município por intermédio da COTRUTEPO, fixando-se a multa diária de R$ 5.000,00 (cinco mil reais) para o caso de descumprimento de decisão judicial. Designada audiência de instrução e julgamento, o juízo de primeiro grau determinou que os autos fossem enviados ao Tribunal de Justiça em razão do advento da Lei n. 10.628/2002. No TJRS, determinou-se a suspensão do processo em virtude do trâmite, no Colendo STF, da Reclamação n. 2.138-6, na qual se questiona a sujeição de agentes políticos ao regime de responsabilidade instituído pelo art. 37, § 4º, da CF/88, e regulado pela Lei n. 8.429/92, em confronto com o estabelecido no art. 102, I, "c", da CF/88 e disciplinado pela Lei n. 1.079/50. Recurso especial fundamentado na alínea "a" apontando violação do art. 265, IV, "a", do CPC. Sustenta-se que: a) na Reclamação 2.138-6 o que se discute é a usurpação de competência do STF para processar e julgar Ministros de Estado por crime de responsabilidade e de saber se os agentes políticos, por estarem regidos por normas especiais de responsabilidade, não se submetem ao modelo de competência previsto no regime comum da Lei de Improbidade, porquanto o próprio texto constitucional se refere especialmente àqueles, conferindo-lhes tratamento distinto dos demais agentes públicos; b) os efeitos da Reclamação restringem-se ao processo que lhe deu origem, não havendo motivo para a suspensão do processo no Tribunal; c) a responsabilidade do prefeito (ou ex-prefeito) está definida no DL n. 201/67 e este diploma não está em discussão no STF; d) houve uma interpretação ampliativa e isolada da regra legal pelo órgão julgador, visto que a suspensão do processo, com base no CPC, art. 265, IV, "a", somente é aplicável aos casos de prejudicialidade externa, isto é, quando o desfecho de uma ação prescindir do julgamento de outra. Contra-razões defendendo a manutenção do aresto objurgado. Parecer do MPF pelo provimento do apelo nobre. 2. A 1ª Seção desta Casa Julgadora, em julgamento realizado no dia 26.4.2006, exarou o pronunciamento de que "a reclamação não integra o rol das ações constitucionais destinadas a realizar o controle concentrado e abstrato de constitucionalidade das leis e atos normativos. É medida processual que somente opera efeitos *inter partes*, não ostentando efeito geral vinculante. Se o futuro provimento jurisdicional a ser proferido pelo Supremo na Reclamação n. 2.138-6-DF não vincula o juízo da ação de improbidade, não há razão para suspender o processo por esse fundamento" (EREsp 681.174-RS, rel. Min. Castro Meira, *DJ* 15.5.2006). 3. O colendo Supremo Tribunal Federal, em data de 15.9.2005, apreciou o mérito da ADI n. 2.797-DF, declarando, por maioria de votos, a inconstitucionalidade da Lei n. 10.628, de 24 de dezembro de 2002, que acresceu os §§ 1º e 2º ao artigo 84 do Código de Processo Penal. Em conseqüência, é o juízo singular o competente para processar e julgar as ações propostas contra prefeitos e ex-prefeitos. 4. Recurso especial provido. Retorno dos autos à comarca de origem para a regular tramitação do feito (STJ, *REsp* 738.049, rel. José Delgado, j. 19.9.2006).

• Administrativo e Processual Civil. Improbidade Administrativa. Julgamento da Reclamação 2.138-6-DF. Foro privilegiado de ex-agentes públicos. Inexistência. 1. Não viola o artigo 535, II, do CPC, nem importa em negativa de prestação jurisdicional o acórdão que adota fundamentação suficiente para decidir de modo integral a controvérsia posta. 2. Conforme o entendimento da 1ª Seção desta Corte, a pendência de julgamento da Reclamação n. 2.138-6-DF no Supremo Tribunal Federal não é causa prejudicial apta a ensejar a suspensão das ações de improbidade administrativa movidas em face de agentes políticos. Precedente: EREsp 681.174-RS, 1ª Seção, Min. Castro Meira, *DJ* 15.5.2006. 3. Recurso Especial a que se dá parcial provimento (STJ, REsp 713.863-RS, rel. Teori Albino Zavascki, j. 22.8.2006).

• Processual Civil. Embargos de Divergência. Ação de improbidade movida pelo Ministério Público contra ex-Prefeito. Suspensão por força da Reclamação n. 2.138-6-DF em curso no STF. Descabimento. Embargos providos. 1. A reclamação não integra o rol das ações constitucionais destinadas a realizar o controle concentrado e abstrato de constitucionalidade das leis e atos normativos. É medida processual que somente opera efeitos *inter partes*, não ostentando efeito geral vinculante. 2. Se o futuro provimento jurisdicional a ser proferido pelo Supremo na Reclamação n. 2.138-6-DF não vincula o juízo da ação de improbidade, não há razão para suspender o processo por esse fundamento. 3. Não existe relação de continência ou conexão entre as ações de improbidade em curso e a Reclamação n. 2.138-6-DF, pois não há identidade de causa de pedir e nem de partes. 4. "Não se justifica a paralisação da ação civil por ato de improbidade, na medida em que gozam as leis da presunção de legalidade, até que seja decidido pelo Supremo a inconstitucionalidade" (REsp n. 704.996-RS, rela. Min. Eliana Calmon, *DJ* 3.10.2005). 5. Embargos de Divergência providos (STJ, EREsp 681.174, rel. Castro Meira, j. 26.4.2006).

• Processual Civil. Agravo Regimental no Recurso Especial. Improbidade Administrativa. Pedido de suspensão do processo indeferido. Questão prejudicial externa. Reclamação 2.138-6-DF. Não-configuração. Decisão mantida. Desprovimento do Agravo Regimental. 1. O Plenário do Supremo Tribunal Federal julgou procedente a Ação Direta de Inconstitucionalidade 2.797-DF "para declarar a inconstitucionalidade da Lei n.

EVOLUÇÃO DA JURISPRUDÊNCIA MAIS RECENTE 33

10.628, de 24 de dezembro de 2002, que acresceu os §§ 1º e 2º ao artigo 84 do Código de Processo Penal" (rel. Min. Sepúlveda Pertence, *DJ* 26.9.2005, p. 36). Portanto, não há falar na possibilidade da suspensão da ação de improbidade administrativa com relação à referida ação constitucional. 2. A Reclamação 2.138-DF, pendente de julgamento perante o Supremo Tribunal Federal, não configura prejudicialidade externa apta a suspender o processo, com fundamento no art. 265, IV, "a", do Código de Processo Civil, em que se discute suposto ato de improbidade administrativa cometido por prefeito. 3. Precedentes do STJ. 4. Agravo Regimental desprovido (STJ, AgR no REsp 764.836, rela. Denise Arruda, j. 6.12.2005.

• Processual Civil. Ação de Improbidade Administrativa contra ex-Prefeito. Suspensão do processo. Pendência de julgamento da Reclamação n. 2.138-6-DF no STF. Prejudicialidade externa. Inexistência. Conforme o entendimento da 1ª Seção desta Corte, a pendência de julgamento da Reclamação n. 2.138-6-DF no Supremo Tribunal Federal não é causa prejudicial apta a ensejar a suspensão das ações de improbidade administrativa movidas em face de agentes políticos (STJ, REsp 694.582-RS, rel. Teori Albino Zavascki, j. 29.6.2006, v.u.).

• Administrativo e Processual Civil. Ação Civil Pública. Improbidade Administrativa. Ex-Prefeito. Suspensão do processo. Prejudicialidade externa. Reclamação n. 2.138-6-DF e Questão de Ordem no Inquérito n. 2.010-SP em trâmite no STF. I – Trata-se de ação civil pública, na qual se busca a condenação de ex-prefeito por atos de improbidade administrativa praticados durante sua gestão, a teor do art. 12, incisos I a III, da Lei n. 8.429/92. II – Correto o entendimento do Tribunal *a quo* no sentido da suspensão do processo em apreço, a teor do art. 265, inciso IV, alínea "a", do CPC, até o julgamento final da Reclamação n. 2.138-9 e da Questão de Ordem suscitada no Inquérito n. 2.010-QO-SP, em curso perante o STF, em face da relevância de tais julgados ao presente pleito. III – Na Rcl n. 2.138-6-DF, rel. Min. Nelson Jobim, discute-se qual o regime de responsabilidade imposto aos agentes políticos, caminhando a julgamento, com cinco votos pela procedência da reclamação, com a tese de que os agentes políticos, por estarem regidos por norma especial, não respondem por improbidade administrativa, mas sim por crime de responsabilidade. Assim, a manter-se tal entendimento, a ação de improbidade discutida no Tribunal *a quo* restaria extinta. IV – Na Questão de Ordem no Inquérito n. 2.010-SP, rel. in. Marco Aurélio, o Excelso Pretório discute a constitucionalidade do § 1º, do art. 84, do CPP, o qual estende ao ex-agente a competência especial por prerrogativa de função. O Ministro Relator declarou a inconstitucionalidade do referido normativo, sendo acompanhado pelo Ministro Sepúlveda Pertence, estando o feito paralisado com o pedido de vista formulado pelo Ministro Eros Grau. Vingando a tese, também ressairá prejudicada a ação em tela, tendo em vista ser direcionada a ex-prefeito. V – Recurso Especial improvido (STJ, REsp 685.260, rel. Francisco Falcão, j. 26.4.2005, v.u.).

• Processual Civil. Ação Civil Pública, por improbidade administrativa, contra ex-Prefeito. Suspensão do processo. Reclamação e Inquérito em curso no STF. 1. A prejudicialidade da questão inerente à competência absoluta suscitada nas ações em curso no STF sobre a ação civil pública por improbidade administrativa ajuizada contra ex-Prefeito, impõe a suspensão desta com base no disposto no art. 265, IV, "a", do CPC. 2. *In casu*, a Reclamação n. 2.138-6-DF, em curso no Supremo Tribunal Federal, tem por objeto a definição da aplicabilidade da Lei 8.429/92 (Lei de Improbidade Administrativa) aos agentes políticos, em face das normas especiais que definem os crimes de responsabilidade. Por outro lado, na Questão de Ordem suscitada no Inquérito n. 2.010-QO-SP, o Pretório Excelso iniciou o julgamento acerca do foro privilegiado de ex-agentes políticos, ante a alteração do art. 84 do Código de Processo Penal pela Lei n. 10.628/2002. 3. Precedentes da Corte: AgR MC 8.395-RS, rela. Min. Denise Arruda, *DJ* 30.8.2004; AgR MC 8.175-RS, rel. Min. Teori Albino Zavascki, *DJ* 21.6.2004; AgR MC 8.174-RS, rel. Min. Francisco Falcão, *DJ* 28.6.2004. 4. Medida Cautelar improcedente, tanto mais que os atos decisórios, tratando-se de incompetência absoluta, são inexoravelmente nulificados (STJ, MC 8.671, rel. Luiz Fux, j. 22.3.2005, v.u.).

Agentes políticos e Lei de Improbidade Administrativa

• Administrativo. Ação Civil Pública. Ex-Prefeito. Conduta omissiva. Caracterização de infração político administrativa. Decreto-lei n. 201/67. Ato de improbidade administrativa. Lei n. 8.429/92. Coexistência. Impossibilidade. Manutenção do acórdão recorrido. Voto divergente do Relator. 1. Hipótese em que a controvérsia a ser dirimida nos presentes autos cinge-se em definir se a conduta do ex-prefeito, consistente na negativa do fornecimento de informações solicitadas pela Câmara Municipal, pode ser enquadrada, simultaneamente, no Decreto-lei n. 201/67 que disciplina as sanções por infrações político-administrativas, e na Lei n. 8.429/92, que define os atos de improbidade administrativa. 2. Os ilícitos previstos na Lei n. 8.429/92 encerram delitos de responsabilidade quando perpetrados por agentes políticos diferenciando-se daqueles praticados por servidores em geral. 3. Determinadas autoridades públicas não são assemelhados aos servidores em geral, por força do cargo por elas exercido, e, conseqüentemente, não se inserem na redução conceitual do art. 2º da Lei n. 8.429/92 ("Reputa-se agente público, para os efeitos desta lei, todo aquele que exerce, ainda que transitoriamente ou sem remuneração, por eleição, nomeação, designação, contratação ou qualquer outra forma de investidura ou vínculo, mandato, cargo, emprego ou função nas entidades mencionadas no artigo anterior"), posto encartados na lei que prevê os crimes de responsabilidade. 4. O agente político exerce parcela de soberania do Estado e *pour cause* atuam com a independência inextensível aos servidores em geral, que estão sujeitos às limitações hierárquicas e ao regime comum de responsabilidade. 5. A responsabilidade do agente político obedece a padrões diversos e é perquirida por outros meios. A imputação de improbidade esses agentes implica em categorizar a conduta como "crime de responsabilidade", de natureza especial. 6. A Lei de Improbidade Administrativa admite no seu organismo atos de improbidade subsumíveis a regime jurídico diverso, como se colhe do art. 14, § 3º da lei 8.429/92 ("§ 3º. Atendidos os requisitos da representação, a autoridade determinará a imediata apuração dos fatos que, em se tratando de servidores federais, será processada na forma prevista nos arts. 148 a 182 da Lei n. 8.112, de 11 de dezembro de 1990 e, em se tratando de servidor militar, de acordo com os respectivos regulamentos disciplinares"), por isso que se infere excluída da abrangência da lei os crimes de responsabilidade imputáveis aos agentes políticos. 7. O Decreto-lei n. 201/67, disciplina os crimes de responsabilidade dos agentes políticos (prefeitos e vereadores), punindo-a com rigor maior do que o da lei de improbidade. Na concepção axiológica, os crimes de responsabilidade abarcam os crimes e as infrações político-administrativas com sanções penais, deixando, apenas, ao desabrigo de sua regulação, os ilícitos civis, cuja transgressão implicam sanção pecuniária. 8. Conclusivamente, os fatos tipificadores dos atos de improbidade administrativa não podem ser imputados aos agentes políticos, salvo através da propositura da correspectiva ação por crime de responsabilidade. 9. O realce político-institucional do *thema iudicandum* sobressai das conseqüências das sanções inerentes aos atos ditos ímprobos, tais como a perda da função pública e a suspensão dos direitos políticos. 10. As sanções da ação por improbidade podem ser mais graves que as sanções criminais *tout court*, mercê do gravame para o equilíbrio jurídico-institucional, o que lhe empresta notável colorido de infração penal que distingue os atos ilícitos civis dos atos ilícitos criminais. 11. Resta inegável que, no atinente aos agentes políticos, os delitos de improbidade encerram crimes de responsabilidade e, em assim sendo, revela importância prática a indicação da autoridade potencialmente apenável e da autoridade aplicadora da pena. 12. A ausência de uma correta exegese das regras de apuração da improbidade pode conduzir a situações ilógicas, como aquela retratada na Reclamação 2.138, de relatoria do Ministro Nelson Jobim, que por seu turno, calcou-se na Reclamação 591, assim sintetizada: "A ação de improbidade tende a impor sanções gravíssimas: perda do cargo e inabilitação, para o exercício de unção pública, por prazo que pode chegar a dez anos. Ora, se um magistrado houver de responder pela prática da mais insignificante das contravenções, a que não seja cominada pena maior que multa, assegura-se-lhe foro próprio, por prerrogativa de função. Será julgado pelo Tribunal de Justiça, por este Tribunal Supremo. Entretanto a admitir a tese que ora rejeito, um juiz de primeiro grau poderá destituir do cargo um Ministro do STF e impor-lhe pena de inabilitação para outra função por até dez anos. Vê-se que se está diante de solução que é incompatível como o sistema". 13. A eficácia jurídica da solução da demanda de improbidade faz sobrepor-se a essência sobre o rótulo, e contribui para emergir a questão de fundo sobre a questão da forma. Consoante assentou o Ministro Humberto Gomes de Barros na Rcl 591: "a ação tem como origem atos de improbidade que geram responsabilidade de natureza civil, qual seja aquela de ressarcir o erário, relativo à indisponibilidade de bens. No entanto, a sanção traduzida na suspensão dos direitos políticos tem natureza, evidentemente, punitiva. É uma sanção, como aquela da perda de função pública, que transcende a seara do direito civil. A circunstância de a lei denominá-la civil em nada impressiona. Em verdade, no nosso ordenamento jurídico jurídico, não existe qualquer separação estanque entre as leis civis e as leis penais". 14. A doutrina, à luz do sistema, conduz à inexorável conclusão de que os agentes políticos, por estarem regidos por normas especiais de responsabilidade, não se submetem ao modelo de competência previsto no regime comum da lei de improbidade. O fundamento é a prerrogativa *pro populo* e não privilégio no dizer de Hely Lopes Meirelles, *verbis*: "Os agentes políticos exercem funções governamentais, judiciais e quase-judiciais, elaborando normas legais, conduzindo os negócios públicos, decidindo e atuando com independência nos assuntos de sua competência. São as autoridades públicas supremas do Governo e da Administração, na área de sua atuação, pois não são hierarquizadas, sujeitando-se apenas aos graus e limites constitucionais e legais da jurisdição. Em doutrina, os agentes políticos têm plena liberdade funcional, equiparável à independência dos juízes nos seus julgamentos, e, para tanto, ficam a salvo de responsabilização civil por seus eventuais erros de atuação, a menos que tenham agido com culpa grosseira, má-fé ou abuso de poder. (...). Realmente, a situação dos que governam e decidem é bem diversa da dos que simplesmente administram e executam encargos técnicos e profissionais, sem responsabilidade de decisão e opções políticas. Daí por que os agentes políticos precisam de ampla liberdade funcional e maior resguardo para o desempenho de suas funções. As prerrogativas que se concedem aos agentes políticos não são privilégios pessoais; são garantias necessárias ao pleno exercício de suas altas e complexas funções governamentais e decisórias. Sem essas prerrogativas funcionais os agentes políticos ficariam tolhidos na sua liberdade de opção e decisão ante o temor de responsabilização pelos padrões comuns da culpa civil e do erro técnico a que ficam sujeitos os funcionários profissionalizados (cit., p. 77)" (*Direito Administrativo Brasileiro*, 27ª ed., p. 76). 15. Aplicar-se a Lei de Improbidade, cegamente, pode conduzir à situações insustentáveis enunciadas pelo voto preliminar do Ministro Jobim, assim descritos: "a) o afastamento cautelar do Presidente da República (art. 20, parágrafo único, da Lei 8.429/92) mediante iniciativa de membro do Ministério Público, a despeito das normas constitucionais que fazem o próprio processo penal a ser movido perante esta Corte depender da autorização por dois terços da Câmara dos Deputados (CF, art. 102, I, 'b', c/c o art. 86, *caput*); ou ainda o seu afastamento definitivo, se transitar em julgado a sentença de primeiro grau na ação de improbidade que venha a determinar a cassação de seus direitos políticos e a perda do cargo; b) o afastamento cautelar ou definitivo do presidente do Congresso Nacional e do presidente da Câmara dos Deputados nas mesma condições do item anterior, a despeito de o texto constitucional assegurar-lhes ampla imunidade material, foro por prerrogativa de função em matéria criminal perante o STF (CF, art. 102, I, 'b') e regime próprio de responsabilidade parlamentar (CF, art. 55, II); c) o afastamento cautelar ou definitivo do presidente do STF, de qualquer de seus membros ou de membros de qualquer Corte Superior, em razão de decisão de juiz de primeiro grau; d) o afastamento cautelar ou definitivo de Ministro de Estado, dos Comandantes das Forças Armadas, de Governador de Estado, nas mesmas condições dos itens anteriores; e) o afastamento cautelar ou definitivo do procurador-geral em razão de ação de improbidade movida por membro do Ministério Público e recebida pelo juiz de primeiro grau nas condições dos itens anteriores".

16. Politicamente, a Constituição Federal inadmite o concurso de regimes de responsabilidade dos agentes políticos pela Lei de Improbidade e pela norma definidora dos Crimes de Responsabilidade, posto inaceitável *bis in idem*. 17. A submissão dos agentes políticos ao regime jurídico dos crimes de responsabilidade, até mesmo por suas severas punições, torna inequívoca a total ausência de uma suposta "impunidade" deletéria ao Estado Democrático de Direito. 18. Voto para divergir do e. Relator e negar provimento ao recurso especial do Ministério Público do Estado de Minas Gerais, mantendo o acórdão recorrido por seus fundamentos.

Voto-Vencido do Min. Francisco Falcão: Inicialmente, registro que os dispositivos apontados como violados foram objeto de discussão na formação do aresto recorrido, restando preenchido o requisito do prequestionamento. A discussão, conforme salientado no relatório, cinge-se ao enquadramento da conduta omissiva do Sr. Prefeito do Município de Passa Quatro/MG, em ato de improbidade administrativa. Compulsando os autos, verifico não demandar a presente hipótese, o reexame dos fatos e provas pertinentes ao processo. Com efeito, busca-se tão-somente avaliar os efeitos da conduta do Sr. Prefeito ao recusar-se a prestar informações à Câmara de Vereadores do Município. Nesse contexto, a petição inicial de fls. 02-05 narra o seguinte, *verbis*: "(...). O art. 11, II, da Lei n. 8.429/92 ostenta a seguinte redação: 'Art. 11. Constitui ato de improbidade administrativa que atenta contra os princípios da administração pública qualquer ação ou omissão que viole os deveres de honestidade, imparcialidade, legalidade, e lealdade às instituições, e notadamente: (...) II – retardar ou deixar de praticar, indevidamente, ato de ofício'; Como já dito, a mera culpa não é hábil a configurar o ato como indevido. Há necessidade da demonstração do dolo, que deve ser conclusivo e provado e não presumido. Assim, concluímos que não há elementos nos autos que autorizem o enquadramento dos atos mencionados como de improbidade administrativa seja pela forma como foram requeridos, seja pela não comprovação de que o réu agiu conscientemente e direcionado a retardar ou deixar de praticar ato de ofício" (fl. 141).

Por seu turno, o v. Acórdão recorrido acrescentou que: "A conduta do Prefeito apelado haverá de enquadrar-se no art. 4º do Decreto-lei n. 201/67, por constituir, em tese, infração político-administrativa, sujeitando-se o infrator a julgamento pela Câmara Municipal e sancionada com a cassação do mandato, em caso de procedência. "O art. 4º, III, do DL n. 201/67 diz: 'desatender, sem motivo justo, as convocações ou os pedidos de informações da Câmara, quando feitos a tempo e em forma regular'. "Em tal dispositivo, poderia ter sido enquadrado o Prefeito, jamais no art.

12 da Lei n. 8.429/92, porque nele há a perfeita tipificação da conduta. O ato que se irroga ao Prefeito, por sem dúvida, constituiu infração político-administrativa, em tese, jamais ato de improbidade" (fls. 167-168).

Data maxima venia do entendimento firmado nas Instâncias Ordinárias, a meu ver, o Recurso Especial merece provimento. Com efeito, a jurisprudência desta Corte considera ocorrido o ato de improbidade a partir de sua ilegalidade, deixando para uma etapa posterior, a aferição de efetivo prejuízo ao erário, má-fé, dolo ou culpa do Administrador. Confira-se, no ponto, o seguinte julgado: "Processual Civil – Administrativo – Ação Civil Pública – Ato de improbidade – Omissão a respeito da legalidade ou ilegalidade do ato de contratação sem concurso público – Aferição de dano ao erário, má-fé, dolo ou culpa do administrador público – Impossibilidade – Ofensa ao art. 535 do CPC configurada.1. Não é possível o julgamento de ação civil pública, em que se pugna pelo reconhecimento de ato de improbidade, sem que haja pronunciamento sobre a legalidade ou ilegalidade do ato administrativo questionado, o que configura omissão no julgado. Violação do art. 535 do CPC configurada. 2. A aferição da inocorrência de prejuízo ao erário, má-fé, dolo ou culpa do administrador, por se tratar de questão subjacente e acessória, não pode ser feita antes do reconhecimento da ilegalidade ou inconstitucionalidade do ato administrativo, taxado de ímprobo. 3. Tal impossibilidade se torna evidente quando se observa que, de acordo com a jurisprudência dessa Corte, o ato de improbidade se configura a partir de sua ilegalidade, independentemente de prejuízo ao erário, má-fé, dolo ou culpa do agente administrativo. 4. Recurso especial provido" (REsp 617.851-MG, rela. Min. Eliana Calmon, DJ 19.12.2005).

A Lei n. 8.429/92 destina-se a proteger a Administração Pública do modo mais abrangente possível, impondo objetivamente ao gestor da coisa pública, o dever de probidade e moralidade em sua administração. No caso dos autos, observa-se que a Lei Orgânica do Município de Passa Quatro/MG impõe ao Prefeito o dever de prestação de contas à Câmara Municipal, como modo de rígida fiscalização sobre o controle dos gastos públicos. Nesse contexto, ao se recusar a prestar as informações requeridas, o Sr. Prefeito infringiu disposição legal, porquanto revela improbidade a inobservância, dolosa ou culposa, do regime legal a que está submetido. De fato, a publicidade dos atos atinentes aos gastos públicos é a regra que deve ser fielmente observada pelo administrador da coisa pública. É o que diz a doutrina:

"O princípio da publicidade consiste em dar conhecimento ou pôr à disposição dos indivíduos informações sobre fatos, decisões, atos ou contratos da Administração Pública, conferindo transparência aos comportamentos dos agentes públicos e segurança jurídica aos membros da coletividade, quanto a seus direitos. É menos princípio e mais mecanismo de controle externo e interno da gestão administrativa. Segundo ele, os atos administrativos são públicos e devem ser objeto de ampla publicidade: seja por divulgação na imprensa oficial, na imprensa comum e/ou locais públicos; seja pelo fornecimento de informações quando solicitadas, ressalvadas as hipóteses de sigilo, contempladas na Lei Maior, quando imprescindível à defesa da intimidade ou ao interesse social (art. 5º, LX) ou à segurança da sociedade e do Estado (art. 5º, inciso XXXIII). A regra, pois, é a transparência da Administração com a divulgação de seus atos a todos.

A dispensa é a exceção, nas situações expressamente previstas em lei, e a publicidade é requisito de eficácia dos atos administrativos que tenham de produzir efeitos externos. A publicidade, enfim, é o instrumento pelo qual a Administração Pública torna 'público', dando divulgação à sociedade ou prestando informações aos interessados, todo o conteúdo da atividade administrativa não sigilosa: regulamentos, programas, planos, atos administrativos (de admissão, permissão, licença, autorização, aprovação, dispensa, homologação, visto, lançamento tributário, etc.), licitações, contratos administrativos (de obras públicas, de prestação de serviços, de fornecimentos de coisas móveis, de concessão de obras, serviços e uso de bem público, etc.) e informações constantes de seus arquivos" (Marino Pazzaglini Filho, in *Princípios Constitucionais Reguladores da Administração Pública*, Editora Atlas, p. 30).

Destarte, ao recusar-se a informar à Câmara Municipal sobre os requerimentos destinados à fiscalização dos gastos públicos, o Prefeito do Município incidiu na proibição prevista pela Lei n. 8.429/92. Nesse panorama, tendo em vista que a Ação de Improbidade demanda procedimento pelo rito ordinário (art. 17, da Lei n. 8.429/92), e considerando que o julgador do 1º Grau afastou a aplicação da referida legislação, não tendo, portanto, oportunizado regular instrução do feito, devem os autos serem devolvidos à Primeira Instância para prosseguimento do feito, desta feita, com a observância da lei em referência. Prejudicada a petição de fls. 225/231.

Ante o exposto, dou provimento ao Recurso Especial para, anulando o v. acórdão *a quo*, determinar o retorno dos autos ao Primeiro Grau, nos termos da fundamentação supra. É o meu voto (STJ, REsp 456.649, Francisco Falcão, j. 5.9.2006, m.v.).

COMENTÁRIOS À LEI 8.429/1992

Panorama geral do "enriquecimento ilícito"

A expressão "enriquecimento ilícito" é figura central da lei anotada. Sendo assim, vejamos como pode ser decodificada. Seguem algumas noções básicas.

De Plácido e Silva:

"*Enriquecimento*. Derivado de enriquecer (*em-rico-ecer*), quer significar o fato de ser *engrandecido* ou *aumentado* o patrimônio de uma pessoa, pela integração nele de bens ou valores, que não lhe pertenciam. Opõe-se ao *empobrecimento*.

"Juridicamente, o enriquecimento pode ser *lícito* ou *ilícito* ou *sem causa*. O *enriquecimento lícito* é o que se opera de *causa justa*, ou seja, o que provém de *lucro*, vantagem ou benefício conseqüente de negócio lícito ou de ato jurídico apoiado em lei.

"É, assim, o *enriquecimento*, dito também *locupletamento*, que se promoveu dentro dos princípios clássicos e universais do *suum cuique tribuere* (a cada um o que é seu) e do *neminen laedere* (não lesar a ninguém).

"Desse modo, mesmo que possa ter havido uma *diminuição do patrimônio* de outrem, não ocorrendo um empobrecimento injusto ou sem causa, o *enriquecimento* ou *locupletamento* é legal.

"O enriquecimento não se opera simplesmente pelo aumento material do patrimônio de uma pessoa. Também ocorre pela aquisição de uma *vantagem*, mesmo que não importe em aumento patrimonial.

"E nesta razão é que o *enriquecimento* se mostra *material*, *moral* e, mesmo, *intelectual*, segundo a natureza das vantagens que são trazidas à pessoa.

"E, de igual maneira, tanto pode ser direto como indireto.

"O *material* será sempre o que se objetiva em aumento efetivo do patrimônio pela incorporação a ele de bens ou coisas.

"O *moral* e o *intelectual* resultam de fatos que impedem uma diminuição patrimonial ou asseguram a conservação de um direito, já integrado no patrimônio.

"E, de igual maneira, o *direto* é o que vem imediata e diretamente, mostrando desde logo a vantagem ou proveito decorrentes. O *indireto* é o que não se mostra desde logo, porém vem, com certeza, porque os atos que o proporcionaram foram decisivos para sua evidência.

"Praticamente, assim, o enriquecimento poder-se-á mostrar sob os mais variados aspectos, sempre tendente em trazer ao *enriquecido* um valor novo, ou uma nova vantagem ou benefício que vem alterar ou modificar sua situação econômica, mesmo que, como se disse, nem sempre se firme num aumento material do patrimônio, pois não é de essência do enriquecimento haver, efetivamente, um aumento *in natura*.

"O *enriquecimento ilícito* ou *sem causa* é o que se promove empobrecendo injustamente outrem, sem qualquer razão jurídica, isto é, sem ser fundado numa operação jurídica considerada lícita ou numa disposição legal.

"O enriquecimento ilícito gera o *locupletamento à custa alheia*, que justifica a ação de *in rem verso* promovida pelo empobrecido injustamente. Esta ação também se diz de locupletamento e tem por objetivo fazer o locupletado (enriquecido) restituir a coisa indevidamente recebida, ou indenizar o empobrecido do valor da coisa com que se enriqueceu (locupletou) indevidamente" (*Vocabulário Jurídico*, 10ª ed., v. I, Rio de Janeiro, Forense, 1987, p. 172).

Rubens Limongi França disserta, a propósito do fundamento e requisitos do enriquecimento sem causa:

"Parece que são três as principais teorias e orientações seguidas, quanto ao fundamento da obrigação oriunda do enriquecimento ilícito, como causa das obrigações, seguidas pela doutrina dos povos cultos: a) da moral; b) dos princípios gerais de Direito; e c) da eqüidade.

"A teoria ética, como não poderia deixar de ser, é defendida por Georges Ripert, na célebre monografia *La Règle dans les Obligations Civiles*. O fundamento da ação do enriquecimento ilícito estaria na imoralidade da situação daquele que, sem fundamento, se enriqueceu à custa de outrem.

"A teoria dos princípios gerais de Direito é proposta por Barassi nas *Istituzioni di Diritto Privato* (Milano, 1939).

"A teoria da eqüidade é adotada por um sem-número de autores, desde Pothier até Demogue, ao lado de outros mestres como Salvat, na Argentina, Enneccerus, entre os germânicos, e De Page, na Bélgica. "Sustentamos que a obrigação, e a conseqüente ação, baseada no enriquecimento sem causa, tem como fundamento um princípio geral de Direito (v. nosso *Teoria e Prática dos Princípios Gerais de Direito*, Ed. RT, 1963).

"A nosso ver, efetivamente, a obrigação oriunda do enriquecimento ilícito se funda no princípio geral de Direito segundo o qual ninguém se pode locupletar, à custa de outrem, sem uma causa jurídica. Esse fundamento é tanto doutrinário como de direito positivo. Doutrinário porque assenta, alicerçadamente, no direito natural; positivo porque encontra base, para sua aplicação, mesmo em nosso atual sistema, no art. 4º da LICC.

"Assim, a nosso ver, dentro da nossa perspectiva, propomos que se considerem quatro os requisitos da obrigação oriunda do enriquecimento indevido, a saber: a) o locupletamento do sujeito; b) o empobrecimento de outrem; c) o nexo de causalidade entre este empobrecimento e aquele locupletamento; e d) a falta de uma causa jurídica para tais eventos" (tudo conforme verbete "Enriquecimento sem causa", *Enciclopédia Saraiva do Direito*, v. 32, São Paulo, Saraiva, 1977).

No direito tributário positivo lembramos que a figura do enriquecimento ilícito foi instituída pelo Ato Complementar 42, de 27.1.1969 ("dispõe sobre o confisco de bens de pessoa natural ou jurídica"). Referido diploma, editado em plena ditadura militar, previa a apuração do enriquecimento ilícito através de investigação sumária (hoje temos o devido processo legal, garantia constitucional), acarretando o confisco de bens acima aludido. Considerava-se enriquecimento ilícito, por aquele diploma legal, o resultante de: 1) inserção de elementos inexatos ou omissão de operações de qualquer natureza em documentos ou livros fiscais, com a intenção de se subtrair ao pagamento de tributos; 2) alteração de faturas e quaisquer outros elementos relativos a operações mercantis, com o propósito de fraudar a Fazenda; 3) fornecimento ou emissão de documentos graciosos ou a alteração de despesas, ou outras verbas não especificadas, com o propósito de obter redução de tributos devidos à Fazenda Pública (tudo conforme o Ato Complementar 42, art. 2º, IV a VI, como também o Decreto-lei 1.060, de 21.1.1969, art. 2º, § 2º, com a redação do Decreto-lei 1.104, de 30.4.1970, art. 1º. V. também o Decreto-lei 457, de 7.2.1969, Decreto-lei 502, de 17.3.1969, Decreto-lei 359, de 17.12.1969, Decreto-lei 760, de 13.8.1969).

Na verdade, apenas noticiamos a legislação acima como curiosidade *histórica*, porquanto com o advento do Estado Democrático de Direito, instaurado com a Constituição de 1988, diante dos direitos fundamentais constitucionais já previstos (expressos e implícitos), não se pode cogitar de confisco de bem (salvo a hipótese do art. 243, parágrafo único) decretado pelo Presidente da República, de apuração ou investigação sumária, sem as garantias constitucionais e processuais hoje vigentes.

Desse modo, a notícia foi trazida apenas para verificar como a legislação de então contemplava a figura do enriquecimento ilícito (a respeito do tema, no direito tributário, recomendamos a leitura de Eduardo Marcial Ferreira Jardim, "Perdimento de mercadorias ou bens", *RDT* 54/78).

No direito penal argentino encontramos a lição de Raul Goldstein:

"*Enriquecimiento ilícito*. El orden jurídico debe evitar, como una corruptela de la Administración Pública, el enriquecimiento obtenido a expensa del ejercicio espurio de la función que el agente desempeña.

"El derecho penal, consecuente con esta necesidad, crea figuras tendientes a evitarlo.

"Las más importantes de ellas son las del cohecho, conocido comúnmente como soborno, y las exacciones ilegales.

"Se castiga a los funcionarios públicos que recibieren cualquier especie de dádiva para hacer o dejar de hacer algo relativo a sus funciones y a quien la diere u ofreciere (cohecho), como asimismo al funcionario que se hiciere entregar una contribución, derecho, dádiva, cobrar mayores derechos que los que le corresponden y al que las utilizar en provecho propio o de tercero" (*Diccionario de Derecho Penal*, Editores-Libreros Lavalle, 1962).

No regime da Lei 3.502, de 1958, ora expressamente revogada, Francisco Bilac Moreira Pinto assim se manifestou a propósito da figura do enriquecimento ilícito:

"A forma típica de enriquecimento ilícito, por abuso ou influência de cargo ou função, é aquela que resulta de um processo de corrupção, ou política, ou administrativa, ou judiciária. Na sua caracterização entram, sempre, estes três elementos:

"a) um sujeito passivo;

"b) um sujeito ativo;

"c) uma ação ou omissão do agente passivo em benefício do agente ativo.

"*Formas atípicas*. Na aplicação da lei, a primeira indagação a ser feita é se ocorreu enriquecimento injustificável de servidor público, ou de dirigente ou empregado de autarquia ou de entidade a ela equiparada.

"A existência de enriquecimento ilícito duvidoso, por parte de quem exerça cargo ou função, mencionado na lei, é o ponto de partida da investigação acerca da natureza lícita ou ilícita desse locupletamento (...).

"Praticado ato contrário à lei ou ao interesse público, em favor de determinada pessoa, empresa ou grupo econômico, surge desde logo a suposição de que ele pode ter sido motivado por vantagens econômicas ilícitas, percebidas pelo seu autor.

"Nessa hipótese, a investigação complementar versará apenas sobre a modalidade de enriquecimento ilícito que determinou a prática do favorecimento irregular, ilegal ou lesivo ao interesse público. Descoberta numa ou noutra hipótese a existência dos três elementos, comprovada estará a natureza ilícita do enriquecimento" (*Enriquecimento Ilícito no Exercício de Cargos Públicos*, Rio de Janeiro, Forense, 1960, pp. 135 e 136).

Não há dúvida de que o novo regime legal é distinto; contudo, ainda teremos as figuras do sujeito ativo, sujeito passivo, condutas omissivas ou comissivas em benefício do agente ativo, ou terceiros.

A primeira diferença, no particular, reside na figura do terceiro (não servidor) que será igualmente atingido pela nova lei (art. 3º), hipótese não existente no regime anterior.

Em relação ao enriquecimento injustificável permanece o conceito genérico. É dizer, sempre o enriquecimento ilícito é "injustificável"; contudo, na nova lei, o art. 9º, VII, revoluciona o princípio geral da prova, pois inverte-o. O ônus da prova, no caso, proporciona situação desconfortável ao agente acusado, que pressupõe esteja em conduta de "enriquecimento ilícito" quando apresentar estado fático desproporcional à sua situação patrimonial. Se há desproporcionalidade, no caso, há necessidade de o agente comprovar, por todos os meios em Direito admitidos, que tinha recursos e meios idôneos para adquirir tais bens e, portanto, estar naquela situação patrimonial "duvidosa", "injustificável".

O "enriquecimento ilícito" a que alude a lei é fruto do ato de improbidade administrativa. Assim, é claro que a doutrina clássica a propósito do enriquecimento ilícito é de grande valia para o entendimento nuclear dessa categoria jurídica. Contudo, é de se observar que o instituto vincula-se ao conceito de moralidade administrativa, da probidade administrativa, tal como vazada na Constituição e nas leis. Portanto, é necessário o conhecimento da boa doutrina a respeito do conceito de moralidade administrativa, de improbidade, a fim de sacar o valor que se deseja preservar, a honestidade profissional dos agentes públicos. Cuidaremos desses tópicos no decorrer dos comentários aos artigos da lei. Fica, no entanto, o registro.

O direito constitucional positivo brasileiro, pela primeira vez, consagrou o princípio da moralidade administrativa expressa e autonomamente (art. 37, *caput*). Como corolário da moralidade administrativa, temos a probidade administrativa (art. 37, § 4º, da CF). Dever do agente público de servir à "coisa pública", à Administração, com honestidade, com boa-fé, exercendo suas funções de modo lícito, sem aproveitar-se do Estado, ou das facilidades do cargo, quer para si, quer para terceiros. No mesmo texto constitucional veremos a punição do agente ímprobo com a suspensão dos direitos políticos, perda da função pública, indisponibilidade dos bens e ressarcimento ao erário na forma da lei. De outra parte, diversas outras normas constitucionais cuidam do tema (arts. 5º, LXXIII, e 85, V).

Atendendo a determinação constitucional, veio a lume a presente lei, tipificando certas condutas como atentatórias à probidade (espécie qualificada de moralidade administrativa). A lei categoriza três tipos de atos de improbidade administrativa: os que importam enriquecimento ilícito, os que causam prejuízo ao erário e, finalmente, aqueles que atentam contra os princípios da Administração Pública (respectivamente arts. 9º, 10 e 11).

Questão tormentosa cifra-se no seguinte: qual a *diferença conceitual entre moralidade administrativa e probidade?* Preliminarmente diga-se que a Constituição utiliza ambos os termos. São condutas e institutos diversos. Ou, por outra, o princípio da moralidade administrativa é de alcance maior, é conceito mais genérico, a determinar, a todos os "poderes" e funções do Estado, atuação conforme o padrão jurídico da moral, da boa-fé, da lealdade, da honestidade. Já, a probidade, que alhures denominamos "moralidade administrativa qualificada", volta-se a particular aspecto da moralidade administrativa. Parece-nos que a probidade está *exclusivamente vinculada ao aspecto da conduta (do ilícito) do administrador*. Assim, em termos gerais, diríamos que viola a probidade o agente público que em suas ordinárias tarefas e deveres (em seu agir) atrita os denominados "tipos" legais. A probidade, desse modo, seria o aspecto "pessoal-funcional" da moralidade administrativa. Nota-se de pronto substancial diferença. Dado agente pode violar a moralidade administrativa e nem por isso violará necessariamente a probidade, se na análise de sua conduta não houver a previsão legal tida por ato de improbidade.

Vejamos como a matéria foi legislada.

CAPÍTULO I – DAS DISPOSIÇÕES GERAIS

Art. 1º. Os atos de improbidade[1] praticados por qualquer agente público, servidor ou não,[2] contra a Administração direta, indireta ou fundacional de qualquer dos Poderes da União, dos Estados, do Distrito Federal, dos Municípios, de Território, de empresa incorporada ao patrimônio público ou de entidade para cuja criação ou custeio o erário haja concorrido ou concorra com mais de cinqüenta por cento do patrimônio ou da receita anual, serão punidos na forma desta Lei.[3]

Vide arts. 37, *caput* e § 4º, 15, V, 85, V, e 5º, LXXIII, todos da CF.

Improbidade

1. Do Latim *improbitate*. Desonestidade. No âmbito do Direito o termo vem associado à conduta do administrador amplamente considerado. Há sensível dificuldade doutrinária em fixar-se os limites do conceito de "improbidade". Assim, *genericamente*, comete maus-tratos à probidade o agente público ou o particular que infringe a moralidade administrativa. A lei, como veremos, enumera e explicita situações tidas como violadoras da "probidade". Parece ter circunscrito a punição aos atos e condutas lá estabelecidos. Então, associa as figuras do enriquecimento ilícito, do prejuízo ao erário e da infringência aos princípios constitucionais, que enumera, como causas suficientes à tipificação das condutas tidas por atentatórias à probidade.

Entendemos que a probidade é espécie do gênero "moralidade administrativa" a que alude, *v.g.*, o art. 37, *caput* e seu § 4º, da CF. O núcleo da probidade está associado (deflui) ao princípio maior da moralidade administrativa; verdadeiro norte à Administração em todas as suas manifestações. Se correta estiver a análise, podemos associar, como o faz a moderna doutrina do direito administrativo, os atos atentatórios à probidade como também atentatórios à moralidade administrativa. Não estamos a afirmar que ambos os conceitos são idênticos. Ao contrário, a probidade é peculiar e específico aspecto da moralidade administrativa. Assim, ofensas aos princípios da lealdade, da boa-fé, da boa administração, estão igualmente contidas na lei, ao lado das situações lá descritas como ensejadoras de punição. É dizer, a lei, quando alude à "probidade", determina ao intérprete sacar seu conteúdo da Constituição e da lei.

Existe, ratificamos, certa dificuldade doutrinária para determinar o real sentido e alcance de cada um desses princípios. Como assevera Hernández Gil, tentar definir a boa-fé é tão insólito como procurar a definição de boa conduta, de moral e ordem pública. Não é possível reduzir sua aplicação a casos determinados. O importante será verificar e detectar, na atuação dos órgãos administrativos, violações ao Direito. Diante de um caso concreto, deverá o juiz ou administrador sindicar exaustivamente o comportamento da Administração. Caso haja quebra de confiança, de lealdade, de ética, haverá maus-tratos à moralidade administrativa.

É patente, insistimos, a dificuldade na delimitação de tais conceitos. Assim, *v.g.*, para Sainz Moreno o princípio da boa-fé protege um bem, o valor ético-social da confiança juridicamente válida em face de qualquer lesão objetiva que possa sofrer, haja ou não dolo. "Um ato é contrário à boa-fé quando produz uma lesão, qualquer que seja a intenção do agente causador" (*apud* J. Gonzales Perez, *El Principio General de la Buena Fe en el Derecho Administrativo*, Madri, Civitas, 1983, p. 48).

A probidade é, portanto, corolário do princípio da moralidade administrativa. O essencial é remarcar que com o princípio, contemplado na Constituição, todos os atos da Administração, do Executivo, do Legislativo e do Judiciário, devem respeito a ele. Assim, a "boa administração", a avaliação dos meios, técnicas e procedimentos utilizados não podem se afastar do controle jurisdicional e da própria Administração, que por esse fundamento (moralidade jurídica) tem o dever de revê-los e, se for o caso, anulá-los, ao fundamento de "imorais", "ímprobos" etc. Desejou o constituinte abarcar no conceito de "moralidade", de "probidade", todas aquelas conhecidas figuras do excesso de poder, do desvio de poder; e foi além. Almeja o controle objetivo da "moralidade" no caso concreto. A densidade normativa do conceito não pode acarretar ausência de seu controle, sob pena de descumprimento à Constituição.[9]

---

9. Bastante conceitual o voto do Ministro José Delgado: "(...) A Lei 8.429, de 2.6.1992, que recebeu a denominação de Lei de Improbidade Administrativa, exerce

Finalmente, cumpre observar que a presente lei pretende colher em suas malhas os atos de improbidade, que comportam, como veremos ao longo dos comentários, diversos "graus", com diferentes conseqüências jurídicas.

Nessa direção, não nos parece crível punir o agente público, ou equiparado, quando o ato acoimado de improbidade é, na verdade, fruto função integrativa no ordenamento jurídico por ser norma regulamentadora do art. 37, § 4º, da Constituição Federal de 1988. Esse dispositivo assegura que: 'Os atos de improbidade administrativa importarão a suspensão dos direitos políticos, a perda da função pública, a indisponibilidade dos bens e o ressarcimento ao erário, na forma e gradação previstas em lei, sem prejuízo da ação penal cabível'. A priori, importante fixar o entendimento que deve ser firmado sobre o vocábulo 'improbidade'. De acordo com a visão do legislador (Lei n. 8.429/92), improbidade é considerada como sendo a conduta ilícita do agente público que atenta, direta ou indiretamente, contra os princípios explícitos e implícitos que regem a Administração Pública, causando prejuízo ao Estado e à sociedade, seja de ordem patrimonial ou moral.

"No campo doutrinário, Wellington Pacheco Barros (*O Município e seus Agentes*, Porto Alegre, Livraria do Advogado, 2002) leciona que: 'A palavra improbidade vem do radical latino 'probus', que significa crescer reto e, na tradição da língua portuguesa, significa ter caráter, ser honesto, ser honrado. Por via de conseqüência, não ter probidade ou ser ímprobo significa não ter caráter, ser desonesto ou desonrado'.

"Por sua vez, Aristides Junqueira Alvarenga conceitua improbidade administrativa como 'espécie do gênero imoralidade administrativa, qualificada pela desonestidade de conduta do agente público, mediante a qual este se enriquece ilicitamente, obtém vantagem indevida, para si ou para outrem, ou causa dano ao erário' (*Improbidade Administrativa, Questões Polêmicas e Atuais*, São Paulo, Malheiros Editores, 2001).

"Há aceitação, portanto, da compreensão de que a noção de improbidade administrativa decorre do princípio da moralidade insculpido no art. 37, *caput*, da Constituição Federal. Ultimando essa apreciação sobre o conceito de probidade administrativa, considero útil registrar o afirmado por Wallace Paiva Martins Júnior (*Probidade Administrativa*, Editora Saraiva, 2001) sobre o assunto:

"'A probidade administrativa é subprincípio decorrente da moralidade administrativa e dever dos agentes públicos, garantindo o direito público subjetivo acima destacado, atendendo à idéia de honestidade entre meios e fins empregados pela Administração Pública e seus agentes, influenciada por valores convergentes à noção de boa administração e de finalidade pública, bem como ao cumprimento de regras éticas administrativas que manifestem a vocação institucional do órgão ou entidade administrativa, preservando valores materiais e morais da Administração Pública e exigindo de seus agentes atuação conformada com os princípios e deveres do exercício da função pública. Exsurge a probidade administrativa como instrumento de atuação do princípio da moralidade administrativa (e dos demais princípios contribuintes ou elementares: impessoalidade, publicidade, imparcialidade, finalidade, razoabilidade) por meio de proibição de comportamentos infringentes'" (STJ, REsp 695.718-SP, rel. José Delgado).

de inabilidade, de gestão imperfeita, ausente o elemento de "desonestidade", ou de improbidade propriamente dita.[10]

10. Agente inábil: Há dois posicionamentos no STJ. Um no sentido de não se punir o agente inábil: "O objetivo da Lei de Improbidade é punir o administrador público desonesto, não o inábil. Ou, em outras palavras, para que se enquadre o agente público na Lei de Improbidade é necessário que haja o dolo, a culpa e o prejuízo ao ente público, caracterizado pela ação ou omissão do administrador público' (Mauro Roberto Gomes de Mattos, em *O Limite da Improbidade Administrativa*, Edit. América Jurídica, 2ª ed., pp. 7 e 8). 2. 'A finalidade da lei de improbidade administrativa é punir o administrador desonesto' (Alexandre de Moraes, in *Constituição do Brasil interpretada e legislação constitucional*, Atlas, 2002, p. 2.611). 3. 'De fato, a lei alcança o administrador desonesto, não o inábil, despreparado, incompetente e desastrado' (STJ, REsp 213.994-0-MG, 1ª Turma, rel. Min. Garcia Vieira, *DOU* de 27.9.1999)" (STJ, REsp 758.639-PB, rel. Min. José Delgado, j. 1.12.2005).

Em sentido contrário, entendendo que a Lei 8.429/92 também alcança o agente inábil: "(...) É importante frisar que não se exige, para a configuração do ato de improbidade, a existência de dano ou prejuízo material. Aliás, desde a época em que surgiu no direito brasileiro a ação popular, tenta-se ligar a idéia de prejuízo ou dano à perda do erário, deixando à margem o imenso prejuízo que pode ser causado ao meio ambiente, às artes, à moralidade ou até mesmo ao patrimônio histórico e cultural da nação, nem sempre mensurável em dinheiro. O equivocado raciocínio está hoje inteiramente superado porque na ação civil pública, acertadamente, a expressão *atos lesivos*, constante do art. 1º da Lei 4.717/65 (ação popular), foi substituída pela expressão *danos morais e patrimoniais*, o que deixa clara a intenção político-legislativa de sancionar não somente os atos danosos aos cofres públicos, mas também as improbidades geradoras de danos imateriais, eis que tais atos atingem a moralidade, requisito que hoje está explicitado na Constituição Federal como princípio da administração pública. Assim, é possível haver lesão presumida, na medida em que a moralidade passou a ser, por princípio, dever do administrador e direito público subjetivo.

"(...) Deve-se observar que o ato de improbidade é constatado de forma objetiva, independentemente do dolo ou culpa, e é atualmente punido em uma outra esfera, diferente da via penal, da via civil ou da via administrativa.

"O conceito de ato de improbidade não é fluido ou intuitivo. Está hoje tipificado na Lei 8.429/92, não sendo demais transcrever os arts. 10 e 11, pela sua pertinência:

"(...) Diante das Leis de Improbidade e de Responsabilidade Fiscal, inexiste espaço para o administrador 'desorganizado', 'desleixado', 'despreparado' e 'despido de senso de direção'. Não se pode conceber, principalmente na atual conjuntura política, que um Prefeito, legitimamente eleito, assuma a administração de um Município e deixe de observar as mais comezinhas regras de direito público e, o que é pior, tentar colocar tais fatos no patamar de 'meras irregularidades'.

"Não obstante isso, no caso concreto, o Tribunal de origem afastou a idéia de que se trataria de hipótese de conduta inábil do administrador, tendo entendido que houve ofensa aos princípios da legalidade e da moralidade, porque tipificada a conduta do réu em hipótese prevista no art. 11 da Lei 8.429/92.

DAS DISPOSIÇÕES GERAIS

É necessário ampla investigação na conduta do agente para verificar se a ilegalidade praticada pode ou não ser catalogada como ato de improbidade. Mais adiante retomaremos este tema, diferenciando o tratamento dos diversos graus de improbidade.[11]

Agentes públicos e equiparados

2. O art. 1º da lei pretende traçar seu raio de abrangência, para colher em suas malhas toda e qualquer pessoa que com a Administração se relacione, tomada essa expressão em seu sentido mais amplo possível.[12]

"Ademais, a afirmação de que inexistiu prova de que tenha ele obtido qualquer tipo de proveito patrimonial com sua conduta desastrada, bem como de que não houve prejuízo material ao Município, o qual teria se beneficiado com a prestação dos serviços irregulares, serviu apenas de supedâneo apenas para realizar a dosimetria da condenação" (STJ, REsp 708.170-MG (2004/0171187-2), rela. Min. Eliana Calmon, j. 6.12.2005).

Nos tribunais inferiores, prevalece o entendimento de que a Lei não alcança o agente inábil.

11. *A respeito do princípio da moralidade e probidade*, vide "O princípio da moralidade e a Constituição Federal de 1988", de José Augusto Delgado, *RT* 680/34; "O princípio da moralidade na Administração Pública: a liceidade do limite etário para acesso aos cargos públicos", *RT* 711/17; *Improbidade Administrativa – Aspectos Jurídicos da Defesa do Patrimônio Público*, de Marino Pazzaglini Filho, Márcio Fernando Elias Rosa e Waldo Fazzio Jr.; e, a respeito da presente lei, o excelente artigo de Juarez Freitas, "Do princípio da probidade administrativa e de sua máxima efetivação", *RDA* 204/65.

A respeito do tema, confiram-se, ainda: "O enriquecimento ilícito como princípio geral do direito administrativo", de José Alfredo de Oliveira Baracho, *RT* 755/88; "Enriquecimento ilícito de agentes públicos – Evolução patrimonial desproporcional à renda ou patrimônio", de Wallace Paiva Martins Jr., *RT* 755/88; "Responsabilidade civil por improbidade administrativa", de Antônio José de Mattos Neto, *RT* 752/88; "Improbidade administrativa", de Flávio Sátiro Fernandes, *RDA* 210/97; "As sanções da Lei 8.429/92 – Atos de improbidade administrativa", de Fábio Medina Osório, *RT* 766/99, e, do mesmo autor, confira-se, ainda, "A improbidade administrativa decorrente de despesas públicas ilegais e imorais", *RMPRGS* 270/295 (ainda, *RT* 740 e 750); "Probidade e razoabilidade como limitações à discricionariedade administrativa", de Daniel Ferreira, *RTDP* 18/233; "Responsabilidade civil por improbidade administrativa", de Antônio José de Mattos Neto, *RTDP* 20/57; finalmente, *O Controle da Moralidade na Constituição*, de Marcelo Figueiredo, 1ª ed., 2ª tir., São Paulo, Malheiros Editores, 2003.

12. "São sujeitos ativos dos atos de improbidade administrativa, não só os servidores públicos, mas todos aqueles que estejam abrangidos no conceito de agente público, insculpido no art. 2º, da Lei n. 8.429/92. Deveras, a Lei Federal n. 8.429/92 dedicou científica atenção na atribuição da sujeição do dever de probidade administrativa ao agente público, que se reflete internamente na relação estabelecida entre

Verifica-se que podem ser sujeitos ativos da conduta tida por atentatória da "probidade":

a) os agentes públicos, servidores públicos (estatutários, celetistas ou remanescentes de regimes pretéritos) das entidades públicas (Administração direta, autarquias e fundações públicas).

Cremos que os integrantes do Poder Judiciário, juízes, bem assim os membros do Ministério Público, podem ser processados por atos de improbidade. A lei não faz qualquer distinção. Alude a agente público. De outra parte, a Constituição, ao estruturar o Poder Judiciário (art. 92 em diante), determinou sua própria competência para o julgamento de seus pares (art. 93, VIII). Sendo assim, s.m.j., seria necessário que o processo fosse impulsionado (iniciado) pelo próprio Judiciário, garantindo-se as cláusulas constitucionais aplicáveis. Teríamos, assim, que adaptar os ditames da lei aos comandos constitucionais. O mesmo raciocínio é de ser aplicado ao Ministério Público;

b) os servidores públicos (servidores celetistas) dos entes governamentais privados (fundações governamentais privadas, sociedades de economia mista e empresas públicas);

c) os contratados, particulares exercendo transitoriamente funções estatais, sem vínculo profissional (dentre outros, *v.g.*, representações da sociedade civil em conselhos ou comissões de licitação, jurados, mesários em eleição etc.);

d) os agentes políticos, respeitadas as disposições constitucionais;

e) aqueles que não são servidores ou agentes públicos, mas que, todavia, "induziram ou concorreram para a prática do ato de improbidade ou dele se beneficiaram sob qualquer forma direta ou indireta" (v. art.

ele e a Administração Pública, superando a noção de servidor público, com uma visão mais dilatada do que o conceito do funcionário público contido no Código Penal (art. 327). Hospitais e médicos conveniados ao SUS que além de exercerem função pública delegada, administram verbas públicas, são sujeitos ativos dos atos de improbidade administrativa" (STJ, REsp 495.933-RS, rel. Min. Luiz Fux, j. 16.3.2004, m.v.)

"Não é por outro motivo, que a Lei 8.429/92 incluiu como destinatários da norma os agentes públicos em sentido amplo. Por isso a Lei destina-se a todos os Poderes, inclusive aos membros dos Tribunais de Contas, órgãos auxiliares do Poder Legislativo (...).

"Os Conselheiros do Tribunal de Contas, como agentes públicos, num conceito mais abrangente, podem responder por ato de improbidade, principalmente quando exercendo atividade de grande interesse público, deixam de agir, imotivadamente, ou agem de forma ilegal" (TRF 1ª região, Ap. Cív. 2001.32.00.001212-0-AM, rel. Tourinho Neto, j. 3.4.2006, v.u.).

3º da lei). Terceiros portanto, servidores ou não; daí por que a dicção do art. 1º c/c o art. 3º: "no que couber". Aquele que não é servidor ou agente público não pode, v.g., perder o cargo ou emprego, como é óbvio. As punições são de outra ordem, como veremos mais adiante. Verifica-se a amplitude do preceito. O art. 2º menciona as relações e possíveis vínculos dos sujeitos ativos e terceiros, com o intuito de abranger, em um primeiro momento, aqueles que se relacionam diretamente com a "Administração": os eleitos, os nomeados, os designados, os contratados, os empregados. Há, portanto, equiparação ou ficção legal. Para os efeitos da lei, é indiferente se o sujeito ativo é agente político, servidor contratado por tempo determinado (art. 37, IX, da CF), ocupante de cargo em comissão, sujeito ao regime da CLT. Todos estão abrangidos pela lei. Em relação à alusão aos "eleitos", constante do art. 2º (ou, como deseja a lei, "agentes públicos" guindados por eleição), cumpre tecer breves considerações.

Como é cediço, o regime constitucional dos ocupantes de cargos eletivos (enfocamos os parlamentares) recebe da Constituição um tratamento peculiar, cintado de garantias, imunidades, prerrogativas etc. Gozam os parlamentares dos direitos constitucionais estampados nos arts. 53 e ss. da CF. Concretamente, são beneficiados pela inviolabilidade criminal em razão de suas opiniões, palavras e votos. Ao lado dela, igualmente estão protegidos pela imunidade criminal, que tem por escopo principal impedir o processo e a prisão. Não podem ser processados sem prévia licença do órgão a que estão vinculados. Contudo, como visto, as imunidades alcançam o processo criminal, os crimes, não se estendendo a cominações civis ou ao ressarcimento civil. Sendo assim, nada obsta ao ajuizamento da ação prevista na lei em tela. Poderá haver alguma sorte de "conexão" com o crime; contudo, essa questão somente poderá ser resolvida caso a caso, para efeito de eventual sobrestamento dessa ou daquela ação.

Questão interessante é a seguinte: parlamentar condenado por ato de improbidade nos termos da lei pode ainda perder o mandato por razão diversa? A hipótese é clara. Se condenado por ato de improbidade (condenação civil), poderá sofrer ainda a perda de mandato por ausência de decoro parlamentar (art. 55, II, da CF). E óbvio que não se trata de conseqüência jurídica imediata. Contudo, forçoso convir na procedência da tese. O Parlamento não poderá continuar a contar em seus quadros com uma figura condenada por improbidade administrativa no decorrer de seu mandato. A sua condenação, ainda que civil, é motivo mais do que suficiente para ensejar (possibilitar) a perda de mandato por ausência de decoro. Cremos que, se o ato de improbidade não foi cometido no exercício do mandato, não se *vinculou* a afinidade parlamentar, não há que se falar em perda do mandato. É, em síntese, necessária uma relação jurídica entre o ato de improbidade e o exercício do mandato.

Ainda existe outra hipótese onde o parlamentar poderá perder o mandato (via indireta). Trata-se do art. 55, IV, da CF (alusivo à suspensão dos direitos políticos). O art. 37, § 4º, *in fine*, da CF autoriza a suspensão dos direitos políticos, independentemente da ação penal (processo criminal). Já, o art. 15, V, da CF determina que a suspensão dos direitos políticos se dará nos casos de improbidade. Trata-se de pena principal em razão da improbidade. De outra parte, a suspensão aludida deve ser aplicada em processo judicial. Sendo assim, ao que parece, o parlamentar poderá ter seus direitos políticos suspensos, se processado por infringência à Lei de Improbidade.

De lege ferenda, sugere-se (como, aliás, tem-se noticiado) a supressão de garantias que acobertem os supremos dirigentes da Nação de delitos que nada têm com o cargo ou função exercida. As imunidades devem sempre resguardar a pessoa indiretamente, e diretamente o órgão a que representa. No Brasil, infelizmente, até o momento, as imunidades e prerrogativas têm servido de anteparos à legítima punição que merecem todos aqueles que atentam contra a Constituição, as leis e a moralidade pública. Sendo assim, merece aplausos a dicção legal, para incluir em suas malhas os "eleitos".

O Presidente da República pode igualmente sofrer a incidência da presente lei, salvo no caso de perda da função pública e suspensão dos direitos políticos. No particular, continua em plena vigência a Lei 1.079, de 1950.

Finalmente, mesmo um particular que "induza ou concorra para a prática do ato de improbidade ou dele se beneficie" direta ou indiretamente sofre a incidência da lei (v. art. 3º).

Proteção ao patrimônio público – Conceito e abrangência

3. A Lei 8.429 tem por escopo proteger a Administração em seu sentido mais amplo possível; é ela, em seus variados matizes e representações orgânicas e funcionais, quase sempre, o alvo de "corrupção", de favoritismos, de má gestão; enfim, de toda sorte de malversações e ilícitos. Remarque-se novamente a abrangência do que se entende por "Administração". Nota-se claramente que a *ratio legis* volta-se para o

controle dos "dinheiros públicos" (bens, direitos, recursos, com ou sem valor econômico) em todo espectro da Federação brasileira e em toda e qualquer categoria de empresas e órgãos públicos, entidades ou empresas particulares relacionadas na lei (v. arts. 1º, parágrafo único, e 3º). As hipóteses legais são as seguintes:

a) órgãos da Administração direta;

b) órgãos da Administração indireta ou fundacional;[13]

c) empresa ou entidade para cuja criação o erário haja concorrido ou concorra com mais de 50% do patrimônio ou da receita anual;

d) empresa ou entidade que receba subvenção, benefício ou incentivo, fiscal ou creditício, de órgão público (parágrafo único);[14]

13. *Sociedade de Economia Mista*: "(...) A falta de interesse difuso ou coletivo não colhe: sem que importe haver na ação defesa do patrimônio de uma empresa (economia mista), o que está em jogo é interesse público, objeto final da ação civil pública; público o patrimônio da companhia em sua maior parte, está em jogo interesse coletivo. (...)" (TJSP, AI 31.557-7, rel. Walter Moraes, j. 12.5.1997).

Subsidiária de Sociedade de Economia Mista: "A contratação de pessoal para sociedades de economia mista, ou sua subsidiária, ainda que criada ou adquirida sem prévia autorização legislativa, e sem embargo da natureza trabalhista do vínculo, dependerá de concurso público (art. 37, *caput*, inc. II, da CF/88, c/c art. 20 da CE/89). Admitir empregados, sem concurso, é ato de improbidade administrativa. Incidência do art. 11, V, da Lei 8.429/92. Aplicação mitigada das penas do art. 12, III, da Lei 8.429/92" (TJRS, Ap. Cív. 70003443736, rel. Araken de Assis, v.u.).

Fundação privada: "Ação Civil Pública – Fundação de Ensino Superior de Passos – Pessoa jurídica de direito privado – Agente Público – Defesa de Patrimônio Público – Não-configuração – Sentença mantida. Em se tratando de ação civil pública, em que o autor defende o patrimônio público de Fundação, resta imprescindível a configuração de fundação de natureza jurídica de direito público, para que se constate a existência de agentes públicos capazes de praticar atos de improbidade administrativa, sob pena de impossibilidade jurídica do pedido" (TJMG, Ap. Cív. 1.0479.03.046202-8/001(1), rel. Moreira Diniz, j. 2.9.2004, v.u.).

14. *Entidade que receba subvenção do Estado*: "O Ministério Público Estadual é competente para propor ação de ressarcimento de danos por atos de improbidade administrativa praticados por dirigentes de entidade assistencial consistentes no desvio de verba oriunda de subvenções procedentes do Estado. Tem o ocupante de cargo de direção de creche legitimidade de parte passiva *ad causam* para responder pela prática de ato de improbidade administrativa, consistente no desvio de verba recebida dos cofres públicos durante a sua administração. Não há litisconsórcio necessário entre a entidade assistencial, seu dirigente e o Estado, depois de liberada por este a subvenção a ela concedida, em ação de ressarcimento de dano por improbidade administrativa, decorrente do desvio da verba recebida, por tratar-se de ato pessoal, praticado pelo administrador no seu próprio interesse" (TJMG, Ap. Cív. 2.0000.00.320137-4/000(1), rel. Fernando Bráulio, j. 14.12.2000).

e) a mesma hipótese acima na circunstância de, para sua criação ou custeio, o erário concorrer ou haver concorrido com menos de 50% do patrimônio ou da receita anual, limitando-se, em ambos os casos ("d" e "e"), a sanção patrimonial à repercussão do ilícito sobre a contribuição dos cofres públicos.

Louve-se em parte a redação dos arts. 1º e 2º. Teria sido mais aconselhável, além das disposições acima, ratificar a norma constitucional do parágrafo único do art. 70, que estabelece: "Prestará contas qualquer pessoa física ou entidade pública que utilize, arrecade, guarde, gerencie ou administre dinheiros, bens e valores públicos ou pelos quais a União responda, ou que, em nome desta, assuma obrigações de natureza pecuniária".

Assim, interessante seria agregar ao parágrafo único do art. 1º da lei comentada a redação adaptada do citado art. 70, parágrafo único, da CF. É a sugestão *de lege ferenda*.

Podemos figurar hipótese onde o causador do dano patrimonial seja particular – "mesmo não sendo agente público" (art. 3º). O que é dano patrimonial? Cremos que se trata de ato lesivo aquele que, direta ou indiretamente, mas real ou efetivamente, redunde no injusto detrimento de bens ou direitos da Administração, representativo de um prejuízo, efetivo ou potencial, de valores patrimoniais.

A norma em foco dilata seu raio de abrangência para colher em suas malhas também entidades que recebam do Estado "benefícios" que especifica. A idéia central é resgatar os valores públicos invertidos nas entidades que receberam esses itens. Parte-se do fato ilícito. Há obrigação de indenizar, conseqüência jurídica do ato ilícito.

"(...) No caso, a ação foi proposta nos termos da Lei 8.429/92, que trata de disciplinar os atos que importam em improbidade administrativa e prevê as sanções. Sujeita às suas penalidades não somente os agentes públicos, mas também aqueles que não o sendo, sejam responsáveis por atos de improbidade praticados contra o patrimônio de entidade que receba subvenção ou qualquer benefício do Poder Público (Lei 8.429/92, artigo 1º, parágrafo único).

"O réu não era agente público. Presidia a Associação dos Moradores da Vila União. Para atender às necessidades com a creche mantida pela entidade que presidia, celebrou convênio com a Secretaria do Trabalho, Cidadania e Assistência Social, por intermédio da Fundação Gaúcha do Trabalho e Ação Social (fls.), de quem recebeu a importância de R$ 1.479,45, conforme recibo de fls. 85 e ficha de depósito bancário de fls. 67. Por isso ao alcance daquela lei" (TJRS, Ap. Cív. 70002021491, rel. Des. Genaro José Baroni Borges, j. 5.9.2001).

DAS DISPOSIÇÕES GERAIS

Art. 1º. (...).

Parágrafo único. Estão também sujeitos às penalidades desta Lei os atos de improbidade praticados contra o patrimônio de entidade que receba subvenção, benefício ou incentivo, fiscal ou creditício, de órgão público bem como daquelas para cuja criação ou custeio o erário haja concorrido ou concorra com menos de cinqüenta por cento do patrimônio ou da receita anual, limitando-se, nestes casos, a sanção patrimonial à repercussão do ilícito sobre a contribuição dos cofres públicos.

Vide comentários ao *caput* do art. 1º, onde a matéria foi analisada.

Art. 2º. Reputa-se agente público, para os efeitos desta Lei, todo aquele que exerce, ainda que transitoriamente ou sem remuneração, por eleição, nomeação, designação, contratação, ou qualquer outra forma de investidura ou vínculo, mandato, cargo, emprego ou função nas entidades mencionadas no artigo anterior.

Vide comentários 2 e 3 ao *caput* do art. 1º.

Já verificamos por ocasião dos comentários ao artigo anterior o conceito e a abrangência de "agente público".

A disposição é clara. Para a lei é indiferente o regime jurídico estabelecido entre o agente público e a Administração. Pode lá estar guindado por eleições, portador de mandato político, nomeado para cargo em comissão, contratado por tempo determinado (art. 37, IX, da CF), designado, contratado pela Consolidação das Leis do Trabalho etc. Basta, para a lei, a constatação da existência de vínculo jurídico, sob as mais variadas formas, para que seja considerado "agente público".

Já desenvolvemos o alcance da expressão "servidor público" nos comentários realizados ao art. 1º da lei.

A respeito da variada terminologia para designar as pessoas vinculadas direta ou indiretamente à Administração e sua responsabilidade, vide Maria Sylvia Zanella Di Pietro, *Direito Administrativo*, 4ª ed., São Paulo, Atlas, pp. 352 e ss.

Art. 3º. As disposições desta Lei são aplicáveis, no que couber, àquele que, mesmo não sendo agente público, induza ou concorra para a prática do ato de improbidade ou dele se beneficie sob qualquer forma direta ou indireta.

Vide comentários aos artigos anteriores.

Ao contrário da Lei 3.502, de 1958, que só tipificava a conduta de quem era servidor público, ou de quem indiretamente intervinha em sua conduta (arts. 1º e 3º), a nova lei anotada aplica-se, no que couber, àquele que, mesmo não sendo agente público, induza ou concorra para a prática do ato de improbidade, ou dele se beneficie sob qualquer forma, direta ou indiretamente.

No regime da lei anterior, ora revogada expressamente, *o terceiro*, estranho à Administração Pública, *não era alcançado pela tipificação especial, salvo pelas normas do Código Penal.*

O terceiro, o particular, aquele que não é servidor ou agente público, segundo a lei, somente poderá ser co-autor ou participante na conduta ilícita. De fato, o agente ou servidor público é quem dispõe efetivamente de meios e condições muito mais eficazes de realização das condutas materiais (positivas ou negativas), porquanto é dele o poder de praticar o ato estatal lesivo. Isso não impede que o particular ou terceiro seja o mentor intelectual da ação de improbidade, seja o verdadeiro "gerente" dos atos ilícitos. Contudo, a lei é clara: as figuras para terceiros circunscrevem-se a duas ações: "induzir" ou "concorrer".

Finalmente, registre-se que, caso o "terceiro" seja beneficiado com a ação ilícita, incorrerá nas sanções previstas na lei, salvo a perda de função pública, como é natural, ausente tal requisito. O artigo em foco possibilita, ainda, o "enquadramento" de todos aqueles que possam não estar incluídos na definição de agente público dos arts. 2º e 1º, parágrafo único.

Art. 4º. Os agentes públicos de qualquer nível ou hierarquia são obrigados a velar pela estrita observância dos princípios de legalidade, impessoalidade, moralidade e publicidade no trato dos assuntos que lhes são afetos.

A norma representa aplicação concreta do art. 37, *caput*, da CF, que determina à Administração direta, indireta ou fundacional, de qualquer dos Poderes da União, dos Estados, do Distrito Federal e dos Municípios, obediência aos princípios de legalidade, impessoalidade, moralidade, publicidade, dentre outros. Os agentes públicos devem preliminarmente respeitar e fazer cumprir a Constituição e, ato contínuo, as leis e atos normativos inferiores.

Ressalte-se a importância do comando, notadamente no Brasil, onde os agentes públicos, diuturnamente, interpretam regulamentos e demais atos administrativos de modo totalmente divorciado da lei. Nunca é demais repetir: a Administração nada pode senão aquilo que a lei lhe comanda e determina.

O princípio da impessoalidade nada mais é que o clássico princípio da finalidade, o qual impõe ao administrador público que só pratique o ato para o seu fim legal. E o fim legal é unicamente aquele que a norma de Direito indica expressa ou virtualmente como objetivo do ato, de forma impessoal. É a lição de Hely Lopes Meirelles (*Direito Administrativo Brasileiro*, 35ª ed., São Paulo, Malheiros Editores, 2009, p. 93).

Estamos com Lúcia Valle Figueiredo na noção do princípio da impessoalidade. Calçada na lição de Giannini, disserta:

"A impessoalidade caracteriza-se, pois, na atividade administrativa, pela valoração objetiva dos interesses públicos e privados envolvidos na relação jurídica a se formar, independentemente de qualquer interesse político. (...).

"A impessoalidade pode levar à igualdade, mas com ela não se confunde.

"É possível haver tratamento igual a determinado grupo (que estaria satisfazendo o princípio da igualdade); porém, se ditado por conveniências pessoais do grupo e/ou do administrador, estará infringindo a impessoalidade.

"É verdade que estão próximos os princípios, mas certamente não se confundem.

"A impessoalidade implica, refrise-se, o estabelecimento de regra de agir objetiva para o administrador, em todos os casos. Assim, como exemplo curial, em nomeações para determinado cargo em comissão, os critérios da escolha devem ser técnicos, e não de favoritismos ou ódios. Não pode a nomeação ser prêmio atribuído ao nomeado, como, também, não pode haver impedimento a nomeações por idiossincrasias.

"Impessoalidade é, por conseguinte, imparcialidade, qualidade de ser imparcial, de 'julgamento desapaixonado, que não sacrifica a sua opinião à própria conveniência, nem às de outrem' (Aurélio Buarque de Holanda)" (*Curso de Direito Administrativo*, 9ª ed., São Paulo, Malheiros Editores, 2008, pp. 63).

O princípio da moralidade já foi sucintamente comentado anteriormente. Como ensina Maria Sylvia Zanella Di Pietro: "Em resumo, sempre que em matéria administrativa se verificar que o comportamento da

Administração ou do administrado que com ela se relaciona juridicamente, embora em consonância com a lei, ofende a moral, os bons costumes, as regras de boa administração, os princípios de justiça e eqüidade, a idéia comum de honestidade, estará havendo ofensa ao princípio da moralidade administrativa" (*Direito Administrativo*, São Paulo, Atlas, 1990, p. 67).

O princípio da publicidade é garantia constitucional que deriva da cidadania, do Estado Democrático de Direito. Não se concebe que a Administração possa resguardar os direitos dos administrados sem transparência, publicidade, enfim, lisura na comunicação, na informação como um todo. Vide arts. 37, *caput*, e 5º, XXXIII, XXXIV, "b", e LXXII, todos da CF. O sigilo é hipótese contida e excepcionalíssima (art. 5º, XXXIII).

Houvesse uma tradição hermenêutica da Administração no sentido de respeitar e dar aplicabilidade aos princípios constitucionais, muitos males poderiam ter sido evitados.[15]

15. *Princípios da Moralidade e Impessoalidade*:
"(...) E seguindo essa linha, o argumento do eminente Desembargador Revisor trazido aos autos, onde a moralidade administrativa teria sido infringida, porém não teria restado provada a improbidade administrativa face a não ocorrência de prejuízo aos cofres públicos, data vênia, não merece prosperar, haja vista a observância de critérios de hermenêutica sistemática, quando do enquadramento do caso concreto às regras abstratas dos diplomas legais.

"Muito antes pelo contrário, se houve violação à moralidade administrativa, teve lugar ato de improbidade administrativa, haja vista o comando do art. 37, da Constituição Federal, ao determinar que a moralidade é um dos princípios da administração pública. E se um dos princípios da administração pública foi violado, há a incidência da norma do art. 11, da Lei de Improbidade Administrativa.

"Ora, se o dispositivo de número 11 da Lei de Improbidade Administrativa cita claramente a necessidade de serem obedecidos os ditames de honestidade, imparcialidade, legalidade e lealdade às instituições, de pleno torna-se essencial a observância da moralidade, que encontra-se esculpida no bojo destes princípios" (Voto do Ministro José Delgado) (STJ, REsp 439.280, rel. Min. Luiz Fux, j. 1.4.2003, m.v.).

"(...) A ilegalidade mais manifesta e evidente que se dessume dos autos, é a violação do princípio da 'impessoalidade', que rege o atuar da administração pública. (...) O princípio da impessoalidade obsta que critérios subjetivos ou anti-isonômicos influam na escolha dos exercentes dos cargos públicos; máxime porque dispõem os órgãos da Administração, via de regra, dos denominados cargos de confiança, de preenchimento insindicável. (...).

"Observe-se que a impessoalidade opera-se *pro populo*, impedindo ao administrador discriminações, ao vedar-lhe a contratação dirigida *intuito personae*" (STJ, REsp 403.981, j. 1.10.2002, rel. Min. Luiz Fux, v.u.).

"Administrativo – Ação Civil Pública – Publicidade de sociedade de economia mista – Ausência de caráter educacional, informativo, ou de orientação social – In-

DAS DISPOSIÇÕES GERAIS 61

Art. 5º. Ocorrendo lesão ao patrimônio público por ação ou omissão, dolosa ou culposa, do agente ou de terceiro, dar-se-á o integral ressarcimento do dano.

Vide art. 21 desta lei.

A responsabilidade é essencial característica de uma República, de um Estado Democrático de Direito. A Constituição Federal contempla a "responsabilidade objetiva do Estado" e a "responsabilidade subjetiva do funcionário". Confira-se o art. 37, § 6º: "As pessoas de direito público e as de direito privado prestadoras de serviços públicos responderão pelos danos que seus agentes, nessa qualidade, causarem a terceiros, assegurado o direito de *regresso* contra o responsável nos casos de dolo ou culpa".

Carlos Ari Sundfeld apresenta excelente síntese do tema:

"Nada obstante, a responsabilidade estatal não é igual à responsabilidade comum dos particulares. Governa-se por regras próprias do direito público, que a fazem mais ampla.

"No direito privado a responsabilidade se liga, em geral, à idéia de culpa. O particular é obrigado a indenizar os danos que cause a outrem quando tenha agido com culpa em sentido amplo, isto é, quando, por ação ou omissão voluntária, violar as normas jurídicas (com a intenção de fazê-lo ou mesmo por imperícia, imprudência ou negligência). Daí se dizer que a responsabilidade típica do direito privado é *subjetiva*.

"Já no direito público, a responsabilidade é *objetiva*, independente de culpa" (*Fundamentos de Direito Público*, 4ª ed., 10ª tir., São Paulo, Malheiros Editores, 2009, p. 181).

A norma volta-se para a conduta do agente público ou de terceiro, visando a ressarcimento do dano. A Administração deverá, então, se a lesão for causada por agente público, apurar o ocorrido, mediante procedimento administrativo adequado, garantindo ao agente seus direitos

serção de imagem de agente público – Violação do art. 37, *caput* e § 1º da CR/88 – Improbidade administrativa caracterizada – Art. 11, I e 12 da Lei 8.429/92. 1. Hipótese em que o Apelado, mesmo advertido das vedações legais e morais de sua conduta, deliberadamente determinou o uso de dinheiro público para pagamento de campanha publicitária, sem fim educacional, informativo ou de orientação social, e com a inserção de sua imagem pessoal, o que é expressamente vedado pela Constituição da República, devendo, portanto, arcar com as consequências de seus atos lesivos aos valores maiores da Administração Pública. Improbidade administrativa caracterizada" (TJMG, Ap. Civ. 1.0024.02.711082-4/001, j. 22.6.2004, rel. Nilson Reis, m.v.).

constitucionais. Não há inovação de monta a ser destacada, a não ser alusão a "terceiros" no dispositivo.

No que tange ao outro lado da questão, é dizer, ainda em relação à responsabilidade objetiva, a jurisprudência, aliás, já vinha caminhando no sentido de admitir, nas ações fundadas na responsabilidade objetiva do Estado com alegação de culpa ou dolo do agente público, cabíveis a denunciação da lide ou mesmo o litisconsórcio facultativo, com o chamamento da pessoa jurídica e de seus agentes ou a propositura da ação diretamente contra os agentes causadores da lesão. Não merece aplausos tal orientação pretoriana. Estamos com Weida Zancaner quando afirma: "Procrastinar o reconhecimento de um legítimo direito da vítima, fazendo com que este dependa da solução de um outro conflito intersubjetivo de interesses (entre o Estado e o funcionário), constitui um retardamento injustificado do direito do lesado, considerando que este conflito é estranho ao direito da vítima, não necessário para a efetivação do ressarcimento a que tem direito" (*Da Responsabilidade Extracontratual da Administração Pública*, São Paulo, Ed. RT, 1981, p. 65).

No tocante à responsabilidade dos servidores, os arts. 121 e ss. da Lei 8.112, de 1990 (Estatuto Federal), estabelecem que o servidor público responde civil, penal e administrativamente por seus atos. A lei passa a integrar a vontade constitucional (art. 37 e parágrafos), contemplando as hipóteses de improbidade.

Sinteticamente, podemos dizer que a responsabilidade penal decorre da prática de crimes funcionais previstos no Código Penal. A responsabilidade civil decorre da prática ou omissão, dolosa ou culposa, de atos de servidores causadores de um dano patrimonial à Administração. Vide art. 186 do CC. Por fim, a responsabilidade administrativa advém do descumprimento de regras da administração, da violação de normas funcionais, do irregular desempenho da função pública.

Voltaremos ao tema mais adiante. Por ora, remetemos o leitor ao trabalho de Diógenes Gasparini, *Direito Administrativo*, 2ª ed., São Paulo, Saraiva, 1992 (capítulo referente à responsabilidade dos servidores).

Durante todos esses anos de vigência da lei verificamos uma certa vacilação da jurisprudência no que tange ao tema do "ressarcimento *integral* do dano" e à vigência da lei, havendo uma confusão de idéias e de institutos.

Após refletir sobre o tema, chegamos à conclusão de que o art. 5º, parte final, da lei determina o ressarcimento integral do dano causado à Administração, não havendo lugar para posições intermediárias.

Já o Código Civil brasileiro, em seu art. 398, determina: "Nas obrigações provenientes de ato ilícito, considera-se o devedor em mora desde que o praticou".

O conceito de "delito" é o mais amplo possível, e serve à interpretação do art. 5º da lei que sanciona os atos de improbidade.

Recorde-se, ainda, que o enunciado da Súmula 43 do STJ é taxativo: "Incide correção monetária sobre dívida por ato ilícito a partir da data do efetivo prejuízo" – plenamente aplicável na hipótese comentada.[16]

Por fim, cumpre tentar desfazer ligeira confusão doutrinária e jurisprudencial acerca do tema. O ressarcimento do dano causado pelo ato de

16. *Incidência de correção monetária e juros*: "(...) A recomposição do patrimônio lesado, há de ser a mais completa, ou seja, não só o valor originário, mas também os acréscimos decorrentes dos juros e atualização monetária. (...)" (TJPR, Ap. Civ. 175.028-1, rel. Sergio Rodrigues, j. 22.11.2005, v.u.).
"A correção monetária e os juros constituem pedidos implícitos (CPC, art. 293) e decorrem, naturalmente, do caráter condenatório da ação de improbidade (art. 12 da Lei 8.429/92). Preliminar de nulidade da sentença rejeitada. Voto: (...) A segunda preliminar respeita ao hipotético julgamento *ultra* e *extra petita*, decorrente da imposição de correção monetária e juros quanto às multas impostas. Não há violação dos artigos 128 e 460 do Cód. de Proc. Civil. E não importa a omissão, a respeito, do art. 12 da Lei 8.429/92. E isso, porque sempre que houver pedido de condenação a prestação – na doutrina alemã, por tal motivo, a ação condenatória é conhecida como ação de prestação (*Leistungsklage*) – como no caso o de imposição de multa civil, implicitamente que seja há o pedido de condenação no reajuste monetário e nos juros, a teor do art. 293 do Cód. de Proc. Civil e da Súmula 254 do STF (Araken de Assis, *Cumulação de Ações*, n. 70.4.2 e n. 70.4.3, p. 248, 4ª ed., São Paulo, RT, 2002). Em relação aos juros, não se aplicam os artigos 397 e 398 do CC-02, pois o autor foi constituído em mora pela citação, a teor do art. 219, *caput*, do Cód. de Proc. Civil. Esta norma incide, justamente, na hipótese de ação não se basear na mora do réu, estimando-se a citação, de resto, 'a mais enérgica de todas as interpelações' (Moniz de Aragão, *Comentários*, v. 2, n. 236, p. 257, 6ª ed., Rio de Janeiro, Forense, 1989). Ademais, cumpre recordar o disposto no Súmula 54 do STJ, quanto ao termo inicial dos juros em matéria de responsabilidade civil. (TJRS, Ap. Civ. 70011743762, j. 29.5.2005, rel. Araken de Assis, v.u.).
Início da contagem dos juros (desde o evento): "Ação Civil Pública. Improbidade Administrativa. Comprovação do uso da verba pública. Sanção civil. Juros. (...) Por último, tratando-se verdadeiramente de ato ilícito, os juros moratórios fluem a contar do evento, como dispõem o artigo 962 do C. Civil e a Súmula 54 do STJ" (TJRS, Ap. Civ. 70002021491, j. 5.9.2001, rel. Des. Genaro José Baroni Borges). Neste sentido: TJSC, ACP 2004.011908-9, rel. Des. Luiz Cézar Medeiros, j. 8.8.2004, v.u. TJMG, Ap. Civ. 1.0000.00.324156-9/000, j. 16.10.2003, rel. Dorival Guimarães Pereira. TJPR, Ap. Civ. 150.273-0, j. 21.12.2004, rel. Péricles B. de Batista Pereira, v.u.).
Desde a citação: TJRS, Ap. Civ. 70006564926, j. 26.8.2003, rel. Rejane Maria Dias de Castro Bins.

improbidade deve ser integral, pouco importando a data em que adquiridos os bens pelo réu. É perfeitamente possível alcançar bens havidos anteriormente à vigência da presente lei.[17]

17. "A decretação de indisponibilidade de bens em decorrência da apuração de atos de improbidade administrativa deve observar o teor do art. 7º, parágrafo único, da Lei 8.429/92, limitando-se a constrição aos bens necessários ao ressarcimento integral do dano, ainda que adquiridos anteriormente ao suposto ato de improbidade" (STJ, REsp 401.536-MG, rela. Min. Denise Arruda, j. 6.12.2005, v.u.). Neste sentido: STJ, REsp 439.918-SP, AgR na Medida Cautelar 11.139-SP.

"A Lei n. 8.429/92 admite e legitima, na hipótese de lesão ao patrimônio público, por quebra do dever de probidade administrativa, que o juiz, a requerimento do Ministério Público, adote, com intuito acautelatório, a medida de indisponibilidade dos bens dos agentes públicos, para assegurar, de modo adequado e eficaz, o integral e completo ressarcimento do dano em favor do erário. A indisponibilidade pode recair sobre todos os bens, mesmo em relação àqueles adquiridos anteriormente aos atos de improbidade administrativa, pois o que importa é o efetivo ressarcimento ao erário, ou seja, ressarcimento integral do dano. A garantia constitucional à liberdade dos bens cede à necessidade de garantia da efetividade das decisões jurisdicionais, principalmente em se tratando de hipótese de improbidade administrativa, uma vez que o risco de prejuízo ao erário atinge não só a administração, como toda a coletividade, em face da sua natureza (Precedente: Agravo de Instrumento 0047-7, TJRO)" (TJMG, Ap. Civ. 000.267.485-1/00, rela. Maria Elza, j. 24.10.2002, v.u.). Neste sentido: TJMG, Agravo 1.0543.05.931085-3/001, j. 14.3.2006, rela. Vanessa Verdolim Hudson Andrade, v.u.

"Correta a decisão concessiva da antecipação de tutela em ação civil pública movida pelo Ministério Público para decretar a indisponibilidade de bens do demandado para o efeito de garantir eventual execução de sentença condenatória. Possibilidade de decretação da indisponibilidade antes mesmo do transcurso do prazo de defesa prévia, em face da natureza acautelatória da medida. Possibilidade, igualmente, pelos mesmos motivos, de serem atingidos bens adquiridos antes do fato imputado ao demandado. Impossibilidade de exame da argüição de prescrição antes de sua apreciação pelo juízo 'a quo'. Redução apenas da extensão da indisponibilidade, em face do valor determinado do pedido de condenação constante da petição inicial, não havendo necessidade de se atingir todo o patrimônio do demandado" (TJRS, AI 70005272299, Des. Nelson Antonio Monteiro Pacheco, j. 19.12.2002, m.v.).

Em sentido contrário: "A indisponibilidade de bens, para os efeitos da Lei n. 8.429/92, só pode ser efetivada sobre os adquiridos posteriormente aos atos supostamente de improbidade. A decretação da disponibilidade e o seqüestro de bens, por ser medida extrema, há de ser devida e juridicamente fundamentada, com apoio nas regras impostas pelo devido processo legal, sob pena de se tornar nula. Inocorrência de verificação dos pressupostos materiais para a decretação da medida, quais sejam, existência de fundada caracterização da fraude e o difícil ou impossível ressarcimento do dano, caso comprovado. (...) Inobservância do Princípio da Proporcionalidade ('mandamento da proibição de excesso'), tendo em vista que não foi verificada a correspondência entre o fim a ser alcançado por uma disposição normativa e o meio empregado, a qual deve ser juridicamente a melhor possível" (STJ, AgR no REsp 422.583-PR, José Delgado, j. 20.6.2002, v.u.).

Por fim, cabe ao réu demonstrar, com todas as provas de que dispõe, se a aquisição, alienação, enfim, se o bem objeto de constrição para ressarcimento tem, ou não, conexão com o ato de improbidade. É matéria de prova, que não se relaciona com o "conflito de leis no tempo".

Art. 6º. No caso de enriquecimento ilícito, perderá o agente público ou terceiro beneficiário os bens ou valores acrescidos ao seu patrimônio.

Vide art. 12 da lei. A respeito da noção geral de "enriquecimento ilícito", vide os comentários no início do trabalho.

A Constituição da República autorizou o legislador a estabelecer a perda de bens como pena. A perda de bens não é capitulada no Código Penal como sanção, porém como efeito da condenação (art. 91). A lei anotada completa o dispositivo constitucional, autorizando o juiz a decretar a perda de bens por atos de improbidade nela capitulados.

É certo que a perda de bens, tal como estipulada na lei, é cominação principal ao lado das demais lá previstas. Não se trata de "efeito de condenação" ou conseqüência de processo penal. É uma das modalidades de sanção contra ato de improbidade administrativa (norma jurídica de natureza civil). Como veremos mais adiante, para se chegar à perda de bens, uma série de providências, atos processuais, investigações, deve ocorrer. A perda de bens, portanto, é ato final reconhecido na sentença judicial que detecte a prática dos atos capitulados na lei como infringentes à moralidade administrativa, por seus agentes.

A lei não estabeleceu com precisão o que entende por "enriquecimento ilícito". E nem deveria. A tarefa de definir, ordinariamente, não é do legislador, mas sim do jurista. Hely Lopes Meirelles entende por enriquecimento ilícito aquele que "decorre da prática de crime contra a Administração definido no CP, arts. 312 a 327" (*Direito Administrativo Brasileiro*, 35ª ed., São Paulo, Malheiros Editores, 2009, p. 514). Cremos que, para a lei anotada, configura enriquecimento ilícito a conduta de todo e qualquer agente público ou equiparado que acrescente a seu patrimônio valores, direitos ou bens em detrimento da Administração

"Ação Civil Pública. Pedidos de exclusão da lide e julgamento individual. Descabimento. Indisponibilidade de bens. Origem dos bens e data de aquisição. A indisponibilidade de bens, para os efeitos da Lei n. 8.429/92, só pode ser efetivada sobre os bens adquiridos posteriormente aos alegados atos de improbidade" (TJRS, AI 70009080268, rel. Irineu Mariani, j. 1.9.2004, m.v.). Também: TJRS, AI 70011999745, rel. Luiz Ari Azambuja Ramos, j. 18.8.2005, v.u.

Pública. Do mesmo modo, o agente ou equiparado que age, que conduz sua ação administrativa, de modo a tisnar o princípio da moralidade administrativa, tal como vazada concretamente na lei anotada.

Em síntese, portanto, propomos o seguinte conceito de enriquecimento ilícito: *enriquecimento ilícito é o acréscimo de bens ou valores que ocorre no patrimônio do agente público ou de terceiros a ele vinculados, por ação ou omissão, mediante condutas ilícitas, em detrimento da Administração Pública nas suas mais variadas manifestações.* Manifesta-se preponderantemente através do acréscimo (proveito) patrimonial. Contudo, pratica ainda ato de enriquecimento ilícito o agente que causa dano moral à Administração (v. a noção geral de "enriquecimento ilícito" no início deste trabalho). Voltemos ao texto legal.

O art. 9º contempla algumas situações que configuram ou tipificam tal infração por importarem atos de improbidade administrativa, para, em seguida, o art. 12, I, estabelecer as cominações. A dificuldade do legislador está, segundo cremos, na elasticidade do conceito jurídico de "moralidade administrativa", de "probidade" ou "improbidade". De outra parte, a Lei 8.112, de 1990, estabelece como uma das hipóteses de demissão a prática de "improbidade administrativa" ou de atos de "corrupção". Verificada a ocorrência de enriquecimento ilícito, é obrigatória a instauração de processo disciplinar (art. 146 da Lei 8.112, de 1990), independentemente da perda dos bens ou valores acrescidos ilicitamente ao patrimônio do agente. A necessidade do processo disciplinar, sempre com a observância das garantias constitucionais, deflui da Constituição Federal.

As hipóteses do art. 9º, que comentaremos adiante, todas elas configuram, *ex vi legis*, situações ou fatos aptos a gerarem a sanção prevista no art. 6º: a perda dos bens ou valores, pelos agentes públicos ou beneficiários, acrescidos ao seu patrimônio em razão do ilícito.

Finalmente, remarque-se a possibilidade, aberta pelo sistema, da utilização de medidas cautelares (nominadas ou inominadas), remédio ordinariamente mais eficiente a fim de bloquear imediata e provisoriamente as transações ilícitas ou imorais que envolvem o tipo de operação que os agentes ímprobos costumam levar a cabo, sem embargo da possibilidade de outras ações, como a ação popular, a ação civil pública etc. – tudo a depender da análise do caso concreto e dos pressupostos processuais de tais medidas. Ademais, lembrem-se, ainda, as disposições da Lei 4.619, de 28.4.1965, que estabelece normas sobre a ação *regressiva* da União contra seus agentes, ajuizada pelo Procurador da República em 60 dias da data em que transitar em julgado a condenação imposta à Fazenda (arts. 1º e 2º), sob pena de falta funcional.

DAS DISPOSIÇÕES GERAIS

Art. 7º. Quando o ato de improbidade causar lesão ao patrimônio público ou ensejar enriquecimento ilícito, caberá à autoridade administrativa responsável pelo inquérito representar ao Ministério Público, para a indisponibilidade dos bens do indiciado.

Vide artigo anterior; art. 5º, LIV e LV, da CF; art. 16 da lei comentada; art. 4º e seus parágrafos da Lei 8.397, de 6.1.1992.

Segundo a lei anotada, existem, basicamente, três tipos ou modalidades de atos de improbidade administrativa: aqueles que importam enriquecimento ilícito, aqueles que causam prejuízo ao erário e, finalmente, os que atentam contra os princípios da Administração Pública. Respectivamente, arts. 9º, 10 e 11.

A disposição constante do art. 7º tem nítida feição acautelatória. Autoriza a indisponibilidade dos bens do indiciado.

A indisponibilidade é medida de cunho emergencial e transitório. Sem dúvida, com ela, procura a lei assegurar condições para a garantia do futuro ressarcimento civil. O dispositivo não exige prova cabal, muita vez inexistente nessa fase, como é de se supor, mas razoáveis elementos configuradores da lesão, por isso a redação legal "quando o ato de improbidade causar lesão ao patrimônio". Exige-se, portanto, s.m.j., não uma prova definitiva da lesão (já que estamos no terreno preparatório) mas, ao contrário, razoáveis provas, para que o pedido de indisponibilidade tenha trânsito e seja deferido. De outra parte, o enriquecimento ilícito também autoriza a indisponibilidade dos bens do indiciado. Também aqui a exigência de documentação hábil a comprovar a figura do enriquecimento ilícito; do contrário será arbitrário seu deferimento. Sem tais requisitos será impossível dar trânsito ao pedido de indisponibilidade.[18]

---

18. "(...) Outrossim, porque é possível supor que alguém, temendo desfecho desfavorável na ação proposta contra si, pudesse tentar frustrar a execução da futura decisão, alienando os bens ou valores necessários ao ressarcimento dos prejuízos causados ao erário, é de interesse público que se assegure, imediata e cautelarmente, o resultado útil do processo, o que somente poderia ser obtido mediante a excepcional indisponibilidade dos bens, que poderiam ir para mãos de terceiros de boa-fé. (...).

"*Voto*: (...) Por mais relevantes que sejam os argumentos já desenvolvidos por uma parte e outra, basta aqui verificar, apenas e tão-somente, se existe a fumaça do bom direito ("fumus boni iuris"), isto é, se diante dos fatos expostos teria o autor ação (a ação principal) para fazer valer aquele direito e se ocorre o "periculum in mora", ou seja, se há risco de ineficácia da medida ou se há receio de lesão ao direito

Dúvidas ocorrem na mente do intérprete ao verificar que, mais adiante, a lei contempla a possibilidade do seqüestro (art. 16 e parágrafos). Ambas as providências ocorrem na fase investigatória. Aqui, fala-se em indiciado. No art. 16 a mesma terminologia é utilizada. Poder-se-ia cogitar de duas medidas cautelares independentes, uma nominada (seqüestro), mais abrangente, e outra mais restrita, a indisponibilidade. Ou, ao contrário, trata-se de dois pedidos na mesma medida? Se a lei não tem palavras inúteis, duas são as possibilidades abertas ao requerente defensor da moralidade pública: a indisponibilidade dos bens e o seqüestro de bens. A primeira, medida cautelar inominada, visando à proibição de alienar, negociar, transacionar, dispor de bens e valores do pleiteado que possa ocorrer até o julgamento final da lide. Isto porque, se possui o autor direito a uma ação, devem-se assegurar os meios para realizar o direito a ser perquirido naquela ação e medida cautelar é a meio processual hábil para assegurar a efetividade do processo. (...).

"O que importa, para verificação do *fumus boni iuris*, é constar que as condutas descritas pelo órgão ministerial em sua inicial, e capituladas como atos de improbidade administrativa, em princípio, e sem emissão de qualquer juízo de valor, fazem-no credor da sentença de mérito, pouco importando que, ao final, venha-se a concluir pela improcedência do pedido.

"Então, se os fatos descritos na inicial, cuja existência encontra-se razoavelmente justificada, poderiam ser enquadrados, ainda que apenas hipoteticamente, como atos de improbidade administrativa, não importa em reconhecimento, nem mesmo em sede de cognição sumária, de que os fatos narrados possam realmente ser enquadrados como atos de improbidade, com efetividade imediata que autorizasse a aplicação, desde então, das sanções do art. 12 e incisos, da Lei n. 8.429/1992.

"Como já dito, a real existência do direito alegado na inicial será objeto de conhecimento do julgador, quando da apreciação do pedido. (...).

"Outrossim, sob o aspecto puramente lógico, é possível supor que, diante do desfecho da ação proposta, sua futura execução pode ser prejudicada pela falta de bens ou de valores necessários ao ressarcimento dos prejuízos causados ao erário.

"Em tais circunstâncias, previstas em lei e suscitadas nos autos, cumpre ao juiz aplicar as determinações legais no sentido de que se assegure, cautelarmente, o resultado útil do processo. Para atender a este fim, a lei prescreve a excepcional indisponibilidade dos bens. Não obstante, ao contrário do alegado pelo MD. Representante do Ministério Público, indisponibilidade de bens não é penalidade, mas medida acautelatória que, conforme expressamente dispõe o parágrafo único, do art. 7º, da Lei n. 8.429/1992, deve restringir-se ao valor do dano causado ou ao acréscimo patrimonial decorrente da atividade ilícita.

"Por isto, a tutela cautelar deve ser requerida com o fundamento de garantir o ressarcimento do dano ou de restituir o acréscimo patrimonial. A indisponibilidade de bens não visa assegurar satisfação de eventual multa pecuniária, a teor da literalidade do artigo 7º, parágrafo único, da Lei n. 8.429/1992" (TJMG, Ag 1.0439.05.041685-8/001, j. 14.3.2006, rel. Brandão Teixeira, v.u.).

agente acusado. O seqüestro está regulado no Código de Processo Civil. Será providência ulterior à indisponibilidade, inclusive com entrega de bens (conforme sua natureza). Já, a indisponibilidade não encontra regulamentação processual. Será veiculada por meio de medida cautelar inominada, presentes seus pressupostos e atendidas as peculiaridades do caso concreto.[19]

Art. 7º. (...).

Parágrafo único. A indisponibilidade a que se refere o "caput" deste artigo recairá sobre bens que assegurem o integral ressarcimento do dano, ou sobre o acréscimo patrimonial resultante do enriquecimento ilícito.

Vide art. 16 da lei.

A norma jurídica analisada preocupa-se em dimensionar o patrimônio (sentido amplo) do agente ou de terceiro, visando à integral recomposição do dano causado. Procura, sem dúvida, o dispositivo forrar a Administração lesada de toda sorte de bens, direitos ou obrigações aptos e suficientes à recomposição do dano causado. Normalmente, não é fácil, desde logo, apurar-se a extensão do dano causado por atos de "improbidade". Sendo assim, a norma autoriza – e a prudência aconselha – que o pedido de indisponibilidade seja amplo, devendo o requerente apresentar uma estimativa sempre superdimensionada, a fim de garantir, ainda que provisoriamente, futura recomposição. Para tanto, a Administração dispõe de mecanismos de cooperação, podendo acionar a Receita Federal, recolher informações no mercado, enfim, tudo visando à melhor satisfação na recomposição pretendida.

O dispositivo dá ensejo a uma questão processual de difícil equacionamento. É bastante a demonstração do enriquecimento ilícito para o deferimento da providência cautelar, ou também é preciso demonstrar o *periculum in mora*?[20]

Entendemos que o requisito do *periculum in mora* não deva ser desconsiderado, e pode ser deduzido na presença de um dano irreparável, presente antes da decisão definitiva.

19. Ver, ao final deste artigo, ementário a respeito da diferença entre os artigos 7º e 16 da Lei n. 8.429.
20. "(...). A medida prevista no art. 7º da Lei n. 8.429/92 é atinente ao poder geral de cautela do juiz, prevista no art. 798 do Código de Processo Civil, pelo que seu deferimento exige a presença dos requisitos do *fumus boni iuris* e *periculum in mora*. (...)" (STJ, REsp 731.109, rel. Otávio de Noronha).

Quanto à probabilidade do prejuízo, entendemos que o conceito pode ser deduzido da própria Lei de Improbidade. É dizer, ela já estaria presente nos valores de "probidade" que o agente administrativo aparentemente desprezou, ao praticar atos ímprobos.[21]

Finalmente, é possível imaginar uma situação onde existam ajuizadas duas ações, uma de improbidade e outra popular, ambas com pedido de indisponibilidade de bens. A primeira com fundamento na Lei de Improbidade, a segunda instrumentalizada no poder cautelar geral do juiz. Caso a hipótese cerebrina ocorra, pode-se cogitar de que apenas uma providência seja eficaz, alcançando-se o objetivo do pedido – a indisponibilidade alvitrada –, sem prejuízo do regular processamento de ambas as ações.

Verifica-se, ainda, o início de uma discussão sobre se haveria ou não litispendência na hipótese do ajuizamento de duas ações – popular e de improbidade, ou de improbidade e ação civil pública. Rigorosamente, entendemos que, não havendo identidade das duas demandas, não há falar em litispendência.[22] Como sabemos, segundo lição antiga, haverá litispendência diante de identidade de duas ações quer em relação ao objeto sobre que versa a ação, quer em relação à identidade de causa de pedir ou de partes.

Com a ação popular haverá o autor popular no pólo ativo, razão suficiente para afastar o tema, se não por esse motivo, por outra circunstância. A ação popular não é um instrumento apto a sancionar "atos de improbidade", definidos em lei específica, ainda que possa buscar anular e punir atos atentatórios ao patrimônio público.[23]

Em edições anteriores, sustentamos que o objeto da ação civil de improbidade administrativa seria diverso, porque mais compreensivo que o da ação civil pública.

21. TJMG, Ap. Civ. 000.267.485-1/00, rela. Maria Elza, j. 24.10.2002, v.u.
22. No sentido de não haver litispendência: TJSP, EI 155.548-5/9-02, j. 26.9.2002, rel. Des. Viana Santos.
23. "Embora o mesmo fato possa ensejar o ajuizamento simultâneo de Ação Popular e Ação Civil Pública por Improbidade Administrativa, as finalidades de ambas as demandas não se confundem, de tal sorte que uma Ação não se presta para substituir a outra, pois, enquanto a primeira é predominantemente desconstitutiva, e subsidiariamente condenatória em perdas e danos, a segunda é precipuamente condenatória, em dinheiro ou em obrigação de fazer ou não fazer, nos termos da doutrina e normas de regência" (TJMG, Ap. Civ. 1.0000.00.324156-9/000, rel. Dorival Guimarães Pereira, j. 16.10.2003, m.v.).
Neste sentido: TJSC, Ap. Civ. 2004.014909-3, rel. Des. Vanderlei Romer, j. 16.12.2004.

Após meditar sobre a questão alteramos nosso entendimento. Em termos ontológicos, não são categorias distintas. Ambas as ações buscam dar eficácia máxima a defesa do princípio da honestidade administrativa e, assim, da probidade administrativa.

Evidentemente, se o autor da ação pretende uma condenação por improbidade administrativa está irremediavelmente preso à Lei 8.429/92, especialmente às suas penas.

A Lei de Improbidade, ademais, não é norma penal, adotada a visão clássica de privação de liberdade. Restringe direitos políticos, bloqueia bens e direitos, atinge o patrimônio, o crédito e o regular desenvolvimento da atividade da pessoa ou da empresa.

Outra questão, que mais adiante teremos oportunidade de verificar, diz com o regime das sanções, que deve estar cintado de garantias constitucionais, como o devido processo legal, a ampla defesa, o contraditório etc. É dizer, a Lei de Improbidade, como restringe a liberdade e aplica graves e severas penas, deve, *para esse efeito*, ser vista como se fora verdadeira norma penal. Mas não é. Como estamos diante do "direito administrativo sancionador", cumpre recordar e fazer aplicar as garantias constitucionais do processo.

Jurisprudência acerca da diferença entre os arts. 7º e 16 (diferença entre indisponibilidade e seqüestro de bens)

• Urge esclarecer de início que, em que pese tenha o magistrado *a quo* designado o ato constritivo de seqüestro, cuida a espécie, na verdade, de verdadeira indisponibilidade de bens, medida esta avulsa de cunho acautelatório, nos termos do art. 797, do CPC, e prevista no art. 7º, parágrafo único, da Lei n. 8.432/92.

É que a medida cautelar de seqüestro, prevista no art. 822 e seguintes, do CPC, segundo Carlos Alberto Álvaro de Oliveira, "supõe a litigiosidade da coisa (atual ou virtual) e, nessa perspectiva, pode ser conceituado como apto a prover, no âmbito da tutela cautelar, quanto à segurança material da coisa que foi, é, ou poderá vir a ser litigiosa (idem, quanto a semoventes). Excepcionalmente, acautela-se a segurança das pessoas envolvidas em litígio sobre determinado bem, como no caso de possibilidade de rixas ou violências" (in *Comentários ao Código de Processo Civil*, 3ª ed., Rio de Janeiro, Forense, 1998, vol. III, tomo II, p. 92).

Adiante, continua esse autor: "Alerte-se ainda para a necessidade de que o seqüestro, pelo menos tendencialmente, esteja ligado a processo de conhecimento ou de execução, em que se busque, em via principal ou secundária, de forma isolada ou cumulada, recuperação da posse ou, mais largamente, restituição ou entrega da coisa litigiosa" (*op. cit.*, p. 94).

In casu, o que se verifica é que o juiz *a quo*, diante da permissão legal conferida no art. 797 do CPC, determinou a indisponibilidade dos bens do agravante até o limite necessário para garantir o integral ressarcimento do provável dano ao erário público por ele praticado, visando resguardar a ordem, o interesse público e o bem comum, assim também como o resultado útil do processo, expressão, por excelência, do poder de polícia do juiz sobre o processo. Trata-se, assim, de medida avulsa de cunho acautelatório, também chamada de cautela legal de ofício.

Elas, em verdade, são providências acessórias ao processo principal, realizadas no curso de uma ação já deflagrada, podendo ser requerida pela parte, como tomada de ofício. Constituem verdadeiras medidas reguladoras, podendo ser determinadas pelo juiz no curso de processos de qualquer natureza, seja jurisdicional (de conhecimento, de execução ou cautelar) ou administrativa.

Galeno Lacerda, a propósito, enfatiza: "A cautela geral de ofício, do art. 797, constitui providência de natureza administrativa, emanada de autêntico poder de polícia do juiz, no resguardo de bens e pessoas confiados por lei à sua autoridade (...)" (in *Comentários ao Código de Processo Civil*, 3ª ed., Rio de Janeiro, Forense, 1998, vol. III, tomo I, p. 80). Esse poder se justifica pelo fato de que, no curso de um processo dito "civil", em que se objetiva a recomposição de interesses particulares em conflito, há valores públicos e sociais que entram em choque com aqueles, clamando, dessa forma, pela tutela. Assim, tais medidas avulsas objetivam, acima de tudo, a preservação da ordem pública e do bem comum. "Essa atividade, em regra, se manifesta no curso dos processos jurisdicionais ou administrativo a ele afetos, sempre que neles se verificar a necessidade de proteção direta, autorizada em lei, de pessoas ou de bens materiais e imateriais" (*op. cit.*, p. 82). E essa autorização encontra-se consubstanciada, na espécie, no art. 7º, parágrafo único, da Lei n. 8.429/92.

No tocante à discussão aventada acerca da propriedade das terras em que estavam assentadas os eucaliptos derrubados, esta deve ser afastada. Isto porque tal questão constitui-se em matéria de fundo da ação principal, estando em debate, na hipótese, apenas a análise dos requisitos autorizadores da liminar decretada, bem como de sua extensão sobre o patrimônio do agravante. (TJSC, 1ª C.Civil, AI 2002.010135-0, rel. Francisco Oliveira Filho, j. 24.2.2003, v.u.).

• Agravo de Instrumento. Ação Civil Pública. Improbidade Administrativa. Indisponibilidade de bens. Presença dos requisitos do *fumus boni iuris* e do *periculum in mora*. Provimento liminar do agravo na forma do art. 557, § 1º-A, do CPC.

Não há confundir indisponibilidade de bens com seqüestro. São duas medidas absolutamente diversas, regradas em diferentes dispositivos da Lei n. 8.429/92. Ora, para o seqüestro, exige o art. 16, da Lei n. 8.429/92, no § 1º, que o rito seja aquele do CPC. Para a indisponibilidade a regra é a do art. 7º e seu parágrafo único. Deferido o seqüestro, retira-se a posse dos bens do indiciado; a indisponibilidade não retira, pois permanece o réu na

DAS DISPOSIÇÕES GERAIS 73

posse de seus bens, na gerência, na administração, só não podendo deles desfazer-se. Para a medida de indisponibilidade de bens, sequer há necessidade de ação cautelar específica, podendo ela ser requerida e deferida no bojo da ação principal. Assim, toda a matéria referente aos requisitos do *fumus boni iuris* e do *periculum in mora* há de ser enfrentada à luz do efetivo pedido formulado na inicial, ou seja, enquanto mera indisponibilidade de bens, medida absolutamente diversa do seqüestro. Natureza nitidamente acautelatória na medida da indisponibilidade, que em nada se assemelha ao seqüestro, para o qual se exige, este sim, prova efetivamente mais robusta. Prova suficiente dos requisitos que autorizam a concessão da liminar. A indisponibilidade dos bens visa assegurar eventual reparação ao erário, se for o caso. E esta reparação, sim, é o fundamento da ação de improbidade, além da possível invalidação do ato administrativo que se afirma nulo. Portanto, a indisponibilidade (não seqüestro) é medida que visa acautelar o pedido principal, e, como tal, a ser deferida. Limitação da indisponibilidade dos bens dos réus/agravados proporcionalmente ao alegado valor do dano mais a multa. Questão que deverá ser dimensionada na origem, oportunamente (TJRS, AI 70015570443, rel. Henrique Osvaldo Poeta Roenick, j. 7.6.2006).

• Agravo de Instrumento. Ação Cautelar. Inominada. Atos de improbidade administrativa. Indisponibilidade de bens. Ações Cautelares incidentais à Ação Civil Pública por ato de improbidade. Os artigos 7º e 16 da Lei n. 8.429 tratam de duas ações cautelares distintas, uma nominada, de seqüestro, e a outra, baseada no poder geral de cautela, de indisponibilidade, visando ambas, entretanto, impedir a dissipação prévia de bens à eventual execução do julgado de procedência da ação civil pública, com ressarcimento ao erário comprovado o ato de improbidade. Corolário da distinção é que, na ação cautelar de indisponibilidade de bens, diferentemente da demanda nominada de seqüestro, pode alcançar bens adquiridos anteriormente ao ato de improbidade, limitando-se, entretanto, a restrição ao valor suficiente à garantia do ressarcimento integral do dano ao patrimônio público. Na espécie, o ato de improbidade atribuído aos agravantes consistiu na ordenação de despesas irregulares, razão pela qual não se está diante da hipótese prevista na última parte do parágrafo único do artigo 7º da Lei 8.429 (bens relativos ao acréscimo patrimonial resultante do enriquecimento ilícito), mas de indisponibilidade de bens suficientes à garantia do dano causado ao erário. *Interesse processual*. Está evidenciado o interesse processual na ação cautelar de indisponibilidade de bens como forma processual adequada à veiculação daquele pedido, com base no artigo 7º da Lei 8.429, com a finalidade de garantir a execução futura do julgado condenatório de ressarcimento do erário atendendo, portanto, à relevante interesse público de impedimento da dilapidação eventual do patrimônio do responsável pelo ato ímprobo. *Cabimento da ação cautelar*. Consistindo a antecipação dos efeitos da tutela em um adiantamento da eficácia do julgado definitivo, mostra-se incompatível com sua finalidade a sua adoção em ação civil pública referente à ato de improbidade administrativa, na qual o Ministério Público pede o ressarcimento do dano sofrido pelo erário público. É evidente, pela natureza dessa medida, de garantia à efetividade da execução futura, que a ação tendente a obtê-la deve ser cautelar. *Natureza não-satisfativa da medida cautelar de indisponibilidade de bens*. De outra banda, não há cogitar *de juris* satisfatividade da medida, pois não se trata de providência judicial definitiva da ação civil pública, mas cautela garantidora, durante o trâmite daquela demanda, de sua futura efetividade, evitando que os demandados dissipem seu patrimônio antes de uma decisão definitiva. *Observância aos princípios do contraditório e da ampla defesa. concessão da providência cautelar* **in limine litis**. A existência de irregularidades administrativas, verificada em cognição sumária da prova documental, própria à tutela cautelar liminar, mostra a possibilidade e necessidade da concessão da providência *in limine* da medida de indisponibilidade de bens dos agentes públicos *lato sensu, inaudita altera pars*, a garantir a efetividade da ordem, sem que haja ofensa ao princípio constitucional do contraditório, ou da ampla defesa, que será exercida no momento processual próprio. *Pressupostos da tutela cautelar específica*. Demonstrada a existência de irregularidades administrativas, em juízo de cognição sumária da prova, que evidencia a eventual ocorrência de atos ímprobos dos agravantes, possível a dissipação dos seus patrimônios a inviabilizar a execução futura de um julgado condenatório, a apontar risco de lesão irreparável ao erário, mostra-se necessária e indispensável, no caso, a concessão da medida liminar cautelar de indisponibilidade parcial dos bens dos agentes públicos *lato sensu*, garantindo a efetividade da jurisdição a ser prestada na ação civil pública promovida pelo Ministério Público. Agravo desprovido (TJRS, AI 70011846193, rel. João Armando Bezerra Campos, j. 21.12.2005, v.u.).

• Ação Civil Pública. Improbidade administrativa e dano ao erário. Seqüestro de bens. Recurso. O seqüestro de bens não se confunde com a sua indisponibilidade, devendo ser evitado como medida vexatória que é. Inteligência do art. 7º da Lei n. 8.429/92. Provimento parcial do recurso (TJMG, Ag 1.0000.00.184158-4/000(1), rel. Abreu Leite, j. 10.10.2000, v.u.).

Art. 8º. O sucessor daquele que causar lesão ao patrimônio público ou se enriquecer ilicitamente está sujeito às cominações desta Lei até o limite do valor da herança.

Vide art. 5º, XLV, da CF; CC, arts. 1.796 e seus parágrafos, 1.798, 1.799 e 1.800; Lei 6.830, de 1980, arts. 2º, § 2º, 4º, VI, 29 e seu parágrafo único e 30; CPC, arts. 584, I, II e V, e parágrafo único, e 1.017.

O termo "sucessão" aplica-se a todos os modos derivados de aquisição do domínio, indicando o ato pelo qual alguém sucede a outrem, investindo-se, no todo ou em parte, nos direitos que lhe pertenciam. Trata-se da sucessão *inter vivos*. Temos ainda a sucessão como a transferência, total ou parcial, de herança, por morte de alguém, a um ou mais herdeiros (v. Maria Helena Diniz, *Curso de Direito Civil – Direito das Sucessões*, v. 6º, São Paulo, Saraiva, 1989, p. 16).

Nos termos do Código Civil (art. 1.796), a herança responde pelas dívidas do espólio antes da partilha, e os herdeiros só responderão depois de feita a partilha, proporcionalmente à parte que lhes coube na herança.

Hipótese cerebrina, mas possível, seria a doação dos bens do agente ou terceiro aos sucessores ainda em vida. Seria aplicável a regra ainda que disponha a respeito dos "sucessores"? Cremos que sim. A hipótese seria verdadeira fraude. Ademais, a doação em vida configura uma antecipação de legítima. Se o doador já era "devedor", despojando-se do seu patrimônio, evidente que os beneficiários da liberalidade são partícipes daquela antecipação e, portanto, responsáveis pelas "dívidas" ou atos ilícitos que o doador tenha em vida contraído ou realizado.

Em síntese, em relação à sucessão em vida, necessário observar as regras da "fraude contra credor" e institutos afins, de modo a resolver o problema da doação e da venda simulada.

A norma procura resguardar o patrimônio público, garantindo que o sucessor seja atingido nas forças da herança.

Jurisprudência

• **Responsabilidade da Sucessão**: A responsabilidade dos sucessores de penalidades decorrentes de atos de improbidade administrativa de cunho patrimonial, nos termos do art. 8º da Lei 8.329/92, devendo responder na medida do benefício patrimonial auferido pelo ex-prefeito falecido até os limites da herança.

Voto: (...) Nesse último ponto, com relação à responsabilidade dos herdeiros, é evidente que responderão na medida do benefício patrimonial auferido pelo ex-prefeito falecido. Deve ser esclarecido que o art. 8º da Lei 8.329/92 expressamente prevê a responsabilização dos sucessores no caso de penalidades de cunho patrimonial. Para reforçar as afirmações aqui deduzidas pode-se dizer da relação de proximidade de tratamento da Lei de Improbidade com as determinações do Código Civil que: "Sendo clara a similitude entre os dispositivos, o efeito também haverá de sê-lo. Assim, sendo aplicadas ao ímprobo as sanções cominadas no art. 12, arcará o sucessor com aquelas de natureza pecuniária – pagamento de multa civil, ressarcimento integral do dano e perda de bens ou valores acrescidos ilicitamente ao patrimônio. (...) Ante a natureza jurídica das sanções pecuniárias, ainda que ímprobo tenha sido o falecido, será possível a instauração de relação processual para a perquirição dos ilícitos praticados e eventual aplicação das sanções, sendo o pólo passivo composto do espólio ou pelos sucessores do ímprobo (TJRS, Ap. Cív. 70011879954, rel. Paulo de Tarso Vieira, j. 25.8.2005, v.u.).

• A responsabilidade dos sucessores daquele que causar lesão ao patrimônio público ou se enriquecer ilicitamente está sujeita às cominações do art. 8º da Lei n. 8.429/92 até o limite do valor da herança. Não havendo alegação de que tivessem contribuído para a prática dos atos ímprobos, descabe sujeitar os agravantes a esse Diploma Legal. O patrimônio transmitido responde, na forma do art. 1.796 do Código Civil em vigor à época, previsão atual inscrita no art. 1997, *caput* da Lei n. 10.406/2002. Como não há notícia de que tenha havido partilha, não se podendo dar outra exegese sob pena de ferimento ao art. 5º, inc. XLV da Constituição Federal, a ação deve permanecer dirigida contra o espólio, excluindo-se, por ora, os herdeiros a quem não foi, ainda, partilhada a herança (TJRS, AI 70009747767, Desa. Rejane Maria Dias de Castro Bins, j. 9.12.2004, v.u.).

• A viúva, nos moldes do disposto no CC/1916, era considerada apenas meeira para fins sucessórios, não incidindo eventuais obrigações do falecido sobre seu patrimônio individual; porém, estando o *de cujus* sendo processado por ato ímprobo praticado contra a Administração Pública, aquela deve ser chamada ao pólo passivo da lide para responder por eventuais responsabilidades daquele, mormente se provado que a sua meação obteve vantagem com eventual verba desviada do Poder Público. Ação Civil Pública, por se tratar de medida tendente a apurar responsabilidades por danos causados à Administração Pública, poderá implicar na constatação do enriquecimento ilícito dos ex-servidores às custas do erário, razão pela qual os familiares destes, após o falecimento de um deles, na condição de interessados, poderão suportar as conseqüências da condenação, máxime por não se tratar de ação intransmissível por expressa disposição legal, dela resultando a transmissão de eventuais débitos e créditos (TJSC, Ap. Cív. 2002.027419-0, Des. Rui Fortes, j. 17.2.2004, v.u.).

• Ação Civil Pública – Deferimento da habilitação dos sucessores do réu em Ação Civil Pública, falecido no curso da lide – Sujeição dos Sucessores daquele que causar lesão ao patrimônio público ou se enriquecer ilicitamente às cominações da Lei de Improbidade Administrativa (artigo 8º, da Lei n. 8.249/92 – Inexistência de bens que possam garantir eventual condenação na ação civil pública – Irrelevância – Discussão que só terá lugar se e quando julgada procedente a ação com a condenação dos sucessores e na fase de eventual execução do julgado – Recurso improvido (TJSP, Ap. Cív. 267.205-5/2, rel. Celso Bonilha, j. 29.9.2004, v.u.).

CAPÍTULO II – DOS ATOS DE IMPROBIDADE ADMINISTRATIVA

Seção I – Dos Atos de Improbidade Administrativa que Importam Enriquecimento Ilícito

Art. 9º. Constitui ato de improbidade administrativa importando enriquecimento ilícito auferir qualquer tipo de vantagem patrimonial indevida em razão do exercício de cargo, mandato, função, emprego ou atividade nas entidades mencionadas no art. 1º desta Lei, e notadamente:

Vide arts. 12 e 21 da lei anotada; arts. 316 e 333 do CP. Referência legislativa: Lei anterior, n. 3.502, de 21.12.1958, art. 7º (revogada pela presente lei). Vide art. 3º, II, da Lei 8.137, de 27.12.1990.

O art. 9º da lei e seus 12 incisos tratam dos atos de improbidade administrativa que importam enriquecimento ilícito. Nota-se, desde logo, que o *núcleo central do tipo* vem expresso na linguagem do direito positivo: "auferir qualquer tipo de vantagem patrimonial indevida em razão do exercício de (...) e, notadamente: (...)".

O termo "auferir" advém do Latim *auferre*, com significado de perceber (*percipere, recipere, capere, lucrari*). As significações próximas, assim, podem ser deduzidas às noções ou representações de "perceber", "colher", "obter", "ter", "tirar".

O sentido interpretativo que pode ser sacado do contexto legal, segundo cremos, está na idéia central de "colher", "obter", "retirar". Nas hipóteses legais dos incisos são utilizados os termos "receber", "perceber", "utilizar", "adquirir", "aceitar", "incorporar", "usar".

Acreditamos que o art. 9º, *caput*, apresenta-se como sendo a norma central, o verdadeiro *coração* da Lei de Improbidade. Isso porque os atos de improbidade administrativa que importam enriquecimento ilícito, sem dúvida alguma, afiguram-se como um dos mais graves *tipos* que a lei encerra em seu conteúdo.

É dizer: os agentes públicos ou terceiros que verdadeiramente infrinjam tais normas serão os típicos *ímprobos* da Administração Pública, seus corruptos, ou corruptores.

As modalidades de improbidade contidas no art. 9º e seus incisos, segundo acreditamos – e, neste passo, evoluímos nosso entendimento –, somente podem ser consideradas em sua feição *dolosa*. A forma *culposa* não é possível.[24]

Não raro a verdadeira conduta ímproba vem associada a outras formas de violação da lei. É dizer: o agente que comete *ato de improbidade* que importa *enriquecimento ilícito* (art. 9º, *caput* e seus incisos) quase que irremediavelmente infringirá, igualmente, outros tipos da Lei de Improbidade, e forçosamente causará prejuízo ao erário (art. 10, *caput*, da lei).

Por isso, afigura-se importante que nesses casos – os mais graves, portanto – o Ministério Público adote todas as providências para resguardar ou estancar a sangria do *patrimônio público* em seu sentido mais amplo possível, propondo ações cautelares, medidas liminares, bloqueio e congelamento de bens, direitos e propriedades dos agentes acusados de improbidade nessa modalidade perversa de ataque aos bens da coletividade. E naturalmente, a final, requerendo todo o ressarcimento devido para a integral recomposição do patrimônio público violado ou diminuído.

Também nos parece importante registrar que nessa modalidade deve-se requerer – e o juiz competente deve deferir – não só a *indisponibilidade* dos bens dos requeridos, suficientes ao ressarcimento integral do dano, como também, e principalmente, o rápido, eficaz e *abrangente* bloqueio de bens (móveis, imóveis, semoventes, direitos etc.) encontráveis no território nacional e fora dele.

Não raro, por ingenuidade ou por falta de experiência profissional, supondo que os agentes ímprobos circunscrevam sua ação ao *locus* de

---

24. "Tanto a doutrina quanto a jurisprudência do STJ associam a improbidade administrativa à noção de desonestidade, de má-fé do agente público. Somente em hipóteses excepcionais, por força de inequívoca disposição legal, é que se admite a configuração de improbidade por ato culposo (Lei 8.429/92, art. 10). O enquadramento nas previsões dos arts. 9º e 11 da Lei de Improbidade, portanto, não pode prescindir do reconhecimento de conduta dolosa. 3. Recurso especial provido" (STJ, REsp 604.151-RS, rel. Min José Delgado, j. 25.4.2006, m.v.).

sua atuação profissional, perde o erário grandes somas de recursos, seja porque o bloqueio de bens tarda a ser efetuado, seja porque o pedido do Ministério Público, equivocadamente, é circunscrito à cidade de atuação funcional do agente acusado.

A experiência de todos esses anos de aplicação da lei demonstra que os verdadeiros agentes ímprobos, evidentemente, não têm escrúpulos ou valores democráticos ou republicanos – caso os tivessem, não seriam ímprobos. Também são dotados de mentes engenhosas para a corrupção, e por isso fazem-se necessários integração e colaboração entre todos os órgãos (federais, estaduais e municipais) de repressão à corrupção, tais como Polícia, Receita Federal, Ministérios, Cartórios, atividade notarial etc.[25]

É ingênuo supor que o agente ímprobo, de ordinário, com o produto de sua rapinagem, declare seus bens ao Imposto de Renda, adquira bens na cidade ou no país em que viva – enfim, que demonstre a todos grande desproporção entre renda e patrimônio, embora possa fazê-lo, *eventualmente*. É o caso já folclórico de alguns escândalos do passado recente, como o de um político conhecido que declarou haver sido premiado pela Loteria dezenas de vezes em um ano, "mera" coincidência e notável fortuna!

Mas de regra – dizíamos – os esquemas de corrupção são muito mais sofisticados e são montados em "rede". Jamais o agente que opera a corrupção é quem ocupa o nível hierárquico mais alto na Administração Pública. Normalmente o grande "operador" ocupa posições intermediárias na Administração Pública, e por isso nem sempre é visto ou detectável como o agente principal do ato de improbidade, embora possa ser, *v.g.*, o caixa da organização.

Por isso, *v.g.*, tanta dificuldade para recuperar os prejuízos causados à Previdência Social no Brasil pelos corruptos, que, em geral, alocam seus recursos no campo, na compra e venda de gado ou em obras de arte, ou na compra e venda de pedras preciosas – enfim, em atividades e operações que a burocracia oficial e cartorial tem dificuldade de alcançar.

O quadro normativo assim está assentado:

Sujeito ativo – o agente público (sentido amplo) ou o terceiro (particular que induza ou concorra para a prática do ato de improbidade). Na fixação das penas o juiz levará em conta a extensão do dano causado,

---

25. Hipótese exemplificativa: TRF 1ª região, Ap. Civ. 2001.32.00.001212-0-AM, rel. Tourinho Neto, j. 3.4.2006, v.u.

assim como o proveito patrimonial obtido pelo agente. Vide parágrafo único do art. 12 da lei.

Núcleo central do "tipo" – "auferir qualquer tipo de vantagem patrimonial indevida em razão do exercício de cargo (...)".

Amolda-se à previsão legal o agente ou terceiro (no que couber) que, em razão do cargo ou posição que ocupe na Administração, obtenha qualquer tipo de vantagem patrimonial indevida. A primeira dificuldade está em delimitar o campo de análise à expressão "qualquer tipo de vantagem patrimonial indevida". Teria a lei considerado apenas o aspecto "econômico" ao referir-se à vantagem patrimonial? A noção de "patrimônio" é a corrente: o conjunto de bens, direitos e obrigações apreciáveis economicamente, uma verdadeira universalidade. Contudo, cremos que, no contexto legal, pretendeu-se ir além. O conceito legal de "vantagem patrimonial" refere-se inclusive a aspectos da moralidade administrativa, ao fim visado pelo agente, à análise da licitude da conduta.[26]

No passado, Francisco Bilac Moreira Pinto, a propósito da expressão "vantagem econômica", constante do art. 7º, parágrafo único, da Lei 3.502, de 1958, assim se manifestou:

"A expressão 'vantagem econômica', que figura no texto da letra 'c', vem definida no art. 7º e seu parágrafo único da Lei 3.502 e compreende genericamente todas as modalidades de prestações positivas ou negativas de que se beneficie quem aufira enriquecimento ilícito.

"A vantagem econômica, sob a forma de prestação positiva, abrange todo e qualquer título ou documento representativo de valor, tais como ações ou cotas de sociedade, títulos da dívida pública, letras de câmbio, notas promissórias, cheques, confissões de dívidas etc.

"Em forma de vantagem econômica pode consistir também em empréstimo em dinheiro, ou em aquisição de ações ou cotas de sociedades, por preço inferior ao seu valor real.

"A vantagem econômica, sob forma de prestação negativa, compreende a utilização de serviços, a locação de móveis ou imóveis, o transporte ou a hospedagem gratuitos ou pagos por terceiro" (*Enriquecimento*

26. "(...) O enriquecimento ilícito a que se refere a Lei é a obtenção de vantagem econômica através da atividade administrativa antijurídica. O enriquecimento previsto na Lei 8.429/92 não pressupõe lucro ou vantagem senão apropriação de qualquer coisa, ainda que proporcional ao trabalho desenvolvido, mas viciado na sua origem. O fruto do trabalho, como de sabença, nem sempre é lícito, gerando o enriquecimento ilícito à luz da *mens legis*" (STJ, REsp 439.280, rel. Min. Luiz Fux, j. 1.4.2003, m.v.).

Ilícito no Exercício de Cargos Públicos, Rio de Janeiro, Forense, 1960, p. 158).

Entendemos que infringe a norma todo agente que obtenha, receba, perceba, direta ou indiretamente, um "interesse" que afronte o padrão jurídico da probidade administrativa, tal como encartada na Constituição Federal e nas leis. Sua conduta deve estar impregnada de ilicitude e de elementos antijurídicos. Façamo-nos mais claros. Dizer que apenas o agente que recebeu vantagem econômica infringe o comando legal parece insuficiente. Isso porque, ao examinar os incisos, verifica-se a tônica do legislador em cercar-se de situações que, de uma forma ou de outra, possam configurar atritos concretos à moralidade administrativa. Não se trata apenas e tão-somente de receber, direta ou indiretamente, dinheiro, recursos, comissões, propinas. A conduta e a previsão legal não se prendem exclusivamente ao "econômico". Traduzem-se, no mais das vezes, em acréscimo patrimonial. Não há como negar que a lei tem como limite e critério de aferição da conduta o elemento "econômico". Contudo, o legislador não pretendeu esgotar o rol das variadas formas que o enriquecimento ilícito pode assumir. O rol de condutas da lei é exemplificativo. Há outras formas de "obter vantagens patrimoniais indevidas". Assim, o favoritismo, a intenção concreta de privilegiar "x", "y" ou "z", para obter mais adiante "vantagens indevidas", todas são condutas albergadas na lei. Eis a razão de a lei utilizar-se de conceitos ou fórmulas jurídicas abertas. Pretendeu não esgotar o rol de situações tidas como pertinentes ao conceito de "vantagens indevidas". Em cada caso concreto, além das disposições específicas dos incisos do art. 9º, deverá o aplicador e intérprete da lei dar-lhe concreção. Nem se diga que tal linha de raciocínio afronta a segurança jurídica, porquanto a partir do conceito de "improbidade" deduz o intérprete as conseqüências legais.

Se fincarmos o raciocínio apenas no elemento "econômico" teremos dificuldade de visualizar a hipótese. Contudo, se em relação à "vantagem indevida" estivermos despreocupados com sua natureza (patrimonial ou não, moral ou não), teremos maior facilidade para entender o comando legal.

Procurando sintetizar o pensamento e voltar à análise concreta do texto, sugerimos a seguinte fórmula para detectarmos a presença da improbidade administrativa:

1) presença do agente público ou terceiro na relação jurídica acoimada de "imoral" (ato de improbidade administrativa, conceito da lei);

2) presença do elemento "vantagem patrimonial indevida" na mesma relação jurídica;

3) ausência de fundamento jurídico apto a justificar a vantagem percebida;

4) presença de elo ou nexo fático entre a vantagem retrocitada e a conduta do agente público ou terceiro.

Art. 9º. (...)

I – receber, para si ou para outrem, dinheiro, bem móvel ou imóvel, ou qualquer outra vantagem econômica, direta ou indireta, a título de comissão, percentagem, gratificação ou presente de quem tenha interesse, direto ou indireto, que possa ser atingido ou amparado por ação ou omissão decorrente das atribuições do agente público;

Vide art. 317 do CP.

O verbo "receber" indica necessidade de resultado. É preciso que o agente ou terceiros a ele vinculados de qualquer forma *aceitem*, acolham, os valores expressos no texto legal (direta ou indiretamente): dinheiro, bens móveis, imóveis, presentes etc. A segunda parte da norma prevê outra hipótese: receber qualquer vantagem econômica de forma direta ou indireta, a título de comissão, percentagem, gratificação, de quem tenha interesse, direto ou indireto. A denominação (comissão, percentagem, gratificação etc.) não tem influência na ação. A norma preocupa-se com os atos de ofício do agente público e sua conexão com o que poderíamos denominar de "mercantilizar" a ação administrativa. O agente passa a transacionar, sob as mais variadas formas e títulos, suas atribuições e deveres.

Os "presentes" a que alude o dispositivo devem ter conexão com o espírito da norma. Deseja-se evitar a maléfica troca de interesses ou favores. O valor econômico do presente, em princípio, constitui indício a revelar ou afastar a conduta indesejável. É preciso sindicar o contexto em que foi oferecido o bem e a relação de interesse estabelecida entre os agentes envolvidos na operação.[27]

---

27. "O recebimento de quantia por oficial de justiça de escritório de advocacia, a título de propina ou 'acelerador', ou seja, incentivo para cumprir o mandado judicial, constitui ato de improbidade administrativa, a teor do art. 9º, I, da Lei 8.429/92. Não é relevante, para a admissibilidade da ação, o valor do 'acelerador'. A sociedade não quer que os agentes públicos sejam honestos a partir de R$ 100,00 (cem reais), mas que o sejam sob quaisquer circunstâncias".

Voto: "Não me convenço, realmente não me convenço que o Sr. Juiz de Direito aplicou corretamente o princípio da razoabilidade. O fato não é ínfimo e irrelevante.

Não há dúvida de que a elasticidade do conceito de "presente" deve ser trazida aos padrões de razoabilidade, a fim de que não sejam cometidas arbitrariedades ou interpretações radicais. Melhor solução seria a proibição radical de "presentes". Nada justifica que o administrador receba "presentes" pelo desempenho de suas funções. Contudo, como em algumas culturas tal prática é comum, e nem sempre condenável, poder-se-ia cogitar de limites de preço. É o caso do Direito norte-americano, onde o oferecimento de "presentes" ao chefe de Estado ou ao mais humilde funcionário recebe rigoroso tratamento jurídico regulamentar, ao lado de uma poderosa estrutura ética calçada em órgãos e comissões do Executivo e Legislativo fiscalizadores de tal ação.

Art. 9º. (...)

II – perceber vantagem econômica, direta ou indireta, para facilitar a aquisição, permuta ou locação de bem móvel ou imóvel, ou a contratação de serviços pelas entidades referidas no art. 1º por preço superior ao valor de mercado;

Vide art. 37, *caput* e inciso XXI, da CF; Lei federal 8.666, de 21.6.1993, especialmente arts. 6º, II e III, 15, II, e §§ 1º, 2º e 3º, 17, I, "c", e II, "b", e 24, VIII e X.

A sociedade não quer que seus agentes públicos sejam honestos a partir de R$ 100,00 (cem reais) ou R$ 200,00 (duzentos reais), mas sob quaisquer circunstâncias. O que é mais grave? Receber pouco ou receber muito? Quem recebe pouco não receberá muito? As respostas são intuitivas. É gravíssimo receber pouco (R$ 100,00), porque isto revela a baixa densidade ética da pessoa. Com ânimo leve receberá quantia de maior expressão, tratando-se de causa compatível, quer para cumprir seus deveres, quer para descumpri-los. Todavia, não adianto tal ponto: deverá ser objeto de prova, na instrução da causa, e resolvido como de direito" (TJRS, Ap. Civ. 70012995049, j. 12.4.2006, rel. Des. Araken de Assis).

"Independentemente do seu montante, o recebimento ilegal de valores por oficial de justiça caracteriza falta grave aos deveres funcionais. Utilidade da ação, diante da autonomia da infração frente àquelas apuradas em outros feitos. De outra parte, a ação não se dirige tão-somente ao agente público".

Voto: "(...) De outra parte, embora não tenha sido expressivo o valor que teria sido repassado à sra. Oficiala de Justiça (R$ 300,00), não há na Lei n. 8.429/92 (artigo 9º, *caput* e inciso I) qualquer referência ao montante da transação, a fim de caracterizar o ato de improbidade, o que será relevante em momento posterior, quando da fixação das penalidades cabíveis, mas não em um primeiro juízo de recebimento ou não da ação ajuizada" (TJRS, Ap. Civ. 70005783907, rel. Rogerio Gesta Leal, j. 29.9.2003, v.u.).

Todos sabemos que a Administração Pública não é senhora de suas ações. Subordina-se integralmente a atividade administrativa aos princípios da legalidade, da isonomia, da impessoalidade, da moralidade, da publicidade, dentre outros. Ao contrário dos particulares, a Administração somente pode agir *secundum legem*. E agora, com o princípio da moralidade como vetor expresso no sistema constitucional, ainda mais rígido o sistema concebe o "agir da Administração", exigindo de seus órgãos e agentes "padrões éticos vigentes na sociedade à qual se destinam e à época em que forem praticados, mas nunca contrariando disposições legais" (cf. Adílson Dallari, *Aspectos Jurídicos da Licitação*, São Paulo, Saraiva, 1992, p. 24). No mesmo sentido Lúcia Valle Figueiredo, para quem os princípios fundamentais da licitação são: igualdade, concorrência e moralidade (cf. *Direitos dos Licitantes*, 4ª ed., São Paulo, Malheiros Editores, 1994, p. 38). Não comentaremos o regime jurídico do procedimento licitatório, tema que foge ao nosso objetivo; para tanto, remetemos o leitor aos seguintes trabalhos: *Dispensa e Inexigibilidade de Licitação*, de Lúcia Valle Figueiredo e Sérgio Ferraz, 3ª ed., São Paulo, Malheiros Editores, 1994; *Comentários à Lei de Licitações e Contratos Administrativos*, de Marçal Justen Filho, Rio de Janeiro, Aide Editora, 1993; *Direitos dos Licitantes*, cit., de Lúcia Valle Figueiredo; *Aspectos Jurídicos da Licitação*, de Adílson Dallari; *Licitação e Contrato Administrativo*, de Carlos Ari Sundfeld, 2ª ed., São Paulo, Malheiros Editores, 1995; *Manual Prático das Licitações*, de Ivan Barbosa Rigolin, São Paulo, Saraiva, 1991 – e tantos outros.

A aquisição (compra), permuta, locação e prestação de serviço são institutos regulados pela Lei 8.666, de 1993 (arts. 6º, III, 15, 17 e 24). Todos os procedimentos exigem processo licitatório, salvo a permuta, que dispensa licitação, exigindo, porém, lei autorizativa e avaliação prévia dos bens.

A presença de ato de improbidade pode se dar em qualquer das fases do procedimento licitatório, ou até por sua supressão. No primeiro caso bastaria a presença de dano ao patrimônio público ocasionado pelo agente público. É claro que será necessário aquilatar o grau de culpa (sentido lato) do agente. Não raro, o agente pode tomar decisões administrativas equivocadas animado por boa-fé. O grau de "culpabilidade" do agente não pode ser afastado de ampla investigação administrativa ou judicial.

O que importa considerar é exatamente o minucioso tratamento conferido pela legislação toda vez que a Administração realize "alienações", venda, dação em pagamento, doação, permuta, compras etc.

O mesmo ocorrendo em relação a locações[28] ou contratação de serviços. Tal regulamentação exaustiva visa exatamente a proporcionar a maior lisura econômica, financeira, jurídica, com o intuito de atender ao interesse público. Assim, avaliações prévias, alocação de recursos, previsão no orçamento, comprovação da necessidade e utilidade do bem em causa, são algumas das providências legais adotadas. As exceções são expressas, devem ser justificadas, razoáveis, demonstradas em cada caso concreto, não podendo responder a caprichos e desejos desse ou daquele órgão ou administrador. Tudo a demonstrar que o administrador, amplamente considerado, em momento algum pode tirar proveitos pessoais, vantagem econômica, sob nenhuma forma. A indisponibilidade do interesse público comanda que os servidores e agentes sejam servos da lei, e não de suas conveniências.

Eis a razão do dispositivo, a condenar quaisquer tipos de manobras ou estratégias que desviem o condutor do processo executivo ou administrativo de seu curso legal e ético.

28. *Lei posterior convalidando locação sem lei autorizativa e licitação*:
"1. Ação Civil Pública. Pedido formulado pelo Ministério Público contra o Prefeito visando a nulidade de contrato de locação e a restituição ao erário público dos aluguéis pagos, ante a violação da lei de licitações.
"2. A superveniente lei local autorizando, especificamente, a locação do imóvel, advindo daí um novo contrato firmado cinco meses após as instalações do referido posto de atendimento aos munícipes, fez exsurgir um fato novo a legitimar a ausência de licitação e autorização legislativa, convalidando o ato acoimado de ilegal.
"3. A novel lei, através dos legisladores, porta-vozes do anseio popular, regulou a vontade da comunidade local ao autorizar a locação do imóvel.
"4. O MP não pode, via ação civil pública, opor-se à vontade manifestada pela comunidade através de lei, porquanto os legisladores eleitos sobrepõem-se ao *Parquet* na revelação da real vontade comum.
"5. Cabe o MP velar pelos interesses supra-individuais decorrentes da má-aplicação da lei no caso concreto, vedando-se-lhe atentar contra os objetivos contidos no ato legislativo que consubstancia a vontade popular através dos legisladores eleitos, obedecendo a legítima reserva política. Nessa hipótese, o Ministério Público deve, previamente, obter a declaração de inconstitucionalidade da norma, retirando-lhe eficácia, mercê da sua legitimação social.
"6. Ausência de lesão ao erário e de enriquecimento ilícito do Prefeito, em vista do preço de mercado ajustado no pacto locativo, revelando-se a boa-fé do Prefeito ante a premência da instalação do posto de atendimento do Ministério do Trabalho de grande serventia para a comunidade local" (STJ, REsp 467.004-SP, rel. Min. José Delgado, j. 10.6.2003, m.v.).

Art. 9º. (...)

III – perceber vantagem econômica, direta ou indireta, para facilitar a alienação, permuta ou locação de bem público ou o fornecimento de serviço por ente estatal por preço inferior ao valor de mercado;

Vide novamente a Lei 8.666, de 1993, especialmente arts. 17, I e III, 23, § 3º, e 24, X.

O dispositivo tem pequena mudança de redação, se cotejado com o anterior, para incluir as alienações "de bem público ou o fornecimento de serviço por ente estatal por preço inferior ao valor de mercado". O que afirmamos no comentário anterior é igualmente aplicável nesse caso.

Art. 9º. (...)

IV – utilizar, em obra ou serviço particular, veículos, máquinas, equipamentos ou material de qualquer natureza, de propriedade ou à disposição de qualquer das entidades mencionadas no art. 1º desta Lei, bem como o trabalho de servidores públicos, empregados ou terceiros contratados por essas entidades;

A norma volta-se para a conduta do agente público.[29] É ele quem está utilizando bens ou serviços do Estado em sua obra ou serviço particular. Na hipótese de a obra ou serviço ser de terceiros aplica-se a regra do art. 9º, *caput* ou inciso I.

Em boa hora a previsão veio a lume. De fato, a conduta prevista no inciso comentado é prática corrente na Administração brasileira, segundo os periódicos nacionais. Por inúmeras vezes a jurisprudência penal afirmou que o desvio de bens públicos em proveito de *particulares* ou mesmo a utilização de veículos, máquinas, por agentes públicos não configuravam peculato. Tratava-se, evidentemente, da ausência da figura do "peculato de uso", impossibilitando a punibilidade dos acusados por essa via. Assim encontramos centenas de julgados (cf., dentre outros, *RT* 383/71, *RJTJSP* 60/373, *RT* 541/342). Do mesmo modo, o Decreto-lei 201, de 1967, exige, segundo os julgados nele baseados, a análise do dolo, sempre difícil de ser aquilatado em processos dessa natureza. Muito embora haja relativa independência entre as esferas pe-

---

29. REsp 825.673.

nal e administrativa, a prática demonstra a ausência de "interesse" do administrador em punir o agente que na esfera penal foi inocentado por "ausência de provas". Assim, a previsão é salutar, porque tipifica uma conduta tida como "usual", ensejando sua punição.[30]

É, no entanto, necessário ter presente que o administrador público não pode dispor dos bens ou valores públicos; deve zelar, conservar e mantê-los, sob pena de responsabilidade. Não devemos confundir a proibição acima com a possível utilização de bens públicos por particulares. Nesse caso são aplicáveis as figuras do uso comum, uso normal, anormal, privativo, e outros instrumentos de outorga de uso privativo de bens. Todos superiormente versados por Maria Sylvia Zanella Di Pietro (ob. cit.).

Muito ao contrário, será até desejável, dependendo do caso concreto, que o veículo ou maquinário (não utilizados em serviço público) sejam adequada e licitamente locados, ou transitoriamente cedidos a *particulares*, desde que haja previsão legal. O importante será, sem dúvida, que a Administração tome todas as providências para que tal utilização seja transparente e, sobretudo, que atenda aos interesses resguardados pelo sistema jurídico. Afinal, são distintas as situações: uso da "coisa pública" pelo povo e sua usurpação por aqueles que deveriam ser seus zeladores.

Art. 9º. (...)

V – receber vantagem econômica de qualquer natureza, direta ou indireta, para tolerar a exploração ou a prática de jogos de azar, de lenocínio, de narcotráfico, de contrabando, de usura ou de qualquer outra atividade ilícita, ou aceitar promessa de tal vantagem;

---

30. "Ação Civil Pública. Improbidade Administrativa. Conselheira Tutelar. Utilização de bloco de autorização para abastecimento de veículo particular. Ressarcimento. Insignificância do fato. Improcedência na origem. Ato ímprobo. Ressarcimento e multa. Prevenção a novas condutas. Parcial provimento em grau recursal. 1. Caracterizado o ato de improbidade administrativa, mesmo diante da inexpressividade da lesão, não há como ser alterada a existência do ato ilícito" (TJRS, AP. Civ. 70014089692, rel. Araken de Assis, j. 3.5.2006, v.u.).

"Improbidade Administrativa – Utilização, em obra ou serviço particular, de máquinas e equipamentos de propriedade do município, bem como do trabalho de servidores públicos – Art. 10, XIII da Lei n. 8.429/92 – Fatos sobejamente comprovados nos autos – Prejuízo ao erário – Dever de indenizar – Gradação das penalidades – Princípio da proporcionalidade" (ACP 2003.029400-7, rel. Luiz Cézar Medeiros, j. 8.3.2005).

Vide arts. 37, *caput* e § 4º, da CF e 4º, 5º, I, e 301 do CPP.

É dever jurídico genérico de todo agente público (que deflui da legalidade constitucional) informar e levar ao conhecimento da autoridade superior ou competente as irregularidades de que tiver ciência em razão do cargo ou função, regra constante dos estatutos competentes (*v.g.*, federal, art. 116, VI). Contudo, é dever jurídico funcional específico de determinados agentes – no caso, policiais – a repressão de atividades ilícitas e criminosas. A norma em foco volta-se contra a exploração de atividades criminosas (ilícitos penais), punindo os agentes públicos envolvidos em tais práticas.

As figuras centrais contidas no dispositivo estão tipificadas na legislação penal (Código Penal ou legislação esparsa), ora definidas como crime, ora como contravenção. Vejamos:

a) jogos de azar – contravenção relativa aos costumes (v. art. 50 do Decreto-lei 3.688, de 1941 – LCP e Decreto-lei 9.215, de 1946);

b) lenocínio – crime contra os costumes (v. arts. 227 a 232 do CP);

c) narcotráfico (Lei 6.368, de 1976, e Lei 8.072, de 1990);

d) contrabando (art. 334 do CP);

e) usura (art. 192, § 3º, da CF; Decreto 22.626, de 1933; Lei 7.492, de 16.6.1986; Lei 7.960, de 1989; Lei 4.595, de 1964; Lei 4.728, de 1965; Res. BCB-1.129, de 15.5.1986; e Código de Defesa do Consumidor; v. art. 117, XIV, da Lei 8.112, de 1990).

As figuras penais já existem. O dispositivo alça as infrações capituladas à condição de atos de improbidade administrativa que importam enriquecimento ilícito, com as cominações constantes do art. 12, I, da lei. Quanto aos tipos penais, basta consultar a legislação citada para verificar as condutas tidas por criminosas ou contravencionais. Cumpre apenas chamar a atenção para a parte final do dispositivo, que alude a "ou de qualquer atividade ilícita". Parece-nos que o sentido do ilícito, aqui, está associado à prática de atividade criminosa (afronta a normas de direito penal).

Art. 9º. (...)

VI – receber vantagem econômica de qualquer natureza, direta ou indireta, para fazer declaração falsa sobre medição ou avaliação em obras públicas ou qualquer outro serviço, ou sobre quantidade, peso, medida, qualidade ou característica de mercadorias ou bens fornecidos a qualquer das entidades mencionadas no art. 1º desta Lei;

Vide art. 299, parágrafo único, do CP.

O dispositivo contempla hipóteses bem conhecidas na Administração, especialmente quando estão em jogo grandes obras, contratos de alto valor econômico. As notícias dão conta da previsão acima em grande escala. O agente público recebe qualquer tipo de vantagem econômica, direta ou indireta, como "adiantamento" do que por certo receberá quando o ilícito se consumar, mais adiante. É a promessa de "comissão", "propina" ou "participação ilícita". Não importa quando ingressa no patrimônio do agente a "vantagem econômica". O dispositivo contempla (exige), todavia, o emprego de "declaração falsa". Realizando-a, ele completa ou consuma sua ação, fraudando o Direito e encobrindo a realidade. Pode, ainda, decorrer de tal ação fraude ao procedimento licitatório, prevista nos arts. 93 e 96 da Lei 8.666, de 1993. Se a declaração é falsa, pode encobrir, v.g., a necessidade de licitação ou sua desnecessidade; a necessidade de compra ou sua desnecessidade, e assim por diante. Remarque-se, finalmente, que a norma só atinge o agente competente para realizar a medição ou avaliação. Se terceiro, aplica-se o art. 3º da lei anotada.

Art. 9º. (...)

VII – adquirir, para si ou para outrem, no exercício de mandato, cargo, emprego ou função pública, bens de qualquer natureza cujo valor seja desproporcional à evolução do patrimônio ou à renda do agente público;

Vide Lei 8.730, de 10.11.1993; Decreto 983, de 12.11.1993. Vide também – *e especialmente* – nosso comentário ao art. 9º, *caput*.

Normalmente, os agentes públicos ímprobos utilizam-se de técnicas e operações bem mais sofisticadas para não deixar vestígios de seus atos. Costumam realizar operações financeiras no exterior, iniciam operações com empresas-"fantasmas" etc. Contudo, existem inúmeros casos tais como os previstos na norma em exame. A previsão alude a "adquirir". No caso, a norma volta-se a colher o agente na situação de ter incorporado ou negociado de qualquer forma, de ter internado em seu patrimônio ou de terceiro bens de qualquer natureza – portanto, móveis, imóveis ou semoventes. Em sua ação deve haver evolução patrimonial não justificada. Preocupa-se com a desproporção, o desequilíbrio, entre suas rendas, proventos em geral e a capacidade de adquirir bens. É óbvio que não basta uma análise criteriosa na declaração de renda do agente e de seus familiares ou envolvidos para apurar-se a verdade. Pode haver omissão deliberada de dados, aquisições realizadas por empresas que tenham como titular o agente etc. É necessário ampla investigação a partir dos elementos ofertados. Também úteis se mostram a fiscalização preventiva e demais normas que acompanhem a evolução patrimonial dos agentes públicos, obrigando-os a apresentar ano a ano sua evolução patrimonial, depositando cópia de sua declaração de bens ao Fisco e aos superiores hierárquicos do órgão a que estão vinculados.

Na verdade, a lei parece ter pretendido minorar o problema da corrupção do agente público. Contudo, de forma equivocada. A formulação não é feliz. O ato jurídico de aquisição de bens em desproporção com a renda do agente ou com sua evolução patrimonial não pode ser considerado ato de improbidade. É dizer, a simples aquisição, isolada, não configura improbidade. A aquisição, a compra, a venda etc. são atos lícitos e permitidos. Existe na lei uma presunção de enriquecimento ilícito, situação muito similar às hipóteses previstas na legislação do imposto de renda, alusivas aos "sinais exteriores de riqueza". É preciso ter cuidado ao aplicar o dispositivo. O intérprete deve dar caminhos e meios para que o agente possa justificar por todos os modos em Direito admitidos a origem de suas rendas e proventos e, assim, dar oportunidade para que a "verdade real" (em contraposição à "verdade formal" – das declarações de renda do agente ímprobo) venha à tona.[31]

Em síntese, o dispositivo não afasta a necessidade da demonstração, pelo Estado, da ilicitude ou desproporção das aquisições dos bens ou rendas tidas por "atos de improbidade". O Estado, por sua vez, não fica desarmado, pois poderá, com a documentação capaz de coligir, apresentar, inclusive, pedido de indisponibilidade de bens, visando a proibir alienações fraudulentas até que o "devido processo legal" tenha seu curso ordinário.

Vide arts. 13, 16, 22 e 23 da lei anotada.

Finalmente, cumpre ratificar ser plenamente aplicável a hipótese do art. 7º da lei (indisponibilidade dos bens do indiciado), já que procura dar eficácia à punição final do art. 12, I.

A respeito do inciso comentado, Hely Lopes Meirelles doutrina que ele "merece destaque, dado seu notável alcance, pois inverte o ônus da

---

31. "Responsabilidade Civil, Improbidade administrativa – Caracterização, em tese, pelo suspeito acréscimo patrimonial desproporcional à evolução do patrimônio – Indisponibilidade dos bens do agente público e afastamento do cargo – Admissibilidade, através de medida acautelatória – Aplicação do art. 20, parágrafo único, da Lei 8.429/92" (TJSP, *RT* 771/224).

prova, sempre difícil para o autor da ação em casos como o descrito pela norma. Nessa hipótese, quando desproporcional, o enriquecimento é presumido como ilícito, cabendo ao agente público a prova de que ele foi lícito, apontando a origem dos recursos necessários à aquisição" (*Direito Administrativo Brasileiro*, 35ª ed., São Paulo, Malheiros Editores, 2009, p. 511).

Estamos convencidos, após os 15 anos de vigência da presente lei, de que é fundamental a importância do acompanhamento da evolução patrimonial dos agentes públicos não só durante o exercício do mandato, cargo, emprego ou função pública, mas sobretudo após seu desligamento da Administração Pública.

Isso porque – é evidente, não raro o fato – o *ato de improbidade* somente é investigado e revelado após a saída dos agentes públicos de suas posições originais. E seria absurdo supor que o patrimônio público não pudesse ser recomposto, ou o ex-agente punido, porque não mais "no exercício de mandato, cargo, emprego ou função".

A norma – como, de resto, toda a lei – quer a preservação e a defesa do patrimônio público. Desse modo, o agente ou terceiro pode e deve ser processado e punido *mesmo que não mais integre a Administração Pública*, até porque é muito comum que o agente ímprobo aguarde um período de tempo para somente então adquirir bens com os recursos desviados (sentido amplo) do erário.

Art. 9º. (...)

VIII – aceitar emprego, comissão ou exercer atividade de consultoria ou assessoramento para pessoa física ou jurídica que tenha interesse suscetível de ser atingido ou amparado por ação ou omissão decorrente das atribuições do agente público, durante a atividade;

A norma em foco estabelece punição ao agente que, ocupando cargo público, dê consultoria ou assessoramento para empresas privadas e nessa relação haja interesses recíprocos vinculados à ação administrativa. Sua literalidade conduz à interpretação de que a simples aceitação do emprego em tais condições já configuraria ato de improbidade. Parece que o dispositivo preocupa-se com a relação incompatível com o cargo. Não resta dúvida de que tais pagamentos configuram enriquecimento ilícito.

O fundamento maior do dispositivo parece estar radicado no princípio da impessoalidade. A Administração deve ser imparcial; sendo assim, não pode haver relação de dependência ou hierarquia entre agentes públicos e particulares, ausente o princípio de legalidade em situações desse jaez.

Art. 9º. (...)
IX – perceber vantagem econômica[1] para *intermediar* a liberação ou aplicação de verba pública de qualquer natureza;

1. A respeito de vantagem econômica vide comentários ao inciso I. A propósito das questões financeiras e orçamentárias advindas da Lei 4.320, de 1964, remetemos o leitor à obra de J. Teixeira Machado Jr. e Heraldo da Costa Reis, *A Lei 4.320 Comentada*, 25ª ed. revista e atualizada, IBAM, 1993.

Vide art. 70, *caput* e parágrafo único, da CF.

Infelizmente são corriqueiros os casos de "liberação" mediante o pagamento de "vantagens econômicas", normalmente intituladas "caixinhas" ou "participações". Eis o objetivo da norma: evitar tais práticas nefastas à incolumidade do patrimônio público.

A norma pune a "intermediação", mesmo tratando-se da liberação lícita de recursos. Trata-se, no fundo, de uma forma de "extorsão", muito comum no Brasil. O agente público vende facilidades, burlando a lei. Trata-se de uma "taxa" de extorsão.

O dispositivo não cogita da origem do pagamento, se advindo da verba ou de recursos de terceiros. Tal aspecto é indiferente para a lei. Proíbe-se a intermediação remunerada, expediente que afronta o princípio da probidade administrativa.

Calha recordar o sempre autorizado magistério de Geraldo Ataliba a respeito do controle dos dinheiros e bens públicos:

"O controle dos dinheiros públicos – seja na fase de arrecadação, de gestão ou de dispêndio – é minuciosamente disciplinado, seja pela Constituição, seja pela legislação. São previstos atos controladores prévios, concomitantes e posteriores, além da cabal prestação de contas, seja episódica, seja periódica, conforme as circunstâncias do caso.

"Mais escassa é a legislação sobre o controle, uso e manuscio dos demais bens de valor econômico, mas não consistentes em dinheiro. Entretanto, grande parte dos dinheiros públicos transforma-se em bens e a eficiência do controle há de ser a mesma, porque o espírito que preside todo o tipo de atividade controladora é rigorosamente o mesmo e não se modifica essencialmente pela substituição de seu objeto: o espírito republicano" (*República e Constituição*, 2ª ed., 4ª tir., São Paulo, Malheiros Editores, 2007, p. 79).

Verifica-se que a lição é atualíssima.

Art. 9º. (...)

X – receber vantagem econômica de qualquer natureza, direta ou indiretamente, para omitir ato de ofício, providência ou declaração a que esteja obrigado;

Os agentes públicos, titularizando competências administrativas, obrigam-se a dar cumprimento ao princípio da legalidade, a dar execução à lei. Nenhum servidor poderá omitir-se em seus deveres, salvo para eximir-se de cumprir ordens manifestamente ilegais. É o poder-dever da Administração e seus agentes.

Há simples inação de atos que são obrigatórios e inerentes à função ocupada. A figura assemelha-se *em parte* ao crime de prevaricação previsto no art. 319 do CP. No caso, exige-se o recebimento de vantagem econômica. Podem, ainda, ocorrer outros crimes por ocasião da previsão acima. Imaginemos que um agente receba alguma vantagem econômica para lançar determinado tributo em valor aquém do devido. Na hipótese, incide a figura do art. 3º e incisos da Lei 8.137, de 27.12.1990.

Art. 9º. (...)

XI – incorporar, por qualquer forma, ao seu patrimônio bens, rendas, verbas ou valores integrantes do acervo patrimonial das entidades mencionadas no art. 1º desta Lei;

Vide CC, arts. 65 e 66; Lei 4.320, de 1964, art. 11, §§ 1º e 2º.

Os bens públicos em geral somente podem ser alienados nos casos e formas prescritos em lei. Fora das hipóteses legais os bens estão fora do comércio e são insuscetíveis de apropriação por particulares. Como já vimos ao comentar incisos anteriores, normalmente existe uma série de providências, tais como avaliação, autorização legislativa, desafetação, escritura pública, dentre tantas outras, tudo a depender da espécie do bem. Vide, no particular, a Lei 8.666, de 1993, diploma básico da licitação, com as alterações posteriores. As rendas públicas (aqui, são tomadas no sentido mais amplo possível) também integram o conceito de patrimônio para o fim da proteção legal. Não importa se entradas provisórias ou definitivas (receitas), se originárias, derivadas ou transferidas, ou se créditos públicos. Todas submetem-se ao regime legal, não podendo o administrador dispor das mesmas ao seu talante e alvedrio. O dispositivo vai além: cogita de "incorporação" de bens, rendas, verbas ou valores. É patente a intenção legal. Marca e delimita o óbvio. O patrimônio público pertence às entidades ou pessoas jurídicas de direito público ou privado (estatais ou paraestatais), não se confundindo com o patrimônio de seus eventuais diretores, presidentes ou gestores.

Pode o texto parecer ingênuo, na medida em que pressupõe que o administrador "ímprobo" seja pouco astuto a ponto de "incorporar" ao seu patrimônio bens, rendas ou verbas do acervo patrimonial das entidades arroladas no art. 1º da lei. É que, na verdade, existem várias fórmulas e meios para tal objetivo. Normalmente utiliza-se de terceiros como testas-de-ferro, adquire por si ou terceiros áreas que futuramente serão desapropriadas – enfim, realiza verdadeiras manobras e estratégias para que, depois de longo tempo, possa finalmente incorporar ao seu patrimônio os bens a que alude a lei. Eis a razão da expressão "incorporar, por qualquer forma".

O dispositivo também, ao que parece, pretende alcançar o agente público ímprobo *mesmo depois de haver se desligado da Administração Pública*. É dizer: cometido o ato de improbidade em uma de suas formas, é possível que o agente desonesto (agente público ou particular) aguarde um determinado período de tempo, alguns anos, para somente então, de algum modo, "incorporar, por qualquer forma, ao seu patrimônio bens, rendas" etc. Não é raro que isso ocorra: aguarda-se um tempo até as coisas "esfriarem", para então, "lavado" o produto do ato de improbidade, aplicá-lo em algum bem, ação. Assim, passados alguns anos, o ex-agente público tem seu patrimônio, ou o de sua família, acrescido com o produto do ato de improbidade. A norma, portanto, quer ver invalidado o ato de incorporação e ressarcido integralmente o patrimônio público, em nome da probidade da Administração. Por isso, importante o acompanhamento da evolução patrimonial do (ex-) agente público acusado ou desligado dos quadros da Administração mas processado por ato de improbidade.

Art. 9º. (...)

XII – usar, em proveito próprio, bens, rendas, verbas ou valores integrantes do acervo patrimonial das entidades mencionadas no art. 1º desta Lei.

Valem as observações lançadas por ocasião do comentário ao inciso anterior. O dispositivo volta-se ao uso, à utilização, de bens, rendas, verbas ou valores do patrimônio público. A utilização ou uso de tais figuras legais somente pode se dar na regular atuação administrativa, nunca em proveito próprio. É certo que existe exceção à regra. Imagine-se o uso de veículo e imóveis de representação, utilizados por permissivo legal. Há, em ambas as situações, proveito próprio, embora não *exclusivamente*; daí a legitimidade de tal situação.

A propósito, no que tange à legislação eleitoral, incide o art. 377 do CE, reproduzido pelo art. 80 da Res. 17.891, de 10.3.1992, do TSE: "O serviço de qualquer repartição, federal, estadual, municipal, autarquia, fundação do Estado, sociedade de economia mista, entidade mantida ou subvencionada pelo Poder Público, ou que realiza contrato com este, inclusive o respectivo prédio e suas dependências, não poderá ser *utilizado* para *beneficiar* partido ou organização de caráter político". Veda-se, portanto, o emprego dos próprios e bens públicos para beneficiá-los. Podem utilizá-los na forma da lei, atendida a isonomia entre os partidos. O objetivo é, sem dúvida, evitar-se a discriminação e que bens públicos sejam utilizados para fins ilícitos. Normalmente, no âmbito estadual e municipal, é prevista a remuneração de tal uso, mediante o pagamento de um preço público através de cessão do bem.

Assim, de um modo geral, o uso, a utilização lícita, legítima, amparada pelo Direito, de bens públicos, como já averbamos em comentários a incisos anteriores, é natural. A regra anotada preocupa-se com o favorecimento pessoal, coisa diversa.

Seção II – Dos Atos de Improbidade Administrativa que Causam Prejuízo ao Erário

Art. 10. Constitui ato de improbidade administrativa que causa lesão ao erário qualquer ação ou omissão, dolosa ou culposa, que enseje perda patrimonial, desvio, apropriação, malbaratamento ou dilapidação dos bens ou haveres das entidades referidas no art. 1º desta Lei, e notadamente:

Os atos de improbidade administrativa que importam enriquecimento ilícito (art. 9º) normalmente têm como conseqüência jurídica também o prejuízo ao erário público. De fato, se o agente público se enriquece ilicitamente à custa do patrimônio público (amplamente considerado), há, logicamente, uma perda, um prejuízo, uma parcela de lá retirada que deverá ser recomposta, sem embargo das demais cominações legais.

Difícil imaginar uma situação onde o enriquecimento ilícito do agente não acarrete prejuízo ao erário. É certo que pode ocorrer. Figuremos hipótese onde o agente recebe uma "propina ou presente" para dar andamento mais célere a dado pedido do administrado, sem que haja prejuízo econômico para a Administração. Terá havido "enriquecimento ilícito", para os efeitos legais (art. 9º). Contudo, rigorosamente, não houve, no exemplo imaginado, prejuízo econômico ao erário, mas prejuízo à "moralidade administrativa", e especialmente à "probidade". Assim, em tese, a hipótese é possível. No entanto, as condutas previstas no art. 9º e seus incisos pressupõem, forçosamente, alguma sorte de lesão, dano ou prejuízo ao erário, direto ou indireto. O dispositivo alude a lesão que enseje perda patrimonial. Nele, por certo, está englobada a noção de lesão moral, porque no conceito de perda patrimonial, cremos, está englobada a idéia de prejuízo moral, dano moral. Ademais, a lesão ao patrimônio moral sempre será dimensionada sob o aspecto econômico. Em suma, não existe "perda patrimonial" apenas sob a ótica econômica, ainda que recomposta a partir desse critério.

Vejamos o dispositivo em partes. A conduta do agente é realçada. Qualquer ação ou omissão, dolosa ou culposa, pode, em princípio, configurar ato de improbidade lesivo ao erário. Como visto, de várias formas pode o agente público causar a lesão: ocasionando perda patrimonial, através de desvio, apropriação, malbaratamento ou dilapidação de haveres ou bens públicos. Pretende a lei evitar e coibir a *lesão ao erário*. Eis sua finalidade. As hipóteses procuram ser exaustivas, mas não são. Eis a razão do termo "notadamente". Assim sendo, outras formas de lesão ou prejuízo ao erário também estão abarcadas na lei. Vejamos seus incisos (os fatos da vida são muito ricos e o legislador, por maior esforço que faça, não consegue prever todas as hipóteses "criativas" de condutas lesivas ao erário. Não se trata, obviamente, de criar figuras e tipos não previstos na lei. Assim, estaríamos alterando o preceito para ampliá-lo ou restringi-lo, além ou aquém de seu conteúdo real, conduta vedada ao intérprete. Apenas ressaltamos a existência de outras formas de atentado à probidade administrativa lesivas ao erário público, sacadas das noções doutrinárias de "moralidade ou probidade administrativas", igualmente encartadas na lei).

O agente pode violar a proibição praticando, por ação ou omissão, os atos lá previstos. Não há necessidade de efetiva perda patrimonial direta, frontal. Pode ocorrer que, por omissão, o agente, *v.g.*, ocasione "malbaratamento" dos haveres públicos, fruto de gestão ruinosa, agindo culposamente. Exatamente por isso é necessária a análise global do fato, e sua adequada punição, tendo sempre em mente a *proporcionalidade* das previsões e suas conseqüências.

De fato, ao deitarmos alguma reflexão sobre o dispositivo comentado, certas apreensões nos vêm à mente. A primeira relativa à elasticidade do conceito legal de ato de improbidade administrativa. É certo que a Constituição (art. 37, § 4º) determina que os atos de improbidade administrativa importarão a suspensão dos direitos políticos, a perda da função pública, a indisponibilidade dos bens e o ressarcimento ao erário, *na forma e gradação previstas em lei*. Contudo, a lei integradora da vontade constitucional foi além do razoável ao dispor que "constitui ato de improbidade administrativa que causa lesão ao erário *qualquer ação ou omissão* dolosa ou *culposa* (...)". Ao que parece, o legislador infraconstitucional levou longe demais o permissivo da Lei Maior, ausentes proporcionalidade e razoabilidade no dispositivo legal. Assim, se não inconstitucional, o dispositivo deve ser interpretado conforme a Constituição.

Em síntese, imaginemos dada omissão culposa (involuntária, portanto) do agente público causadora de pequena lesão ao erário. Para a lei há ato de improbidade administrativa, e *tollitur quaestio*. Será crível afirmar-se que tal agente terá seus direitos políticos cassados por força da lei, perderá a função pública, terá seus bens indisponíveis etc. etc. etc. Parece que a conclusão do raciocínio aponta para o absurdo, indício de erro no percurso exegético. Enfim, é preciso abrandar o rigor legal, ou, por outra, amoldá-lo ao espírito constitucional. A preocupação não é meramente acadêmica ou fruto de devaneio intelectual. Ao contrário, o agente que violar o art. 10 sofrerá as conseqüências do art. 12, I – aliás, enérgicas, como veremos mais adiante. *Tal linha de raciocínio, segundo cremos, deve presidir a interpretação de toda a lei, que falha ora por erros de redação, má técnica, ora pelo conteúdo*. Propõe-se a aplicação dos princípios do devido processo legal em sentido substancial, da proporcionalidade, da proibição de excesso e da racionalidade, como meio de se evitar situações arbitrárias.[32]

32. "Como preconizado pelo *caput* do artigo, a ação ou omissão do agente tem que ser dolosa ou culposa. Contudo, deve-se atentar para a adequada interpretação do elemento subjetivo do tipo, quando a conduta for culposa, pois há que se ter em mente não qualquer culpa, mas uma culpa consciente, capaz de causar dano ao erário. Aliás, houve, *in casu*, dano ao Erário Municipal? O que é perda patrimonial? Enfim, pode-se interpretar que a conduta do ex-prefeito ao autorizar o aumento dos vencimentos à servidora que estava empenhada na construção de um hospital muni-

Calha trazer o magistério de Carlos Ari Sundfeld, que, calçado em Canotilho, Vanossi e outros autores de tomo, disserta: "O princípio da proporcionalidade em sentido restrito (= princípio da 'justa medida') significa que uma lei restritiva, mesmo adequada e necessária, pode ser inconstitucional, quando adote 'cargas coativas excessivas', ou desproporcionais em relação aos resultados obtidos" (*Direito Administrativo Ordenador*, 1ª ed., 3ª tir., São Paulo, Malheiros Editores, 2003, p. 70).

Muito útil será a aplicação desses princípios na interpretação da presente lei, que se ressente de conformação, de adequação entre o texto constitucional e suas disposições.

Finalmente, cumpre chamar a atenção dos processualistas para a seguinte questão: qual a eventual relação de conexidade entre a ação de improbidade e a ação popular?[33] Sem dúvida alguma, a questão é relevante, já que ambas protegem o patrimônio público em sentido amplo. Poderá existir alguma relação entre ambas as ações apurando, *v.g.*, o mesmo fato, é dizer, o mesmo fato pode ensejar a propositura de ambas as ações?[34] Quais as conseqüências jurídicas advindas de tais preocupa-

cipal, não responde à pergunta sobre dano ao Erário, capaz de submetê-lo às sanções da lei de improbidade administrativa. (...) Ora, o ato de improbidade administrativa pela própria articulação das expressões refere-se a condutas não apenas ilegais, pois ao ato ilegal é adicionado um *plus* que, no caso concreto, pode perfazer ou não um ato de improbidade. Daí que parte da doutrina bate-se pela perquirição do elemento subjetivo capaz de identificar não qualquer culpa praticada pelo agente público, mas necessariamente, um campo de culpa consciente, grave, denotando indícios de conduta dolosa. Não se trata de culpa leve, característica do agente inábil, aquela que conduz o administrador no erro interpretativo em busca do significado mais correto da aplicação da lei" (TJMG, Ap. Civ. 1.0267.05.930497-7/001, rel. Brandão Teixeira, j. 18.10.2005, v.u.).

33. *Existência de conexão*: TJMG, RN 1.0342.00.012748-6/001 em conexão com o RN 1.0342.00.011776-8/001, rel José Francisco Bueno, j. 17.3.2005, v.u. *Em sentido contrário*: "Inexiste conexão entre a ação popular e ação civil pública, sendo esta ajuizada sob a alegação de improbidade administrativa, posto que inexistente os requisitos de identidade entre as demandas, inexistente, por igual, o liame que as torne passíveis de decisões unificadas" (TJPR, AI 163.838-6, rel. Des. Sergio Rodrigues, j. 1.3.2005).

34. "Ação popular e ação civil pública são ações distintas, de natureza díspar. Embora a Lei n. 8.429/92 e a Lei n. 4.717/65 contemplem o ressarcimento do dano dentre as sanções que cominam, não há prejudicialidade recíproca. O mesmo suporte fático pode sujeitar-se a incidência de diferentes normas jurídicas. Trata-se do fenômeno denominado como 'múltipla incidência' por Pontes de Miranda. Registra-se, por oportuno, que o ressarcimento de dano causado ao erário público está elencado dentre as sanções previstas no art. 12, da Lei n. 8.429/92 – 'ressarcimento integral do dano' – para sancionamento da prática de ato de improbidade administrativa" (TJMG, ACP 70008752396, j. 29.6.2004, rela. Rejane Maria Dias de Castro Bins).

ções? São questões que deixamos aos especialistas. Desde logo, arriscamo-nos em algumas cogitações, a saber: em princípio, pode haver, sobre o mesmo fato, a propositura de ambas as ações. Recorde-se que os atos que ferem a moralidade administrativa, independentemente de causarem ou não lesão ao patrimônio público, podem ser impugnados por ação popular, de acordo com a nova dicção constitucional (art. 5º, LXXIII). Assim, o objeto genérico da ação popular é a *preservação do patrimônio público* amplamente considerado. Na ação popular, a *moralidade administrativa*; na presente ação, a *probidade administrativa*. A ação de improbidade contempla condutas qualificadas com sanções específicas.

Nos limites do presente trabalho não seria possível dissertar a propósito do tema. Sendo assim, remetemos o leitor, no particular, ao excelente trabalho de Rodolfo de Camargo Mancuso, *Ação Popular*, São Paulo, Ed. RT, 1994.

Art. 10. (...)

I – facilitar ou concorrer por qualquer forma para a incorporação ao patrimônio particular, de pessoa física ou jurídica, de bens, rendas, verbas ou valores integrantes do acervo patrimonial das entidades mencionadas no art. 1º desta Lei;

O dispositivo introduz, através dos verbos "facilitar ou concorrer", a dicção legal do art. 9º, XI, alusiva a enriquecimento ilícito, aqui a prejuízo do erário. "Facilitar" (*facilitare*), como é curial, significa fazer fácil, desbravar os caminhos do ilícito visando à incorporação prevista na norma. "Concorrer" significa cooperar, contribuir. Quanto ao mais (conteúdo), são aplicáveis as observações lançadas por ocasião do comentário ao art. 9º, XI.

Art. 10. (...)

II – permitir ou concorrer para que pessoa física ou jurídica privada utilize bens, rendas, verbas ou valores integrantes do acervo patrimonial das entidades mencionadas no art. 1º desta Lei, sem a observância das formalidades legais ou regulamentares aplicáveis à espécie;

Os conceitos de renda, receita e demais classificações são encontrados na Lei 4.320, de 1964 (arts. 11, §§ 1º e 2º, 16, 17, 18 e 19).

Também aqui o conteúdo da disposição é próximo à figura do art. 9º, XII. Naquele cogita-se da figura do enriquecimento ilícito. Aqui, do prejuízo, da lesão ao erário. Aquele, da utilização direta e pessoal do agente; aqui, o "permitir" tem um significado mais amplo que tolerar. O agente franqueia, dá liberdade, verdadeira licença para o ilícito – a utilização vedada. "Concorrer" novamente aparece no texto legal. Tem sentido de cooperação, de convergência à ação ilícita. No mais, reportamo-nos ao art. 9º, XII.

Art. 10. (...)

III – doar à pessoa física ou jurídica bem como ao ente despersonalizado, ainda que de fins educativos ou assistenciais, bens, rendas, verbas ou valores do patrimônio de qualquer das entidades mencionadas no art. 1º desta Lei, sem observância das formalidades legais e regulamentares aplicáveis à espécie;

Vide arts. 1.165 e 1.181 do CC; art. 17, I, "b", da Lei 8.666, de 1993 (este último com aplicação suspensa por decisão do STF, ADI 927-3-Medida liminar, *DJU* 10.11.1993, p. 23.801); Lei 6.404, de 1976, arts. 154, § 2º, e 159, *caput*.

A doação, segundo o Código Civil, é o contrato segundo o qual uma pessoa, chamada doador, por liberalidade, transfere um bem do seu patrimônio para o patrimônio de outra, designada donatário, que o aceita.

No direito público, e especialmente no direito administrativo, como é cediço, vigoram princípios (dentre tantos, v. art. 37 da CF) e normas específicas que, se não afastam, impõem um regime jurídico peculiar a categorias e institutos do direito privado. Na hipótese em exame – doação de bens, rendas etc. – verifica-se a impossibilidade de aplicar singelamente o instituto tal como concebido na legislação civil. Uma série de dificuldades lógicas e jurídicas se apresenta. A vasta gama de normas jurídicas que incidem sobre cada um desses institutos, bens, rendas, valores, bem indica tal dificuldade.

Já intuitivamente percebemos que a idéia de doação de bens públicos é, de um modo geral, um tanto repelente à noção de preservação e manutenção do patrimônio público, de interesse público, enfim, das "coisas" regidas pelo direito público em geral. Obviamente, não estamos cogitando da figura da privatização. A idéia de liberalidade não é compatível em geral com o regime de direito público.

Com inteira procedência asseverou Luiz Rafael Mayer: "Ao arrepio das pautas ordinárias da Administração, a doação de bens públicos terá sempre *caráter excepcional e casuístico*, devendo ser expressa pelo legislador, nos seus pressupostos, condições e finalidades, pois a liberalidade é infensa à função administrativa com relação aos bens públicos" (*RDP* 49-50/99) (grifamos).

Obviamente, diverso é o tratamento quando o Estado recebe em doação determinado bem, hipótese possível e com diferente tratamento jurídico. A norma em foco cuida de doação a pessoa física ou jurídica, ou ente despersonalizado, de bens, rendas ou valores de entidades públicas em geral. É certo que procura estancar o próprio enriquecimento ilícito, com as conseqüências do art. 12, II, da lei comentada: decreto de nulidade da transação, interposição de várias ações visando não somente a preservar o patrimônio público como, também, recuperá-lo integralmente, sem embargo das demais medidas indenizatórias cabíveis, conforme a hipótese ocorrida.

Questão central é a da possibilidade da doação de bens imóveis. Segundo magistério de Marçal Justen Filho, atualmente, a Lei 8.666, de 1993, veda doação de qualquer tipo para particulares, podendo lei específica dispor de modo diverso (ob. cit., p. 101). Permite-se unicamente a doação para outro órgão da Administração. Em relação aos bens móveis há essa possibilidade mediante uma série de exigências contidas no art. 17 da Lei 8.666, de 1993.

Entendemos que a doação, enquanto instituto, é perfeitamente possível no direito público em geral, guardadas as peculiaridades do bem em questão e o interesse público exaustivamente justificado. Assim, desde que haja previsão legal, autorização legislativa, a conveniência, a expressa motivação do ato final, controles efetivos do Legislativo e do Tribunal de Contas – enfim, transparência e legalidade no procedimento –, é possível a aplicação do instituto no direito público.[35]

A norma em foco coíbe doações ilícitas a pessoas físicas, jurídicas, "ente despersonalizado", ainda que de fins educativos ou assistenciais. Aliás, matéria já regulada, exaustivamente, pela Lei de Licitações.

35. "A doação de terreno público a particular e, posteriormente, sua transferência a terceiro, sem observância das formalidades legais e sem atendimento ao interesse público, resulta em ofensa aos princípios da Administração Pública. O prejuízo decorrente de uma doação irregular de bem da municipalidade lesa o patrimônio público na esfera material e moral. Material, porque o município ficou privado, longo tempo, de um imóvel, que poderia ser utilizado nas mais diversas formas e necessidades públicas, enquanto particulares se valiam da ilícita contratação. E moral, porquanto princípios retores da Administração Pública, tais como moralidade, finalidade impessoalidade e boa-fé objetiva, foram maculados" (TJMG, Ap. Civ. 1.0647.00.012083-0/001, rela. Maria Elza, j. 3.3.2005, v.u.).

Com relação a "rendas, verbas ou valores", as expressões ou palavras foram empregadas no sentido vulgar, já que no direito financeiro não se conhece tal terminologia. O importante é a proteção visada pela norma, no sentido de garantir a incolumidade dos "dinheiros públicos". O regime de direito público repele totalmente esse tipo de ação ou conduta. O destino das "rendas, verbas ou valores" das entidades públicas (da Administração direta ou indireta) é exaustivamente regulado e vocacionado ao cumprimento de suas finalidades. No que tange à expressão "entes despersonalizados", lembramos que "personalidade" é a aptidão genérica para contrair direitos e obrigações. Assim sendo, a lei procura, com o termo "entes despersonalizados", abarcar também aquelas entidades que não têm personalidade nesse sentido. É dizer, mesmo as sociedades de fato ou irregulares são atingidas pela norma comentada.

Finalmente, diga-se que as entidades assistenciais, filantrópicas ou educacionais, devido às facilidades que a legislação lhes confere, são aquelas mais procuradas para o desvirtuamento de suas efetivas finalidades, a exemplo do que ocorreu na denominada "máfia do orçamento". Vide arts. 12 e 16 da Lei 4.320, de 1964.

Art. 10. (...)

IV – permitir ou facilitar a alienação, permuta ou locação de bem integrante do patrimônio de qualquer das entidades referidas no art. 1º desta Lei, ou ainda a prestação de serviço por parte delas, por preço inferior ao de mercado;

Já vimos que a alienação, permuta ou locação de bens públicos ou equiparados são exaustivamente disciplinadas na lei. O mesmo ocorrendo com contratos de prestação de serviços precedidos de procedimento licitatório. Dentre outras, confira-se a Lei de Licitações (Lei 8.666, de 1993, e alterações posteriores). O procedimento legal por ocasião das "alienações", "permutas", "locações", "prestações de serviços" etc. sempre é cintado de diversas garantias visando à incolumidade e à defesa do patrimônio público amplamente considerado. Vide os comentários ao art. 9º, XI, aplicáveis à espécie.

Novamente os verbos "permitir" e "facilitar". A conduta do agente possibilita, autoriza, dá plenas condições favoráveis ao ilícito previsto na norma. "Permitir" (*permittere*) revela conduta do agente que admite, tolera, a ação ilícita.

Não há dúvidas de que se o agente público permite ou facilita a alienação de bens ou serviços em desacordo com preços do mercado estará burlando o magno princípio da isonomia, frustrando a competitividade objetiva delineada pelo procedimento da licitação, que visa a buscar a proposta mais vantajosa, confortada nos princípios constitucionais, nas leis e no instrumento convocatório.

Art. 10. (...)

V – permitir ou facilitar a aquisição, permuta ou locação de bem ou serviço por preço superior ao de mercado;

Vide inciso anterior.

Trata-se de hipótese cujo resultado fere da mesma forma os princípios constitucionais e normas jurídicas aplicáveis à espécie, notadamente o procedimento licitatório. A norma revela que a Administração e seus agentes devem zelar e manter o "patrimônio público" de acordo com o interesse público delineado pelo sistema jurídico. Não tolera o Estado Democrático de Direito procedimentos e ações que proporcionem ao Estado-administrador ou suas manifestações o enriquecimento ilícito, já que ele próprio deverá ressarcir e indenizar a terceiros por atos dessa natureza. É óbvio que, se o Estado, por intermédio de seus agentes ou terceiros, permite ou facilita a aquisição, permuta ou locação de bens ou serviços por preços superiores aos de mercado, estará, em última análise, lesando o erário público.

A norma em tela completa-se com a previsão inserta no art. 25, § 2º, da Lei 8.666, de 1993. Na hipótese de dispensa ou inexigibilidade, "se comprovado superfaturamento, respondem solidariamente pelo dano causado à Fazenda Pública o fornecedor ou o prestador de serviços e o agente público responsável, sem prejuízo de outras sanções legais cabíveis".

Finalmente, enseja ainda a conduta a possibilidade de tipificação criminal. É a previsão do art. 96, I, da lei licitatória, supracitada.

Art. 10. (...)

VI – realizar operação financeira sem observância das normas legais e regulamentares ou aceitar garantia insuficiente ou inidônea;

A lei cuida do "desvio" do agente público na realização de operações financeiras. Somente as instituições financeiras (pessoas jurídicas públicas, privadas e físicas equiparadas – v. Leis 4.595, de 1964, e 7.492, de 1986) são competentes para receber, processar, a intermediação ou aplicação de recursos financeiros. As hipóteses, por certo, são distintas quer se trate de operações financeiras realizadas por pessoa jurídica de direito público, quer se trate de empresas de economia mista, ou paraestatais, em tese dotadas de maior autonomia financeira. Contudo, a dicção legal, ao que parece, não distinguiu. Ao utilizar a expressão "operações financeiras", cuida não somente da aplicação legal desse ou daquele recurso público, exaustivamente regulado e previsto nos orçamentos (dotações), como também de recursos, inversões financeiras ou quaisquer outras operações que envolvam manipulação de recursos públicos.

O Estado, através de suas manifestações, adquire títulos, ações, concede empréstimos, toma recursos – enfim, realiza "operações financeiras". Obviamente que não tem, como o particular, liberdade em optar por essa ou aquela via. Sua vida financeira é exaustivamente regulada pela lei orçamentária, sofrendo controles recíprocos internos e externos, nos termos da Constituição. Contudo, por vezes, o Estado ou suas entidades são autorizados a comparecer ao mercado, nos termos da lei, seja para emitir títulos do Tesouro, seja para cobrir déficit orçamentário, neste último caso utilizando-se da fórmula da "operação de crédito por antecipação de receita", nos limites fixados em lei. O essencial é dizer que em toda e qualquer "operação financeira", seja quando o Estado comparece ao mercado autorizado pelo sistema, seja quando liquida títulos ou obrigações, deve o agente cumprimento rigoroso ao regime jurídico a que está submetido. Não se admite descumprimento direto ou indireto, frontal ou velado, à lei.

A "matéria orçamentária" sofreu profundas transformações com a edição das Emendas Constitucionais ns. 3/93, 19/98 e 20/98.

Finalmente, o Enunciado 207 (Súmula) do Tribunal de Contas da União estabelece: "É vedada aos órgãos da Administração Federal direta, às autarquias, às empresas públicas, às sociedades de economia mista e às entidades supervisionadas pela União, a aplicação, em títulos de renda fixa ou em depósitos bancários a prazo, de disponibilidades financeiras, salvo – quando resultante de receitas próprias – a aplicação em títulos do Tesouro Nacional, por intermédio do Banco Central do Brasil ou na forma que este estabelecer e sem prejuízo das respectivas atividades operacionais".

Art. 10. (...)
VII – conceder benefício administrativo ou fiscal sem a observância das formalidades legais ou regulamentares aplicáveis à espécie;

Vide art. 150, § 6º, da CF (com a redação pela EC 3/93); arts. 111, II, e 176 do CTN; Lei 7.134, de 1983.

A rigor, não é o agente público, como é curial, que concede benefícios a particulares ou terceiros. É a lei que autoriza a concessão desse ou daquele "benefício". Novamente a lei utiliza da linguagem leiga e popular. Ao que parece, procura reforçar a idéia de que somente a lei pode estabelecer condições mais favoráveis a certos fatos e situações, em detrimento de sua generalidade, em prol do desenvolvimento de certo setor econômico ou social. Se assim é, está se referindo, especialmente no âmbito tributário, às figuras da imunidade, isenção, remissão e anistia. Figuras jurídicas diferentes em seus pressupostos e condições de fruição. Não seria possível, dada a limitação destes ligeiros comentários, analisar tais institutos. Daí por que remetemos o leitor às obras de Roque Antônio Carrazza, *Curso de Direito Constitucional Tributário*, 25ª ed., São Paulo, Malheiros Editores, 2009, e Paulo de Barros Carvalho, *Curso de Direito Tributário*, 5ª ed., São Paulo, Saraiva, 1991.

O ponto importante, segundo cremos, é ressaltar que a autoridade administrativa – ou agente público, para utilizarmos da expressão legal – deve unicamente verificar se os *requisitos* para concessão desse ou daquele "benefício" *legal* estão presentes. Temos no ponto a discricionariedade, que possibilita, quando inadequadamente aplicada, converter-se em arbítrio, ou, se não, dá margem a expedientes que a lei procura evitar e punir. A regra é salutar, porquanto, normalmente, a lei que concede "benefícios fiscais" é vinculada a algum projeto mais amplo, desdobrado em fases, remetendo ao agente sua fiscalização e liberação em parcelas ou vantagens fiscais. Eis a oportunidade de abusos que a lei procura evitar. As observações também são válidas em relação a "benefícios administrativos" – aqui, supomos, atos executórios da vontade legal.

Art. 10. (...)
VIII – frustrar a licitude do processo licitatório ou dispensá-lo indevidamente;

Vide arts. 24, 25, 89 e 90 da Lei 8.666, de 1993.

O dispositivo tipifica crime previsto na Lei de Licitações. Maiores observações são encontradas nas obras de Vicente Greco Filho, *Dos Crimes da Lei de Licitações*, São Paulo, Saraiva, 1994; Lúcia Valle Figueiredo, *Direitos dos Licitantes*, 4ª ed., São Paulo, Malheiros Editores, 1993, p. 106; Carlos Ari Sundfeld, *Licitação e Contrato Administrativo*, 2ª ed., São Paulo, Malheiros Editores, 1995; Marçal Justen Filho, ob.

cit.; Antônio Roque Citadini, *Comentários e Jurisprudência sobre a Lei de Licitações Públicas*, São Paulo, Max Limonad, 1996; e na 14ª ed., atualizada, do *Licitação e Contrato Administrativo*, de Hely Lopes Meirelles, 14ª ed., São Paulo, Malheiros Editores, 2007.

O dispositivo tem sido interpretado de maneira equivocada. Muitas ações têm sido propostas sob a alegação de que o administrador público deveria ter realizado licitação; como não realizou, automaticamente, ingressa-se com ação de improbidade, alegando o autor a presença da "frustração da licitude do processo licitatório ou sua dispensa".

Entendemos que é preciso aprofundar um pouco mais a reflexão. A simples ausência de realização de procedimento licitatório não implica, necessariamente, a presença de ato de improbidade.

Como sabemos, o procedimento licitatório é a regra na Administração Pública, sendo a dispensa a exceção. A Constituição não deixa dúvidas ao enunciar os princípios da Administração Pública, já no *caput* do art. 37, e reforçar a regra no inciso XXI: "ressalvados os casos especificados na legislação, as obras, serviços, compras e alienações serão contratados mediante processo de licitação pública que assegure igualdade de condições a todos os concorrentes, com cláusulas que estabeleçam obrigações de pagamento, mantidas as condições efetivas da proposta, nos termos da lei, o qual somente permitirá as exigências de qualificação técnica e econômica indispensáveis à garantia das obrigações".

Admite-se, ainda, em situações excepcionais, a contratação por tempo determinado para atender a necessidade temporária de excepcional interesse público (art. 37, IX, da CF).

No âmbito infraconstitucional consulte-se a Lei 8.666, de 1993, com a redação da Lei 8.883, de 1994, com várias possibilidades de dispensa de licitação. No Estado de São Paulo vide a Lei 6.544, de 22.11.1989; no Município de São Paulo, a Lei 10.544, de 31.5.1988, com as alterações da Lei 11.100, de 25.10.1991.

Na hipótese de dispensa (ou inexigibilidade – não é o caso de entrarmos nessa discussão acadêmica) por emergência ou calamidade admite-se a contratação direta, em virtude da necessidade do atendimento imediato a uma situação cuja demora possa ocasionar prejuízos ou comprometimento à segurança de pessoas, obras, serviços, bens públicos etc.

Ocorre que sempre que estamos diante da alegação de "urgência" ou "emergência" surgem naturais questionamentos sobre se de fato aquela situação se caracteriza ou não como tal. É dizer: a avaliação da autoridade admite controvérsia. Cumpre sindicar os fatos para verificar se se está ou não diante da hipótese legal. A discricionariedade do administrador deve ser avaliada em conjunto com os princípios da razoabilidade e da moralidade administrativa. Se a dispensa for adequada haverá perfeita subsunção à hipótese legal, havendo exercício legítimo do direito, jamais podendo-se cogitar de ilegalidade, quanto mais de improbidade.

No tema, cumpre sempre ter presente que a licitação advém da idéia de competição e das vantagens que dela decorrem. Não se realiza o procedimento para atender a um formalismo, mas sobretudo como um instrumento que o Poder Público tem para procurar e achar o melhor negócio, a melhor proposta. Sendo assim, somente se pode pensar em procedimento licitatório quando seja possível a ocorrência de competição. Caso contrário, muito provavelmente, estaremos no caminho da dispensa ou da inexigibilidade. E nestas hipóteses, se não há cogitar de ilegalidade, também não podemos falar de improbidade; e, sendo assim, o tipo comentado não é de ser invocado.

"Frustrar a licitude do processo licitatório" é, no nosso entendimento, praticar uma modalidade de desvio de poder. O agente público substitui a vontade da lei pela sua, com o propósito de obter alguma vantagem. Não seria crível entender presente o "tipo" diante de singelo erro de avaliação. Imagine-se hipótese em que deveria haver concorrência pública, sendo realizada tomada de preços, por equivocado cálculo ou mudança dos índices econômicos. O administrador público não estará "frustrando a licitude do processo", não estará agindo com dolo específico, visando a obter alguma sorte de vantagem. Assim, ao que parece, a norma pressupõe um comportamento que vai além da ilegalidade, a caminho da improbidade.

Compartilhamos do entendimento de Marçal Justen Filho, em seus preciosos *Comentários à Lei de Licitação e Contratos Administrativos* (5ª ed., São Paulo, Dialética, 1998, pp. 591 e ss.), para quem "os crimes tipificados na Lei 8.666 não admitem as modalidades culposas. Na quase-totalidade dos casos, é necessária a configuração daquele 'dolo específico' a que aludia a doutrina tradicional".

E, mais adiante, acerca da dispensa: "Entende-se que o crime do parágrafo único exige dolo específico (consistente no fim de celebrar contrato com o Poder Público). (...). É imperioso, para a caracterização do crime, que o agente atue voltado a obter um outro resultado, efetivamente reprovável e grave, além da mera contratação direta".

Assim, é preciso cautela para acusar o administrador de "frustrar a licitude do processo licitatório". Trata-se de infração gravíssima, que não deve ser invocada em hipóteses onde haja dispensa ou inexigibilidade legalmente autorizadas. Somente diante de evidências de fraude é que o tipo deve ser utilizado.[36]

Outro ponto que merece comentário diz respeito a perigoso entendimento, que vem tomando corpo, sobretudo nos Tribunais de Contas Estaduais, no sentido de que a Administração Pública não pode contratar advogados porque a Constituição teria reservado essa função aos procuradores, admitidos por concurso, após a criação dos respectivos cargos.

Data venia desse entendimento, cremos que o argumento não se sustenta. Há situações e demandas que, por suas peculiaridades – tais como complexidade, importância estratégica, singularidade –, justificam plenamente a contratação de advogados, especialmente para atender a essas questões específicas.[37]

Não vemos qualquer incompatibilidade entre a norma constitucional do art. 132 e a contratação de advogados externos pela Administração Pública. A especialidade da matéria, a necessidade de orientação ampla (muitas vezes diversa da já assentada pela própria Procuradoria) e de parecer de jurista renomado no campo de sua especialidade, a sofisticação da matéria, justificam plenamente a contratação, que, ao contrário da tese oposta, atende ao interesse público.

Comum, ainda, é a contratação de advogado para a defesa de prefeito acusado da prática de crime de responsabilidade administrativa ou de improbidade. Nesses casos, muitas vezes, o ato impugnado recebeu parecer contrário da própria Procuradoria e não pode haver, *a priori*, uma condenação quanto à legalidade ou ilegalidade do ato. O prefeito tem

---

36. "Já quanto ao art. 10 e casos de prejuízo ao erário, a própria lei admite a forma culposa. Todavia, especificamente à dispensa de licitação – é o que se está a ver – a doutrina especializada tem lembrado que os crimes tipificados na Lei n. 8.666 não admitem modalidade culposa. Marçal Justen Filho, por exemplo, sustenta ser 'imperioso, para a caracterização do crime, que o agente atue voltado a obter outro resultado, efetivamente reprovável e grave, além da mera contratação direta' (in *Comentários à Lei de Licitação e Contratos Administrativos*, p. 591). (...) Do que não se afasta Francisco Octávio de Almeida Prado: 'o elemento subjetivo dessa figura de improbidade administrativa é o dolo, a transgressão consciente de preceitos normativos aplicáveis à licitação, com a conseqüente distorção do procedimento e verificação de prejuízo à entidade pública ou assemelhada. Simples irregularidades de cunho formal no procedimento licitatório, incapazes de interferir com seu caráter competitivo, não se erigem em ato de improbidade administrativa'" (TJRS, ACP 70006130157, j. 19.4.2004, Des. Arminio José Abreu Lima da Rosa, m.v.).

37. Neste sentido: TJRS, Ap. Civ. 70002270213, rel. Pedro Luiz Rodrigues Bossle, j. 23.12.2003, v.u.

direito à defesa, não podendo contar com o corpo jurídico da Prefeitura, parecendo natural e lógica a contratação de advogado externo. Recorde-se, ainda, a relação de confiança inerente à escolha do profissional, elemento imprescindível na outorga de mandato ao advogado.

Alice Gonzales Borges manifesta-se a favor da contratação de advogados pelo Poder Público em tais circunstâncias, demonstrando a inviabilidade da competição, colacionando o art. 45, I e § 2º, da Lei 8.666, de 1993 (v. "Licitação para contratação de advogado", *Boletim Jurídico – Administração Municipal* 8/7, Salvador, 1996).[38]

38. "A ação de improbidade administrativa pode ser patrocinada por advogado contratado pelo ente estatal, independente de licitação. Aplicação dos artigos 25, § 1º e 13, II, da Lei n. 8.666/93. Dá-se provimento aos recursos" (TJMG, Ap. Civ. 1.0534.03.900009-4/001, rel. Kildare Carvalho, j. 2.12.2004, v.u.).

"Nesse contexto, entendo que a contratação de advogado especializado para defesa dos agentes políticos, às custas do Erário, para defesa de atos praticados no exercício do mandato, não configura ato de improbidade administrativa. Aliás, sobre o tema o Desa. Celeste Vicente Rovani, por ocasião do julgamento da AC n. 597004225, de 3.6.1998, já se manifestou, consignando, em síntese, que 'não pratica ilícito civil algum o prefeito que contrata serviços profissionais de assessoria jurídica particular, para o fim específico de proceder à sua defesa em ação civil de improbidade administrativa e reparação de danos, intentada contra si e seu secretário de finanças'. Caso análogo a estes autos, onde não houve o uso de bens ou valores do Erário municipal em proveito próprio, no ato de contratação de defensor, já que os fatos imputados estavam relacionados com o exercício do cargo de agente político" (TJRS, Ap. Civ. 70004509576, j. 18.12.2002, rel. Araken de Assis).

"Improbidade administrativa. Inexistência. O fato de entidade pública contar com advogado nos seus quadros próprios não constitui impedimento legal para contratação de advogado particular para prestação de serviços específicos. Licitação inexigível. Caracterização. Preenchimento dos requisitos previstos na Lei 8.666/93. Condenação do Ministério Público nos ônus sucumbenciais. Impossibilidade. Apelação parcialmente provida" (TJRS, Ap. Civ. 70002270213, rel. Pedro Luiz Rodrigues Bossle, j. 23.12.2003).

"Prefeito Municipal – Improbidade administrativa – Contratação de advogado sem licitação para defesa particular do alcaide – Admissibilidade – Causa que envolve a atuação pública do prefeito – Ausência de lesividade ou ilegalidade – Honorários, ademais, modicamente fixados – Ação popular improcedente – Recursos providos" (TJSP, Ap. Civ. 126.879-5/8, Pereira Barreto, 9ª Câmara de Direito Público, rel. Gonzaga Franceschini, j. 25.4.2002, v.u.).

Em sentido oposto: "(...) A tese jurídica constante do recurso não encontra precedentes nesta Corte, sendo este o 'leading case', que pode ser assim resumido: constitui-se em ato de improbidade a contratação de advogado, pago com recursos dos cofres públicos, para defender o Prefeito acusado de improbidade administrativa? A ação civil por ato de improbidade é ação política que atinge as autoridades em razão do exercício de cargo público, sendo público alvo de acusações justas ou injustas, sérias ou não sérias, graves ou não graves. É certo, porém, que derivam elas

Finalmente, recorde-se que o Min. Carlos Velloso, no RHC 72.830-8-RO, deixou assentado, acompanhado por seus pares, que "a contratação de advogado dispensa licitação, dado que a matéria exige, inclusive, especialização, certo que se trata de trabalho intelectual, impossível de ser aferido em termos de preço mais baixo. Nesta linha, o trabalho de médico operador. Imagine-se a abertura de licitação para a contratação de um médico cirurgião para realizar delicada cirurgia num servidor.

da atuação de um agente político. Como autoridade deve ser defendido, em princípio, pelo corpo de advogados que desenvolvem a defesa do órgão, não se ignorando que, muitas vezes, não dispondo o órgão público de advogados nos seus quadros, pode ser contratado um causídico para o fim específico. Dentro desse entendimento, vejo com absoluta legalidade a possibilidade de contratar o prefeito, como agente político, um advogado para defendê-lo, pois a defesa do prefeito pode ser entendida, muitas vezes, como defesa do próprio órgão. Se, por um lado, pode-se desenvolver tal raciocínio, por outro, temos como deletéria a contratação de um advogado, escolhido ao talante do prefeito, para defendê-lo pessoalmente da acusação de um ato de improbidade, ato este que atinge o órgão público. A lei não dá solução, e a jurisprudência dos Tribunais Superiores também não abre caminho interpretativo, o que autoriza fazer interpretação sistemática. Se há para o Estado interesse em defender seus agentes políticos, quando agem como tal, cabe a defesa ao corpo de advogados do Estado, ou contratado às suas custas.

"Entretanto, quando se tratar da defesa de um ato pessoal do agente político, voltado contra o órgão público, não se pode admitir que, por conta do órgão público, corram as despesas com a contratação de advogado. Como bem afirmou o Ministério Público, seria mais que uma demasia, constituir-se-ia em ato imoral e arbitrário" (STJ, AgR no REsp 681.571, rela. Min. Eliana de Calmon, j. 6.5.2006, v.u).

"(...) Ademais, o ato combatido é imoral, na medida em que o réu onera o erário para se defender em processo que visa, justamente, ao ressarcimento dos danos que ele causou ao patrimônio público. O réu não está atuando na condição de representante legal do Município e defendendo ato da Administração. Ao contrário, está sendo responsabilizado por prejuízos que causou ao Ente Público e, nesse caso, o Município não tem qualquer interesse na defesa do seu representante legal, já que os interesses são antagônicos.

"A toda a evidência, portanto, o ex-Prefeito e 2º Apelante usou dinheiro público em proveito próprio, demonstrando total menosprezo à coisa pública. Lógico é que, ao contrário de sua visão, a pessoa cidadã que está Prefeito não se confunde com a pessoa jurídica de direito público e, conseqüentemente, os interesses da autoridade não se confundem com o do Município. A irregularidade ficou caracterizada e com evidente dano ao patrimônio público" (TJMG, Ap. Civ. 1.0000.00.295422-0/000(1), rel. Aluízio Quintão, j. 14.8.2003, v.u.).

"É inaceitável que um prefeito municipal tenha o direito de ressarcir-se de despesas que teve com advogado contratado para protagonizar sua defesa em demandas judiciais relativas à função exercida. Violação dos princípios da moralidade, da pessoalidade, da legalidade e da eficiência reconhecidos. Responsabilidade pelas despesas de cunho personalíssimo, não se podendo impor ao Município o ônus da defesa do recorrente" (TJRS, Proc 70004046181, j. 12.6.2002, Roberto Canibal).

DOS ATOS DE IMPROBIDADE ADMINISTRATIVA 111

Esse absurdo somente seria admissível numa sociedade que não sabe conceituar valores. O mesmo pode ser dito em relação ao advogado, que tem por missão defender interesses do Estado, que tem por missão a defesa da *res publica*".

É certo que a imprensa por vezes noticia contratos de patrocínio de causas por valores milionários. O mesmo ocorre em relação a condenações milionárias sem qualquer proporção com a realidade posta na demanda. Nessas hipóteses, evidentemente, trata-se de abusos que devem ser controlados pelos operadores do sistema. Entretanto, a exceção não deve permitir que se fixe premissa equivocada. A contratação de profissionais, advogados, para realizar trabalhos jurídicos de assessoria e contencioso especializados é legítima e salutar. O resultado será igualmente benéfico para o Estado – e, assim, retornando à coletividade, contribuinte dos tributos.

Art. 10. (...)
IX – ordenar ou permitir a realização de despesas não autorizadas em lei ou regulamento;

Vide art. 167, I, da CF; art. 83 da Lei 4.320, de 1964; Decreto-lei 200, de 1967, arts. 80 e 81.

As receitas e despesas devem constar no orçamento – lei que contém a previsão das mesmas. É a Constituição Federal que veda o início de programas ou projetos não incluídos na lei orçamentária (art. 167). Todas as despesas públicas encontram-se submetidas a controles constitucionais e legais. Para maiores detalhes do direito financeiro, confiram-se os trabalhos de Aliomar Baleeiro, *Uma Introdução à Ciência das Finanças*, 14ª ed., Rio de Janeiro, Forense; *Receitas Não Tributárias (Taxas e Preços Públicos)*, de Régis Fernandes de Oliveira, São Paulo, Malheiros Editores, 2ª ed., 2003; *Manual de Direito Financeiro*, de Régis Fernandes de Oliveira, Estevão Horvath e Tereza Cristina Castrucci Tambasco, São Paulo, Ed. RT, 1990 – dentre outros.

Art. 10. (...)
X – agir negligentemente na arrecadação de tributo ou renda, bem como no que diz respeito à conservação do patrimônio público;[39]

39. "Pratica ato de improbidade administrativa o agente público ocupante de cargo de chefia que, tendo ciência da lesão ao patrimônio público, deixa de instaurar procedimento próprio para a apuração de responsabilidades e de controlar os subor-

Vide arts. 97, VI, 141, 151, 156 e 175 do CTN; art. 11, §§ 1º e 2º, da Lei 4.320, de 1964. Os crimes contra a ordem tributária, econômica e contra as relações de consumo são definidos na Lei 8.137, de 27.12.1990.

Somente nas hipóteses legais acima referidas será possível "dispensar" a obrigação tributária (sentido amplo).

Se o *particular*, de qualquer forma, se beneficiar e utilizar o produto do tributo, cometerá crime de apropriação indébita, previsto no art. 168 do CP.

Art. 10. (...)
XI – liberar verba pública sem a estrita observância das normas pertinentes ou influir de qualquer forma para a sua aplicação irregular;

Vide art. 315 do CP; Lei 7.675, de 1988; art. 2º, IV, da Lei 8.137, de 1990.

A liberação de verba pública é o ato final de um procedimento jurídico minuciosamente regrado na Constituição Federal e nas leis orçamentárias. Assim, todas as despesas públicas devem ser autorizadas pelo Congresso Nacional, por ocasião da aprovação da lei orçamentária (arts. 165 a 169 da CF). Há, portanto, controle formal do Poder Legislativo. De outra parte, a Lei de Licitações (n. 8.666, de 1993) exige a observância do procedimento competitivo nos casos lá arrolados, procurando impedir favorecimentos de qualquer natureza, inclusive com cominações penais. Por fim, a Lei 4.320, de 1964, é incisiva ao condicionar a despesa ao respectivo empenho – mais uma oportunidade para aquilatar sua procedência, regularidade e legitimidade.

Finalmente, além das competências constitucionais, a Lei 7.675, de 1988, autoriza ao Tribunal de Contas da União verificar "irregularidade grave na aplicação de recursos pela entidade fiscalizada, que caracterize ato de improbidade administrativa" (parágrafo único do art. 3º).

Art. 10. (...)
XII – permitir, facilitar ou concorrer para que terceiro se enriqueça ilicitamente;

dinados também responsáveis em fazê-lo, incorrendo na hipótese do art. 10, X da Lei n. 8.429/92, porquanto os poderes da administração são indisponíveis" (TJMG, Ap. Civ. 1.0015.03.014294-5/001(1), rel. Albergaria Costa, j. 24.8.2006).

Os atos de improbidade administrativa que importam enriquecimento ilícito estão elencados no art. 9º e incisos da lei anotada, dispositivos já verificados. O dispositivo procura "fechar o cerco" da atividade ilícita, proibindo que o agente público facilite, de qualquer forma, o enriquecimento ilícito de terceiros. Como é de curial conhecimento, nenhum agente público ímprobo permitirá ou concorrerá para que "terceiro" se enriqueça ilicitamente sem que haja adredemente preparado um verdadeiro plano de ação ilícita; o que se convencionou denominar, na linguagem leiga e popular, de "esquemas". Assim, o dispositivo procura assegurar e abranger também a ação do agente que, por qualquer meio, em co-autoria ou participação, elege terceiros para ele não figurar ostensivamente como o autor do ilícito. É óbvio que a lei sanciona o comportamento de todos os envolvidos na prática da improbidade administrativa que leva ao enriquecimento ilícito e, conseqüentemente, à lesão ao erário público.

Art. 10. (...)

XIII – permitir que se utilize, em obra ou serviço particular, veículos, máquinas, equipamentos ou material de qualquer natureza, de propriedade ou à disposição de qualquer das entidades mencionadas no art. 1º desta Lei, bem como o trabalho de servidor público, empregados ou terceiros contratados por essas entidades.

Vide art. 9º, IV, da lei comentada.

O dispositivo tem praticamente a mesma redação do art. 9º, IV. Naquele caso a norma volta-se à utilização (uso efetivo) dos equipamentos e máquinas, conduta tipificada como ato de improbidade que importa enriquecimento ilícito. Aqui a norma utiliza a expressão "permitir que se utilize", encartando o comportamento como ato de improbidade que causa prejuízo, lesão, ao erário. É natural e íntima a conexão de ambos os comportamentos. A norma procura responsabilizar todos os agentes que, com competência (medida de poder) e autoridade (emanada do cargo, função ou emprego), autorizem, permitam, utilizem, enfim, desfrutem, em última análise, do patrimônio público, direta ou indiretamente, de modo ilícito, abusivo, contrário ao Direito.

Art. 10. (...)

XIV – celebrar contrato ou outro instrumento que tenha por objeto a prestação de serviços públicos por meio

da gestão associada sem observar as formalidades previstas na lei; (*Incluído pela Lei 11.107, de 2005*)

XV – celebrar contrato de rateio de consórcio público sem suficiente e prévia dotação orçamentária, ou sem observar as formalidades previstas na lei. (*Incluído pela Lei 11.107, de 2005*)

A Constituição Federal em seu art. 241 dispõe: "Art. 241. A União, os Estados, o Distrito Federal e os Municípios disciplinarão por meio de lei os consórcios públicos e os convênios de cooperação entre os entes federados, autorizando a *gestão associada de serviços públicos*, bem como a transferência total ou parcial de encargos, serviços, pessoal e bens essenciais à continuidade dos serviços transferidos".

Todo este tema estava regido apenas pelo artigo 116 da Lei de Licitações (8.666/1993).

Sempre houve profunda diferença entre o convênio e o contrato administrativo, pois naquela figura de acordo não se exige a prévia licitação e sim a "prévia aprovação do competente plano de trabalho", o qual deverá conter um rol de informações conforme itens fixados no parágrafo primeiro do artigo 116 da Lei 8.666, de 1993.

Posteriormente, passou a ser definido e regulado pela Lei 11.107, de 6.4.2005, e pelo seu Decreto regulamentador, o de número 6.017, de 17.1.2007.

Ao alterar a Lei de Improbidade, cremos que a Lei de Consórcio deseja impedir que se utilize da faculdade constitucional prevista no art. 241 da Constituição Federal como um verdadeiro "cheque em branco" para conveniar *qualquer tipo de gestão associada de serviços públicos* o que frustraria, por via transversa, o princípio geral da competitividade, da licitação, como princípio geral positivado no art. 37, inc. XXI, da nossa CF.

De fato, os entes consorciados somente entregarão recursos ao consórcio público mediante contrato de rateio, com rigoroso cumprimento da Lei de Responsabilidade Fiscal.

Na verdade, a lei que disciplina a matéria é mesmo a Lei 11.107/2005. A lei de improbidade vem apenas reforçar mais essa conduta como sendo do ato de improbidade que causa prejuízo ao erário, descumprir os processos e condicionamentos da Lei 11.107/2005.

Sobre o tema dos convênios públicos vide artigo de Diogo de F. Moreira Neto na *RDA* 214/98; "Contratos entre Órgão e Entidades Públicas", de Marçal Justen Filho, *RTDP* 15/74, e "O Consórcio Público", de Maria Sylvia Zanella Di Pietro, na obra coletiva *Curso de Direito Administrativo Econômico*, de José Eduardo Martins Cardoso, João Eduardo Lopes Queiroz e Márcia Walquíria Batista dos Santos (Orgs.), Malheiros Editores, 2006, p. 771.

É ainda útil uma pesquisa no teor da Instrução Normativa STN n. 1, de 15.1.1997, da Secretaria do Tesouro Nacional, que "disciplina a celebração de convênios de natureza financeira que tenham por objeto a execução de projetos ou realização de eventos e dá outras providências".

Seção III – Dos Atos de Improbidade Administrativa que Atentam Contra os Princípios da Administração Pública

Princípios são normas jurídicas estruturais de um dado ordenamento jurídico. São dotados de maior proeminência porque condicionam toda a interpretação do Direito. Segundo Celso Antônio Bandeira de Mello (*Curso de Direito Administrativo*, 26ª ed., São Paulo, Malheiros Editores, 2009), os princípios constitucionais do direito administrativo brasileiro podem ser expressos e implícitos. Os expressos são mencionados no art. 37, *caput*, da CF – legalidade, impessoalidade, moralidade, publicidade. Outros, conquanto não mencionados, encontram-se logicamente abrigados no sistema. São eles o princípio da supremacia do interesse público sobre o interesse privado, o princípio da finalidade, o princípio da razoabilidade, o princípio da motivação, o princípio do controle judicial dos atos administrativos, o princípio da responsabilidade do Estado por atos administrativos (para um estudo global dos princípios jurídicos recomendamos a leitura do capítulo 4 da obra *A Ordem Econômica na Constituição de 1988*, de Eros Roberto Grau, 13ª ed., São Paulo, Malheiros Editores, 2008. Do mesmo modo o notável artigo de Paulo de Barros Carvalho, "O princípio da segurança jurídica em matéria tributária", revista *Ciência Jurídica* 58, julho-agosto de 1994).

A preocupação do legislador é de ser aplaudida, porquanto coube à doutrina um esforço de décadas para demonstrar a importância dos princípios, sua eficácia e aplicabilidade. Assim, mais do que nunca, atual é a advertência já clássica de Celso Antônio: violar um princípio é muito mais grave do que violar uma norma isolada, porque as conseqüências do ataque são, sem dúvida, muito maiores, devido à generalidade e raio de ação dos princípios.

Art. 11. Constitui ato de improbidade administrativa que atenta contra os princípios da Administração Pública

qualquer ação ou omissão que viole os deveres de honestidade, imparcialidade, legalidade, e lealdade às instituições, e notadamente:

Preliminarmente, cumpre advertir o leitor quanto à preocupação já manifestada por ocasião dos comentários lançados ao art. 10, *caput* (quinto parágrafo do texto), alusivos ao princípio da proporcionalidade e da proibição de excesso.[40]

Deveras, novamente a lei peca por excesso ao equiparar o ato ilegal ao ato de improbidade; ou, por outra, o legislador, invertendo a dicção constitucional, acaba por dizer que ato de improbidade pode ser decodificado como toda e qualquer conduta atentatória à legalidade, lealdade, imparcialidade etc. Como se fosse possível, de uma penada, equiparar coisas, valores e conceitos distintos. O resultado é o arbítrio. Em síntese, não pode o legislador dizer que tudo é improbidade.

Será necessário esforço doutrinário para trazer aos seus limites o conceito de improbidade administrativa. O art. 11, *caput*, tal como redigido, afirma o que constitui ato de improbidade: é ato de improbidade praticar ações ou omissões que violem a... legalidade. Assim, temos que, em princípio (segundo a lei), improbidade = violação à legalidade. Não é correta a lei, e destoa dos conceitos constitucionais. Ademais, não pode o legislador, a pretexto de dar cumprimento à Constituição, juridicizar e equiparar legalidade a improbidade.

Novamente a preocupação nada tem de acadêmica, porquanto, dentre tantos problemas, os resultados e conseqüências da ação ilegal e da ação por ato de improbidade são radicalmente diversos. Esses últimos, segundo a lei, acarretam as sanções do art. 12, III (perda da função, ressarcimento, suspensão dos direitos políticos etc.). Ao que parece, os formuladores da lei olvidaram-se de estudo aprofundado a propósito da teoria do dano (sentido lato), não estabelecendo gradações e proporcio-

---

40. ***Responsabilidade objetiva***: "O tipo do artigo 11 da Lei 8.429/92, para configurar-se como ato de improbidade, exige conduta comissiva ou omissiva dolosa, não havendo espaço para a responsabilidade objetiva. Atipicidade de conduta por ausência de dolo. Recurso especial improvido" (STJ, REsp 658.415, rela. Eliana Calmon, j. 27.6.2006, v.u.).

"O tipo previsto no art. 11 da Lei n. 8.429/92 é informado pela conduta e pelo elemento subjetivo consubstanciado no dolo do agente. É insuficiente a mera demonstração do vínculo causal objetivo entre a conduta do agente e o resultado lesivo, quando a lei não contempla hipótese da responsabilidade objetiva" (STJ, REsp 626.034-RS, rel. João Otávio de Noronha, j. 28.3.2006, m.v.).

nalidade entre as normas primárias e secundárias do dispositivo legal. O resultado será a injustiça flagrante, se tomada a lei ao pé da letra.

Felizmente temos observado que a jurisprudência parece ter incorporado em grande parte essas lições da doutrina, ao realizar prudente e justa subsunção na Lei de Improbidade das condutas tidas como atentatórias àquela norma jurídica.

É o que se vê, *inter plures*, na declaração de voto parcialmente vencido do eminente Des. José Santana, do egrégio TJSP, na Ap. Civ. 185.113-5/5-00 (j. 7.8.2002), ao fazer a correta distinção, que apregoamos, entre *ato ilegal* e *ato ímprobo*. Ou, ainda, na Ap. Civ. 185.161-5/3, do mesmo TJSP, 9ª Câmara de Direito Público (j. 10.4.2002, rel. Des. Antônio Rulli).[41]

É gratificante que assim seja, até porque, ao respeitar essa distinção, está o intérprete seguindo uma boa tradição, separando entre moralidade e ilegalidade – distinção que, além de antiga, já constava no nosso ordenamento jurídico.

Recorde-se, ademais, que a Lei da Ação Popular já distingue perfeitamente a ilegalidade da imoralidade quando considera nulos os atos lesivos ao patrimônio das entidades públicas e congêneres. O ato jurídico só será considerado nulo – na ação popular – se lesivo ao patrimônio daquelas entidades e, ainda, ilegal. A imoralidade, que também se combatia e se combate através da ação popular, sempre esteve, portanto, presente na lesividade ao patrimônio público.

O que ocorre é que agora, através da *ação de responsabilidade por ato de improbidade*, abre-se não só mais um novo caminho para o combate eficaz à imoralidade administrativa (gênero), como também des-

---

41. "O ato de improbidade, a ensejar a aplicação da Lei n. 8.429/92, não pode ser identificado tão-somente com o ato ilegal. A incidência das sanções previstas na lei carece de um *plus*, traduzido no evidente propósito de auferir vantagem, causando dano ao erário, pela prática de ato desonesto, dissociado da moralidade e dos deveres de boa administração, lealdade e boa-fé" (STJ, REsp 269.683-SC, rela. Min. Laurita Vaz, j. 6.8.2002, m.v.).
"A acumulação de cargos públicos, um municipal e um estadual, apesar de se caracterizar como ilegal, não pode ser reconhecida como ímproba, à inexistência de má-fé do servidor público. O Superior Tribunal de Justiça tem decidido reiteradamente que (...) a má-fé é premissa do ato ilegal e ímprobo. Consectariamente, a ilegalidade só adquire o *status* de improbidade quando a conduta antijurídica fere os princípios constitucionais da Administração Pública coadjuvados pela má-fé do administrador. A improbidade administrativa, mais que um ato ilegal, deve traduzir, necessariamente, a falta de boa-fé, a desonestidade (...) (REsp 480.387-SP)" (TJPR, Ap. Civ. 169.169-0, rel. Luiz Cezar de Oliveira, j. 5.10.2005).

cortina-se a possibilidade de se atacar os desmandos do administrador público *improbo* (*espécie de imoralidade administrativa*), sancionando-o com meios jurídicos mais potentes e sofisticados.

Igualmente não podemos imaginar como razoável ou proporcional um dado servidor público punido com as severas cominações do art. 12, III, por ter, de modo culposo, violado seu dever de imparcialidade ou mesmo de legalidade. E, ainda, quais as sanções aplicáveis aos agentes que descumprirem tais princípios? É preciso cuidado, para que não haja excessos. Cumpra-se o princípio da proporcionalidade. Passemos à análise fria do dispositivo.

O dispositivo determina e "define" hipóteses onde considera violados os princípios da Administração Pública. Assim, comete atentado à probidade administrativa todo e qualquer agente público ou equiparado que, por ação ou omissão (conduta positiva ou negativa), afronte, viole, cometa atentados aos deveres de honestidade, imparcialidade, legalidade e lealdade.

Cumpre observar que o agente deve integral atendimento ao regime disciplinar a que está submetido. As hipóteses legais de violação aos *deveres* do servidor são, em última análise, de violação aos princípios constitucionais da Administração Pública. Assim, *v.g.*, vide o art. 116 da Lei 8.112, de 1990, a exigir acatamento à legalidade, lealdade, moralidade, imparcialidade etc.

Vejamos rapidamente o que é possível entender em relação aos deveres de honestidade, imparcialidade, legalidade e lealdade às instituições.

Para nós, o agente público que atende aos deveres de honestidade e lealdade acata o princípio da moralidade administrativa.[42] É dizer, ho-

---

42. "*In casu*, Sr. Presidente, trata-se da *utilização de um ônibus*, destinado ao transporte escolar e com verba conveniada para manutenção deste mesmo ônibus, e de que se serviu a administração pública para conduzir, em romaria, pessoas da comunidade de Cambuquira.

"Ficou claro, e muito bem claro no seio do processo, que prejuízo nenhum houve para o povo ou para a administração pública e, mesmo assim, se manejou uma Ação Civil Pública para que este Tribunal rechaçasse essa possibilidade de condenação ao alcaide daquela cidade do Sul de Minas.

"Tenho para comigo que esta ofensa ao princípio da moralidade, principalmente, só está presente quando há dolo da administração pública e desse dolo resulte prejuízo para o patrimônio público. Não podemos dar uma interpretação elástica a esse dispositivo. No momento em que não trouxe nenhum prejuízo para administração pública, onde está a ofensa a esse princípio da moralidade?

"Todos nós que somos e que temos raízes no interior, sabemos que ônibus de prefeitura não transporta somente romeiros, transporta até time de futebol e aí

nestidade e lealdade são conceitos jurídicos complementares ou faces da mesma moeda. Há certa vacilação doutrinária: alguns vislumbram no princípio da moralidade a lealdade, a boa-fé da Administração, do administrador. Outros reduzem a moralidade administrativa à honestidade institucional do sistema, ou o "conjunto de regras de conduta tiradas da disciplina interior da Administração" (Hauriou). É perfeitamente possível identificar exemplos de agentes que infrinjam cada um desses princípios. Infringe o dever de honestidade o agente que mantém conduta incompatível com a moralidade *administrativa*. Infringe o dever de imparcialidade aquele que atenta contra a impessoalidade (v. Lúcia Valle Figueiredo, ob. cit.). Infringe a legalidade o agente que não age rigorosamente segundo a lei (sentido amplo) – "administrar é aplicar a lei de ofício". Desleal é o agente que infringe um desdobramento do princípio da moralidade. Pode ser desleal de várias formas: revelando fatos ou situações reservadas ao âmbito da Administração (incisos III e VII), induzindo em erro, no exercício de suas atividades, as instituições a que serve.

Para um estudo mais aprofundado, vide Celso Antônio Bandeira de Mello, *Curso de Direito Administrativo*, 26ª ed., Malheiros Editores, 2009; Maria Sylvia Zanella Di Pietro, *Discricionariedade Administrativa na CF de 1988*, São Paulo, Atlas, 1991; Hely Lopes Meirelles, *Direito Administrativo Brasileiro*, 35ª ed., São Paulo, Malheiros Editores, 2009; Lúcia Valle Figueiredo, *Curso de Direito Administrativo*, 9ª ed., São Paulo, Malheiros Editores, 2008.

daquele prefeito que não enquadrar neste esquema de ceder ao povo, quando solicitado, o ônibus para transporte dessa natureza. A Administração Pública, antes e sobretudo, existe para atender aos anseios do povo, para depois atender a outros anseios não confessados com a propositura desta ação. Basta atentarmos para o fato de que, indiscriminadamente, há treze ações civis públicas contra este administrador. Se se for processar administradores por fato semelhante, posso confessar sem medo algum de errar: todos serão processados, doravante. É necessário que se faça um estudo do sentido desses princípios constantes da Constituição Federal: da moralidade, da impessoalidade, da razoabilidade, que tanto hoje se fala em qualquer processo.

"Se essa atitude vem em benefício da comunidade de Cambuquira ou de parcela dessa comunidade, onde está a imoralidade nesta atuação administrativa de se permitir que romeiros se utilizassem desse ônibus para atingir a sua vontade, o seu objetivo? Não vejo prejuízo algum, não há comprovadamente prejuízo algum no bojo desse processo. Daí também porque eu estou a votar com o em. Relator deste processo, o Des. Alvim Soares, porque nós julgadores temos que sobretudo buscar nas entrelinhas de um processo a real finalidade das ações que estão sendo propostas" (TJMG, Ap. Civ. 1.0000.00.305371-7/000(1), rel. Alvim Soares, j. 7.4.2003).

Art. 11. (...)

I – praticar ato visando fim proibido em lei ou regulamento ou diverso daquele previsto, na regra de competência;

O princípio da legalidade é, sem dúvida, um dos pilares do Estado Democrático de Direito. Ao lado dele convive o princípio da supremacia do interesse público, ou princípio da finalidade pública. De fato, a Administração Pública, ao cumprir seus deveres constitucionais e legais, busca incessantemente o interesse público, verdadeira síntese dos poderes a ela atribuídos pelo sistema jurídico positivo, desequilibrando forçosamente a relação Administração/administrado. Ausentes os poderes administrativos, não seria possível realizar uma série de competências e deveres institucionais (os sacrifícios a direitos, as intervenções, desapropriações, autorizações, concessões, poder de polícia, serviços públicos etc.). Contudo, forçoso reconhecer que a atividade administrativa não é senhora dos interesses públicos, no sentido de poder dispor dos mesmos a seu talante e alvedrio. Age de acordo com a "finalidade da lei", com os princípios retores do ordenamento, expressos e implícitos. A Administração atua, age, como instrumento de realização do ideário constitucional, norma jurídica superior do sistema jurídico brasileiro.

Assim, o agente público deve atender aos interesses públicos, ao bem-estar da comunidade. Sob o rótulo "desvio de poder", "desvio de finalidade", "ausência de motivos", revelam-se todas as formas de condutas contrárias ao Direito, prejudiciais ao administrado e violadoras, às vezes, da própria Constituição. Há, em síntese, comportamento ilegal ou ilegítimo.

Aliás, o STJ deixou assentado que "o desvio de poder pode ser aferido pela ilegalidade explícita (frontal ofensa ao texto da lei) ou por censurável comportamento do agente, valendo-se de competência própria para atingir finalidade alheia àquela abonada pelo interesse público, em seu maior grau de compreensão e amplitude. Análise da motivação do ato administrativo, revelando um mau uso da competência e finalidade despojada de superior interesse público, defluindo o vício constitutivo, o ato aflige a moralidade administrativa, merecendo inafastável desfazimento" (REsp 21.156-0-SP, reg. 92.0009144-0, j. 19.9.1994, rel. Min. Milton Luiz Pereira).

A norma em foco autoriza a pesquisa do ato administrativo a fim de revelar se o mesmo está íntegro ou, ao contrário, apenas aparentemente atende à lei, se os motivos e seu objeto têm relação com o interesse público, se houve algum uso ou abuso do administrador, se a finalidade foi atendida de acordo com o sistema jurídico; e assim por diante.

O mesmo se diga em relação ao regulamento. No Brasil, ato inferior à lei, nada podendo inovar. Executa a vontade legal. Assim, o agente não pode invocá-lo, interpretá-lo, dando-lhe elastério não previsto nos limites legais – conduta, aliás, infelizmente, muito comum.

O dispositivo refere-se de fato ao conhecido *desvio de finalidade*, tal como definido, aliás, no parágrafo único do art. 2º da Lei 4.717/65.

Em uma palavra: o dispositivo contempla atos praticados com desvio de poder.

Art. 11. (...)
II – retardar ou deixar de praticar, indevidamente, ato de ofício;

Vide art. 319 do CP.

O agente deve exercer sua atividade com zelo e dedicação às atribuições de seu cargo, emprego, função etc. É seu dever funcional (art. 116 da Lei 8.112, de 1990).[43] O retardamento injustificado, ilógico, ausente qualquer motivo plausível e demonstrável – como, por exemplo, excesso de serviço – , é indício forte de conduta contrária ao Direito, podendo ensejar a responsabilidade penal. Vide os arts. 317 e 319 do CP.

"Retardar" é delongar. O agente não realiza o ato que tem o dever de praticar no prazo da lei, ou, ausente o prazo, em tempo satisfatório para que produza seus normais efeitos. Deixar de praticar o ato é outra modalidade de omissão, tal como o retardamento. O termo "indevida-

---

43. Age com dolo eventual o Procurador do Estado que deixa de dar andamento aos processos judiciais sob sua custódia: TJRS Ap. Civ. 70007880198, rela. Matilde Chabar Maia, j. 26.8.2004, v.u.

"É de improbidade, portanto, que estamos cuidando; de ato que atenta contra os princípios da Administração Pública (...). A definição das responsabilidades é clara. Não se trata apenas de uma conduta culposa, de difícil configuração, porque próxima do âmbito de intelecção razoável. De fato, nesses casos, não se poder argüir de responsabilidade o Magistrado, porque, senão, toda a decisão que fosse reformada, atrairia as sanções da lei.

"Não é disso que se trata no presente. Aqui, o que ocorreu, por parte dos Conselheiros-réus, foi uma não-decisão, um não-atuar sistemático, injustificável e claramente lesivo aos interesses coletivos" (TRF 1ª Região, Ap. Civ. 2001.32.00.001212-0-AM, rel. Tourinho Neto, j. 3.4.2006, v.u.).

mente" alude à conduta contrária ao Direito, aos princípios jurídicos elencados na Constituição e no *caput* do artigo comentado.[44]

Art. 11. (...)
III – revelar fato ou circunstância de que tem ciência em razão das atribuições e que deva permanecer em segredo;

Vide arts. 325 e 154 do CP; art. 132, IX, da Lei 8.112, de 1990; inciso XV, alínea "m", do Código de Ética Profissional do Servidor Público Civil do Poder Executivo Federal (Decreto 1.171, de 22.6.1994).

Há uma questão preliminar a ser enfrentada: quando há dever de sigilo? Será necessário norma específica que defina situações que determinem o sigilo; do contrário, impossível aquilatar a sua violação.

44. "(...) A petição inicial imputa ao demandado a prática de ato de improbidade omissivo, qual seja, retardar ou deixar de praticar, indevidamente, ato de ofício. Tudo porque, ainda que não tivesse em mira qualquer vantagem ou interesse, não adotou as providências indispensáveis para a apuração do desvio de 960 litros de óleo diesel por não terem sido utilizados pela Administração Pública, o que teria causado dano ao erário no montante de R$ 349,44. Quer dizer, não lhe é imputado o desvio do combustível nem a lesão direta ao erário, mas a omissão na adoção de providências para apuração dos fatos. A conduta descrita, portanto, não configura ato de improbidade que causa prejuízo ao erário, mas ato de improbidade que importa apenas a violação de princípio (artigo 11, inciso II, da Lei n. 8.429/92). Com efeito, o prejuízo ao erário pelo desvio do combustível não deriva da falta de instauração de procedimento administrativo. Com efeito, ainda que comprovado o desvio e identificado o agente, o ressarcimento do dano constitui-se em evento futuro e incerto, subordinado às possibilidades fáticas e jurídicas do ressarcimento. Tratando-se, então, de ato de improbidade que atenta contra os princípios da Administração Pública, era indispensável imputasse a inicial ao Requerido a conduta dolosa e houvesse prova, ao menos indiciária, de que a conduta omissiva tenha sido dolosa.

"É que, em se tratando de ato de improbidade previsto no artigo 11 da Lei n. 8.429/92, tal era indispensável. Isto porque, dos três tipos de ato de improbidade definidos no aludido diploma legal (artigos 9º, 10 e 11), apenas os atos que acarretam dano ao erário admitem, por força de expressa disposição legal, a forma culposa. Ocorre que a própria petição inicial descarta a conduta dolosa ao sustentar que configura ato de improbidade a omissão na prática de ato oficial, sem qualquer motivo escusável, 'ainda que não tivesse em mira qualquer vantagem ou interesse' (fl. 10). Em outras palavras, a conduta descrita na petição inicial não configura, em abstrato, a prática de ato de improbidade administrativa capaz de ensejar as sanções legais. Em função disto, não pode ter prosseguimento a presente ação. Isto porque, ainda que ficasse comprovado o desvio, não houve imputação ao demandado de conduta omissiva dolosa, que configuraria a prática de ato de improbidade administrativa" (TJRS, ACP 70005916952, rela. Maria Isabel de Azevedo Souza, j. 15.4.2003, v.u.).

A norma protege o segredo funcional. O agente, no exercício regular de suas atribuições, detém informações sigilosas que não podem ser reveladas, sob pena de pôr em risco o próprio desenvolvimento da atividade administrativa. Não se trata, obviamente, de atividades "secretas" da Administração. Cuida-se de informações sigilosas. Imagine-se o agente que realiza o traçado de área a ser desapropriada, obtendo aprovação de seus superiores em reuniões reservadas da Administração. Ou, ainda, banca examinadora de universidade pública que revela informações aptas a fraudar o certame. O mesmo podendo ocorrer em uma licitação. Há infindáveis exemplos e possibilidades. O essencial será remarcar que o agente passa o fato de sua esfera de conhecimento a terceiros que não poderiam ter ciência de tal fato ou circunstância. Tal revelação pode ser direta ou indireta. É certo, contudo, que a investigação deve ser rigorosa, porquanto nunca é fácil apurar, após a revelação de um "segredo", quem ou quais as pessoas autoras da infração. Finalmente, diga-se que a revelação a que alude a regra pressupõe divulgação sob qualquer das formas possíveis. Não viola a regra, obviamente, o agente que, no exercício regular de suas funções, comenta, desenvolve idéias, tendo por objeto o próprio "segredo", com companheiros de trabalho, envolvidos no projeto cogitado.

A menção à revelação de "circunstância" de que tem ciência o agente procura resguardar o "segredo" de forma global. Pode ocorrer uma revelação em situação, estado ou condição que induz terceiro ao conhecimento amplo do "projeto" ou fato tido como sigiloso. Por certo, todas as formas de divulgação do conhecimento são albergadas pela lei, inclusive os registros informáticos, dados de computação, programas, acesso a discos computadorizados etc.

Finalmente, registre-se que o sigilo não é oponível perante procedimento judicial. O agente deve levar ao conhecimento da Justiça o teor das informações solicitadas.

Art. 11. (...)
IV – negar publicidade aos atos oficiais;

O princípio da publicidade é norma constitucional (art. 37, *caput*, da CF). A regra geral exige a divulgação dos atos estatais, dentre eles os praticados pela Administração. Há restrições. Vide art. 5º, LX.

A publicidade é inerente aos atos oficiais, sendo garantia dos administrados. De fato, se os cidadãos não podem ter sua esfera de liberdade restringida senão por meio de lei, é corolário necessário a divulgação desses atos, sua publicidade. Ademais, a defesa de situações, procedimentos, exigências da Administração etc. somente pode ser efetivada após o conhecimento oficial da parte interessada. O ato jurídico que proporciona a deflagração da reação é, sem dúvida, a publicidade (através do veículo jurídico adequado).

A regra pressupõe conduta do agente que, deliberadamente, infringe o princípio da publicidade.

A Constituição do Estado de São Paulo assegura a publicidade administrativa. Seu art. 112 exige publicação das leis e atos administrativos externos.

Por outro lado, se *negar publicidade aos atos oficiais* pode configurar um tipo de improbidade administrativa por violação aos "princípios da Administração Pública", contidos no art. 37, *caput*, da CF (os expressos) e no art. 11 desta lei, há que considerar, ainda, que a realização de gastos com *publicidade pessoal* é igualmente intolerável e vedada pela mesma CF em seu art. 37, § 1º.

Desse modo, realizar gastos com publicidade pessoal, colocando em destaque fotos, nomes e atividades sem qualquer conteúdo ou finalidade educativa ou informativa, é violar a norma e, conseqüentemente, estar sujeito às sanções da presente lei. Eventualmente estará violado o art. 10, *caput*, da presente lei, ou outro, segundo as circunstâncias da conduta do agente público acusado.

Art. 11. (...)
V – frustrar a licitude de concurso público;

Vide art. 37, II, da CF.

O princípio da isonomia garante o tratamento sem distinção de qualquer natureza jurídica. Se assim é, quando a Administração realiza concursos públicos deve respeitar o aludido princípio. Não pode haver qualquer modalidade de favorecimento, direto ou indireto. Deseja-se uma competição cintada de todas as garantias; o respeito às regras constitucionais, legais e editalícias.

A *ratio legis* volta-se à lisura do certame. Procura preservar sua legitimidade, legalidade, moralidade. Não importa qual a função a ser ocupada, ou a modalidade de órgão público. Onde aberto o concurso, exige-se a licitude apontada. A frustração à licitude pode dar-se de várias maneiras e formas. O importante será sindicar, no caso concreto, se a disputa deu-se segundo padrões legais e morais, ou, ao contrário, se a conduta administrativa foi tisnada.[45]

Art. 11. (...)

VI – deixar de prestar contas quando esteja obrigado a fazê-lo;[46]

Já verificamos que a obrigatoriedade de prestar contas é exigência constitucional (art. 70, parágrafo único, da CF). Na verdade, a Constituição e as leis específicas (v. Decreto-lei 200, de 1967, e Lei 4.320, de 1964) estabelecem rígido controle orçamentário para a aplicação de dinheiros públicos. A norma em foco cuida da conduta do agente que deixa de prestar contas. Se assim age é porque as contas devem estar irregulares.

Os arts. 80 e 81 do Decreto-lei 200, de 1967, estabelecem a responsabilidade do ordenador de despesas, sujeito ainda à *tomada de contas*, realizada pelo órgão de contabilidade e pelo Tribunal de Contas.

Art. 11. (...)

VII – revelar ou permitir que chegue ao conhecimento de terceiro, antes da respectiva divulgação oficial, teor de medida política ou econômica capaz de afetar o preço de mercadoria, bem ou serviço.

Vide arts. 325 do CP e 155 da Lei 6.404, de 1976 (dever de lealdade).

Outra modalidade de infidelidade (ou deslealdade) funcional é a prevista na norma anotada. Vide inciso III do artigo comentado. Pratica a conduta inscrita na norma o agente que comunica ou permite a comunicação de medida governamental que tenha o condão de afetar preço da mercadoria, bem ou serviço. Terá, igualmente, infringido seus deveres estatutários ou legais, sem embargo da possível cominação penal (art. 325 do CP).

---

45. Fere o inciso V a criação indevida de cargos comissionados: REsp 650.674, rel. Castro Meira, j. 6.6.2006, v.u.

46. "Apesar de o ato de deixar de prestar contas constituir um tipo previsto na Lei de Improbidade, somente poderá ser punido o agente público se presente o elemento subjetivo (dolo). Sem um mínimo de má-fé não se pode cogitar da aplicação de penalidades tão severas como a suspensão dos direitos políticos e a perda da função pública" (TJMG, Ap. Civ. 1.0092.04.005550-8/001(1), rel. Duarte de Paula, j. 9.6.2005, v.u.).

Afigura-se útil para fins de pesquisa a consulta ao art. 130 da Lei das Sociedades Anônimas – Lei 6.404, de 1976 (dever de lealdade do administrador), a fim de melhor compreender a figura do administrador desleal. De fato, quem é dotado de informação privilegiada ou sigilosa, em razão do cargo ou posição ocupada, pode aproveitar e causar "oportunidades" para realizar operações em proveito próprio ou alheio, prejudicando terceiros.

Realizando-se um paralelo com a figura prevista na aludida lei societária, lembramos a criação de medidas contra os *insiders trading*, pessoas que, em virtude de sua posição na administração da sociedade (*insiders*), *conhecem, previamente, antes dos acionistas, certas medidas que a sociedade tomará, e, aproveitando de tal conhecimento, percebem grandes vantagens patrimoniais ou de qualquer outra ordem. A figura prevista na lei anotada é muito próxima à previsão da lei societária, com uma agravante: o agente público está, sem dúvida, ofendendo o próprio Estado, a quem jurou servir e ser leal.*

CAPÍTULO III – DAS PENAS

Art. 12. Independentemente das sanções penais, civis e administrativas, previstas na legislação específica, está o responsável pelo ato de improbidade sujeito às seguintes cominações:

V. arts. 121 da Lei 8.112, de 1990, e 12, parágrafo único, da lei ora anotada.

Independência das instâncias civil, penal e administrativa

São três as esferas ou jurisdições passíveis de responsabilidades: a administrativa, a civil e a penal. Atuam, em princípio, com relativa independência. Entretanto, existe alguma sorte de interferência entre tais campos, ou, por assim dizer, resultados de uma que influenciam nas outras. A responsabilidade administrativa do servidor será afastada no caso de absolvição criminal que negue a existência do fato ou sua autoria. De outra parte, não negando a sentença absolutória a existência do fato ou sua autoria, limitando-se a considerá-lo atípico, por exemplo, do ponto de vista penal, há ainda a responsabilidade administrativa do agente.

A absolvição por falta de provas não repercute na esfera administrativa, na qual só tem relevância quando fundada nos motivos acima expostos, quais sejam, negativa do fato ou da autoria. Da mesma forma, recorde-se que nem mesmo a prescrição ou a absolvição criminal podem influenciar na exclusão do ilícito administrativo.

É princípio assente na jurisprudência do STF o de que a decisão na instância penal só tem repercussão na instância administrativa quando aquela se manifesta pela inexistência material do fato ou pela negativa da sua autoria.

Assim, ratifique-se, o mesmo fato pode ensejar a responsabilização do agente nas três esferas – penal, civil e administrativa. Agora, com a lei, o mesmo fato pode, ainda, configurar infração à probidade administrativa, nas várias modalidades aqui contidas.

Sobre o tema, o Min. Moreira Alves assim se expressou no MS 21.113-0-DF, *DJU* 14.6.1991, em decisão unânime: "A independência das instâncias civil, penal e administrativa é regra no Direito brasileiro, e mesmo que o fato constitua, ao mesmo tempo, ilícito penal e administrativo, eventual decisão do juízo criminal só terá reflexos na instância disciplinar, impedindo a imposição de pena, se declarar a inexistência material do fato (isto é, que ele não ocorreu) ou se julgar provado que aquele determinado agente público não foi seu autor. A absolvição do réu por outros fundamentos – falta de prova da autoria, inexistência do crime, entre outros – não é obstáculo para a sanção disciplinar, porque a prova que faltou na ação penal pode estar no procedimento disciplinar ou o fato pode não ser crime, mas estar previsto em lei como infração administrativa".

Vejamos como os Tribunais vêm se posicionando acerca do assunto:

Jurisprudência

• Estando caracterizado que a demissão do servidor público deu-se por ato que configuraria ilícito, não só administrativo, mas também penal, e uma vez absolvido ele no processo penal por inexistência de prova dos fatos, impõe-se considerar essa circunstância na esfera cível, visto que a conclusão do juízo criminal corresponde, em verdade, a autêntica negativa de autoria, pois o que não é provado é tido legalmente como inocorrido. II – Segundo abalizada doutrina, ontologicamente, os ilícitos penal, administrativo e civil são iguais, pois a ilicitude jurídica é uma só. "Assim não há falar-se de um ilícito administrativo ontologicamente distinto do ilícito penal" (cf. Nelson Hungria "Ilícito administrativo e ilícito penal", *RDA*, seleção histórica, 1945-1995, p. 15). III – O Judiciário pode reexaminar o ato administrativo disciplinar sob o aspecto amplo da legalidade, ou seja para "aferir-se a confirmação do ato com a lei escrita, ou, na sua falta, com os princípios gerais de Direito" (Seabra Fagundes, *O Controle dos Atos Administrativos pelo Poder Judiciário*, pp. 148 e ss.) e, para isto, é imperioso que examine o mérito da sindicância ou processo administrativo, que encerra o fundamento legal do ato, podendo verificar se a sanção imposta é legítima, adentrando-se no exame dos motivos da punição. IV – Resultando das provas dos autos, que são as mesmas produzidas no processo administrativo disciplinar e no processo criminal, que o ato de demissão do servidor público carece de motivação compatível com o que se apurou, ante a ausência de elementos probatórios dos fatos imputados a ele, revela-se inválido o ato administrativo, mesmo porque a Comissão

de Processo Disciplinar partiu de um pressuposto equivocado, que seria um endosso do cheque que não existiu (TRF 2ª Região, Ap. Civ. 283.714, Proc. 200202010122325, rel. Antônio Cruz Netto, j. 27.8.2003, v.u.).
• Destarte, apesar de as responsabilidades civil e administrativa independerem da criminal, conforme a dicção do art. 1.525, do anterior Código Civil, que corresponde ao art. 935 do Código Civil em vigor ("Art. 935. A responsabilidade civil é independente da criminal, não se podendo questionar mais sobre a existência do fato, ou sobre quem seja o seu autor, quando estas questões se acharem decididas no juízo criminal"), existem situações em que a decisão criminal é determinante da solução nas demais esferas.

A situação mais eloqüente é a condenação criminal, consoante estabelecem o art. 91, I, do Código Penal, e o art. 63 do Código de Processo Penal, quando dizem que a sentença penal condenatória faz coisa julgada no juízo cível e, por via de conseqüência, também no juízo administrativo.

Portanto, da aplicação conjugada desses dispositivos legais, conclui-se que decisão condenatória penal faz coisa julgada nas esferas cível e administrativa.

No caso, havendo comprovação do crime de peculato na esfera criminal (art. 1º, inciso I, do Decreto-lei n. 201/67), a influência da decisão condenatória proferida pelo juízo criminal repercute nas esferas cível e administrativa, determinando a responsabilidade civil e administrativa dos demandados.

Não que se queira tornar imprescindível a condenação penal para que se possa aplicar as sanções previstas na lei de improbidade administrativa. O que se quer dizer é que, restando afirmada a existência do crime de peculato na esfera criminal imputado aos réus, isso, por si só, gera efeitos na esfera cível e administrativa.

Além do mais, como refere Fábio Medina Osório, in *Improbidade Administrativa*, 2ª ed., Porto Alegre, Síntese, 1998, p. 218: "Não se tem dúvidas de que a Lei n. 8.429/92 instituiu normas de direito material e processual tendentes a punir aqueles que praticam improbidade administrativa na esfera cível *lato sensu* e criminal, independente e cumulativamente, seguindo a tradição do ordenamento jurídico pátrio, que sempre buscou preservar a autonomia dos ramos de direito civil, penal e administrativo".

O certo é que inviável cogitar da idéia de que a Lei 8.429/92 necessitasse de processo criminal para aplicação de suas sanções, porquanto o próprio legislador, no âmbito de sua soberana discricionariedade, previu o veículo da ação civil de improbidade para imposição das conseqüências jurídicas decorrentes dos atos de improbidade administrativa.

E, constatada a prática de ato de improbidade, conforme definido pelo autor supra destacado, na mesma obra, página 166, não há como se afastar as sanções previstas na Lei n. 8.429/92:

"Aliás, diz o legislador que constitui ato de improbidade administrativa que causa lesão ao erário qualquer ação ou omissão, dolosa ou culposa, que enseje perda patrimonial, desvio, apropriação, malbaratamento ou dilapidação dos bens ou haveres das entidades mencionadas no artigo 1º (art. 10º, *caput*, da Lei 8.429/92)."

Também é referido pelo legislador que a má conservação do patrimônio público, fruto de negligência, é improbidade, como o é o agir negligente na arrecadação de tributo ou renda (art. 10, X).

Se o agente público, culposamente, permite ou concorre, de qualquer modo, ao enriquecimento ilícito alheio, inclusive através de doações, com desrespeito aos ditames legais ou regulamentares, certamente comete um ato de improbidade (art. 10, I, II e III, XIII).

Os negócios públicos devem obediência estrita aos valores de mercado, seja quando se trata de aquisições (evitando-se superfaturamentos), seja quando se cogita de alienações (subfaturamentos), abrangendo inclusive o fornecimento ou contratação de serviços (art. 10, IV e V). Todas as despesas devem estar legalmente autorizadas (art. 10, IX). Benefícios administrativos e fiscais somente podem ser concedidos com enquadramento legal e regulamentar correto, observadas todas as formalidades inerentes ao ato, o que também se aplica às operações financeiras (art. 10, VI e VII).

Não se trata, em tais casos, de reflexos meramente patrimoniais das atividades lesivas ao erário, visto que o legislador reprimiu mais severamente tais condutas com a previsão da incidência da Lei n. 8.429/92.

Salienta-se, nesse passo, a amplitude da legislação que protege o dinheiro público, direta ou indiretamente.

A legislação veda, de todas as formas, em dispositivos amplos, especialmente pelos arts. 9º e 10 da Lei n. 8.429/92, utilização indevida do dinheiro público, seja pela vinculação do administrador público às leis e regulamentos, seja no proibir liberação de verbas públicas sem observância das normas pertinentes, seja, ainda, pela ampla definição de lesão ao erário, fruto de um atuar doloso ou culposo.

Assim, considerando que a sentença penal condenatória tem efeitos civis por força de disposição legal, consoante dispõem os artigos 63 e 64 do CPP e 91, I, do CP, não é mais dado discutir a obrigação de indenizar.

É que o artigo 91, inciso I, do Código Penal, estabelece como um dos efeitos da sentença penal condenatória tornar certa a obrigação de indenizar o dano causado pelo crime. Portanto, transitada em julgado a sentença penal condenatória bastaria a promoção da sua execução, porque se trata de título executivo judicial (artigo do 584, inciso II, do CPC). Embora certa a obrigação de indenizar o título é ilíquido, sendo necessária a sua liquidação para apurar-se o "quantum" da indenização. Mas já estando a ação civil pública de ressarcimento do prejuízo em andamento, conforme permite o artigo 64 do CPP, cumpre ao julgador respeitar a coisa julgada formada na esfera penal quanto à existência dos fatos e à certeza da autoria, condenando-se os réus ao ressarcimento ao erário público municipal do prejuízo sofrido (TJRS, Ap. Civ. 70009659202, j. 5.5.2005, v.u.).

• Em relação ao primeiro aspecto, além da independência já mencionada, agora entre as esferas penal e civil, avulta a circunstância de que a prejudicialidade penal não torna obrigatória a suspensão da ação civil, a teor do art. 110 do Cód. de Proc. Civil. A este propósito, escrevi o seguinte em obra doutrina (Araken de Assis, *Eficácia civil da sentença penal*, n. 14.4.2.1, p. 82, 2ª ed., São Paulo, Ed. RT, 2000): "Como já acontecia no art. 64, parágrafo único, do Cód. de Proc. Penal – ao regrar matéria idêntica, o primeiro absorveu o segundo dispositivo – a suspensão é facultativa. Empregou a lei, nos dois casos, o verbo 'poder', indicativo seguro de simples faculdade" (...)

As penas do art. 12, I a III, da Lei 8.429/92 são mais do que adequadas a atos de improbidade e se acomodam aos princípios da proporcionalidade e da razoabilidade. Assim, no caso vertente, a conduta imputada aos réus pode incidir na lei administrativa, na lei civil, na lei penal e na lei especial de improbidade (TJRS, Ap. Civ. 70011743762, rel. Araken de Assis, j. 29.6.2005, v.u.).

• Malgrado a similaridade de conteúdo, o objetivo das ações mencionadas são diversos, eis que, a primeira visa apurar a prática de atos que importam enriquecimento ilícito, que causem prejuízo ao erário ou que atentem contra os princípios da administração pública, estabelecendo diversas penalidades, contudo, não aquela decorrente de privação de liberdade, a qual é conseqüência, no caso dos autos, da constatação da prática dos crimes previstos pela Lei n. 6.368/76, mediante o trâmite da competente ação penal.

Verifica-se, assim, que tanto no juízo cível como no juízo penal haverá pronunciamento judicial, a princípio, a respeito do mesmo fato, contudo, visando conseqüências distintas.

O artigo 935 do Código Civil estabeleceu, em sua primeira parte, a independência da responsabilidade civil perante a responsabilidade criminal, porém, com certa mitigação, eis que sua segunda parte dispõe que não mais se poderá questionar a existência do fato ou quem seja seu autor, uma vez transitada em julgado a sentença penal condenatória, podendo ser promovida, desde logo, sua execução no juízo cível, como bem autoriza o artigo 63 do Código de Processo Penal.

Contudo, tratando-se de sentença penal absolutória, poderá ou não ter influência no juízo cível, dependendo do fundamento da absolvição, eis que, baseando-se ela em falta de prova, nenhum efeito terá no cível, ante a possibilidade de nele serem produzidas as provas que faltaram no juízo criminal.

Também, nenhum efeito produzirá no juízo cível a sentença absolutória criminal que reconhecer "não constituir o fato infração penal", eis que poderá apurar-se a existência dos atos de improbidade indicados nos incisos I, V e X do artigo 9º da Lei n. 8.429/92, nos quais fundamenta o Ministério Público a pretensão condenatória.

Igualmente, no caso de eventual absolvição fundada em inexistência de culpa do réu, deve-se ter em mente que o juízo criminal é mais exigente em matéria de aferição da culpa, enquanto no juízo cível a mais leve culpa importa em conseqüências ao autor do ato ímprobo.

Em matéria de culpa na improbidade administrativa, dispõe Maria Sylvia Zanella Di Pietro: "A responsabilidade objetiva, além de ser admissível somente quando prevista expressamente, destoa do sistema jurídico brasileiro, no que diz respeito à responsabilidade do agente público, a começar pela própria norma contida no artigo 37, § 6º, da Constituição, que consagra a responsabilidade objetiva do Estado por danos causados a terceiros, mas preserva a responsabilidade subjetiva do agente causador do dano. Quando muito, pode-se dizer que, em algumas hipóteses de atos de improbidade, em especial nos que causam enriquecimento ilícito, a culpa é presumida" (*Direito Administrativo*, 17ª ed., São Paulo, Editora Atlas, 2004, p. 714).

Em outras palavras, não demonstrada no crime a prática de atos que importem em tráfico ilícito de entorpecentes pelo recorrente, não se pode deixar de lado a possibilidade que reste caracterizado o recebimento de vantagem econômica da pessoa que poderia ser atingida por ação decorrente das atribuições do agente público, ora agravante, conforme dispõe o artigo 9º, inciso I da Lei n. 8.429/92, ou, ainda, para omitir ato de ofício, providência ou declaração a que esteja obrigado, consoante estatuí o inciso X do mesmo dispositivo, haja vista o teor da inicial da ação civil pública objetivando a comprovação de tais atos.

Logo, conforme o raciocínio exposto, não assiste razão ao agravante ao dizer que eventual absolvição criminal importará na inexistência de conduta que importe em atos de improbidade administrativa, não prosperando, igualmente, a assertiva de que a inicial da ação civil pública não imputa conduta omissiva, ou qualquer outro ato que possa ensejar punição civil por ato de improbidade, eis que postula o Ministério Público o reconhecimento do ato ímprobo descrito no artigo 9º, inciso X da Lei n. 8.249/92.

Da mesma forma, a assertiva de que a apuração dos atos de improbidade administrativa depende do julgamento da ação penal, não merece prosperar, afastando-se, assim, a incidência do artigo 265, inciso IV, alíneas "a" e "b" do Código de Processo Civil.

Estatui o artigo 110 do Código de Processo Civil que, "se o conhecimento da lide depender necessariamente da verificação da existência de fato delituoso, pode o juiz mandar sobrestar o andamento do processo até que se pronuncie a justiça criminal".

O parágrafo único do artigo 64 do Código de Processo Penal, por sua vez, assim dispõe: "Intentada a ação penal, o juiz da ação civil poderá suspender o curso desta, até o julgamento definitivo daquela".

Logo, o juiz civil tem a mera faculdade de determinar ou não a suspensão do andamento da ação, enquanto a questão penal não for definitivamente decidida, não se tratando de direito subjetivo do réu (TJPR, AI 39.388-6, rel. Juiz Péricles Bellusci de Batista Pereira, j. 9.8.2005).

• Cumpre ressaltar inicialmente que, embora a tese recursal tenha como base sua absolvição do processo criminal pela participação no crime de homicídio qualificado, destaca-se que a ausência de responsabilidade na esfera penal, para o presente caso, não possui interferências no âmbito civil.

Aplicável é o disposto no art. 66 do Código de Processo Penal, como bem salientado pelo agravado em sua resposta, que dispõe: "Art. 66. Não obstante a sentença absolutória no juízo criminal, a ação civil poderá ser proposta quando não tiver sido, categoricamente, reconhecida a inexistência material do fato".

No caso em questão, como não foi reconhecida categoricamente a inexistência do fato, não se vislumbra qualquer impedimento para o ajuizamento da presente ação civil pública, cabendo destacar que ela visa a apuração de outros fatos imputados ao requerido na inicial e que não foram objeto da ação penal transitada em julgado.

Ao comentar o referido artigo, Fernando da Costa Tourinho Filho assevera: "A disposição supra indica que se o Juiz penal proferir decreto absolutório, em princípio, essa circunstância não é impeditiva da propositura da ação civil, salvo se o Juiz penal, ao proferi-lo, reconhecer de forma categórica a inexistência material do fato. (...) nas hipóteses previstas no art. 386, II, III e VI do CPP, não há obstáculo algum, nem mesmo possibilidade de decisões irreconciliáveis. Suponha-se, por exemplo, que o Juiz penal absolva o réu sob o fundamento de não haver prova da existência do fato. Se no juízo cível for feita prova de que o fato existiu, não haverá decisões conflitantes. Na Justiça penal diligenciou-se prova da inexistência do fato, malgrado isso, não se obteve êxito" (in *Código de Processo Penal Comentado*, 3ª ed., São Paulo, Saraiva, 1998, pp. 160-161).

Igualmente, não é o caso de se atender ao reclamo com base no art. 935 do Código Civil, pois nenhuma das hipóteses ali aventadas se verifica neste caso, valendo a transcrição da doutrina de Nelson Nery Júnior: "A coisa julgada penal não interfere na área civil. Absolvição do réu no processo penal, por exemplo, não significa automática liberação de responder na esfera civil. O direito penal exige a culpa em sentido estrito para a condenação, enquanto o direito civil sanciona o devedor que tenha agido com culpa, ainda que no grau mínimo. Assim, pode o réu ser absolvido no processo penal por falta de provas (CPP 386, VI) e responder ação civil e ser condenado a indenizar pelo mesmo fato" (in *Novo Código Civil e legislação extravagante anotados*, São Paulo, Ed. RT, 2002, p. 325).

A simples absolvição pelo Tribunal de Júri (onde a maioria dos jurados acatou a tese de negativa de autoria fls. 83), não tem o efeito de desonerar o requerido de responder perante a esfera civil, porquanto, como se depreende da própria sentença absolutória às fls. 81 e, considerando-se a natureza peculiar dos julgamentos proferidos pelo Júri, não há indicação dos motivos que levaram à absolvição, mas apenas as conclusões da votação dos quesitos pelo jurados, dificultando inclusive a visualização do critério categoricamente se a sentença, por exemplo, reconhecesse a inexistência do fato.

Assim, em que pese a reconhecida competência do Tribunal do Júri (art. 5º, XXXVIII da CF), para o caso não se identifica a hipótese de prevalência da coisa julgada criminal em processo cível.

Nesse sentido, comungo do entendimento manifestado pela Procuradoria-Geral de Justiça, de cujo parecer destaca-se a seguinte passagem:

"Como se sabe, o julgamento pelo Tribunal do Júri não se reveste de rigor técnico. O veredicto afastando a participação do agravante não elimina, categoricamente, a existência de conduta inquinada de ilicitude penal, cuja apreciação na seara cível poderá se revestir de eficiente para a imposição das sanções previstas na lei de improbidade administrativa. Não é incomum a absolvição por insuficiência de provas contundentes ou até mesmo inspirada por motivos de ordem subjetiva, sem o rigor técnico-jurídico na valoração dos elementos probatórios colhidos (fls. 138)" (TJPR, AI 163.238-6, rel. Péricles B. de Batista Pereira, j. 22.3.2005).

• As sanções constitucionalmente admitidas para o ato de improbidade administrativa independem das sanções penais, civis e administrativas previstas para a mesma conduta. É o que dispõe, claramente, o art. 12 da Lei Federal em comento, verbis: "Art. 12. Independentemente das sanções penais, civis e administrativas, previstas na legislação específica, está o responsável pelo ato de improbidade, sujeito às seguintes sanções: (...)".

A decisão que aprecia a conduta dos acusados na esfera criminal não exclui a apreciação, pelo Poder Judiciário, da alegação de atos de improbidade pelos mesmos praticados, porquanto nenhuma lesão ou ameaça de direito pode ser subtraída à sua apreciação.

Diante do ato apontado como de improbidade administrativa, admissível a provocação do Judiciário para a apuração das irregularidades, impondo-se a abertura da via processual eleita, que não se restringe ao quanto apurado na esfera criminal. O pedido, portanto, não é impossível (TJDFT, Ap. Civ. 2000 01 1 091604-9, rel. Lécio Resende, j. 18.8.2003, v.u.).

• (...) Analisando a preliminar suscitada pelo apelante, referente à independência entre as ações civil e penal, tenho comigo que assiste razão ao Ministério Público em sua assertiva, tendo em vista que a análise de um mesmo fato pode, simultaneamente, preencher os pressupostos necessários à sua caracterização como ato de improbidade administrativa, e não os preencher no que tange aos requisitos da tipicidade penal.

Considere-se, outrossim, que os fundamentos de direito são distintos, eis que a ação penal se baseou no Decreto-lei n. 201/67 e a ação civil pública na Lei n. 8.429/92, razão pela qual considero que não há qualquer incompatibilidade se as sentenças finais nos processos civil e penal forem divergentes entre si, tomando rumos opostos.

Há que se ressaltar, ainda, que não se tem, em tela, a hipótese dos arts. 65 e 66 do CPP, uma vez que o v. acórdão não negou a existência material do fato, mas, tão-somente, não o reputou como crime.

Da mesma forma, no que se refere à questão da ausência de concurso público, o r. acórdão acatou a extinção da punibilidade pela ocorrência da prescrição retroativa da pretensão punitiva do Estado, o que, por si só, não configura motivo que impeça a responsabilização civil do fato.

Assim sendo, acato a preliminar suscitada para reformar a sentença de 1º Grau e dar continuidade ao julgamento do feito, aplicando a chamada teoria da causa madura, eis que não há mais necessidade de dilação probatória no presente feito (TJMG, Ap. Civ. 1.0132.04.910525-8/001(1), rel. Pinheiro Lago, j. 27.9.2005, v.u.).

• Cumpre referir, antes de adentrar ao exame delas, que a responsabilidade civil é independente da criminal (art. 1.525 do CC-1916), não fazendo, por conseguinte, coisa julgada nestes autos a referida sentença criminal absolutória, com base no art. 386, inc. VI, do CPP, sobretudo por não ter reconhecido categoricamente a inexistência material do fato (art. 66 do CPP) (TJRS, AI 70014583207, j. 29.6.2006, rel. Mário Crespo Brum, v.u.).

• Não há falar em coisa julgada, na espécie, face a sentença proferida no juízo criminal, na medida em que a absolvição do réu relativamente ao fato descrito na inicial da ação civil pública, foi em razão de circunstância reconhecida pelo juízo criminal, capaz de isentar o acusado de pena, ou seja, a consciência da ilicitude. Isto não impede, à evidência, de proclamar, no cível, juízo de reprovação, se dano houve, a não-consciência da ilicitude do ato, enquanto crime, apenas isenta o acusado da pena no juízo criminal e, como conseqüência, sua absolvição de impõe. Isto não significa, contudo, que no juízo cível não deva reparar o dano. Se este efetivamente existiu. Provado o dano, há o dever de indenizar tratando-se a ação civil pública do meio ou instrumento. Processual cabível para tal fim (TJRS, Ap. Civ. 70003191848, rel. Henrique Osvaldo Poeta Roenick, j. 17.4.2002, m.v.).

• Ação Rescisória – Ação Civil Pública. Responsabilização por improbidade administrativa. Emprego de verbas públicas. Absolvição no juizo criminal com fulcro no artigo 386, VI, do CPP. Insuficiência de prova que não elide, no caso, a responsabilidade do agente ímprobo no âmbito cível, desde que caracterizadas as hipóteses legais. Independência das esferas penal e cível. Atos de natureza ímproba (TJRS, AR 70002947232, rel. Luiz Ari Azambuja Ramos, j. 8.8.2003).

Aplicação das penas em bloco ou alternativamente

Grave problema que a lei encerra é o seguinte: sendo procedente a ação, as penas previstas se aplicam em bloco, ou o juiz pode "discricionariamente" aplicá-las, uma delas, ou todas em conjunto? De fato, é de se afastar a possibilidade da aplicação conjunta de penas em blocos, obrigatoriamente.[47] É dizer, *há margem de manobra para o juiz, de*

---

47. Em sentido oposto, v. o artigo do promotor Cláudio Ari Mello, "Improbidade administrativa – Considerações sobre a Lei 8.429/92", *Cadernos de Direito Constitucional e Ciência Política* 11/49 e ss., São Paulo, Ed. RT. Ratificamos nossa posição, agora com o aval doutrinário do professor Juarez Freitas, notável administrativista gaúcho, que, a propósito, ensina: "as sanções não reclamam *sempre* a aplicação conjunta, até para que se alcance a moderação pretendida, apta a escoimar do texto legal o seu vezo draconiano. Entretanto, para não desprestigiar o sistema jurídico, em se defrontando o julgador com enriquecimento ilícito – a mais torpe das espécies de improbidade administrativa – , deve sempre, tendo em vista o alto apreço teleológico

acordo com o caso concreto, aplicar as penas, dentre as cominadas, isolada ou cumulativamente (a esse respeito, v. o estudo de Carlos Ari Sundfeld, *Direito Administrativo Ordenador*, 1ª ed., 3ª tir, São Paulo, Malheiros Editores, 2003, especialmente quando trata do princípio da "mínima intervenção estatal" e temas correlatos). Tudo dependerá da análise da conduta do agente público que praticou ato de improbidade em suas variadas formas. É bem verdade que a lei silenciou a respeito do tema. Ou, por outra, tem redação incompleta. O art. 12 e seus incisos apresentam-se confusos, dando margem a tais perplexidades. Contudo, fixemos algumas idéias básicas a respeito do tema.

Como sabemos, o agente pode sofrer cominações nas três "esferas": penal, civil e administrativa. Agora, também por improbidade. Assim, é claro que, se punido com a perda do cargo na esfera administrativa e tal decisão já se tornou definitiva, não se cogitará de aplicá-la no processo judicial por improbidade.

Ainda aqui, mostra-se adequado o estudo a respeito do princípio da proporcionalidade, a fim de verificarmos a relação de adequação entre a conduta do agente e sua penalização. É dizer, ante a ausência de dispositivo expresso que determine o abrandamento ou a escolha das penas qualitativa e quantitativamente aferidas, recorre-se ao princípio geral da razoabilidade, ínsito à jurisdição (acesso à Justiça e seus corolários). Deve o Judiciário, chamado a aplicar a lei, analisar amplamente a conduta do agente público em face da lei e verificar qual das penas é mais "adequada" em face do caso concreto. Não se trata de escolha arbitrária, porém legal. Assim, parece demasia e arbítrio aplicar-se a pena de perda de função pública ao servidor que culposamente dispensar indevidamente dada licitação (art. 10, VIII, última parte, da lei). Fere a lógica jurídica e a razoabilidade punir-se com a perda de cargo, suspensão de direitos políticos de 5 a 10 anos, servidor que, mediante conduta culposa (*v.g.*, erro material involuntário comprovado), conclui indevido o processo licitatório. Poder-se-ia cogitar de eventual ressarcimento de dano (se houver) e multa; nada mais.

Enfim, as penas devem ser prudente e adequadamente aplicadas de acordo com a conduta do agente, inobstante a ausência de critério explícito aparente contido na lei. Lembre-se, ainda, o art. 128 da Lei 8.112, de 1990, que determina que "na aplicação das penalidades serão consideradas a natureza e a gravidade da infração cometida, os danos que dela provierem para o serviço público, as circunstâncias agravantes

---

pelo princípio normatizado, aplicar as sanções na sua totalidade" ("Do princípio da probidade administrativa e de sua máxima efetivação", *RDA* 204/65 e ss.).

e atenuantes e os antecedentes funcionais". A regra pode, analogicamente, ser utilizada. Tal raciocínio deve presidir toda a interpretação para aplicação das penas da lei. Feita a observação de cunho geral, passemos à jurisprudência e, depois, à análise dos próximos dispositivos.

Jurisprudência

• Restando sobejamente comprovados os atos de improbidade administrativa, torna-se imperiosa a procedência da ação civil pública, condenando os requeridos ao pagamento dos danos causados ao erário público municipal, bem como nas demais sanções do art. 12 da Lei n. 8.429/92.

Na aplicação das sanções inscritas na Lei n. 8.429/92 o juiz deve louvar-se no princípio da proporcionalidade, evitando punições desarrazoadas, que não guardem relação com a gravidade e a lesividade do ato praticado, sem descurar, contudo, dos imperativos constitucionais que apontam para a necessidade de rigor no combate aos atos de improbidade administrativa.

Essa orientação se amolda aos princípios de justiça e permite uma adequação das reprimendas às circunstâncias subjetivas do agente e ao dano – material ou moral – efetivamente causado, sem que se descambe para a impunidade ou o descrédito do diploma de repressão da imoralidade e improbidade administrativa.

Ao decidir pela aplicação isolada ou conjunta das penalidades estatuídas na Lei 8.492/92, art. 12, I, II e III, o juiz, independentemente da estima pecuniária, deve estar atento à intensidade da ofensa aos valores sociais protegidos pela ordem jurídica e às circunstâncias peculiares do caso concreto, dentre elas, o grau de dolo ou culpa com que se houve o agente, seus antecedentes funcionais e sociais e as condições especiais que possam ensejar a redução da reprovabilidade social, tais como, aspectos culturais, regionais e políticos, contexto social, necessidade orçamentária, priorização de determinados atos, clamor da população, conseqüências do fato, etc. (TJSC, ACP 2003.029400-7, rel. Des. Luiz Cézar Medeiros, j. 8.3.2005, v.u.).

• Havendo na Lei de Improbidade Administrativa a previsão de sanções que podem ser aplicadas alternativa ou cumulativamente e em dosagens variadas, é indispensável que o acórdão indique as razões para a aplicação de cada uma delas, sob pena de nulidade. Anula-se parcialmente o acórdão, por determinação do STJ (TJMG, Ap. Civ. 1.0000.00.158182-6/000(3), Célio César Paduani, j. 5.10.2006, v.u.)

• A controvérsia a ser dirimida nos presentes autos cinge-se em definir se as penas descritas no art. 12, da Lei n. 8.429/92 devem ser aplicadas cumulativamente ao agente ímprobo, ou se cabe, discricionariamente, ao julgador efetuar a dosimetria da pena em consonância com os Princípios da Razoabilidade e da Proporcionalidade.

É de sabença que à luz da Lei 8.429/92 da Ação de Improbidade Administrativa que explicitou o cânone do art. 37, § 4º da Constituição

Federal, teve como escopo impor sanções aos agentes públicos incursos em atos de improbidade nos casos em que: a) importem em enriquecimento ilícito (art. 9º); b) que causem prejuízo ao erário público (art. 10); c) que atentem contra os princípios da Administração Pública (art. 11), aqui também compreendida a lesão à moralidade administrativa. Destarte, para que ocorra o ato de improbidade disciplinado pela referida norma é mister o atingimento de um dos bens jurídicos acima referidos e tutelados pela norma especial. (...).

In casu, consoante se infere do voto condutor do acórdão hostilizado, o Tribunal local, com ampla cognição probatória, revisitando os fatos que nortearam o ato praticado pelo agente público, entendeu que a conduta amoldava-se àquelas descritas no art. 10, incisos I e II, da Lei 8.429/92 e, à luz dos princípios da razoabilidade e da proporcionalidade, aplicou ao recorrido, apenas, a pena pecuniária.

Sobre o *thema decidendum*, sobreleva notar, a lição de Emerson Garcia e Rogério Pacheco Alves, in *Improbidade Administrativa* (Lumen Juris, Rio de Janeiro, 2002, pp. 404-409), de que, muito embora a regra geral da norma inscrita no art. 12, da Lei n. 8.429/92, seja a aplicação cumulativa das penalidades nele descritas, há casos em que o julgador possui discricionariedade para aplicá-las, simultaneamente, com a exemplariedade e a proporcionalidade com o dano ocasionado pela conduta do agente improbo, *litteris*: "As lacunas da lei, aliadas a uma sistematização inadequada dos preceitos que regulam a matéria, tornam imperativa a fixação de diretrizes para a individualização das sanções, a análise da possível discricionariedade do julgador em aplicar somente algumas dentre aquelas previstas nos incisos do art. 12 da Lei n. 8.429/92 e a identificação das sanções cabíveis, em havendo simultânea subsunção do ato ao estatuído nos arts. 9º, 10 e 11, o que, em tese importaria na aplicação de todas as sanções previstas nos incisos I, II e III do art. 12. A subsunção de determinada conduta a um padrão normativo torna inevitável que o observador seja inconscientemente conduzido à formação de um estado mental tendente à identificá-la com todas as demais que tenham se subsumido ao mesmo preceito legal. No entanto, tal identidade certamente não resiste a uma maior reflexão, isto porque as condutas apresentarão distinções que variarão consoante a intensidade do elemento volitivo que as deflagrou, as peculiaridades dos sujeitos ativo e passivo, a conjuntura do momento de sua prática, a dimensão dos possíveis danos causados e os reflexos que gerou no organismo social (...)".

Conforme o art. 37, § 4º, da Constituição da República, deveria o legislador infraconstitucional estabelecer os critérios de gradação das sanções a serem aplicadas ao agente ímprobo. Nada impedia que fosse estabelecido um escalonamento das sanções consoante as condições do agente e as conseqüências da infração, cominando, de forma cumulativa ou alternada, aquelas previstas no texto constitucional – suspensão dos direitos políticos, perda da função pública e ressarcimento ao erário – e outras mais.

Regulamentando o preceito constitucional, estabelece o art. 12 da Lei n. 8.429/92, em cada um de seus três incisos, as sanções que serão aplicadas às diferentes formas de improbidade, elenco este que se encontra previsto de forma aglutinativa, separado por vírgulas e cuja última sanção cominada foi unida ao todo pela conjuntiva "e".

Em razão de tal técnica legislativa, inclinamo-nos, como regra geral, pela imperativa cumulatividade das sanções, restando ao órgão jurisdicional a discricionariedade de delimitar aquelas cuja previsão foi posta em termos relativos, quais sejam: a) suspensão dos direitos políticos – 8 (oito) a 10 (dez) anos, inc. I/5 (cinco) a 8 (oito) anos, inc. II/3 (três) a 5 (cinco) anos, inc. III; multa civil – até 3 (três) vezes o valor do acréscimo patrimonial, inc. I/até 2 (duas) vezes o valor do dano, inc II/até 100 (cem) vezes o valor da remuneração percebida pelo agente, inc. III.

Além do aspecto gramatical, já que não utilizada a disjuntiva "ou" na cominação das sanções, deve-se acrescer que não caberia ao Poder Judiciário, sob pena de mácula ao princípio da separação dos poderes, deixar de aplicar as reprimendas estabelecidas pelo legislador, de forma cumulativa, consoante expressa autorização constitucional.

Releva notar, no entanto, que as sanções de ressarcimento dos danos causados ao patrimônio público e perda dos valores acrescidos ilicitamente ao patrimônio do agente, conforme deflui da própria redação dos incisos do art. 12 da Lei n. 8.429/92, somente serão passíveis de aplicação em estando presentes os pressupostos fáticos que as legitima, quais sejam, o dano ao patrimônio público e o enriquecimento ilícito. Do mesmo modo, não se pode aplicar a sanção de perda da função pública ao terceiro que não possua qualquer vínculo com o Poder Público.

Qualquer que seja a seara, somente se pode falar em liberdade do julgador na fixação da reprimenda em havendo expressa autorização legal, o que deflui dos próprios princípios norteadores do sistema repressivo. Isto porque a sanção, a um só tempo, representa eficaz mecanismo de garantia dos direitos do homem – o qual somente pode tê-los restringidos com expressa previsão legal – e o instrumento de manutenção da paz social, sendo a materialização dos anseios dos cidadãos expressos através de seus representantes.

Em razão da própria natureza da conduta perquirida, não haveria que se falar, inclusive, em adstrição do órgão jurisdicional a uma possível delimitação do pedido, pois, tratando-se de direito eminentemente indisponível, não compete ao autor da demanda restringir as conseqüências dos atos de improbidade, restando-lhe, unicamente, deduzir a pretensão de que sejam aplicadas as sanções condizentes com a causa de pedir que declinara na inicial.

Conforme frisamos, a aplicação cumulativa das sanções é a regra geral, a qual, em situações específicas, e devidamente fundamentadas, pode sofrer abrandamentos, o que permitirá a adequação da Lei n. 8.429/92 à Constituição da República.

Tal posição, longe de macular o equilíbrio constitucional dos poderes e conduzir ao arbítrio judicial, viabilizará a formulação de interpretação conforme a Carta Magna e atenuará a dissonância existente entre a tutela dos direitos fundamentais e a severidade das sanções cominadas.

O elemento volitivo que informa o ato de improbidade, aliado à possível preservação de parcela considerável do interesse público, pode acarretar uma inadequação das sanções cominadas, ainda que venham a ser fixadas no mínimo legal. À guisa de ilustração, observe-se que a aplicação das sanções de perda da função pública e suspensão dos direitos políticos ao agente que culposamente dispense a realização de procedimento licitatório apresenta-se em flagrante desproporção com o ilícito praticado, o que redundará no estabelecimento de um critério de proporcionalidade.

Para auferir tal resultado, a Suprema Corte norte-americana utilizou como cláusula de compatibilização o princípio do devido processual legal, originariamente uma garantia processual, mas ulteriormente utilizado em uma concepção substantiva (*substantive due process*). A atuação estatal deveria ser submetida a um teste de racionalidade (*rationality test*), sendo aferida sua compatibilidade com o comando constitucional a partir de um padrão de razoabilidade (*reasonable standard*).

O Tribunal Federal Constitucional Alemão, ao aferir a constitucionalidade de restrições aos direitos fundamentais, tem adotado a "teoria dos degraus" (*Stufentheorie*). De acordo com essa teoria, as restrições deverão ser efetuadas em diversos degraus, iniciando pela conduta dotada de menor potencialidade lesiva e ascendendo para os sucessivos degraus, com a conseqüente exasperação das restrições, conforme aumente o padrão de lesividade e a reprovabilidade da conduta. Com isto, é respeitada a dignidade da pessoa humana e observado o princípio da proporcionalidade.

Considerando que a suspensão dos direitos políticos importa em restrição ao exercício da cidadania e a perda da função pública em restrição ao exercício de atividade laborativa lícita, afigura-se clara a desproporção existente entre tais sanções e o ato do agente que, como no exemplo referido, dispense culposamente a realização de um procedimento licitatório. A reprimenda ao ilícito deve ser adequada aos fins da norma, resguardando-se a ordem jurídica e as garantias fundamentais do cidadão, o que preservará a estabilidade entre o poder e a liberdade.

A inexistência de preceitos normativos que permitam identificar de forma apriorística as condutas excluídas da regra geral acima enunciada torna imperativo o estabelecimento, pela doutrina, ainda que de forma singela, de parâmetros de adequação. Para tanto, torna-se possível identificar a proporcionalidade entre a sanção e o ilícito a partir da análise do elemento volitivo do agente e da possível consecução do interesse público.

Ao agente público somente é permitido agir nos limites em que a lei lhe autorize, sendo vasto o elenco de princípios e regras de conduta previstos no ordenamento jurídico. O agente cujos atos sejam informadores por um elemento volitivo frontalmente dirigido a fim diverso daquele previsto em lei apresentar-se-á em situação distinta daquele que tiver seu obrar intitulado de ilícito em virtude de uma valoração inadequada dos pressupostos do ato ou dos fins visados.

Por tal razão, ao ato culposo poderão ser aplicadas sanções mais brandas, já que o resultado ilícito não fora deliberadamente visado pelo agente. Note-se, no entanto, que a culpa grave – entendida como tal aquela que ocupa o ápice da curva ascendente de previsibilidade – poderá ter seus efeitos eventualmente assimilados aos do ato doloso.

Além do elemento volitivo, deve ser analisada a consecção do interesse público, o qual foi erigido à categoria de princípio fundamental pela Constituição da República (art. 3º, IV). Em sendo parcialmente atingido o interesse público, afigura-se igualmente desproporcional que ao agente sejam aplicadas as mesmas reprimendas destinadas àquele que se afastou integralmente de tal fim, logo, em hipóteses tais, as sanções aplicadas também deverão variar conforme a maior ou a menor consecução do interesse público. Adotando-se tais critérios, será estabelecida uma relação de adequação entre o ato e a sanção, sendo esta suficiente à repressão e à prevenção da improbidade. Ademais, tornará certo que os atos de improbidade que importem em enriquecimento ilícito (art. 9º) sujeitarão o agente a todas as sanções previstas no art. 12, I, pois referidos atos sempre serão dolosos e dissociados do interesse público, ocupando o mais alto "degrau" da escala de reprovabilidade e, *ipso facto*, tornando possível que maiores restrições sejam impostas aos direitos fundamentais do agente.

Restará ao órgão jurisdicional, unicamente, a possibilidade de mitigar as sanções cominadas aos atos que importem em prejuízo ao erário (art. 10) e violação aos princípios que regem a atividade estatal (art. 11). Aqueles podem ser dolosos ou culposos, enquanto que estes serão sempre dolosos, podendo ser perquirido, em qualquer caso, o resultado obtido com a prática do ato.

No mais, é relevante observar ser inadmissível que ao ímprobo sejam aplicadas unicamente as sanções de ressarcimento do dano e de perda de bens, pois estas, em verdade, não são reprimendas, visando unicamente à recomposição do *status quo*.

Consectariamente, para que a penalidade aplicada ao agente improbo obedeça ao máxime Princípio da Proporcionalidade, necessário se faz a observância dos seguintes tópicos: a) a lesividade e a reprovabilidade da conduta do agente improbo; b) o elemento volitivo – se o ilícito foi praticado por dolo ou culpa; c) a consecução do interesse público; d) a finalidade da norma sancionadora.

Destarte, o art. 12, III da Lei de Improbidade Administrativa prevê certa dosimetria da sanção, porquanto possibilita ao julgador, observando os elementos fáticos supra-enumerados, adequar, de forma exemplar, a reprimenda a ser aplicada ao agente improbo aos fins da norma sancionadora (STJ, REsp 631.301, rel. Luiz Fux, j. 12.9.2006, v.u.).

No mesmo sentido: REsp 291.747, rel. Min. Humberto Gomes de Barros, *DJ* 18.3.2002 e REsp 213.994-MG, rel. Min. Garcia Vieira, *DJ* 27.9.1999.

• Havendo, na Lei 8.492/92 (Lei de Improbidade Administrativa), a previsão de sanções que podem ser aplicadas alternativa ou cumulativamente e em dosagens variadas, é indispensável, sob pena de nulidade, que a sentença indique as razões para a aplicação de cada uma delas, levando em consideração o princípio da razoabilidade e tendo em conta "a extensão do dano causado assim como o proveito patrimonial obtido pelo agente" (art. 12, parágrafo único).

Voto: (...). O artigo 12 da Lei 8.492/92 (Lei de Improbidade Administrativa), traz previsão de um elenco variado de sanções, que podem ser aplicadas alternativa ou cumulativamente e com dosagens variáveis. Segundo dispõe o parágrafo único do artigo, "na fixação das penas previstas nesta lei o juiz levará em conta a extensão do dano causado assim como o proveito patrimonial obtido pelo agente". É indispensável, portanto, que, a exemplo do que ocorre no processo penal, haja aqui a individuação da pena, com a indicação dos fundamentos e das razões para a aplicação de cada uma delas. A devida fundamentação é requisito essencial da sentença (CPC, art. 458, II) e compõe o devido processo legal constitucional, pois é ela que ensejará ao sancionado o exercício do direito de defesa e de recurso (CF, art. 5º, LIV e LV). A ausência desse requisito acarreta a nulidade da decisão (CF, art. 93, IX).

Aliás, a semelhança, em vários aspectos, entre as sanções que decorrem da ação de improbidade e da ação penal tem sido ressaltada na doutrina. Arnoldo Wald e Gilmar Ferreira Mendes, em estudo sobre a competência para o julgamento das ações de improbidade administrativa, sublinham: "A instituição de uma 'ação civil' para perseguir os casos de improbidade administrativa coloca, inevitavelmente, a questão a respeito da competência para o seu processo e julgamento, tendo em vista especialmente as conseqüências de eventual sentença condenatória que, nos expressos termos da Constituição, além da indisponibilidade dos bens e do ressarcimento ao erário, poderá acarretar a perda da função pública e a suspensão dos direitos políticos do réu (CF, art. 37, § 4º). (...). A simples possibilidade de suspensão de direitos políticos, ou a perda da função pública, isoladamente consideradas, seriam suficientes para demonstrar que não se trata de uma ação qualquer, mas de uma 'ação civil' de forte conteúdo penal, com incontestáveis aspectos políticos. (...). De observar que, enquanto na esfera penal são raras as penas que implicam perda da função ou a restrição temporária de direitos (Código Penal, art. 47, I, e 92, I), na 'ação civil' de que trata a Lei n. 8.429/92, todas as condenações implicam suspensão de direitos políticos por até 10 anos, além da perda da função pública (cf. art. 12). (...). É evidente, pois, que, tal como anotado pela doutrina, a sentença condenatória proferida nessa peculiar 'ação civil' é dotada de efeitos que, em alguns aspectos, superam atribuídos à sentença penal condenatória" ("Competência para julgar ação de improbidade administrativa", in *Revista de Informação Legislativa*, ano 35, n. 138, abril/junho 1998, p. 214).

Emerson Garcia e Rogério Pacheco Alves, embora afirmando a natureza extra-penal das sanções estabelecidas na Lei de Improbidade, defendem que sua aplicação "não raro, haverá de ser direcionada pelos princípios básicos norteadores do direito penal, o qual sempre assumirá uma posição subsidiária no exercício do poder sancionador do Estado, já que este, como visto, deflui de uma origem comum, e as normas penais, em razão de sua maior severidade, outorgam garantias mais amplas ao cidadão" (*Improbidade Administrativa*, Rio de Janeiro, Lumen Juris, 2002, p. 341).

Carlos Frederico Brito dos Santos aponta a existência de "aspectos híbridos" na sentença de improbidade, "que engloba silogismos da sentença civil (desconstituição do ato administrativo, quando for o caso, e condenação ao ressarcimento, bem como à perda do bem ou de valores ilicitamente acrescidos ao patrimônio do agente ímprobo) e da sentença penal (na aplicação das penalidades através da dosagem adequada)" (*Improbidade Administrativa*, Rio de Janeiro, Forense, 2002, p. 152).

Assim, para o autor, "diante da omissão do legislador na elaboração da Lei 8.429/92, são aplicáveis por analogia e no que for cabível, na fixação e na dosagem das penalidades do art. 12, os princípios penais que norteiam a solução do conflito aparente de normas, como os da especialidade, da subsidiariedade e da consução, bem como do concurso de infrações (formal, material e continuado), com as devidas adaptações" (*op. cit.*, p. 151). Deve ser observado, ainda segundo o mesmo autor, o princípio constitucional da proporcionalidade, por força do qual, adotando-se uma interpretação sistemática da Lei 8.429/92, firma-se conclusão no sentido da não-obrigatoriedade da cumulação das sanções previstas para cada uma das espécies de atos de improbidade: "Daí termos firmado há muito tempo o entendimento, no rastro do ensinamento de Fábio Medina Osório, (...), para quem 'há casos em que um único ato de improbidade, isoladamente, não justifica a perda do cargo pelo agente político, eis que o dano maior, nesse caso, ficaria do lado da sociedade, a qual teria escolhido o seu representante legal e teria sua vontade substituída pela vontade do julgador (...) tornando-se inevitável que o legislador controle a constitucionalidade das sanções previstas na Lei n. 8.429/92' (...), advertindo, contudo, que a proporcionalidade não pode traduzir arbítrio judicial, bem como para a sua excepcionalidade, consistindo a mitigação das sanções da LIA no afastamento, para determinados casos, daquelas mais graves, como a perda da função pública e a suspensão dos direitos políticos.

"Assim também se posiciona Paulo Henrique dos Santos Lucon.

"Favoráveis à mitigação também se posicionam Marino Pazzaglini Filho, Márcio Fernando Elias Rosa e Waldo Fazzio Júnior, lastreando-se no parágrafo único do art. 12 e entendendo que, 'em cada caso, observados os nortes legais, o órgão judiciário poderá deixar de aplicar uma ou outra entre as sanções prevista para a improbidade administrativa', e nos recordando inclusive que, 'em outras hipóteses tendo em vista o caráter diminuto da lesão gerada ou a pequena gravidade da conduta ímproba, não terá nenhum sentido a aplicação de todas as sanções cabíveis, posto que se estaria equiparando o réu a outrem, sujeito ativo de improbidades mais graves' (...).

"Também para Fábio Medina Osório os princípios do direito penal têm aplicação na fixação, *in concreto*, das sanções por improbidade administrativa. Referindo-se especificamente à hipótese de pluralidade de condutas ímprobas, anota o seguinte: 'Parece-me que o melhor caminho, aqui, é o tratamento diferenciado do concurso de ilícitos, importando-se, nesse passo, as lições do direito penal, até porque, no campo sancionatório, semelhante procedimento não prejudicaria os autores da improbidade, mostrando-se tal solução plausível e respaldada no ordenamento jurídico. Necessário destacar que no curso de um único mandato eletivo, por exemplo, pode o agente político cometer uma série de infrações que resultem no ajuizamento de diversas ações civis públicas, com absoluta independência. (...). Se os fatos ocorrerem em concurso formal, somam-se as sanções correspondentes a cada fato. Se ocorre concurso formal, aplica-se a sanção mais grave, graduando-se o *quantum* sancionatório em patamar mais elevado dentro dos limites legais. Se acontece continuação de infrações, o que se poderia perceber pela semelhança de condições de tempo, local, circunstâncias *lato sensu* e modo de execução, seria o caso, também aqui, da exacerbação do patamar sancionatório, respeitados os limites legais'" (*Improbidade Administrativa*, Porto Alegre, Síntese, 1998, p. 248).

Destaca ainda ser a *"*gradação das conseqüências jurídicas decorrentes dos atos de improbidade (...) tarefa judicial, (...) atendo-se o intérprete aos critérios legais na fixação do *quantum* da resposta estatal ao ato" (*op. cit.*, p. 251). Tais critérios, indicados pelo autor, aproximam-se daqueles utilizados na esfera penal: (...) não apenas a extensão do dano e o proveito patrimonial devem ser considerados – na fixação e eleição das sanções – à luz, inclusive, da proporcionalidade, mas outros fatores inominados, *v.g.*, grau de consciência da ilicitude, condições sócio-culturais do agente, circunstâncias do evento, conseqüências *lato sensu*, incluindo-se nesta a exemplaridade negativa, antecedentes do agente, e censurabilidade do seu comportamento no meio comunitário, entre outras" (*idem, ibidem*).

No caso concreto, o acórdão recorrido deixou de fornecer a indispensável fundamentação para amparar a escolha da pena de proibição de contratar com o Poder Público pelo prazo de cinco anos, nos termos do art. 12, II, da Lei 8.429/92, violando, com isso, a garantia. Aqui, a fundamentação se fazia indispensável ainda por um motivo adicional: a penalidade cominada está arrolada entre aquelas destinadas a punir os atos de improbidade administrativa que causam prejuízo ao erário, e a existência de lesão aos cofres públicos foi expressamente afastada pelo Tribunal de origem, que entendeu não existir nos autos prova conclusiva a respeito (fl. 960). Impõe-se, assim, no ponto, a anulação da decisão.

5. Pelas razões expostas, dou parcial provimento ao recurso especial, para anular o acórdão recorrido, na parte em que aplicou penalidade ao recorrente, determinando que, quanto ao ponto, nova decisão). seja proferida. É o voto (STJ, REsp 507.574, rel. Teori Albino Zavascki, j. 15.12.2005, m.v.).

No mesmo sentido: REsp 507.574-MG, rel. Ministro Teori Albino Zavascki, *DJ* 8.5.2006; REsp 513.576-MG, rel. p/ acórdão Ministro Teori

Albino Zavascki, *DJ* 6.3.2006; REsp 300.184-SP, rel. Ministro Franciulli Netto, *DJ* 3.11.2003.

• Não se conhece do recurso especial quanto a tema que demande o reexame de fatos e prova (Súmula 7/STJ). Para se chegar a conclusão diversa do acórdão recorrido quanto à tipificação do ato de improbidade (artigos 11 e 12 da Lei n. 8.429/92) e à ausência de cerceamento de defesa (art. 330 do CPC), torna-se imperioso o reexame do arcabouço fático e probatório dos autos, o que é vedado nesta instância especial.

Não é inepta a petição inicial que deixa de apontar o dispositivo de lei, se da narração dos fatos decorrer logicamente o pedido. Da mesma forma, a aplicação de legislação diversa daquela utilizada pela parte para fundamentar seu pedido não implica julgamento *extra petita*. Aplicação dos brocardos *jura novit curia* e *mihi factum dabo tibi ius*. Precedente.

O art. 12, parágrafo único, da Lei n. 8.429/92, fundado no princípio da proporcionalidade, determina que a sanção por ato de improbidade seja fixada com base na "extensão do dano causado" bem como no "proveito patrimonial obtido pelo agente". No caso dos autos, o dano causado aos cofres municipais é de pequena monta, já que se trata de ação civil pública por ato de improbidade decorrente da acumulação indevida de cargo e emprego públicos. E, também, o acórdão recorrido reconheceu não haver "indícios de que o agente tenha obtido proveito patrimonial".

Não devem ser cumuladas as sanções por ato de improbidade se for de pequena monta o dano causado ao erário e se o agente não obteve proveito patrimonial com o ato. Recursos especiais conhecidos em parte e providos também em parte (STJ, REsp 794.155, rel. Castro Meira, j. 22.8.2006, v.u.).

• Reconhecida a ocorrência de fato que tipifica improbidade administrativa, cumpre ao juiz aplicar a correspondente sanção. Para tal efeito, não está obrigado a aplicar cumulativamente todas as penas previstas no art. 12 da Lei 8.429/92, podendo, mediante adequada fundamentação, fixá-las e dosá-las segundo a natureza, a gravidade e as conseqüências da infração, individualizando-as, se for o caso, sob os princípios do direito penal. O que não se compatibiliza com o direito é simplesmente dispensar a aplicação da pena em caso de reconhecida ocorrência da infração. 2. Recurso especial provido para o efeito de anular o acórdão recorrido (REsp 513.576-MG, rel. p/ acórdão Min. Teori Albino Zavascki, *DJ* 6.3.2006).

No mesmo sentido: REsp 828.478, rel. Francisco Falcão, j. 16.5.2006, v.u.

• Mostrando-se incontroverso que o Presidente da Câmara Municipal promoveu a contratação de advogado por notória especialização (art. 25, inc. II, da Lei n. 8.666/93), sem que fosse observado o indispensável processo de inexigibilidade (art. 26), resta configurada a prática de improbidade administrativa por violação ao princípio da legalidade. 2 – Nos termos do parágrafo único do art. 12 da Lei n. 8.429/92, a fixação das sanções deve observar a extensão da lesão causada e o proveito patrimonial do agente, revelando-se desproporcionais no caso concreto as penas disciplinares (perda da função pública e suspensão dos direitos políticos), as proibitivas de contratação e vedatórias de recebimento de benefícios fiscais, já que o ato ilegal provocou danos à moralidade administrativa, mas não diretamente ao erário. 3 – Recurso parcialmente provido (TJMG, Ap. Civ. 1.0188.03.016148-6/001(1), rel. Silas Vieira, j. 1.9.2006).

• Improbidade administrativa – Dispensa de licitação – Proibição de contratar com o Poder público – Suspensão de direito políticos – Inaplicabilidade. A ausência de expediente de dispensa de licitação pode ser encarada como espécie de improbidade administrativa, sujeitando o agente público à pena suficiente de proibição de contratar com o Poder Público, inaplicável, na hipótese de inexistência de dano, a pena de suspensão dos direitos políticos (TJMG, Ap. Civ. 1.0000.00.347149-7/000(1), rel. Cláudio Costa, j. 19.2.2004, v.u.)

• As sanções do art. 12, da Lei n. 8.429/92 não são necessariamente cumulativas, cabendo ao magistrado a sua dosimetria; aliás, como deixa claro o parágrafo único do mesmo dispositivo.

No campo sancionatório, a interpretação deve conduzir à dosimetria relacionada à exemplariedade e à correlação da sanção, critérios que compõem a razoabilidade da punição, sempre prestigiada pela jurisprudência do E. STJ. (Precedentes) (REsp 505.068-PR, rel. Min. Luiz Fux).

Embora comprovada a ocorrência de irregularidades em procedimento licitatório, verifica-se que a conduta dos agentes não teve como escopo maior frustrar a licitude do processo licitatório para auferir vantagem ilícita em prejuízo dos cofres públicos e, sim, embora de forma dolosa, afastar os entraves burocráticos para a aquisição de simples calendários a serem distribuídos entre os munícipes.

São fatores que devem ser levados em consideração quando da aplicação das penalidades previstas na Lei n. 8.429/92. E assim sendo, diante da realidade do caso, de rigor afastar-se a condenação à devolução dos valores pagos pelo Poder Público, ante a ausência de prejuízo. De efeito, a sanção em tela não é repreenda, visando unicamente a recomposição do *status quo*. Do mesmo modo, incabível a perda da função pública e a suspensão dos direitos políticos, porque desarrazoada e desproporcional. Compatível com a conduta dos agentes é, efetivamente, o pagamento de multa civil, e proibição de contratar com o Poder Público ou receber benefícios ou incentivos fiscais ou creditícios, direta ou indiretamente, ainda que por intermédio de pessoa jurídica da qual sejam sócios majoritários, pelo prazo de 3 (três) anos. Torna-se, pois, indiscutível a adequação dos pedidos de aplicação das sanções previstas para ato de improbidade à ação civil pública, que se constitui nada mais do que uma mera denominação de ações coletivas, às quais por igual tendem à defesa de interesses meta-individuais (TJSC, Ap. Civ. 2003.014070-0, rel. Vanderlei Romer, j. 27.5.2004).

• Ficou assim considerado autor da improbidade descrita no art. 11, inciso I, e sujeito às sanções do art. 12, inciso III da Lei n. 8.429/92. Ora, em casos que tais, é preciso levar-se em conta o princípio da razoabilidade, que nada mais é do que uma das expressões modernas da concepção romana da eqüidade, a suprema "ratio legis" ou a "religio judicantis".

Ao meu ver, a exemplaridade da punição, também na área administrativa, não prescinde da adequação ou proporcionalidade ditada pela ponderação, ou seja, pela equanimidade. Portanto, parece-me de bom alvitre admitir que as penalidades por atos de improbidade administrativa, tal como estão previstas na lei, hão de ser aplicadas, levando-se em conta o alcance das expressões de orientação complementar postas na disposição de comando maior (art. 37, § 4º da CF), isto é, "na forma e gradação previstas em lei" e "sem prejuízo da ação penal cabível".

E se a lei foi falha a tal respeito, importa adequá-la à realidade, com realce da gravidade ou não do ato punível e da amplitude de seus efeitos negativos ou danosos, sob pena do "summum jus-summa injuria".

É a própria lei, aliás, que, no parágrafo único do mesmo art. 12, orienta no sentido de que: "na fixação das penas previstas nesta Lei o juiz levará em conta a extensão do dano causado, assim como o proveito patrimonial obtido pelo agente".

(...).

Inegavelmente, a dosimetria da pena impõe-se.

Assim o entendeu também a Quarta Câmara Cível em acórdão relatado pelo Des. Almeida Mello, acentuando que "... as cominações previstas no art. 12 da Lei n. 8.429/92 não determinam, necessariamente, aplicação cumulativa, devendo ser observado o caso concreto, em obséquio da proporcionalidade, adequação e racionalidade na interpretação do dispositivo, a fim de que não haja injustiças flagrantes, conforme anota Marcelo Figueiredo, in *Probidade Administrativa – Comentários à Lei n. 4.429/92 e legislação complementar*, Malheiros Editores, 4ª ed., p. 132" (cf. AI 205.325-4 00, rel. Des. Almeida Melo, j. 8.2.2001).

E para Carlos Ari Sundfeld, no seu *Direito Administrativo Ordenador* (São Paulo, Malheiros, 1997, p. 67), "o princípio da razoabilidade incorpora valores éticos ao universo jurídico, fulminando opções legislativas desatentas a este princípio" (p. 69).

Também aconselha Juarez Freitas, diante de disposições legais draconianas, "a necessidade de se buscar uma interpretação razoável "no intuito de se alcançar a máxima e razoável observância dos mesmos" (*RDA* 204/65).

No caso concreto, restou demonstrado que o agente público agiu com desvio de finalidade (fls. 366-388), revelando conduta contrária ao Direito e prejudicial ao administrado, sendo que a dupla penalidade aplicada revela dosagem adequada à espécie, com repercussão exemplar naquela comunidade (TJMG, Ap. Civ. 1.0000.00.218240-0/000(1), rel. Aluízio Quintão, j. 2.5.2002, m.v.).

• (...) Não ocorreu, como pretendem os apelantes, inadequação das penalidades impostas, pois, como visto, o MM. Juiz de Direito aplicou as penalidades, nos limites previstos em lei, com a observação de que, por se tratar de improbidade definida no artigo 10 da Lei de Improbidade Administrativa, são aplicáveis de forma cumulativa, as penalidades descritas no artigo 12, inciso II, da mesma lei; vale dizer, o ressarcimento integral do dano, multa e suspensão dos direitos políticos, bem como da imposição de proibição de contratar com o poder público.

A recomposição do patrimônio lesado, há de ser a mais completa, ou seja, não só o valor originário, mas também os acréscimos decorrentes dos juros e atualização monetária. A suspensão dos direitos políticos que a lei estipula entre cinco a oito anos, foi, no caso presente, fixada no período mínimo, não havendo como afastá-la ou reduzi-la; o mesmo se diz em relação à multa civil, que pode atingir até duas vezes o valor do dano; no caso, aplicou-se a pena mínima (TJPR, Ap. Civ. 175.028-1, rel. Sergio Rodrigues, j. 22.11.2005).

• Realizar procedimento licitatório de modo que caracteriza verdadeira simulação, visto que previamente conhecido o vencedor, e, ainda, pagar pelo bem 91% a mais que o seu real valor, caracteriza improbidade lesiva ao erário, prevista no *caput* e inc. VIII do art. 10 da Lei 8.429/92, ficando, por conseguinte, sujeito às sanções previstas no art. 12, I, da mesma Lei.

O parágrafo único do art. 12 da Lei 8.429/92 consagra o chamado juízo de suficiência, que não significa, porém, excluir formas imperativas de sancionamentos, mas graduação das formas existentes, observado o mínimo e o máximo, salvo quando a própria lei exclui a variação (TJRS, Ap. Civ. 70001575190, rel. Irineu Mariani, j. 26.5.2004, v.u.).

• A verdade é que, neste tema, impende recordar que "toda disciplina punitiva subordina-se ao princípio da proporcionalidade em sentido amplo, que contém a razoabilidade e que impõe equivalência entra agressão e repressão" (Francisco Otávio de Almeida Prado, *Improbidade Administrativa*, 2001, p. 153).

O que importa, portanto, é que o juiz, quando da dosagem da pena civil, tal qual o faz no exercício da jurisdição penal (e mesmo no da civil, quando cuida de condenação), busque o ajustamento adequado, olhos fixos no ato mesmo e em suas conseqüências, sem desconsideração para com o elemento subjetivo que tenha animado o infrator (TJRS, Ap. Civ. 70005087267, rel. Antonio Janyr Dall'Agnol Junior, j. 12.3.2003, v.u.).

Art. 12. (...)

I – na hipótese do art. 9º, perda dos bens ou valores acrescidos ilicitamente ao patrimônio, ressarcimento integral do dano, quando houver, perda da função pública, suspensão dos direitos políticos de oito a dez anos, pagamento de multa civil de até três vezes o valor do acréscimo patrimonial e proibição de contratar com o Poder Público ou receber benefícios ou incentivos fiscais ou creditícios, direta ou indiretamente, ainda que por intermédio de pes-

soa jurídica da qual seja sócio majoritário, pelo prazo de dez anos;[48]

A respeito da prescrição, vide art. 23 da lei anotada.

Já verificamos as hipóteses do art. 9º e seus incisos: todos os atos de improbidade administrativa que importam enriquecimento ilícito. Vejamos as diversas penas da lei, na ordem em que se apresentam.

a) *Perda dos bens* (v. CF, art. 5º, XLVI, "b") ou valores acrescidos ilicitamente ao patrimônio.

A perda de bens é permitida pela Constituição. Não foi prevista no Código Penal como sanção criminal. Figura como "efeito da condenação" (CP, art. 91): "São efeitos da condenação: I – tornar certa a obrigação de indenizar o dano causado pelo crime; II – a perda em favor da União, ressalvado o direito do lesado ou de terceiro de boa-fé: a) dos instrumentos do crime, desde que consistam em coisa cujo fabrico, alienação, uso, porte ou detenção constitua fato ilícito; b) do produto do crime ou de qualquer bem ou valor que constitua proveito auferido pelo agente com a prática do fato criminoso".

De outra parte, tem direito o lesado não apenas à restituição dos bens retirados de seu patrimônio pelo agente (art. 120 do CPP), mas ao ressarcimento do dano resultante da ação delituosa deste (art. 91, I, do CP e art. 159 do CC). Autoriza ainda o Código de Processo a busca e apreensão das coisas obtidas por meios criminosos.[49] Na lei, que nada

---

48. "(...) Nota-se que dependendo da modalidade de ato de improbidade, diferentes serão as conseqüências sancionatórias. No caso em tela, consoante o anteriormente exposto, o ato praticado enquadra-se nas condutas descritas nos art. 9º, 10 e 11, destarte, acertada a decisão do magistrado de primeiro grau em condenar o apelante às penas previstas no inciso I do art. 12, porquanto mais graves. Salienta-se, que a teor do parágrafo único do art. 12, as sanções impostas devem guardar proporcionalidade com a extensão do dano e o eventual proveito obtido pelo agente. Este critério de individualização das penas refere-se ao *quantum* a ser fixado para cada sanção, não dando o magistrado a discricionariedade de optar por uma ou algumas das penas descritas em cada inciso. Veja-se que 'não será permitido ao julgador, após concluir pela caracterização do ato de improbidade administrativa, excluir uma das sanções previstas em lei. Não poderá também reduzir ou aumentar o *quantum* da pena abaixo ou acima dos limites legais. A individualização da pena deve respeitar os limites legais. Não é permitido ao magistrado legislar' (Alexandre Rosa e Affonso Ghizzo Neto, *op. cit.*, p. 85)" (TJSC, Ap. Civ. 2002.017554-0, rel. Vanderlei Romer, j. 13.5.2004, m.v.).

49. "(...) De tanto, resulta que a busca e apreensão podia e devia ser ordenada pelo Juízo Cível, não havendo, pois, falar, na espécie, em incompetência no acolhimento do pleito cautelar do Ministério Público, com vistas à propositura da ação

tem de penal, o escopo é atingido pela indisponibilidade de bens e pelo seqüestro, instrumentos aptos a finalidades similares em seus objetivos.

Na legislação esparsa, anterior à Constituição Federal de 1988, encontramos a possibilidade do "perdimento de bens" em razão de dano ao erário. Consultar, dentre outros diplomas, o Decreto-lei 37, de 1966, art. 105, X; Decreto 71.235, de 1972, arts. 31 e 59, II; Decreto-lei 1.455, de 1976; Decreto 91.030, de 1985. Todos estabelecem a possibilidade da pena de perdimento, ora em razão de apreensão de mercadoria estrangeira irregularmente introduzida no país, ora fruto de contrabando ou descaminho. Não há, portanto, em essência, novidade na pena de perdimento. Existe, sim, na "perda de bens" como "sanção primordial".

No tema, no entanto, cumpre fazer algumas advertências. A jurisprudência anterior à Constituição atual sempre agiu com cautela quando da aplicação da pena de perdimento. Diversos julgados tornaram insubsistente a apreensão de mercadorias e a conseqüente pena de perdimento, notadamente na esfera federal, quando ausente estivesse motivação expressa sobre os requisitos legais necessários à integração da figura de dano ao erário público, considerando ora a tese do cerceamento de defesa, ora a ausência de prova suficiente do delito. Em síntese, a ausência do "devido processo legal".

Atualmente, cremos que, inobstante a previsão constitucional, a "perda de bens" deva ser interpretada e aplicada em conjunto com a disposição do mesmo art. 5º, LIV e LV, da CF. É dizer, devem conviver em harmonia sua aplicação e a ampla defesa, as garantias constitucionais e processuais, com os recursos inerentes. Em suma, devemos ter sempre em mente o devido processo legal ao aplicar a "perda de bens", como, de resto, qualquer pena. Dentre outras razões, afigura-se-nos a principal o inciso XLVI do art. 5º da CF, que remete o tema à lei. Já, os incisos LIV e LV do mesmo art. 5º da CF são de eficácia plena e imediata; donde a exegese da "perda de bens" dever ser feita a partir da Constituição, e não da lei infraconstitucional.

Nada de novo na disposição final "ou valores acrescidos ilicitamente ao patrimônio, *ressarcimento integral do dano*, quando houver (...)". O conteúdo é similar à previsão do Código Penal. Ratifique-se: no estatuto penal, efeito da condenação; aqui, pena principal. Deveras,

por improbidade administrativa. De qualquer modo, fosse nula a apreensão à falta de competência da autoridade que determinou, seria caso de ilegalidade e, não, de ilicitude da prova, cabendo, por certo, a ratificação do fato pela autoridade competente" (STJ, HC 32.352, Hamilton Carvalhido, j. 1.6.2004, v.u.).

a obrigação de reparar o dano na esfera penal surge com a condenação criminal. A sentença condenatória irrecorrível vale como título executivo judicial (art. 584, II, do CPC), possibilitando a liquidação para apuração do *quantum debeatur*. Vide art. 1.537 do CC. Já, a lei anotada declara, no *caput* do art. 12, a "independência das sanções penais, civis e administrativas". Assim, não há necessidade de se aguardar a condenação criminal, que pode, inclusive, não existir, remanescendo ainda assim, se for o caso, o direito do Estado de obter o integral ressarcimento do dano, se houver (a respeito da responsabilidade do servidor público há farta doutrina e jurisprudência na obra de Maria Sylvia Zanella Di Pietro, *Direito Administrativo*, 4ª ed., São Paulo, Atlas, 1994).

Registre-se, ainda, que, em relação ao ressarcimento integral do dano, devem ser consultados os seguintes artigos da lei anotada: art. 1º, *in fine*, e parágrafo único, e art. 5º. Os dispositivos citados, analisados em conjunto, conduzem ao seguinte: quando o ato de improbidade for praticado contra o patrimônio daquelas entidades que recebam subvenção, benefício ou incentivo fiscal ou creditício de órgão público, ou de entidade custeada pelo Estado (*ex vi legis*), a sanção patrimonial será limitada à repercussão do ilícito sobre a contribuição dos cofres públicos (art. 1º, *in fine*). No caso de o ressarcimento ser insuficiente aplica-se a regra do art. 17, § 2º, da lei anotada (complementação).

b) Perda da função pública, *suspensão dos direitos políticos* de 8 a 10 anos (v. arts. 15, V, 37, § 4º, e 52, parágrafo único; Lei 8.112, de 1990, art. 116; Lei Complementar 64, de 1990, art. 1º, I, "g"; Súmula 9 do TSE; na doutrina, v. o artigo de Teori Albino Zavascki, "Direitos políticos – Perda, suspensão e controle jurisdicional", revista *Ciência Jurídica* 58, ano VIII, julho-agosto de 1994, Ed. Nova Alvorada, Belo Horizonte-MG).[50]

50. "(...) A pena de suspensão de direitos políticos, além de não estar fundamentada e, conseqüentemente, sem graduação, é desproporcional ao ato praticado. A fundamentação de penalidade tão grave a um membro do Poder Executivo exige que sejam conhecidos os motivos que determinaram ao julgador optar por punição de tão grave conseqüência. (...)" (STJ, REsp 758.639, rel. José Delgado, j. 28.3.2006, v.u.).
"As sanções de perda da função pública, suspensão dos direitos políticos, pagamento de multa civil e proibição de contratar com o Poder Público, somente serão aplicadas para os atos de improbidade administrativa que causem prejuízo ao erário, se a perda dos bens ou valores públicos implicar acréscimo ilícito ao patrimônio do agente" (TJMG, Ap. Civ. 1.0015.03.014294-5/001(1), rel. Albergaria Costa, j. 24.8.2006).
"O afastamento do exercício das funções de governo deve ser antecedido da instauração de processo político de impedimento por crime de responsabilidade –

Em relação à perda da função pública já verificamos sua aplicabilidade por ocasião dos comentários ao art. 12, *caput*.[51]

também conhecido por *impeachment* – ou de processo judicial adequado. Em ambas as hipóteses, faz-se obrigatória a observância de certos direitos e garantias fundamentais do investigando, tais como, devido processo legal, ampla defesa, contraditório, juízo natural, fundamentação da decisão, etc. Entretanto, a simples suspeita de interferência do chefe de governo nas investigações a serem realizadas pela comissão parlamentar de inquérito não é justificativa jurídica plausível para a decretação do seu afastamento do exercício das funções de prefeito, e a conseqüente nomeação do vice-prefeito para o exercício das respectivas funções de prefeito" (TJMG, Ap. Civ. 1.0000.00.320390-8/000(1), rela. Maria Elza, j. 21.8.2003, v.u.).

"Ainda que o agente exerça duas ou mais atribuições, de origem eletiva ou contratual, ou uma função distinta daquela que exercia por ocasião do ato ilícito, o provimento jurisdicional haverá de alcançar todas, determinando a completa extinção das relações existentes entre o agente e o Poder Público" (Garcia, Emerson; Alves, Rogério Pacheco, *Improbidade administrativa*, 2ª ed., Rio de Janeiro, Lumen Juris, 2004, pp. 490-491). Todavia, há que se ter em conta a proporcionalidade entre a sanção e o ato. Condenado o agente à perda de todas as funções públicas (policial civil, vereador e presidente da associação) e, comprometer-se-ia o próprio meio de sustento seu e de sua família, de modo que, conforme dispõe o parágrafo único do art. 12 da Lei n. 8.429/92, considerando a gravidade do ato, não deve ser determinada a perda também da função de policial civil" (TJSC, Ap. Civ. 2005.010769-1, rel. Francisco Oliveira Filho, j. 16.8.2005, v.u.).

51. "As normas que descrevem infrações administrativas e cominam penalidades não podem sofrer interpretação conducente a ampliação das sanções nelas previstas. O art. 12 da Lei n. 8.429/92 não contempla a hipótese da perda de cargo público, mas tão-só a perda da função pública, desde que isolada do cargo, o que não é o caso dos autos" (TRF 1ª Região, Ap. Civ. 2001.30.00.001984-3-AC, rel. Hilton Queiroz, j. 28.3.2006, v.u.).

Neste sentido: Ap. Civ. 1998.37.01.000785-5-MA, rel. Hilton Queiroz, j. 3.5.2005, v.u.

"Não cabe a pena da perda do cargo público. De um lado, dificilmente o réu se envolverá em fato análogo, e, de resto, prestará contas às urnas. Convém não equiparar o titular de cargo de provimento efetivo na Administração Pública e o titular de cargo eletivo. Este último presta contas aos seus eleitores. E já houve casos de políticos de alto coturno que se reelegeram, apesar de notoriamente ímprobos. Se o povo deseja eleger, não serão os agentes políticos permanentes que impedirão" (TJRS, Ap. Civ. 70011562766, rel. Araken de Assis, j. 22.6.2005, v.u.).

Necessidade de a ação de improbidade administrativa veicular pedidos de perda da função pública e suspensão dos direitos políticos sob pena de descaracterizar a natureza da referida ação: "Se a ação de responsabilidade civil por danos ao erário público, não cumula pedidos de suspensão de direitos políticos e perda de função pública, indispensáveis para caracterizar a ação de improbidade administrativa, não se aplica a regra de competência introduzida no § 2º do art. 84 do CPP pela Lei n. 10.628, de 24.12.2002, ainda que figure como réu Prefeito ou ex-Prefeito" (TJRS, ACP 70007128309, rela. Mara Larsen Chechi, j. 14.2.2004, v.u.).

DAS PENAS

A suspensão dos direitos políticos verifica-se, no caso, em razão da improbidade administrativa. Pairam dúvidas na doutrina sobre se a

"É inepta a petição inicial que imputa ao réu ato de improbidade administrativa, com base no art. 37, § 4º, da Constituição Federal e na Lei n. 8.429/92, mas não contém pedido de aplicação das sanções correspondentes (perda dos direitos políticos e/ou de cargo público)".

Voto: "(...) O autor elegeu via inadequada à sua pretensão: ajuizou ação de responsabilidade por improbidade administrativa, com base na Lei 8.429/92, mas formulou pedido de ressarcimento do dano.

"Segundo o magistério de Aristides Junqueira Alvarenga, 'para os atos de improbidade administrativa a ação é aquela, ordinária, prevista na Lei 8.429, de 2.6.1992, cujas sanções são determinadas pela própria Constituição Federal, a saber: suspensão dos direitos políticos, perda da função pública, indisponibilidade dos bens e ressarcimento ao erário, na forma e gradação postas na aludida lei.

"'(...) a improbidade é tratada com mais rigor, devendo as sanções de suspensão dos direitos políticos e de perda da função pública ser aplicadas, necessária e primordialmente, a par das demais, que são concernentes à reparação do dano ao erário e também objeto da ação popular.

"'(...) Inadmissível, portanto, que o autor de uma ação de improbidade administrativa ajuizada com fundamento na Lei 8.429, de 1992, exclua do pedido a condenação relativa à suspensão de direitos políticos e à de perda do cargo público. A omissão constituirá confissão eloqüente de que o réu não cometeu qualquer ato de improbidade. Conseqüentemente, inepta será a petição inicial, dada a contradição que ela encerra.

"'Na verdade, ação assim proposta terá índole de ação popular ou de ação civil pública, tendo em vista a vontade do autor, que é a restauração da legalidade e/ou da moralidade administrativa, a par do ressarcimento do dano, já que excluída a pretensão de ver suspensos os direitos políticos bem como a perda da função pública do réu, que constituem indispensáveis medidas sancionadoras dos atos de improbidade, segundo mandamento constitucional' ("Reflexões sobre Improbidade Administrativa no Direito Brasileiro", in Cassio Scarpinella Bueno e Pedro Paulo de Rezende Porto Filho (orgs.). *Improbidade Administrativa (Questões Polêmicas e Atuais)*, 2ª ed., São Paulo, Malheiros Editores, 2003, pp. 109-110).

"Referidas ações têm requisitos e objetivos diferentes, exigindo forma adequada, sob pena de revelarem-se inúteis os seus efeitos. No magistério de Nelson Nery Júnior e Rosa Maria Andrade Nery, 'Movendo a ação errada ou utilizando-se do procedimento incorreto, o provimento jurisdicional não lhe será útil [ao autor], razão pela qual a inadequação procedimental acarreta a inexistência de interesse processual' (nota 13 ao art. 267, § 3º, do *Código de Processo Civil Comentado*, Ed. RT, São Paulo, 3ª ed., 1997).

"Nessa linha de raciocínio, impõe-se a extinção do processo, sem exame do mérito, por inépcia da petição inicial que omite pedido de aplicação de quaisquer das sanções previstas para a prática de ato de improbidade administrativa, embora promovida a ação 'com fulcro no que preceitua o parágrafo 4º do artigo 37 da Constituição Federal, c/c artigo 11, inciso VI da Lei 8.429/92'" (TJRS, ACP 70008907693, rela. Mara Larsen Chechi, j. 7.4.2005, v.u.).

suspensão dos direitos políticos, constante do citado art. 37, § 4º, da CF, poderia ser aplicada independentemente de um processo judicial. A dúvida surge em virtude da redação final do dispositivo: "sem prejuízo da ação penal". José Afonso da Silva entende que não pode a suspensão ser aplicada em processo administrativo, necessitando de processo judicial, em que se apure a improbidade, quer seja criminal ou não (*Curso de Direito Constitucional Positivo*, 32ª ed., São Paulo, Malheiros Editores, 2009, pp. 385 e 386).

Cremos que razão assiste ao doutrinador acima citado. De fato, não há confundir as sanções administrativas, inclusive a possível demissão aplicada por força de inquérito administrativo (procedimento administrativo disciplinar) por improbidade administrativa (art. 132, V, da Lei 8.112, de 1990), com a suspensão dos direitos políticos, sanção independente das primeiras (advinda da violação dos estatutos). Em suma, a suspensão exige sempre um processo judicial, uma ação judicial, seja de natureza civil ou penal. A conclusão é ainda reforçada na medida em que o procedimento administrativo disciplinar, mesmo que conclua por aplicação da pena de "demissão" por prática de improbidade, não tem o condão de retirar do agente a cidadania. Ademais, não faz coisa julgada; sempre haverá a possibilidade de discussão judicial por força do art. 5º, XXXV, da CF. Finalmente, o art. 20 da lei é peremptório ao dispor que a perda da função pública e a dos direitos políticos só se efetivam com o trânsito em julgado da *sentença* condenatória.

Antônio Carlos Mendes, a propósito, ensina:

"Não se tratando de pena, inclusive acessória, a suspensão de direitos políticos, enquanto *sanção constitucional*, depende, para sua eficácia, do exercício pleno da jurisdição administrativo-eleitoral, com o cancelamento da inscrição e a exclusão do cidadão do rol dos eleitores.

"Dessa maneira, o juiz eleitoral tomará aquelas providências – ainda que objeto de sentença ou ato administrativo – como pressuposto de incidência daquela sanção constitucional. Por isso, visando à aplicação do art. 15, V, da CF de 1988, o juiz eleitoral poderá, em virtude de requerimento do Ministério Público Eleitoral, valer-se do procedimento administrativo ou da sentença da jurisdição comum previstos, respectivamente, nos arts. 12, parágrafo único, 14 e 16 da Lei (especial) 8.429/92, com observância do *due process of law*. Tal intelecção vale para as hipóteses de *julgamento* da prestação de contas públicas, conforme ficou assentado anteriormente, em face da competência constitucional dos Tribunais de Contas e dos órgãos legislativos encarregados da fiscalização dos atos do Poder Executivo" (*Introdução à Teoria das Inelegibilidades*, 1994, p. 97).

Em relação à competência para decretar a suspensão dos direitos políticos, devemos dizer que, via de regra, a mesma tem origem em decisões proferidas pela jurisdição comum, ordinária, salvo as hipótese da competência federal. A dúvida em relação à competência para o decreto de suspensão surge exatamente em face da ausência de norma constitucional a respeito. Ausente a norma, deve o intérprete caminhar pelas regras ordinárias da competência. Finalmente, lembre-se que a Justiça Eleitoral é competente para decretar a suspensão dos direitos políticos quando comunicada a respeito de condenação mesmo nos casos não-eleitorais (pena acessória aplicada no juízo criminal), como também advindos do juízo cível, *v.g.*, quando se reconhece a incapacidade civil absoluta, quando há cancelamento de naturalização, em atendimento ao art. 15, II, da CF.

Sobre o tema assim se manifesta José Benjamim de Lima, promotor de justiça eleitoral: "Em seqüência à lição do constitucionalista (refere-se a José Afonso da Silva), seria oportuno considerar que a suspensão de direitos políticos tem origem, via de regra, em decisões proferidas pela jurisdição comum, limitando-se a Justiça Eleitoral ao ato derivado, de cancelamento da inscrição eleitoral, cuja natureza é administrativo-eleitoral e não jurisdicional em sentido próprio. Isso ocorre seja quando a suspensão dos direitos políticos tem natureza de pena acessória, seja quando o juízo cível reconhece a incapacidade civil absoluta e cancela naturalização, ou mesmo quando o juízo criminal (no caso de crimes não-eleitorais) condena e comunica a condenação à Justiça Eleitoral, para os fins previstos no art. 15, III, da CF. A suspensão dos direitos políticos por ato de jurisdição eleitoral se dará no caso de condenação por crimes eleitorais, visto que a competência para conhecer e julgar esses crimes é da jurisdição especial" (in parecer oferecido no Processo 511/92, publicado nos *Cadernos de Direito Constitucional e Eleitoral* 25/204 e 205, do TRE e Procuradoria Regional Eleitoral do Estado de São Paulo).

Em suma, dependendo do caso concreto, a suspensão dos direitos políticos pode dar-se em processo civil ou penal, no juízo cível ou criminal, seja estadual ou federal, e ainda eleitoral (v. Lei 4.737, de 1965, art. 71), nas condições acima expostas. A nova lei, portanto, veio estabelecer expressamente a suspensão dos direitos políticos como pena "principal" por atos de improbidade. Até então, sem embargo das divergências doutrinárias a respeito (v. Mendes), não era aplicada a sanção constitucional como pena "principal substitutiva". Aplicava-se a suspensão em termos de inelegibilidade nas hipóteses do art. 1º, I, "e", da Lei Complementar

64, de 18.5.1990. Com a nova disposição, ao que parece, dúvidas não restam a propósito de sua aplicação nos casos de improbidade a que alude a lei anotada.

Recentemente, tem havido debate na jurisprudência a respeito da possibilidade do afastamento do cargo, da função pública, por meio de medida liminar, de agentes públicos em geral, inclusive os eleitos, acusados de improbidade administrativa.[52] A polêmica surge, sobretudo, em virtude do art. 5º, inciso XLVI, alínea "e", combinado com o inciso LVII, bem assim o art. 41, § 1º (se estável o servidor), e o art. 15 e seus incisos, todos dispositivos da Constituição Federal, e o art. 20 e seu parágrafo único da presente lei. Em nosso entendimento, não há razão para dúvidas. As garantias constitucionais protegem os agentes públicos da perda ou suspensão de direitos políticos. A perda ou suspensão somente serão eficazes a partir do trânsito em julgado da sentença condenatória em caso de crime. Entretanto, quando processados por ato de improbidade administrativa, podem ser afastados do cargo mediante ordem judicial, se a medida mostrar-se necessária à instrução processual, ao bom desenvolvimento das investigações, da efetiva apuração do ato de improbidade. O art. 20, parágrafo único, da lei, autoriza essa interpretação. Deve, entretanto, ser observado que nos casos de afastamento de titulares de mandato eletivo, o juiz deve ter cautela redobrada para deferir a medida. Isto porque a *desconstituição*, ainda que provisória, cautelar, preventiva, de um mandato popular é ato da mais extrema gravidade, podendo ocorrer em situações excepcionais, aonde esteja presente a necessidade do afastamento de seu titular. E a medida desse afastamento se dará, no caso concreto, quando sua permanência puder interferir negativamente na apuração do alegado ato de improbidade praticado. As mesmas observações são válidas para conferir efeito suspensivo à apelação da sentença condenatória do ato de improbidade.[53] Não se trata de privilégio,

52. "Ação Civil Pública. Liminar. Afastamento de servidores nomeados para cargo de chefia. Lei Municipal n. 1.404/99. Requisitos. 'Fumus boni iuris' e 'periculum in mora'. Ausência. Cassação. São requisitos necessários à concessão de liminar em ação civil pública o 'fumus boni iuris' e o 'periculum in mora', sem os quais se encontra obstado o deferimento da medida antecipatória. O afastamento liminar de servidores, detentores de cargo de chefia, por suposta improbidade administrativa do Chefe do Executivo, é medida radical, só suscetível de ser aplicada com lastro em sentença definitiva acobertada pelo trânsito em julgado ou, em condições excepcionais, quando assim o exigir o interesse público. Agravo provido" (TJMG, AI 1.0000.00.299662-7/000(1), rel. Célio Paduani, j. 19.8.2003, v.u.).

53. "Excepcionalmente, admite o nosso Código de Processo Civil, em seu art. 558, parágrafo único, a atribuição de efeito suspensivo aos recursos de apelação a

mas a valorização do princípio democrático e do sentimento elementar de Justiça.

Em síntese, defendemos a juridicidade do afastamento, por intermédio de ordem judicial, de agentes públicos, inclusive dos ocupantes de cargos eletivos, recomendando o prudente exercício da discrição judicial.

Aproveitamos ainda a oportunidade para dissertar rapidamente a propósito do *foro privilegiado* que se quer estender aos Prefeitos nos casos de improbidade administrativa. Argumenta-se que, em muitas partes do País, membros do Ministério Público e magistrados são vulneráveis a pressões políticas, podendo tornar-se instrumentos de perseguição política, a prefeitos, acusados de improbidade administrativa. O foro privilegiado, que transferiria o julgamento da ação da comarca de primeira instância para o Tribunal de Justiça do Estado, eliminaria os casos de acusação infundada, feita, no mais das vezes, para desmoralizar o adversário político, neutralizando em grande parte as influências locais.

O tema não é novo no cenário jurídico nacional e, em grande parte, a situação é similar com as ações populares que aumentam em época eleitoral. Não vemos razões jurídicas racionais que determinem a instituição de foro privilegiado para os Prefeitos. É preciso sempre repetir: a lei de improbidade não é lei penal. Não tipifica crimes. A instituição do foro privilegiado, segundo algumas propostas em andamento, deslocaria a competência e assim, a necessária apuração do ato de improbidade para o Procurador-Geral de Justiça, o que seria desastroso. A História demonstra a existência de maior pressão política exatamente nos órgãos de cúpula do poder. Assim, o argumento da pressão em primeiro grau, não é decisivo, sobretudo diante das garantias (ou predicamentos) da magistratura e do Ministério Público. Aliás, diga-se que o sucesso da lei adveio, em grande parte, da independência desses corajosos agentes do Estado.

Acreditamos que o processo democrático tem um custo, e um de seus elementos, exatamente, é o princípio da responsabilidade na condução da *res publica*. E preferível conviver com a regra cardeal da

que, de regra, a lei não confere tal eficácia, desde que, na forma do preconizado pelo *caput* do mesmo dispositivo, da não suspensão do cumprimento da decisão até o pronunciamento definitivo do órgão recursal competente, poderá resultar lesão grave e de difícil reparação para os recorrentes.

"É o que ocorre no caso concreto, uma vez que a sentença à qual se atribuiu apenas efeito devolutivo previu consequências sérias, tendo cominado as sanções de perda de função pública; suspensão dos direitos políticos; multa; e proibição de receber incentivos; dentre as quais, algumas teriam aplicação imediata" (TJSC, AI 2004.022241-6, rel. Nicanor da Silveira, j. 31.3.2005, v.u.).

igualdade, princípio máximo do ordenamento, a justificar exceções e privilégios, edificando um sistema de castas. Afinal, o agente público ou político deve *servir* ao povo. A constatação é evidente, mas muito importante para tentar reverter a cultura da impunidade, que frustra o cidadão comum, titular da soberania em um Estado Democrático de Direito (art. 1º, parágrafo único da Constituição Federal).

Diversa é a hipótese no caso de crime de responsabilidade praticado pelo Presidente da República. Aqui, incide o art. 52, parágrafo único, da CF, que comina duas penas, a perda do cargo e a inabilitação, por oito anos, para o exercício de função pública. Nesse caso, endossamos a lição de Michel Temer, para quem a inabilitação não decorre de perda do cargo, mas da própria responsabilização: "Não é pena acessória. É, ao lado da perda do cargo, pena principal" (*Elementos de Direito Constitucional*, 22ª ed., 2ª tir., São Paulo, Malheiros Editores, 2008, p. 169).

No mesmo sentido, com maestria, sustentou Saulo Ramos, como advogado do Senado Federal no MS 21.689-DF ("caso Collor"). À ocasião, o lúcido advogado averbou: "A suspensão dos direitos políticos é, pelo texto da atual Carta da República, sanção autônoma para os delitos de improbidade, sem prejuízo da ação penal, aplicável, portanto, pelo órgão julgador competente nos casos de *impeachment*".

Jurisprudência após a edição da Lei 10.628/2002

Acórdãos anteriores ao julgamento da ADI 2.797

• Agravo de instrumento – Ação civil pública – Improbidade administrativa – Ex-prefeito – Remessa dos autos ao Tribunal – Constitucionalidade – Competência – Jurisdição – Matéria constitucional – Prerrogativa de função – Duplo grau de jurisdição.

1. A chamada jurisdição-competência, que tem por objeto definir os grandes lineamentos do Poder Judiciário, é matéria que exige forma constitucional – Lição de Arruda Alvim – A determinação da competência por prerrogativa da função, que não se confunde com a jurisdição-competência, é matéria processual que pode ser veiculada por lei ordinária.

2. É constitucional a Lei n. 10.628/2002, que outorgou competência ao Tribunal competente para processar e julgar as ações de improbidade administrativa por se tratar de matéria de legislação ordinária – Constitucionalidade da lei que cria prerrogativa de foro em razão da função pública – Presunção de constitucionalidade da lei imaculada diante do indeferimento da medida liminar pelo STF na ADI n. 2.797/DF.

3. Não há, em nosso ordenamento jurídico, a garantia ao duplo grau de jurisdição – Precedentes do STF – Recurso desprovido (TJRS, 22ª C.

Cível, AI 70006382972, j. 19.8.2003, rela. Desa. Maria Isabel de Azevedo Souza).

Sobre a imediata incidência da lei e o afastamento do princípio da *perpetuatio jurisdictionis*, vide TJRS, 22ª C. Cível, AI 70006484802, j. 12.8.2003, rela. Desa. Mara Larsen Chechi.

No TJSP encontramos várias decisões sobre a matéria, até que em 13.8.2003, por decisão unânime de seu Órgão Especial na Ação Penal Pública 102.930.0/8-00, foi reconhecida a *inconstitucionalidade do art. 84, § 1º, do CPP*, entendendo que o processamento dos crimes de responsabilidade de ex-prefeitos compete ao primeiro grau de jurisdição. Remarque-se que o TJSP foi o primeiro Tribunal no país a reconhecer a inconstitucionalidade em tela, no acórdão proferido no AI 313.238-5-1/00, da 9ª Câmara de Direito Público, de Férias, "Janeiro/2003" (j. 24.1.2003, v.u., rel. Des. Antônio Rulli). Seguiu-se o de Santa Catarina, na ACP 2003.002338-0 (rel. Des. César Abreu).

Vejamos algumas dessas decisões sobre o tema:

• Ação civil pública – Ação interposta contra prefeito municipal, imputando-lhe atos de improbidade administrativa – Competência da Seção de Direito Público do Tribunal de Justiça – Inteligência do art. 84 do CPP, com nova redação dada pela Lei n. 10.628/2002 (Recurso – Agravo de instrumento – Manifesta improcedência do pedido (TJSP, 4ª C. de Direito Público, AI 315.620.5-0, Diadema, j. 13.3.2002, rel. Des. Samuel Jr.).

• Recurso – Agravo de instrumento – Ação civil pública de improbidade administrativa – Competência do juízo – Inaplicabilidade da Lei n. 10.628/2002 – Arts. 29, X, e 37, § 4º, da CF e art. 74, I, da CE – Recurso provido (TJSP, AI 317.635-5-2/00, j. 19.3.2003, rel. Des. Toledo Silva).

No mesmo sentido, e do mesmo TJSP, confira-se, ainda, o AI 321430.5-1 (j. 16.4.2003, rel. Des. Toledo Silva).

• Ação civil pública – Ilegitimidade de parte – Alegação de que o Ministério Público não teria legitimidade para propor a ação civil pública pretendendo, em especial, reparação de danos em favor dos cofres públicos – Inadmissibilidade – Exegese do art. 129, III, da CF – Afastada a preliminar.

Ação civil pública – Prescrição – Inocorrência – Não há que se falar em prescrição, pois não se sabe quando o agravante terminou seu mandato – Inteligência da Lei n. 8.429/92, art. 23, I, primeira parte – O prazo prescricional não corre da data do fato impugnado, mas do término do mandato – Preliminar afastada.

Ação civil pública – Ação interposta contra prefeito municipal, imputando-lhe atos de improbidade administrativa – Competência da Seção de Direito Público do Tribunal de Justiça – Inteligência do art. 84 do CPP, com a nova redação dada pela Lei n. 10.268/2002 – Determinação de remessa a este Tribunal.

Recurso – Agravo de instrumento – Manifesta improcedência do pedido – Negado seguimento ao agravo com base no art. 557 do CPC (TJSP, AI 319.287.5-8, j. 10.4.2003, rel. Des. Samuel Ribeiro).

• Improbidade administrativa – Competência originária por prerrogativa de função (Lei n. 10.628/2002) – Remessa de ofício dos autos ao Tribunal – Contrariedade, em tese, ao regramento constitucional que disciplina a matéria (CF, arts. 96, III, 102, I, 105, I, e 108, I) – Entendimento do STJ – Matéria que, ademais, encontra-se *sub judice* no STF – Ação de improbidade de natureza civil, como regra – Atos de improbidade administrativa que podem, eventualmente, caracterizar também ilícitos penais, hipótese em que serão apurados, processados e apenados segundo a legislação especial aplicável – Manutenção dos autos em primeira instância, em consonância com o disposto no art. 113, § 2º, do CPC, e em homenagem aos princípios da economia processual e instrumentalidade das formas – Agravo provido em parte (TJSP, AI 316.709.5-3/00, j. 6.8.2003, rel. Des. Ricardo Lewandowski).

• Ação civil pública – Agravo de instrumento – Preliminares de incompetência de foro por prerrogativa de função – Preliminares rejeitadas e recurso improvido (TJSP, AI 313.238-5/1, janeiro/2003, rel. Des. Antônio Rulli).

Entendendo inconstitucional a nova redação do art. 84, § 1º, do CPP, por *ferimento à isonomia*, vide ainda TJSP, AP 421.090.3-0/00 (j. 7.8.2003, rel. Des. Ribeiro dos Santos). Nessa decisão entendeu-se que o foro especial decorre de prerrogativas funcionais, e não de privilégios pessoais; de forma que estendê-lo a pessoa que não mais exerça função fere o princípio da isonomia.

Finalmente, o Órgão Especial do TJSP, em 13.8.2003, na Ação Penal Pública 102.930.0/8-00, reconheceu a inconstitucionalidade do art. 84, § 1º, do CPP, entendendo que *o processamento dos crimes de responsabilidade de ex-prefeitos compete ao primeiro grau de jurisdição*. A ementa é a seguinte: "Ação penal – Deslocamento do feito para o Tribunal de Justiça, em razão de um dos réus ter ocupado, à época dos fatos, o cargo de Delegado-Geral da Polícia Civil – Alteração dada ao art. 84 do CPP pela Lei n. 10.628/2002 que é inconstitucional – Lei infraconstitucional que não podia criar competência para os Tribunais – Art. 125, § 1º, da CF, que determina que a competência dos Tribunais será definida nas Constituições Estaduais – Ofensa, ainda, ao art. 5º da CF – Preliminar da Procuradoria-Geral de Justiça que é acolhida, declarando-se, *incidenter tantum*, inconstitucional o § 1º do art. 1º da Lei n. 10.628/2002 – Devolução dos autos ao Juízo de origem, competente para apuração e julgamento dos fatos".

Acórdãos posteriores ao julgamento da ADI 2.797: inconstitucionalidade dos §§ 1º e 2º do art. 84 da Lei n. 10.628/2002

• O Plenário do Supremo, ao julgar a ADI n. 2.797 e a ADI n. 2.860, Relator o Ministro Sepúlveda Pertence, Sessão de 15.9.2005, declarou a inconstitucionalidade da Lei n. 10.628/2002, que acrescentou os §§ 1º e 2º ao art. 84 do Código de Processo Penal. 2. Orientação firmada no sentido de que inexiste foro por prerrogativa de função nas ações de improbidade administrativa. Agravo regimental a que nega provimento (STF, AI no AgR 538.389, rel. Eros Grau, j. 29.8.2006, v.u.).

• Agravo Regimental na Petição. Ação De Improbidade Administrativa. Membros do Tribunal De Contas. Incompetência do Superior Tribunal De Justiça. 1. Em sessão realizada em 15.9.2005, por ocasião do julgamento das ADIs ns. 2.797 e 2.806-DF, o Plenário da Suprema Corte declarou a inconstitucionalidade dos §§ 1º e 2º do art. 84 do Código de Processo Penal, com a redação dada pela Lei n. 10.628/2002, restando, por isso, suprimida a prerrogativa de foro instituída pela novel legislação (acórdão publicado no *DJ* de 26.9.2005). 2. Incidência do § 2º do art. 102 da Constituição Federal, com a redação dada pela Emenda Constitucional n. 45, de 2004. Efeito vinculante. 3. Dessa maneira, fica restabelecido o antigo entendimento sufragado por esta Corte, no sentido de que não é da competência originária do Superior Tribunal de Justiça processar e julgar ação de improbidade administrativa fundada na Lei n. 8.429/92, ainda que o réu tenha prerrogativa de foro para as ações penais. 4. Agravo regimental desprovido, com determinação de imediata remessa dos autos ao Juízo de origem, a fim de que, sem mais delongas, seja dado prosseguimento ao feito (STJ, AgR na Pet 2.593, rela. Laurita Vaz, j. 1.8.2006).

• Processual Penal. Reclamação. Foro por prerrogativa de função. Remessa dos autos ao Juízo de primeiro grau. Inconstitucionalidade dos §§ 1º e 2º do art. 84, do CPP declarada pelo STF. Efeitos vinculantes e "ex tunc". Ofensa à coisa julgada. Inocorrência. I – O Plenário do Pretório Excelso, em 15.9.2005 finalizou o julgamento das ADIs ns. 2.797-DF e 2.860-DF, proferindo decisão no sentido de declarar a inconstitucionalidade dos §§ 1º e 2º do art. 84, do CPP, acrescentados pelo art. 1º da Lei n. 10.628/2002 (cf. *Informativo* n. 401/STF). Dessa forma, concluído o julgamento das referidas ADIs, no qual o Supremo Tribunal Federal, por maioria, julgou procedente a ação, nos termos do voto do Exmo. Sr. Relator Ministro Sepúlveda Pertence, é de se reconhecer a competência do Juízo de 1º grau para a apreciação do feito, tendo em vista os efeitos "ex tunc" e vinculante da referida decisão. II – Quando do julgamento do RHC n. 15.260-PR, EDcl no RHC n. 15.260-PR, EDcl nos EDcl no RHC n. 15.260-PR e HC n. 43.741-PR, as ADIs ns. 2.797-DF e 2.860-DF, nas quais se questionava a constitucionalidade da Lei n. 10.617/2002, que alterou o art. 84 do CPP, encontravam-se pendentes de julgamento, razão pela qual aquela foi tida por constitucional, vale dizer, gozava de presunção de constitucionalidade. Além do mais, o Exmo. Sr. Ministro Gilmar Mendes, ao conceder liminar na Reclamação 2.619-SP, reconheceu a presunção de constitucionalidade da Lei n. 10.628/02, até que fosse julgada a ADI n. 2.797. Por força dessas questões fáticas e jurídicas é que foi concedida a ordem no RHC n. 15.260-PR e HC n. 43.741-PR. No entanto, declarada inconstitucional a referida lei, natural a remessa dos autos ao Juízo de 1º grau, tendo em vista a força vinculante de tal decisão, não havendo se falar, portanto, em violação à coisa julgada em relação às decisões objeto da presente reclamação (Precedente da Corte Especial, AgR na MC 7.487-GO, rel. Min. Carlos Alberto Menezes de Direito, *DJ* de 17.4.2006). Ainda, a inobservância da decisão da Suprema Corte, pode, em tese, dar azo à reclamação junto ao próprio Pretório Excelso, nos termos do art. 102, inc. II, alínea "l", da CF. Reclamação julgada improcedente (STJ, Rcl 2.133, rel. Felix Fischer, j. 9.8.2006).

• Ação de improbidade. Magistrado. Foro. Não há supedâneo para o curso de ação de improbidade administrativa, perante o Superior Tribunal de Justiça, movida contra magistrado integrante de Tribunal Regional Federal, em decorrência do julgamento, pelo Supremo Tribunal Federal, noticiado em seu *Informativo* 401, ADI 2.797 e ADI 2.860. Agravo regimental desprovido (STJ, AgR na AIA 8, rel. Fernando Gonçalves, j. 21.6.2006).

c) *Pagamento de multa civil* de até três vezes o valor do acréscimo patrimonial.

"Multa é prestação pecuniária compulsória instituída em lei ou contrato em favor de particular ou do Estado tendo por causa a prática de um ilícito (descumprimento de dever legal ou contratual)." É a lição de Sacha Calmon Navarro Coêlho, *Teoria e Prática das Multas Tributárias*, Rio de Janeiro, Forense, 1992, p. 41.

Régis Fernandes de Oliveira, com apoio em O. A. Bandeira de Mello, doutrina: "É sanção de tipo pecuniário que atinge o patrimônio do transgressor de uma norma administrativa, a título de dano presumido da infração, ou de cunho meramente punitivo. Ensina O. A. Bandeira de Mello que 'pode ter caráter coercitivo ou de reparação civil. Se coercitiva, visa a forçar, ante a intimidação de sua aplicação, não torne o infrator a desobedecer às determinações ordinatórias de serviço ou legais (...). Se de composição patrimonial de prejuízos, simplesmente compensar o dano presumido pela infração cometida'" (*Infrações e Sanções Administrativas*, São Paulo, Ed. RT, 1985, p. 86).

A obrigatoriedade do pagamento da "multa civil" decorre da afronta ao princípio da moralidade administrativa ou da probidade administrativa. É verdadeira sanção pecuniária ao agente ímprobo, tendo por parâmetro o valor do acréscimo patrimonial havido com a conduta ilícita.[54]

54. "A lesão a princípios administrativos contida no art. 11 da Lei n. 8.429/92 não exige dolo ou culpa na conduta do agente, nem prova da lesão ao erário público.

Em relação à necessidade ou desnecessidade de condenação anterior, trataremos do tema mais adiante, especialmente nos comentários aos arts. 16 e 17.

d) *Proibição de contratar com o Poder Público* ou receber benefícios ou incentivos fiscais ou creditícios, direta ou indiretamente, ainda que por intermédio de pessoa jurídica da qual seja sócio majoritário, pelo prazo de 10 anos.

Dentre as cominações legais, não há dúvida de que, do ângulo econômico, financeiro, da própria liberdade de iniciativa garantida pela Constituição, a proibição de contratar com o Poder Público é punição extremamente grave, que deve ser aplicada tendo presente uma série de requisitos. O primeiro é constitucional. A Magna Carta estabelece um regime constitucional das penas. Vide art. 5º, XLVI e XLVII. Não haverá penas de caráter perpétuo. Assim, em um sentido amplo, a proibição de contratar com o Poder Público não pode ser eterna, deve ter tempo máximo de duração, sob pena de inconstitucionalidade; e deve, ainda, ser fixada nos parâmetros legais.[55]

É óbvio que a sanção comentada pressupõe o ilícito, a infringência à probidade administrativa plenamente caracterizada. É essencial o entendimento da *ratio legis* e do princípio da proporcionalidade. Tomemse, por exemplo, as disposições da Lei 8.666, de 1993. Os arts. 87 e ss. determinam uma série de sanções, da advertência à declaração de inidoneidade para licitar, "enquanto perdurarem os motivos determinantes da

---

Basta a simples ilicitude ou imoralidade administrativa para restar configurado o ato de improbidade. Caso reste demonstrada a lesão, e somente neste caso, o inciso III, do art. 12 da Lei n. 8.429/92 autoriza seja o agente público condenado a ressarcir o erário. Se não houver lesão, ou se esta não restar demonstrada, o agente poderá ser condenado às demais sanções previstas no dispositivo como a perda da função pública, a suspensão dos direitos políticos, a impossibilidade de contratar com a administração pública por determinado período de tempo, dentre outras. *In casu*, face à inexistência de lesividade ao erário público, ainda que procedente a ação civil pública e, conseqüentemente, revisto o acórdão de segundo grau, deve ser afastada a aplicação de multa civil determinada na sentença de primeiro grau" (STJ, REsp 650.674, rel. Castro Meira, j. 6.6.2006, v.u.).

55. "(...) A par do ressarcimento integral do dano, medida de cunho punitivo, a proibição de contratar com a administração pública ou de receber benefícios ou incentivos fiscais ou creditícios se impõe a todo e qualquer comportamento ímprobo. Emerge como conseqüência lógica da improbidade e impede, ao menos temporariamente, que o agente, com igual conduta, volte a impor prejuízo ao erário. É sanção, certamente, mas com nítida finalidade profilática. Bem dosada, não afronta o princípio da proporcionalidade" (TJRS, Ap. Civ. 70002021491, rel. Genaro Jose Baroni Borges, j. 5.9.2001).

punição". Guardadas as proporções e adaptações, naquele dispositivo cogita-se de inexecução total ou parcial do contrato; portanto, relação jurídica "eficaz" e em andamento. Aqui, sanção aplicada *após* a caracterização efetiva das condutas tidas como infringentes à moralidade administrativa (improbidade), previstas no art. 9º da lei. Finalmente, é necessário encarecer que, como toda restrição a direitos, deve vir acompanhada da "ampla defesa" e das cláusulas constitucionais e processuais aplicáveis.

Em síntese, a aplicação dessa pena não pode ser mecânica, automática ou "eterna". Deve haver uma relação de congruência entre o fato tido por ilícito e certa proporcionalidade em sua aplicação.

Outra questão tormentosa que a lei suscita, no particular, é a atinente ao prazo da sanção. Não existe disposição a respeito. Ainda no mesmo passo surge outra dúvida, relativa a como se aplicar essa pena da proibição de contratar. Poderá ser efetivada em processo administrativo, ou necessita de processo judicial? E, ainda, a proibição existe em relação a qual ente estatal? Ao ente diretamente atingido ou a toda a Administração? São questões que a lei não soluciona expressamente.

Cremos que o prazo da sanção pode ser sacado da Lei 8.666, de 1993, analogicamente tomada em linha de conta.

A pena de proibição de contratar, *in casu*, deve ser aplicada no processo judicial, pois aqui é conseqüência do ato de improbidade administrativa apurado no âmbito jurisdicional. Da mesma forma, pensamos que a proibição de contratar é, em princípio, extensiva à Administração Pública em geral.[56]

e) *Receber benefícios ou incentivos fiscais ou creditícios*, direta ou indiretamente, ainda que por intermédio de pessoa jurídica da qual seja sócio majoritário, pelo prazo de 10 anos.

Vide Leis 7.134, de 1983, 7.505, de 1986 e 8.313, de 1991; art. 17 da Lei 4.320, de 1964; art. 2º, IV, da Lei 8.137, de 1990.

Os benefícios ou incentivos fiscais ou creditícios são estímulos do Poder Público, exercidos através da lei, tendo como alvo algum setor da atividade econômica ou social.

---

56. "(...) Comprovados na perícia os danos ao erário público, nada obsta que seja relegada à liquidação de sentença a quantificação aritmética dos valores devidos, sem que se possa alegar ofensa ao art. 12, parágrafo único, da Lei n. 8.429/92. A expressão 'Poder Público' vertida no art. 12, I, da referida Lei, não deixa margem a interpretações outras senão que a proibição de contratar alcança a Administração Pública como um todo, atingindo todos os seus níveis" (TJMG, ED 1.0000.00.198715-5/001(1), rel. Lucas Sávio de Vasconcellos Gomes, j. 31.5.2001, v.u.).

Roque Carrazza ensina:

"Não devemos confundir os *incentivos fiscais* (também chamados *benefícios fiscais* ou *estímulos fiscais*) com as *isenções tributárias*. Estas são, apenas, um dos meios de concedê-los.

"Os incentivos fiscais estão no campo da *extrafiscalidade*, que, como ensina Geraldo Ataliba, é o emprego dos instrumentos tributários para fins não-fiscais, mas ordinatórios (isto é, para condicionar comportamentos de virtuais contribuintes, e não, propriamente, para abastecer de dinheiro os cofres públicos).

"Por meio de incentivos fiscais, a pessoa política tributante estimula os contribuintes a fazerem algo que a ordem jurídica considera conveniente, interessante ou oportuno (por exemplo, instalar indústrias em região carente do país). Este objetivo é alcançado por intermédio da diminuição ou, até, da supressão da carga tributária" (*Curso...*, cit., p. 529, nota de rodapé 4).

A norma em foco, portanto, proíbe o agente ímprobo de receber qualquer sorte de benefício fiscal ou creditício. Se goza do benefício, ser-lhe-á cassado seu gozo após a verificação da conduta tida por infringente à probidade administrativa, na forma da lei. Salutar a disposição final, porquanto, muitas vezes, a pessoa jurídica acaba por esconder a figura de seus sócios. Deseja o dispositivo, portanto, atingir o agente, mesmo que na qualidade de sócio majoritário. A dicção legal "majoritário" dá margem a dúvidas sobre se o minoritário escaparia da punição. Parece-nos que o grau de influência e participação na empresa é decisivo para sindicar o objetivo da norma. Será preciso demonstrar por todos os meios em Direito permitidos que a empresa à qual pertence não se prestou de mera "fachada" para os objetivos vedados pela norma comentada. *Mutatis mutandis*, a situação é similar à responsabilidade pessoal do sócio em razão de obrigação tributária da empresa. A jurisprudência inclina-se por atingir o sócio dirigente, seja minoritário ou majoritário, em um primeiro momento. Se insuficiente seu patrimônio, busca a satisfação tributária nos demais. Será, portanto, necessário verificar o grau de conexão e comprometimento entre a empresa e o agente.

Em suma, a personalidade jurídica do responsável (pessoa jurídica) por infração à probidade administrativa poderia ser descaracterizada quando houvesse abuso de direito, excesso de poder ou infração à lei. A lei em foco é radical, ao atingir com uma só penada a pessoa física e a jurídica, sem qualquer consideração a respeito de eventual conexão entre ambas as figuras – pessoa física e jurídica. Tal como vazado, o dispositivo se nos afigura inconstitucional, por ausência de proporcionalidade.

Art. 12. (...)

II – na hipótese do art. 10, ressarcimento integral do dano, perda dos bens ou valores acrescidos ilicitamente ao patrimônio, se concorrer esta circunstância, perda da função pública, suspensão dos direitos políticos de cinco a oito anos, pagamento de multa civil de até duas vezes o valor do dano e proibição de contratar com o Poder Público ou receber benefícios ou incentivos fiscais ou creditícios, direta ou indiretamente, ainda que por intermédio de pessoa jurídica da qual seja sócio majoritário, pelo prazo de cinco anos;

Já verificamos as hipóteses legais do art. 10 da lei. Lá estão estampados os atos de improbidade administrativa que causam prejuízo ao erário. Como conseqüência daquela conduta, o art. 12, II, prevê as cominações.

Na verdade, as conseqüências jurídicas aplicáveis às hipóteses de improbidade administrativa que importam enriquecimento ilícito muito diferem das conseqüências jurídicas (cominações) aplicáveis aos atos de improbidade administrativa que causam prejuízo ao erário. As penas são menores. Assim, a suspensão dos direitos políticos é prevista com prazo de cinco a oito anos, e a proibição de contratação com o Poder Público, bem como da percepção de benefícios, é fixada em cinco anos.

Pode-se notar alguma diferença na redação entre os incisos I e II do art. 12, especialmente no que tange à expressão "se concorrer esta circunstância" – alusiva à perda dos bens ou valores acrescidos ilicitamente ao patrimônio do agente ímprobo. Haveria alguma diferença de tratamento legal entre ambas as hipóteses? Sim, existe. As condutas previstas no art. 9º pressupõem um ataque direto e frontal à boa administração. Basta notar o emprego dos verbos legais: "receber", "perceber", "utilizar", "adquirir", "aceitar", "incorporar", "usar"; donde a conseqüência da previsão legal sem ressalvas constante do art. 12, I.

No mais, reportamo-nos ao comentário do inciso anterior.

Art. 12. (...)

III – na hipótese do art. 11, ressarcimento integral do dano, se houver, perda da função pública, suspensão dos direitos políticos de três a cinco anos, pagamento de multa civil de até cem vezes o valor da remuneração percebida pelo agente e proibição de contratar com o Poder

DAS PENAS

Público ou receber benefícios ou incentivos fiscais ou creditícios, direta ou indiretamente, ainda que por intermédio de pessoa jurídica da qual seja sócio majoritário, pelo prazo de três anos.

O dispositivo prevê cominações ao agente de atos de improbidade que atentem contra os princípios da Administração Pública.

Pequenas variações são encontradas se compararmos o dispositivo com os incisos anteriores. A suspensão dos direitos políticos é reduzida no tempo. A multa, expressamente estipulada, ao contrário da previsão dos incisos anteriores, em que indeterminável antes da apuração do dano/acréscimo patrimonial. Finalmente, a proibição de contrato ou benefício fiscal ou creditício é reduzida a três anos.

Ponto tormentoso, de duvidosa constitucionalidade, é a parte final do dispositivo, alusiva à "extensão" da pena à pessoa jurídica.

Deveras, é princípio constitucional expresso a norma do art. 5º, XLV, aquele que contempla a intransferibilidade da pena. Do mesmo modo, o inciso seguinte (art. 5º, XLVI) contempla a individualização da pena como princípio constitucional. Ambas as regras constitucionais fornecem ao intérprete o vetor segundo o qual não poderá a pena ultrapassar a pessoa (singular) do condenado e, ainda, que a mesma se contenha nele. Ora, a citada lei anotada contempla com elastério regra violadora da Constituição Federal. Se a pena somente deve recair sobre quem praticou o ilícito (não importa de que categoria, se penal, administrativo, civil etc.), segue-se que há interdição para "extensão" da pena à pessoa jurídica.

Poder-se-ia objetar à tese acima com a nova teoria da desconsideração da pessoa jurídica. Através dela poderíamos desnudar a face da fraude e puni-la.[57]

---

57. "(...) Evidencia-se no caso *sub examen* indícios de fraude no procedimento licitatório, o que, por sua vez, demonstra a configuração do desvio de finalidade, a que alude o artigo 50, do Código Civil, ao normatizar e autorizar a descaracterização da pessoa jurídica. Embora sabido que em termos gerais a pessoa jurídica não se confunde com a pessoa física dos sócios, não se pode admitir que tal premissa seja invocada, valendo-se desta o agravante, para não responder por ato ilícito por ele praticado. De modo que, face a possibilidade de fraude, ou abuso de direito daquele que se esconde atrás da pessoa jurídica, a desconsideração desta é medida necessária. É certo que o agravante, como sócio-gerente, participou da referida licitação e que, portanto, através da desconsideração da pessoa jurídica, se mau uso fez de sua condição, pode vir a responder pelos danos causados ao agravado. Sua culpabilidade, no entanto, depende de provas a serem produzidas ao longo da instrução pro-

Contudo, a lei, de pronto, atinge a pessoa física e jurídica, elege como que dois "culpados", dois "réus" sobre o mesmo fato. Assim, temos sérias dúvidas a propósito da constitucionalidade de tal previsão legal, diante das ponderações acima expostas. Quer-nos parecer, portanto, que deva existir uma individualização da pena, e não sua superposição.

Ainda valem as observações lançadas nos incisos anteriores, em relação ao conteúdo das disposições.

Art. 12. (...).

Parágrafo único. Na fixação das penas previstas nesta Lei o juiz levará em conta a extensão do dano causado, assim como o proveito patrimonial obtido pelo agente.

Novamente remetemos o leitor para as observações que já lançamos por ocasião do comentário aos arts. 10, *caput*, e 12, *caput*. Então, apontamos a necessidade imperiosa de o Judiciário (em face da presente lei) graduar as penas aqui cominadas de forma razoável e adequada, segundo critérios contidos no dano causado e na conduta do agente, utilizando-se não somente dos instrumentos da teoria geral do dano como,

cessual, pois só assim pode-se auferir a efetiva responsabilidade do agravante. Mas, de modo genérico, outra possibilidade não há, do que vislumbrar sua culpabilidade, mantendo-o no pólo passivo da demanda, a fim de que não se furte de sua responsabilidade se assim, for concretamente verificado, na solução final dada a lide.

"O agravante é, portanto, parte legítima para a causa, não havendo que se falar de sua exclusão do pólo passivo da causa. Pois, quando a pessoa jurídica for utilizada para a realização de uma fraude ou abuso de direito, o juiz estará autorizado a ignorá-la, passando a responsabilizar o autor do abuso ou da fraud." (TJPR, AI 155.175-9, rel. Sérgio Rodrigues, j. 1.3.2005).

"Ação Civil Pública. Responsabilidade por ato de improbidade administrativa. Fraude em contratos de *leasing*. Sócio. Responsabilidade solidária. Decretação de indisponibilidade e seqüestro de bens. Considerações genéricas. Ausência de fundamentação. Acórdão 'a quo' que denegou agravo de instrumento cujo objetivo foi a concessão de efeito suspensivo à liminar que decretou a indisponibilidade e seqüestro dos bens do recorrente em Ação Civil Pública de Responsabilidade por Ato de Improbidade Administrativa, a qual objetivou apurar fraudes no âmbito de contratos de *leasing*. Chamamento do recorrente para integrar o pólo passivo da demanda sustentado no fato de ser ele o sócio principal da empresa e ter assumido responsabilidade referente aos contratos firmados. A desconsideração da pessoa jurídica é medida excepcional que só pode ser decretada após o devido processo legal, o que torna a sua ocorrência em sede liminar, mesmo de forma implícita, passível de anulação" (STJ, AgR no REsp 422.583-PR, José Delgado, j. 20.6.2002, v.u.).

também, das "agravantes e atenuantes" contidas no Estatuto dos Funcionários Civis da União, como diploma a ser utilizado analogicamente. De fato, como a lei, no particular, é lacunosa, por certo acarretará problemas de aplicação das penas. Se são cumulativas ou isoladas, principais ou acessórias etc. Já discorremos alhures a respeito, interpretando a lei de modo flexível. Posicionamo-nos no sentido da "liberdade" do juiz para aplicar as penalidades tal como o caso concreto requer. É dizer, isolada ou cumulativamente, tudo a depender da gravidade do fato, da conduta do agente, de seu passado funcional, da análise do dano e sua extensão etc. As penas podem e devem ser aplicadas isoladamente quando atenderem à sua finalidade. Assim, em determinado caso apenas a reversão dos bens e multa civil poderão responder à vontade da lei. Em outra hipótese grave, de comprovado dano doloso do funcionário ao Estado, as penas devem ser cumuladas (algumas ou todas). Deve haver proporcionalidade, adequação e racionalidade na interpretação do diploma, a fim de que não haja injustiças flagrantes.

Melhor teria se comportado o legislador se na aplicação das penas levasse em consideração *expressamente* a gravidade da infração, a boa-fé do infrator, a vantagem auferida ou pretendida, o grau de lesão ao erário e outros elementos tradicionais. É certo que o Judiciário poderá aquilatar tais fatores para aplicar, dentre as cominadas, as penas. Contudo, seria de rigor técnico que o legislador pudesse ser mais claro no ponto em questão.

O dispositivo remete a competência ao Poder Judiciário, único apto a aplicar as sanções da lei. Vide as observações anteriores, notadamente as lançadas por ocasião do comentário ao art. 12, I.

Antônio Carlos Mendes entende que a regra de outorga de competência é suficientemente ampla para identificar a jurisdição comum e eleitoral. Esta visando à eficácia da suspensão dos direitos políticos e aquela garantindo a desapropriação de bens havidos ilicitamente, o decreto de perda da função pública e a aplicação de outras restrições legalmente previstas (Mendes, ob. cit., p. 96).

A redação do dispositivo ratifica o entendimento já manifestado alhures, segundo o qual a lei não veicula normas de direito penal. As normas penais de fixação ou de aplicação da pena levam em conta uma série de fatores. Nelas, o juiz verificará a culpabilidade, a conduta social, a personalidade do agente, os motivos, as circunstâncias e conseqüências do "crime", o comportamento da vítima, podendo aplicar as penas dentre as cominadas, dosar sua quantidade, o regime inicial de cumprimento, a substituição de uma espécie por outra etc. (v. art. 59 do CP). Há, portanto, uma verdadeira "margem de manobra" legal.

Aparentemente – ratificamos, somente aparentemente –, é o que ocorre com a presente lei. O juiz fixará as penas levando em conta a extensão do dano causado e o proveito patrimonial obtido pelo agente, segundo a orientação dantes traçada.

É óbvio que, como em toda atividade jurisdicional, terá que penetrar na análise da conduta ilícita, da atividade dos agentes ímprobos, para verificar se, de fato, houve ou não o enriquecimento ilícito, em que medida, grau e intensidade os agentes públicos ou terceiros infringiram as prescrições legais etc.

Em suma, o Poder Judiciário, por força do art. 5º, XXXV, da CF, quando provocado, tem o dever de sindicar, amplamente, a conduta "ilícita", o comportamento do agente ímprobo, violador da moralidade administrativa, aplicando a lei ao caso concreto.

Assim, o termo "fixação" pode ser decodificado e entendido do seguinte modo: o Judiciário analisará *amplamente* o ato praticado pelo agente, tido por violador da probidade administrativa, para, nos limites e na extensão da lei, de modo flexível e criterioso, dentre as sanções legais, escolher as aplicáveis ao caso concreto.

CAPÍTULO IV – DA DECLARAÇÃO DE BENS

Art. 13. A posse e o exercício de agente público ficam condicionados à apresentação de declaração dos bens e valores que compõem o seu patrimônio privado, a fim de ser arquivada no Serviço de Pessoal competente.

Vide Lei 8.730, de 1993, e Decretos 983, de 1993 e 5.483, de 2005.

A lei estabeleceu novo requisito para o exercício de agente público: a obrigatoriedade da apresentação da declaração de bens e rendas para o exercício de cargos, empregos e funções nos Poderes Executivo, Legislativo, Judiciário e demais entes estatais.

A matéria foi exaustivamente regulada em lei posterior, n. 8.730, de 10.11.1993.

As exigências da Lei 8.730, de 1993, são maiores e procuram, sem dúvida, acompanhar o desenvolvimento econômico-financeiro do agente, sempre visando a detectar alguma anomalia ou presença de ilícito ou improbidade administrativa. Assim, exige-se indicação das fontes de renda no momento da posse, envio de cópias ao Tribunal de Contas, atualizações anuais, indicação de valores atualizados, tudo procurando verificar a legitimidade da procedência dos bens ou rendas, como também de sua evolução.

Eis a *ratio legis*: procurar algum elo entre a formação e desenvolvimento do patrimônio do agente e uma possível atividade ilícita ou imoral em sua vida administrativa ou funcional. Para tanto, a análise dos dados fornecidos ou requisitados não se limita ao período em que o agente ocupou o cargo público. Pode haver, inclusive, pesquisa ou oferecimento de informações de período anterior, tudo visando ao escopo maior: apurar-se a verdade patrimonial.

Art. 13. (...)

§ 1º. A declaração compreenderá imóveis, móveis, semoventes, dinheiro, títulos, ações, e qualquer outra espécie de bens e valores patrimoniais, localizados no país ou no exterior, e, quando for o caso, abrangerá os bens e valores patrimoniais do cônjuge ou companheiro, dos filhos e de outras pessoas que vivam sob a dependência econômica do declarante, excluídos apenas os objetos e utensílios de uso doméstico.

Como vimos, a matéria foi normatizada mais amplamente na Lei 8.730, de 1993. O art. 2º da citada lei complementa as disposições do § 1º, ora anotado.

A posterior Lei 8.730, de 1993, exclui a obrigatoriedade da declaração de objetos e utensílios de uso doméstico de módico valor. Ao mesmo tempo, é mais pormenorizada, exigindo a declaração de "direitos sobre veículos, automóveis, embarcações ou aeronaves".

A Lei 8.730, de 1993, não alude à declaração do cônjuge, companheiro, filho ou dependente. A lei comentada, sim. Cremos que o desate da questão esteja na *ratio legis*. Há necessidade de verificar, mediante pesquisa legítima, o patrimônio do agente público. Para tanto, cumpre analisar todos os elementos que formam a cadeia patrimonial do agente público. Eis a razão de a lei anotada incluir em suas malhas a pesquisa e verificação dos bens e valores patrimoniais daqueles que vivam sob a dependência econômica do declarante.

Finalmente, o § 5º do art. 2º da Lei 8.730, de 1993, determina que o declarante apure sua variação patrimonial periodicamente, indicando a origem dos recursos que hajam propiciado o eventual acréscimo.

Art. 13. (...)

§ 2º. A declaração de bens será anualmente atualizada e na data em que o agente público deixar o exercício do mandato, cargo, emprego ou função.

Vide Lei 8.730, de 1993.

A norma comanda o acompanhamento periódico da situação patrimonial do agente público, visando a detectar alguma anomalia ou fato ilícito. Para tanto, desde a posse até a saída do agente público da Administração – pouco importando os motivos do desligamento – o agente é obrigado a apresentar tal declaração, com minuciosas descrições patrimoniais. Registre-se que a qualquer tempo o Tribunal de Contas da União poderá exigir a comprovação da legitimidade da procedência dos bens ou rendas acrescidos ao patrimônio no período relativo à declaração (cf. art. 2º, § 7º, "b", da Lei 8.730, de 1993). Trata-se de exigência imprescritível, por força do art. 37, § 5º, da CF, alusiva ao ressarcimento.

Art. 13. (...)

§ 3º. Será punido com a pena de demissão, a bem do serviço público, sem prejuízo de outras sanções cabíveis, o agente público que se recusar a prestar declaração dos bens, dentro do prazo determinado, ou que a prestar falsa.

Vide art. 41, § 1º, da CF.

Já vimos que a apresentação de declaração de bens é obrigatória, com indicação das fontes de renda, no momento da posse, no exercício do cargo, após seu exercício – enfim, durante toda a vida "funcional". A nova lei chega, mesmo, a vedar a posse se ausente tal apresentação, ou por sua nulidade posterior.

Caso o agente se omita em apresentar sua declaração, ou não a atualize, após regular notificação e resposta (devido processo legal), o ato poderá ensejar sua demissão, salvo no caso da primeira investidura, hipótese de regra específica já analisada (impedimento de posse e exercício).

É óbvio que a demissão não pode ser sumária e deve ser cintada das garantias constitucionais e processuais, devendo garantir-se a ampla defesa e o contraditório, a fim de que arbitrariedades e perseguições políticas sejam evitadas. Será preciso, enfim, demonstrar a omissão injustificada, desarrazoada.

Podemos ainda cogitar de hipótese onde o agente apresenta declaração incompleta. Poderá, antes do ato de demissão, complementá-la ou atualizá-la. Poderá ser punido pelo ato, nunca com demissão. Exige-se, como sempre, adequação, proporcionalidade, dentre as condutas. Falta menor, punição menos grave; e assim por diante.

O dispositivo anotado pune com demissão o agente que injustificadamente se recusa a prestar declaração de bens ou presta informações falsas. É certo que o regime jurídico estatutário a que está submetido garante-lhe o procedimento adequado. No caso dos servidores federais, vide a Lei 8.112, de 1990. Não se pode cogitar de demissão a bem do serviço público como ato jurídico imediato. É necessário reunir, ainda que sumariamente, os elementos, a fim de circunstanciar e patentear a recusa aludida na lei, oferecendo, inclusive, oportunidade adequada para defesa; do contrário haverá evidente arbitrariedade da autoridade competente. Cintado o procedimento das cautelas ordinárias, poderá haver a aplicação da penalidade pela autoridade indicada na lei.

Art. 13. (...)

§ 4º. O declarante, a seu critério, poderá entregar cópia da declaração anual de bens apresentada à Delegacia da Receita Federal na conformidade da legislação do imposto sobre a renda e os proventos de qualquer natureza, com as necessárias atualizações, para suprir a exigência contida no "caput" e no § 2º deste artigo.

Vide os comentários aos parágrafos anteriores; Lei 8.730, de 1993, com exigência de remessa ao Tribunal de Contas da União, além da declaração depositada e registrada no órgão a que estiver vinculado o agente.

CAPÍTULO V – DO PROCEDIMENTO ADMINISTRATIVO E DO PROCESSO JUDICIAL

Art. 14. Qualquer pessoa poderá representar à autoridade administrativa competente para que seja instaurada investigação destinada a apurar a prática de ato de improbidade.

Vide arts. 14, § 1º, e 22; Portaria MJ-19, de 19.1.1993.

O direito de petição é garantia constitucional (art. 5º, XXXIV, "a") de eficácia plena e aplicabilidade imediata. Vide, ainda, o art. 74, § 2º, da CF, dentre outras disposições.

A possibilidade ampla de denúncia de fatos delituosos às autoridades constituídas já vem garantida no Código de Processo Penal. De fato, seu art. 5º, § 3º, dispõe: "Qualquer pessoa do povo que tiver conhecimento da existência de infração penal, em que caiba ação pública, poderá, verbalmente ou por escrito, comunicá-la à autoridade policial, e esta, verificada a procedência das informações, mandará instaurar o inquérito".

A lei, atendendo à vontade constitucional, estabelece em preceito didático a faculdade da representação responsável, à autoridade administrativa bem como ao Ministério Público. Este último, também nos moldes do art. 22, pode atuar. Como veremos mais adiante, o Ministério Público participará obrigatoriamente da apuração do ato de improbidade, ora como parte, ora como fiscal da lei.

Nada obsta a que qualquer pessoa "represente" diretamente ao Ministério Público. É dizer, *peticione*, relatando os fatos ilícitos, apontando as evidências e firmando o termo. Cremos que o § 1º, adiante comentado, combinado com a previsão do art. 22 da lei, não infirma tal conclusão. Raciocínio contrário levaria à obrigatoriedade de passarmos necessariamente pela esfera administrativa como "pré-requisito" ao encaminhamento da peça ao Ministério Público. Teríamos, assim, conclusão absurda à frente. Não há, em nosso sistema jurídico, obrigatoriedade de percorrer a instância administrativa; ademais, diante de simples atividade de denúncia, garantida pela lei processual penal. Recorde-se que a lei procura combater a corrupção, atos de improbidade.[58]

Art. 14. (...)

§ 1º. A representação, que será escrita ou reduzida a termo e assinada, conterá a qualificação do representante, as informações sobre o fato e sua autoria e a indicação das provas de que tenha conhecimento.

Vide art. 19 da lei e seu parágrafo único.

Essencial que o denunciante seja identificado, bem assim o conteúdo da notícia do fato ilícito de que tem conhecimento. A exigência visa a afastar a perseguição ou vingança sem fundamento, muitas vezes nutridas por pessoas contra adversários, notadamente políticos.

Jurisprudência

• Ação por ato de improbidade administrativa – Preliminar – Prova Ilícita – Denúncia anônima – Acolhimento e extinção do processo sem julgamento do mérito – Apelo – Provimento. O simples fato do conhecimento de supostas irregularidades ter-se dado através de carta anônima não macula as demais provas legitimamente obtidas e nem pode ensejar a extinção do processo sem julgamento, ainda mais prematuramente, ou seja, sem dilação probatória.

---

58. "O 'direito de petição aos poderes públicos em defesa de direitos ou contra ilegalidade ou abuso de poder', assegurado pelo art. 5º, XXXIV, I, da CF, tem natureza instrumental: é direito, assegurado ao cidadão, de ver recebido e examinado o pedido em tempo razoável e de ser comunicado da decisão tomada pela autoridade a quem é dirigido. Nele não está contido, todavia, o direito de ver deferido o pedido formulado. O direito de representação por improbidade administrativa, previsto no art. 14 da Lei 8.429/92, não compreende o de ver necessariamente instaurado o processo de investigação, caso não haja indício de prova considerada razoável para tanto. A discussão sobre a existência ou não de provas suficientes para instauração, ainda mais em se tratando de prova que estaria, não no processo, mas 'arquivados na própria Câmara Legislativa', não pode ser dirimida em mandado de segurança, que não comporta investigação probatória dessa dimensão" (STJ, RMS 16.424-DF, rel. Teori Albino Zavascki, j. 5.4.2005, v.u.).

Voto: O cerne da controvérsia, em síntese, diz respeito à licitude da prova carreada aos autos, tida em conta a sua proveniência (denúncia anônima).

É de se notar que o apelado fundamentou sua preliminar de ilicitude da prova no disposto no artigo 14 da Lei 8.429/92 (Lei de Improbidade Administrativa).

A propósito, esse dispositivo estabelece que "... qualquer pessoa poderá representar à autoridade administrativa competente para que seja instaurada investigação destinada a apurar a prática de ato de improbidade", e que esta representação (escrita ou reduzida a termo e assinada) deverá conter a "... qualificação do representante, as informações sobre o fato e sua autoria e a indicação das provas de que tenha conhecimento" (§ 1º).

Todavia, não se pode deixar de observar que, no caso *sub judice*, não foi feita qualquer representação à autoridade competente, e sim encaminhada carta anônima ao Ministério Público que, à sua vez, e utilizando-se da prerrogativa prevista no art. 22 do mesmo diploma legal, requisitou a instauração de inquérito para apurar as irregularidades apontadas naquela carta.

Ora, não resta dúvida que o *Parquet*, tomando conhecimento de eventual irregularidade no trato da coisa pública, tinha não só o poder como o dever de tomar as providências cabíveis para a elucidação da questão, ainda que esse conhecimento lhe tenha sido dado através de "carta anônima". O que isso quer dizer? Que a ausência de identificação do agente noticiador de eventual irregularidade no trato da coisa pública não tem o condão de impedir a aceitação de carta anônima, para efeito de apuração da procedência de seu conteúdo, ou seja, da verdade dos fatos nela contidos.

É de se observar, por oportuno, que, *in haec specie*, instaurado o inquérito policial, oportunidade em que as irregularidades apontadas na discutida carta anônima poderiam ser confirmadas ou refutadas, as investigações restaram frustadas, tido em conta que o apelado, ao prestar suas declarações, limitou-se a invocar o direito constitucional de permanecer calado (ff. 28-28v). À vista disto, a autoridade policial apresentou relatório inconclusivo, por carecer de dados para a continuidade das diligências, notadamente porque elas teriam de ser empreendidas no local da ocorrência dos supostos fatos (litoral paulista) e havia "... falta de recursos financeiros" (ff. 30-31).

Ocorre que não se trata, aqui, de investigação ou de processo criminal, em que se faz necessária a prova da autoria e materialidade dos fatos. Trata-se de ação por prática de ato de improbidade administrativa que prescinde de prova de plano, ou seja, de ação que admite dilação probatória.

O que isto quer dizer? Que o simples fato do conhecimento das supostas irregularidades no uso da coisa pública ter-se dado através de carta anônima não enseja a extinção do processo, sem julgamento do mérito, tal como ocorrido na espécie *sub judice*.

A propósito, ainda que ela (a carta), isoladamente, não tenha qualquer valor, não se pode reputá-la de ilícita e muito menos permitir que seu anonimato macule as demais provas validamente conseguidas. É de se relembrar que o princípio do "fruto da árvore envenenada" foi devidamente abrandado na Suprema Corte (HC 74.599-7, Ministro Ilmar Galvão).

Ademais, como bem observado pelo atento Procurador Almir Alves Moreira, "... na fase processual, o réu confirmou os fatos e, além disso, juntou documentos que corroboram a notícia que lhe foi imputada, ou seja, de que esteve no litoral paulista no período em que o veículo da Prefeitura foi fotografado estacionado à beira-mar" (f. 248).

Se esse fato constitui ou não ato de improbidade administrativa, é questão de mérito, a ser dirimida, no momento oportuno, ou seja, após o curso regular do processo e a necessária instrução do feito. Sobreleva acrescer, no que tange à ausência de juntada do negativo da discutida fotografia, que seu valor probante deverá ser avaliado no momento oportuno e em conjunto com as demais provas, notadamente porque seu conteúdo não foi impugnado, mas tão-somente aquela ausência.

Neste sentido, coadunável aresto: "A simples falta de juntada dos negativos das fotografias apresentadas pela parte não é motivo para o seu desentranhamento, e seu valor probante deverá ser estabelecido no momento adequado" (STJ, 4ª Turma, REsp 188.953-PR, rel. Min. Ruy Rosado de Aguiar, j. 3.12.98).

À luz do exposto, dá-se provimento ao apelo, para tornar ineficaz a r. decisão apelada e determinar que o processo retome seu curso regular. Custas *ex lege* (TJMG, Ap 1.0000.00.243513-9/000(1), rel. Hyparco Immesi, j. 20.3.2003, v.u.).

Art. 14. (...)

§ 2º. A autoridade administrativa rejeitará a representação, em despacho fundamentado, se esta não contiver as formalidades estabelecidas no § 1º deste artigo. A rejeição não impede a representação ao Ministério Público, nos termos do art. 22 desta Lei.

Vide comentários anteriores.

Verifica-se que a autoridade administrativa não tem amplo poder de disposição a propósito da representação. Não tem o direito de apreciá-la sob o ângulo profundo do conteúdo ou mérito das denúncias lá contidas. A tônica está na forma, e não no conteúdo. Realizará uma análise perfunctória dos requisitos formais. Atenderá à disposição legal a representação que contenha a qualificação do representante, as informações sobre o fato, ainda que sucintas, sua autoria, ainda que provável, e as provas de que dispõe. Se tais requisitos lá estiverem, não tem a autoridade administrativa o direito de rejeitá-la, ainda que considere vagas as alegações. A lei alude à "forma" da representação, dando, portanto, importância aos requisitos mínimos para que a denúncia tenha andamento. A lei impõe a motivação – "despacho fundamentado" – para a rejeição da representação. Não basta, portanto, singelo pronunciamento: "arquive-se por insubsistente". É necessário elencar exaustivamente os motivos que levaram a autoridade a tal conclusão, à rejeição. Do contrário, frustrada restaria a razão da lei, a apuração do comportamento ilícito. Ainda que, a juízo da autoridade administrativa, a representação se apresente "fraca", carente de detalhes, indicando versões do fato, a prudência e o interesse público recomendam que as responsabilidades sejam repartidas. Assim, se dúvidas existirem a propósito da solidez da denúncia, o Ministério Público deverá ser ouvido. Se recalcitrante a autoridade, nada impede que a representação seja novamente formulada diretamente ao Ministério Público. Não é outra a redação da parte final do dispositivo, no sentido de que "a rejeição não impede a representação ao Ministério Público, nos termos do art. 22 desta Lei". De uma forma ou de outra, melhor redação teria a lei se determinasse em todo e qualquer caso a oitiva do Ministério Público como outro órgão controlador das denúncias. Na fase subseqüente – é dizer, aceita a representação – haverá o concurso do Ministério Público, consoante previsão dos arts. 15 e ss. da lei.

Art. 14. (...)

§ 3º. Atendidos os requisitos da representação, a autoridade determinará a imediata apuração dos fatos que, em se tratando de servidores federais, será processada na forma prevista nos arts. 148 a 182 da Lei n. 8.112, de 11 de dezembro de 1990, e, em se tratando de servidor militar, de acordo com os respectivos regulamentos disciplinares.

Vide o artigo seguinte.

O dispositivo volta-se a garantir um regular processamento da denúncia. De fato, o procedimento regular é garantia constitucional – "devido processo legal". No âmbito federal, a Lei 8.112, de 1990, nos artigos indicados, contempla o processo disciplinar, que se desenvolve basicamente em três fases: instauração, inquérito administrativo (instrução, defesa e relatório) e julgamento.

O essencial será garantir ampla defesa ao denunciado, oferecendo-lhe todas as oportunidades processuais para a completa elucidação dos fatos, tais como depoimento de testemunhas, acareações, apresentação de documentos, requisição de documentos, perícias (quando cabíveis) – enfim, o contraditório formal e substancial.

Art. 15. A comissão processante dará conhecimento ao Ministério Público e ao Tribunal ou Conselho de Contas da existência de procedimento administrativo para apurar a prática de ato de improbidade.

Parágrafo único. O Ministério Público ou Tribunal ou Conselho de Contas poderá, a requerimento, designar representante para acompanhar o procedimento administrativo.

A competência constitucional do Ministério Público está nos arts. 127 e 129 da CF. Confiram-se, ainda, a Lei 8.625, de 1993, e a Lei Complementar 75, de 1993, respectivamente Lei Orgânica Nacional do Ministério Público e Organização, Atribuições e Estatuto.

Em relação ao Tribunal de Contas, vide os arts. 70 e 71 a 75 da CF, Lei 8.443, de 16.7.1992, Lei 8.730, de 1993, Res. Administrativa TCU-15, de 15.6.1993.

O dispositivo determina que a comissão processante – é dizer, o órgão administrativo encarregado de apurar e investigar, na esfera administrativa, a prática da improbidade – dará conhecimento ao Ministério Público e ao Tribunal e Conselho de Contas.

"Dar conhecimento" é dar ciência, é oficialmente informar a ambos os órgãos a existência do procedimento administrativo em andamento. A finalidade é evidente. Como, do resultado das investigações, a comissão processante poderá concluir ter ocorrido qualquer uma das condutas previstas na lei, dando azo a sanções de ordem civil, penal e administrativa, nada mais natural que oferecer oportunidade ao Ministério Público para, desde o início, acompanhar os trabalhos e o andamento das investigações. Ademais, o Ministério Público é peça importantíssima no contexto geral da apuração do ilícito ou do ato de improbidade administrativa, na medida em que lhe é atribuída a função ora de parte, ora de fiscal da lei. Além disso, também é órgão constitucionalmente vocacionado a ser guardião dos direitos constitucionais – no caso, da moralidade pública ou administrativa (v. art. 129, II, da CF). Poderá, como sempre, requisitar diligências investigatórias, auxiliando a comissão processante, ou mesmo representando autoridades e órgãos de quaisquer níveis hierárquicos, tudo visando à apuração da verdade real. Finalmente, recorde-se que é o Ministério Público (ou o órgão administrativo encarregado da

DO PROCEDIMENTO ADMINISTRATIVO E DO PROCESSO JUDICIAL 181

apuração) que deverá, no curso do procedimento, requerer ao Judiciário o seqüestro de bens e outras providências similares, tudo visando a preservar o patrimônio público e, conforme o caso, ressarci-lo. Vê-se que nada mais natural que o acompanhamento do Ministério Público desde o início do procedimento.

A ciência ao Ministério Público na fase inicial visa a dar conhecimento ao órgão, repita-se. Com base nos documentos apresentados, poderá o Ministério Público avaliar a conveniência de designar representante para acompanhar o procedimento administrativo desde o princípio. Não é obrigatório que o faça. Com uma cognição sumária dos fatos constantes do inquérito administrativo recebido pelo Ministério Público, poderá entender despicienda sua intervenção naquele momento processual, reservando-se o direito de opinar ou intervir em outra fase, sem embargo do requerimento da autoridade administrativa, ao Ministério Público, sempre possível e às vezes imperioso.

O dispositivo ainda determina, concomitantemente, ciência ao Tribunal, ou Conselho, de Contas, facultando-lhe, do mesmo modo, o acompanhamento inicial do procedimento administrativo.

A Constituição Federal traça o perfil dos Tribunais de Contas, órgãos auxiliares do Poder Legislativo sem função jurisdicional. A Constituição Federal de 1988 dilatou suas atribuições. Compete à Corte de Contas julgar as contas dos administradores, apreciar a legalidade dos atos de admissão, realizar inspeções, auditorias financeiras, contábeis, orçamentária, operacional e patrimonial nas unidades administrativas dos Poderes da República. Tudo de acordo com o art. 71 e incisos da CF.

O artigo comentado faculta a ciência ao Tribunal ou Conselho de Contas. Até aí, louvável a dicção legal, na medida em que o ato de improbidade questionado pode estar dentre aqueles que "deram causa a perda, extravio ou outra irregularidade de que resulte prejuízo ao erário público" (art. 71, II, da CF). A irregularidade, o extravio ou o dano ao erário encartam-se no conceito de improbidade ou de violação à moralidade administrativa.

Ainda no que tange à competência do Tribunal de Contas, a Lei 8.730, de 10.11.1993, trouxe uma série de providências a seu encargo, já existindo vozes na doutrina que a entendem inconstitucional. Dizem que a citada lei outorgou poderes que a Constituição não conferiu à Corte de Contas. Vejamos as apontadas inconstitucionalidades: 1) o Poder Legislativo estaria abdicando de seu controle constitucional, passando a ser controlado pelo Tribunal de Contas, em patente inversão de papéis;

2) não estaria o Tribunal autorizado a controlar a legalidade e legitimidade dos bens e rendas adquiridos antes da posse pelo servidor nomeado ou eleito, competência que excede a função do Tribunal de Contas e viola o direito à intimidade e à vida privada; 3) teria havido invasão da competência da Justiça Eleitoral e do Ministério Público (nesse sentido as manifestações de Walter Ceneviva, in *Folha de S.Paulo* 19.11.1993; e Ives Gandra da Silva Martins, in *Folha de S. Paulo* 21.11.1993).

Não há dúvida de que a lei é falha e peca por excessos. Contudo, não estamos seguros a ponto de afirmar sua inconstitucionalidade. O espírito que a presidiu pode ser resumido em uma atribuição de "fiscalização" preponderante. Assim, é significativa a redação do § 2º, III, do art. 1º da Lei 8.730, de 1993 – "adotar as providências inerentes às suas atribuições e, se for o caso, representar ao Poder competente sobre irregularidades ou abusos apurados". A tônica da lei aí está, em grandes linhas. Determina ao Tribunal de Contas controle mais amplo sobre a vida econômico-financeira dos agentes públicos em geral, em estreita colaboração com outros órgãos constitucionais vocacionados a requerer a punição cabível – o Ministério Público, a Fazenda Pública etc. Há excessos e, talvez, inconstitucionalidades. Para concluirmos a propósito da alegada inconstitucionalidade, imperiosa seria uma análise minuciosa de seus dispositivos, proposta que refoge aos objetivos desta anotação legal. De qualquer modo, deixamos o registro. Questiona-se a constitucionalidade de alguns dos dispositivos da Lei 8.730, de 1993.

Finalmente, registre-se que a Lei 7.675, de 4.10.1988, dá competência ao Tribunal de Contas da União para determinar o bloqueio das parcelas ou quotas-partes de recursos tributários arrecadados pela União e transferidos aos Estados e Municípios caso haja a verificação de irregularidade grave na aplicação de tais recursos, que caracterize "ato de improbidade administrativa" (art. 3º, IV).

Art. 16. Havendo fundados indícios de responsabilidade, a comissão representará ao Ministério Público ou à Procuradoria do órgão para que requeira ao juízo competente a decretação do seqüestro dos bens do agente ou terceiro que tenha enriquecido ilicitamente ou causado dano ao patrimônio público.

§ 1º. O pedido de seqüestro será processado de acordo com o disposto nos arts. 822 e 825 do Código de Processo Civil.

DO PROCEDIMENTO ADMINISTRATIVO E DO PROCESSO JUDICIAL

§ 2º. **Quando for o caso, o pedido incluirá a investigação, o exame e o bloqueio de bens, contas bancárias e aplicações financeiras mantidas pelo indiciado no exterior, nos termos da lei e dos tratados internacionais.**

Antes de examinarmos o pedido de seqüestro em si, cumpre alertar o intérprete para algumas possibilidades e dificuldades da lei.

Não há indicação de juízo competente para o ingresso dos pedidos ou medidas cautelares. Seria o juízo penal ou o cível o competente para tais medidas? Cremos ser necessário ter em mente a natureza das condutas e sanções previstas na lei comentada. Não são sanções de caráter criminal ou penal. Trata-se de uma lei que procura responsabilizar os agentes públicos ou terceiros colhidos em práticas atentatórias à moralidade administrativa. A natureza essencial das sanções previstas na lei é civil, e não penal. Verifica-se que todo o esforço do legislador está no sentido de ressarcir e recompor os danos causados pela conduta do administrador ímprobo. Não há dúvida de que "penaliza", agrava, sanciona o agente ímprobo; contudo, não o priva de sua liberdade pessoal. A única cominação que não se encarta no conceito "cível" (adotamos a noção geral e corrente para afastar a matéria penal – crime e contravenção) é a suspensão dos direitos políticos. Assim, não há razão para categorizar a natureza das medidas legais como penais. A perda de bens ou valores acrescidos ilicitamente ao patrimônio do agente ou terceiro, o pagamento da multa civil, a proibição de contratar com o Poder Público, todas são sanções ou cominações advindas de condutas que não estão tipificadas *na lei* como crimes ou contravenções. Assim, sob qualquer ângulo analisado, competente será o juiz cível para conhecer e aplicar as cominações da lei. Assim sendo, *data venia* de alguns entendimentos jurisprudenciais, continuamos a entender como cíveis as sanções contidas na Lei de Improbidade. Aqueles que advogam posição contrária teriam ainda que admitir que somente através de um processo criminal poderiam ser aplicadas as sanções contidas na Lei de Improbidade, o que desfigura a teleologia da lei. Não encontramos "crimes" ou "contravenções" na Lei de Improbidade Administrativa. Desejasse o legislador criar figuras encartadas no regime jurídico penal, teria claramente estipulado penas e descrito delitos, como tradicionalmente ocorre naquele campo do direito positivo. Admitimos, entretanto, a utilização do *habeas corpus* como ação constitucional apta a trancar ação de improbidade não porque a consideremos ação penal (que não é), mas diante da teoria das garantias do cidadão e da saudável prática pretoriana, que tem conhecido e julgado pedidos de *habeas corpus* diante de ilegalidades que afetem direta ou indiretamente a liberdade em sentido amplo.[59] A Justiça será Federal ou Comum. Afetados bens, serviços ou interesses da União, suas autarquias, empresas públicas etc., competente será o foro federal; caso contrário, Justiça Comum, segundo iterativa jurisprudência sobre o tema (v. CF, art. 109 e incisos).

Isso não significa que não possam existir eventuais conexões entre ambas as esferas, civil e penal, porque a mesma conduta pode dar azo a responsabilidade penal, questão diversa.

Registre-se, ainda, a propósito, a norma constante do art. 110 do CPC, que dispõe: "Se o conhecimento da lide depender necessariamente da verificação da existência de fato delituoso, pode o juiz mandar sobrestar o andamento do processo até que se pronuncie a Justiça Criminal".

Feitas essas observações gerais, voltemos ao texto anotado.

A representação regularmente apresentada dá ensejo a regular investigação da conduta do agente ímprobo, seja pela autoridade administrativa, seja pelo Ministério Público, conforme o caso. Todos os órgãos públicos devem colaborar, na esfera de suas atribuições, para o bom andamento das investigações. Nesse sentido, a Lei 8.730, de 1993, contempla investigação a partir dos dados fornecidos ou requisitados do agente público.

Não há um momento processual demarcado no tempo para o requerimento ao juízo competente visando à decretação do seqüestro dos bens do agente ou terceiro que tenha enriquecido ilicitamente, ou causado dano ao patrimônio público. O seqüestro é providência acautelatória. Sendo assim, os agentes que conduzem as investigações devem ser os "juízes" da oportunidade do pedido em tela. Para tanto, a lei fornece critérios mínimos: "fundados indícios de responsabilidade".[60]

---

59. HC 4.502, Proc 2006.02.01.003016-3, j. 23.8.2006, TRF 1ª Região, rel. Luiz Sergio Feltrin Correa.

60. "O seqüestro, previsto no art. 16 da Lei 8.429/92, é medida cautelar especial que, assim como a indisponibilidade instituída em seu art. 7º, destina-se a garantir as bases patrimoniais da futura execução da sentença condenatória de ressarcimento de danos ou de restituição dos bens e valores havidos ilicitamente por ato de improbidade.

"Estabelece o citado art. 16 que 'o pedido de seqüestro será processado de acordo com o disposto nos arts. 822 e 825 do Código de Processo Civil'. A regra não é absoluta, justificando-se a previsão de ajuizamento de ação cautelar autônoma quando a medida seja requerida por provocação da comissão processante incumbida de investigar os fatos supostamente caracterizadores da improbidade, no âmbito da

É óbvio que indícios não representam precárias ilações, mas fundados vestígios, peças capazes de levar o intérprete à forte presunção de conduta que afronta a moralidade administrativa. A lei exige indícios sérios, fundados, de responsabilidade, afastando de pronto vagas presunções sem concatenação lógica. É preciso muito cuidado na interpretação do dispositivo, de molde a não frustrar a mais relevante providência da lei – "congelar" o estado dos bens e valores do agente tido por ímprobo. Os indícios devem ser precisos, concordantes. O pedido deve ser, portanto, motivado, com toda a documentação possível, ainda que incipiente. Fundados indícios não são provas concludentes, são elementos ou peças de um verdadeiro "quebra-cabeça", para usarmos uma imagem didática, que se apresentam como componentes de uma "figura" que começa a se delinear claramente perante os olhos do administrador. Tais "figuras" ou elementos devem igualmente impressionar o Estado-juiz, a fim de que o trânsito do pedido de seqüestro seja acatado. Caso a caso, segundo o princípio da razoabilidade, o Judiciário verificará a consistência do pedido.[61]

O dispositivo anotado determina que o pedido do seqüestro será processado de acordo com a previsão dos arts. 822 e 825 do CPC:

"Art. 822. O juiz, a requerimento da parte, pode decretar o seqüestro: (...) IV – nos demais casos expressos em lei".

"Art. 825. A entrega de bens ao depositário far-se-á logo depois que este assinar o compromisso.

"Parágrafo único. Se houver resistência, o depositário solicitará ao juiz a requisição da força policial."

investigação preliminar – antes, portanto, da existência de processo judicial. Não há, porém, qualquer impedimento a que seja formulado o mesmo pedido de medida cautelar de seqüestro incidentalmente, inclusive nos próprios autos da ação principal, como permite o art. 273, § 7º, do CPC. Em qualquer caso, será indispensável a demonstração da verossimilhança do direito e do risco de dano, requisitos inerentes a qualquer medida cautelar" (STJ, REsp 206.222, rel. Teori Albino Zavascki, j. 13.12.2005, v.u.).

61. "Ação Civil Pública – Improbidade Administrativa – Liminar – Seqüestro de bens – Pressupostos ao deferimento da medida – Cautelaridade – Somente é de se cogitar da ausência do 'fumus boni juris' quando, pela aparência exterior da pretensão substancial, se divise a fatal carência de ação ou a inevitável rejeição do pedido. Presente o 'periculum in mora' toda vez que houver risco de dilapidação e dissipação do patrimônio que podem frustrar os resultados do provimento jurisdicional. Agravo não provido" (TJMG, AI 1.0460.03.011605-3/001(1), rel. Célio César Paduani, j. 3.8.2004, v.u.).

O seqüestro, genericamente considerado, é proteção cautelar consistente na apreensão e depósito de determinada coisa ou bem. Objetiva a incolumidade da coisa em disputa.

Sérgio Seiji Shimura, escudado nas lições de Redenti, Satta, Ovídio Batista e Castro Filho, oferece-nos excelente síntese do seqüestro e arresto, diferenciando os dois institutos. Vejamos o que diz do seqüestro:

"1. No seqüestro, apreende-se a própria coisa, bem determinado e certo.

"2. No seqüestro, *grosso modo*, existe a litigiosidade da coisa, há incerteza objetiva em relação a ela.[62]

"3. A litigiosidade não constitui a essência desta medida; mas a incolumidade (...).

"4. No seqüestro a coisa é apreendida e entregue a um terceiro, que fica como depositário.

62. "Em caso de improbidade administrativa, a Lei n. 8.429/92, art. 16, autoriza a decretação do seqüestro dos bens do agente ou de terceiro. Tal medida tem por finalidade a preservação do bem, para que sobre ele incida a responsabilidade pelos atos de improbidade administrativa. Sendo esse o escopo da medida, cede passo a titularidade jurídica do bem, a qual pode eventualmente consubstanciar artifício deliberado para frustrar a responsabilização. Para que seja possível o seqüestro, basta que a coisa seja litigiosa. Na hipótese de improbidade administrativa, a litigiosidade da coisa deve ser entendida extensivamente, de modo a alcançar o bem fruto do enriquecimento ilícito ou derivado do dano ao erário. Não é suficiente para impedir o seqüestro do bem, em relação ao qual há indícios de aquisição mediante enriquecimento ilícito do agente, a mera transferência de titularidade jurídica, no dia imediato à propositura da medida cautelar. Esta incide sobre o bem, preservando-o, malgrado tenha sido ele transferido para terceiro. Não cabe ao Sr. Oficial do Cartório de Registro de Imóveis defender o interesse do adquirente. Ainda que este seja terceiro de boa-fé, este sujeita-se ao o ônus de promover as medidas judiciais adequadas para desfazer a constrição judicial que eventualmente repute indevida. A determinação judicial para o seqüestro, considerado seu contexto de preservação de bem obtido mediante enriquecimento ilícito, não pode ser obviada pela prenotação do título relativo ao negócio jurídico de alienação do bem. A medida cautelar de seqüestro não é sede adequada para a pretensão de anular negócio jurídico. Não se concebe a perda do bem pelo adquirente sem a sua adequada participação no processo. Provimento assim editado contraria o devido processo legal. Embora não seja possível invalidar o negócio jurídico, é de se determinar o registro do seqüestro. De um lado, a medida cautelar não é sede adequada para a anulação de negócio jurídico; de outro, o seqüestro preserva o bem, em si mesmo considerado, cumprindo à parte eventualmente prejudicada promover as medidas que entender pertinentes para a defesa de seus interesses. Agravo de instrumento parcialmente provido" (TRF 3ª Região, AI 171.041, rel. André Nekatschalow, j. 30.8.2004, v.u.).

"5. No seqüestro, por envolver o risco de desaparição da própria coisa, o depósito é de rigor e não há falar em execução" (*Arresto Cautelar*, São Paulo, Ed. RT, 1993, p. 161).

Na verdade, procura a lei garantir, por intermédio do seqüestro, a incolumidade da coisa ou bem do agente tido por ímprobo. O seqüestro, portanto, é medida de preservação de uma situação jurídica "litigiosa". Havendo indícios fundados, veementes, de responsabilidade do agente (sentido lato), existe a necessidade da correspondente garantia do Poder Público.

É óbvio que o pedido de seqüestro deve ser exaustivamente fundamentado, e, assim, merecer especial atenção dos magistrados, porquanto atrita-se ou suspende-se o direito de propriedade, garantia constitucional. De outra parte, o sistema jurídico não tolera que o exercício de direitos possa ser gozado ao amparo de fraudes, de condutas ilícitas. Assim, não raro ocorre que o patrimônio do agente ímprobo é fruto da acumulação ilícita do capital, de lucros provenientes de negociatas escusas, revertidos em bens de qualquer natureza, móveis, imóveis, semoventes etc.; enfim, de toda sorte de malversação dos dinheiros públicos. Dessa forma, nada mais natural do que "congelar" o "produto do ilícito", até que a verdade real venha à tona; todavia, medida sempre provisória. Tal como deferida, a ordem liminar pode e deve ser revogada se a qualquer momento a situação jurídica se modificar, se as alegações fundadas em documentos não se sustentarem ou apontarem diversa realidade.[63]

63. "O seqüestro de que trata o art. 16 da Lei n. 8.429/92 é cabível tanto nos casos de enriquecimento ilícito quanto nos de dano ao erário. Dentre os bens que se sujeitam à constrição, encontram-se, em primeiro lugar, aqueles que caracterizam o enriquecimento ilícito. Para que os demais bens do agente se sujeitem à constrição, adquiridos antes ou depois dos fatos, seja lícita ou ilicitamente, cumpre à parte requerente demonstrar, de modo razoável, a imprescindibilidade da medida para assegurar a utilidade prática da sentença de mérito que, além de decretar a perda dos bens havidos ilicitamente, determine o pagamento de valor correspondente à lesão ao erário ou aplique outra sanção pecuniária (Lei n. 8.429/92, art. 18). A medida cautelar proposta com base no enriquecimento ilícito (Lei n. 8.429/92, art. 9º, VII) tende a ensejar a constrição sobre os bens cujo valor seja desproporcional à evolução do patrimônio ou à renda do agente público. Para que o seqüestro incida sobre outros bens, cumpre ao requerente demonstrar a relação de instrumentalidade entre a constrição e a sentença de mérito a ser proferida na ação principal. Imóvel adquirido por sucessão hereditária anteriormente aos fatos ilícitos não se sujeita ao seqüestro, caso não demonstrado razoavelmente que ele integra a responsabilidade patrimonial para satisfação do crédito a ser constituído em sentença condenatória, à míngua de indicação concreta de que teria havido, para além da aquisição de bens de valor, efetivo dano ao erário. Motoneta adquirida por intermédio de consórcio não representa bem de valor incompatível com a evolução patrimonial de Agente

A lei procura, de todas as formas, a "indisponibilidade de bens", embora utilize terminologia diversa, de *bloqueio*, figura já conhecida da jurisprudência nacional, assentada mediante arestos advindos, por exemplo, da lei que atinge os administradores de instituições financeiras em liquidação extrajudicial (Lei 6.024, de 1974). A indisponibilidade de bens determina a restrição ao direito de livre disposição, com o objetivo de conservá-los como garantia de eventual execução.

O § 2º do dispositivo ora comentado procura assegurar meios e medidas a fim de comprovar o quanto possível o grau de envolvimento do agente público nas atividades ilícitas. Assim, o órgão encarregado da investigação ou do inquérito administrativo formulará o pedido ao juízo competente no sentido de aprofundar, mediante autorização judicial (imprescindível, no caso), as investigações, realizando amplo exame na vida econômico-financeiro-patrimonial do agente acusado de improbidade. Trata-se da quebra do sigilo bancário do acusado, envolvendo providências de toda ordem, tais como requerimentos à Receita Federal, aos cartórios de Registro de Imóveis; todas medidas visando a um exame acurado da real situação do envolvido em práticas ilícitas danosas ao patrimônio público. O dispositivo alude a providências de investigação, exame de bens e valores financeiros aplicados ou registrados no exterior, condicionando sua aplicabilidade à legislação internacional. É patente a necessidade de tratados internacionais e outros instrumentos normativos a fim de que a autoridade do exterior possa atender ao requerimento ou requisição das autoridades nacionais.[64]

da Polícia Federal. Para que o seqüestro incida sobre tal bem, cumpre ao requerente demonstrar que sobre ele recairá a responsabilidade patrimonial em virtude de condenação por dano ao erário. Veículos antigos, adquiridos no período indicado como o dos fatos ilícitos, sujeitam-se ao seqüestro, pois não se pode estimar, sem reservas, o seu valor. O mero recibo inscrito no verso dos respectivos Certificados de Registro de Veículos não justifica a liberação dos bens, considerado que ainda se encontram cadastrados em nome do antigo proprietário no DETRAN. Na dúvida, esta se resolve no sentido da preservação da cautelar, que garante a utilidade prática da sentença de mérito sem, contudo, transitar em julgado (CPC, art. 807). 6. Agravo de instrumento parcialmente provido" (TRF, 3ª Região, AI 139.366, Proc 200103000295920-SP, rel. André Nekatschalow, j. 30.8.2004, v.u.).

64. "Mandado de segurança impetrado contra decisão de primeiro grau que, em procedimento preparatório para instauração de inquérito civil, deferiu a quebra do sigilo bancário do impetrante. A legislação constitucional e infraconstitucional desejaram a concessão de efeito meramente devolutivo ao recurso ordinário em mandado de segurança, assim como ao recurso especial. A aspiração de alcançar a eficácia suspensiva só deve ser atendida em casos excepcionalíssimos, o que se efetiva nesta Corte por meio do procedimento acautelatório (art. 288/RISTJ) diante da constatação de situação excepcional ou teratológica. Consoante posicionamento jurisprudencial

Art. 17. A ação principal, que terá o rito ordinário, será proposta pelo Ministério Público ou pela pessoa ju-

desta Corte, a inexistência de inquérito civil instaurado não é óbice à concessão da medida impugnada. A ausência de notificação sobre a quebra do sigilo bancário não ofende o princípio do contraditório, eis que o mesmo não prevalece na fase inquisitorial. Considera-se devidamente fundamentada a decisão que determina a quebra de sigilo bancário do impetrante, quando sobre este pesa suspeita da prática de atos ímprobos, os quais não poderão ser esclarecidos senão mediante o deferimento da medida extrema. O direito à privacidade é constitucionalmente garantido. Todavia, não é absoluto, devendo ceder em face do interesse público. Se de um lado é certo que todos têm direito ao sigilo bancário como garantia à privacidade individual, de outro, não é menos certo que havendo indícios de improbidade administrativa impõe-se a quebra dos dados bancários do administrador Público. Isso porque a proteção constitucional não deve servir para acobertar prática de atos delituosos. Recurso ordinário desprovido" (STJ, RMS 15.771-SP, rel. José Delgado, j. 27.5.2003, v.u.).

"Ação Cautelar de Indisponibilidade de Bens e Quebra de Sigilo Bancário e Fiscal – Improbidade Administrativa. Gravidade da conduta supostamente perpetrada pela recorrente. Preponderância do interesse público. Manutenção do deferimento das medidas que se impõe. Agravo desprovido" (TJRS, AI 70013203088, rel. Mário Crespo Brum, j. 23.2.2006).

"Ação Civil Pública. Improbidade Administrativa. Cautelar incidental. Indisponibilidade de bens. Indeferimento anterior, em juízo liminar, chancelado neste grau de jurisdição. Inexistência de fato novo justificável, decisão que se impõe reafirmada. Quebra de sigilo bancário. Medida necessária à apuração da evolução patrimonial dos agentes. Base legal (Lei 8.429/92, art. 16, § 2º), justificativa na proteção do interesse público. Agravo parcialmente provido" (TJRS, AI 70009359605, rel. Luiz Ari Azambuja Ramos, j. 4.11.2004).

"Atos de improbidade administrativa praticados por ex-prefeito. Indisponibilidade de bens. Medida liminar que se confirma, presente previsão legislativa e razoáveis provas da conduta ímproba causadora de lesão ao patrimônio público. Feição acautelatória da indisponibilidade dos bens, para assegurar à garantia de futuro ressarcimento. Quebra de sigilo bancário e fiscal. Determinação que subsiste, pois se constitui meio de prova acerca das imputações contidas nos autos. Agravo improvido" (TJRS, AI 70003407426, j. 21.2.2002).

"A lei de improbidade administrativa, que não admite sequer a citação antes do exame da resposta prévia, para evitar acusações apressadas, de base empírica potencializada ou mesma de viés político partidário, dando ao juiz trinta dias para examinar o teor da resposta, não autoriza, antes do implemento dessa dialética processual prévia, e apenas com base no poder geral de cautela do juiz, o afastamento do titular do mandado eletivo, a quebra do sigilo bancário e a decretação da indisponibilidade de bens dos demandados. A perda da função pública, à conta de improbidade, somente se efetiva com o trânsito da sentença condenatória em julgado (art. 20, *caput* – Lei n. 8.429/92), podendo o afastamento do cargo ser determinado para o bom desempenho da instrução processual, devidamente justificado, mas, ainda assim, tendo por premissa o fato de a ação ter sido recebida, com a ordem de citação. Agravo de instrumento provido" (TRF 1ª Região, AI 200501000726599, j. 26.5.2006, rel. Olindo Menezes, v.u.).

rídica interessada, dentro de trinta dias da efetivação da medida cautelar.

O dispositivo tem redação similar à previsão constante do art. 806 do CPC. Nada de novo a comentar. As medidas cautelares, na grande maioria das hipóteses previstas na lei processual, atendem ao processo, são medidas instrumentais, salvo as satisfativas. Dessa forma, imperiosa a propositura da ação principal; do contrário não poderá subsistir a tutela inicial e provisória.

Ademais, a norma em foco tem feição protetiva dos acusados de improbidade. Garante-se que os agentes ímprobos (porque ainda não realizado o amplo contraditório judicial – portanto, "acusados" ou "processados", mas não condenados) não sejam constrangidos por tempo indeterminado. Obriga-se o oferecimento da ação principal em 30 dias.

A ação de improbidade será processada conforme as regras da lei processual civil e terá o rito ordinário. Assim, despiciendo se torna comentar qual seu processamento. Deverá a inicial conter os requisitos do Código de Processo Civil, os prazos são os lá assinalados, salvo alguma disposição específica, os recursos são os legais, e assim por diante.

Arnoldo Wald e Gilmar F. Mendes sustentam, em artigo intitulado "Subversão da hierarquia judiciária" (*O Estado de S. Paulo*, 1.4.1997), a incompetência da primeira instância, para causas advindas da lei, onde figurem como réus Ministros de Estado ou membros de Tribunais Superiores, em face da natureza das sanções aplicáveis, que ultrapassam os limites da reparação pecuniária e podem levar até a perda da função pública. Argumentam ainda, em prol da tese, com a análise do foro especial nos crimes comuns e de responsabilidade (CF, art. 102, I, "c") e que, no fundo, a presente lei contemplaria delitos com "foros de crimes de responsabilidade".

Conquanto os argumentos sejam absolutamente válidos e coerentes do ângulo da "ideologia normativa" do texto constitucional, não nos impressionam a ponto de alterarmos nossa posição. Estamos diante de uma *ação civil de reparação de dano*, com conseqüências, é verdade, no âmbito dos direitos políticos, da cidadania. Se no transcorrer da ação ficar caracterizada a ocorrência de delito ou crime, nada impede – ao contrário, tudo determina – o ajuizamento de ação penal; aí, sim, na hipótese de Wald-Mendes, estaríamos diante do foro constitucional indicado.

Na verdade, *de lege ferenda*, talvez os eminentes autores tenham razão. A reflexão científica acerca da tese é válida. Dever-se-ia ponderar qual o melhor critério para regular a competência na presente ação. Se *ratione personae*, se territorial ou funcional, a exemplo de diversas outras ações, como a ação popular, a ação civil pública ou procedimentos especiais, como o eleitoral, que remetem o tema até mesmo à primeira instância da Justiça especializada.

Destarte, mantemos nosso entendimento. A ação deverá ser ajuizada no primeiro grau de jurisdição. O assunto permanece polêmico, inclusive na jurisprudência. Tendo em vista o caráter do interesse jurídico tutelado (preservação da probidade administrativa) e, ainda, a natureza das normas veiculadas, de nítido caráter restritivo de direitos, o Ministério Público ou a entidade interessada não têm disponibilidade para ingressar com a ação de improbidade, disposição que se prolonga com a proibição de transação ou acordo (art. 17, § 1º).

Ajuizada a ação pelo Ministério Público, o interessado ocupará o lugar de litisconsorte, com as determinações dos arts. 50, 264, parágrafo único, e 321 do CPC. Assim, a entidade interessada será assistente do Ministério Público, com os ônus da figura de parte.

De outra parte, segundo o art. 17, § 4º, adiante visto, caso a ação não seja ajuizada pelo Ministério Público, este deverá obrigatoriamente intervir como fiscal da lei, sob pena de nulidade. Novidade alguma em temas como os versados (indisponibilidade).

Algumas questões processuais afloram, a saber: Qual o objeto da ação? A imposição de todas as penas do art. 12? Qual a eventual ligação entre a ação de improbidade e outras como, *v.g.*, a ação popular e a ação civil pública?

O objeto da presente ação é múltiplo. Visa à reparação do dano, à decretação da perda dos bens havidos ilicitamente, bem como à aplicação das penas descritas na lei. Já afirmamos alhures que as penas podem e devem ser aplicadas isolada ou cumulativamente, tudo a depender do caso concreto e da ampla investigação do dano causado, da responsabilidade do agente (teoria da culpa). Enfim, que não se mostra obrigatória a aplicação das cominações em bloco.

Jurisprudência

• Administrativo. Ação de Improbidade Administrativa. Medida Cautelar. Indisponibilidade de bens. prazo. Propositura. ação principal. Art. 806 do CPC. Inobservância. Continuação. Tramitação. Inocorrência. Nulidade. 1. O não ajuizamento da ação principal, no prazo de 30 (trinta) dias, a partir da efetivação da liminar, não implica extinção, sem julgamento do mérito, do processo cautelar. 2. A ação cautelar tem por objetivo a preservação do estado de pessoas, coisas e provas até o julgamento final da ação principal, assegurando o resultado útil de eventual decisão favorável a ser proferida na ação principal. 3. Apelações não providas (TRF, 1ª Região, Ap. Civ. 200134000182940, rel. Tourinho Neto, j. 30.6.2006, v.u.).

• Ação civil pública – Deferimento de liminar para declaração de indisponibilidade dos bens do réu – Não efetivação da medida no prazo de 30 dias – Perda da eficácia – Inocorrência – Medida liminar concedida nos autos de ação civil pública que não se confunde com ação cautelar preparatória de seqüestro – Art. 12 da Lei n. 7.347/85 – Inexistência de prazo ou providência a serem respeitados para a validade da medida – Recurso não provido (TJSP, 8ª C. de Direito Público, AI 76.497-5/6, j. 12.8.1998, rel. Des. Celso Bonilha, v.u.)

• Aplicável à espécie é o procedimento ordinário, *ex vi* do art. 17, *caput*, da Lei n. 8.429, de 2.6.92 (LIA), permitindo a incidência do art. 330, inciso I, do Código de Processo Civil, dispensada a fase instrutória em audiência, tendo em vista a documentação entranhada.

O ressarcimento integral do dano material causado ao ente público em face de ato de improbidade administrativa, na espécie concretamente demonstrado, tem natureza indenizatória, apurado o *quantum debeatur* em execução, o qual reverterá a pessoa jurídica prejudicada.

A procedência do pedido formulado na inicial exige proporcionalidade com a extensão do respectivo e o eventual proveito patrimonial obtido por aquele que estiver no pólo passivo da ação (TJSC, ACP 2004.021556-8, rel. Des. Francisco Oliveira Filho, j. 19.4.2005, v.u.).

• Ação de Improbidade Administrativa. Cautelar de indisponibilidade de bens. Nulidades processuais inexistentes. Ausência de perda de eficácia da Medida Cautelar. Competência da Justiça Federal. Legitimidade ativa do Ministério Público. Não-ocorrência de litispendência. Procedimento administrativo. Natureza inquisitorial. Indisponibilidade. Possibilidade de atingir bens anteriores ao ato ímprobo. Inadmissibilidade de inclusão de pedido novo. Proporcionalidade da medida. desnecessidade de sobrestamento.

I – Sentença que não adere à tese do recorrente não pode ser considerada não-fundamentada.

II – Despachos de mero expediente, quando não representam qualquer interesse às partes, não precisam ser publicados. Inexistência de nulidade processual sem comprovação de prejuízo.

III – Em tese, a juntada de elemento probatório novo enseja a audiência bilateral das partes, em homenagem aos princípios constitucionais do contraditório e da ampla defesa. Todavia, se esse novo elemento não influenciar no julgamento da causa, sendo irrelevante ao deslinde da demanda, não se deve declarar nulidade processual, por ausência de prejuízo.

IV – O trintídio para a propositura da ação principal conta-se da efetivação da medida cautelar, e não do seu ajuizamento.

V – "Compete à Justiça Federal processar e julgar prefeito municipal por desvio de verba sujeita à prestação de contas perante órgão federal" (Súmula 208 do STJ).

VI – O Ministério Público Federal tem legitimidade e interesse para propor ação de improbidade administrativa.

VII – Não há litispendência entre ação de improbidade administrativa e ação penal, em virtude da completa divergência entre os pedidos de ambas.

VIII – O procedimento administrativo instaurado no âmbito do Ministério Público possui natureza inquisitorial e, sendo constituído por meras peças de informação, não se rege pelos princípios do contraditório e da ampla defesa.

IX – Ora, não é possível discutir direito material nos autos do processo cautelar. As medidas cautelares servem ao processo, e não ao direito da parte.

X – A orientação jurisprudencial formada pelo TRF/1ª Região é clara no sentido de que a indisponibilidade a que se refere o art. 7º da Lei n. 8.429/92 pode atingir os bens adquiridos anteriormente à prática dos supostos atos de improbidade administrativa.

XI – Na apelação não pode ser introduzida tese que não foi debatida na sentença nem nos embargos declaratórios. Pelo princípio devolutivo, a apelação só transfere ao conhecimento do tribunal a matéria impugnada. Não pode o apelante impugnar senão aquilo que foi decidido na sentença, sob pena de supressão de instância e violação ao duplo grau de jurisdição.

XII – Não há desproporcionalidade entre a indisponibilidade decretada e o valor do prejuízo quando o valor dos bens tornados indisponíveis é bem inferior àquele do gravame causado ao Erário.

XIII – O julgamento da ação de improbidade administrativa (e da cautelar de indisponibilidade) não depende necessariamente da verificação do fato delituoso, razão pela qual é desnecessária a sua suspensão até o desfecho da ação penal.

XIV – Apelação desprovida (TRF 1ª Região, Ap. Civ. 199901000688055, rel. Cândido Ribeiro, j. 4.7.2006, v.u.).

• Ação de Improbidade Administrativa. Legitimidade ativa. Partido político. Lei n. 8.429/92. Partido político não tem legitimidade para ajuizar ação pela prática de ato de improbidade administrativa. A legitimidade está restrita ao Ministério público e à pessoa jurídica interessada. Art. 17, *caput*, da Lei n. 8.429/92. Indeferida a inicial (TJRS, ACP 70009487976, rela. Maria Isabel de Azevedo Souza, j. 21.9.2004, v.u.).

• A teor do art. 17, *caput* da Lei n. 8.429/92, somente o Ministério Público ou a pessoa jurídica interessada podem propor a ação nesse Diploma regulada. Não são legitimados particulares, a quem a Lei de Improbidade faculta apenas representar perante a autoridade administrativa ou ao Ministério Público. Não se aplica o art. 1º da Lei n. 4.717/65, porque é a Lei n. 8.429/92 que trata especificamente da ação para responsabilização de agente público por ato de improbidade. Processo extinto sem julgamento de mérito (TJRS, AP 70007484181, rela. Rejane Dias de Castro Bins, j. 24.11.2003).

Art. 17. (...)

§ 1º. É vedada a transação, acordo ou conciliação nas ações de que trata o "caput".

As condutas tidas por atentatórias ao princípio da moralidade administrativa, em suas variadas formas e matizes, não podem, à evidência, sofrer qualquer tipo de transação (tomamos o termo no sentido de o Estado renunciar a seu dever de punir condutas contrárias ao Direito). Há direitos disponíveis e indisponíveis. Dentre esses últimos encartam-se a defesa intransigente da moralidade pública e o respeito aos princípios constitucionais-administrativos. Poder-se-ia cogitar, se houvesse previsão na lei – mas não há –, de causas que diminuíssem as penas do agente público que voluntariamente auxiliasse nas investigações, que oferecesse o ressarcimento integral do dano etc. Contudo, não existem tais hipóteses, a exemplo do que ocorre no Direito norte-americano e no Direito italiano. *De lege ferenda*, sugerimos ao legislador que passe em revista tais modelos, não para copiá-los, como é óbvio, mas para adaptá-los à realidade nacional. De fato, é de extrema utilidade que leis anticorrupção reduzam penas, concedam benefícios e atenuantes a pessoas envolvidas que colaborem com o Estado em sua ação. Assim, aquele que confessasse voluntariamente, que apontasse terceiros corruptos, que, em síntese, colaborasse ativamente no combate à corrupção, poderia não ser "premiado", mas, na verdade, ter alguma sorte de incentivo na redução de sua pena. Essa a experiência estrangeira, que na Itália, por exemplo, tem tido bons resultados ("operação mãos limpas"). Segundo temos acompanhado, o desenvolvimento das investigações e o número de envolvidos cresceram substancialmente quando os primeiros acusados passaram a confessar e revelar outras irregularidades para conseguir atenuantes e reduções de penas. De qualquer forma, tal possibilidade não existe.

A norma especial proíbe às partes e ao juiz tais tentativas, ordinariamente previstas na legislação processual, como formas de pôr um fim ao litígio. À evidência, o interesse público, no caso, afasta tais possibilidades.

Podemos cogitar de "acordo" apenas quanto à *forma* de ressarcir. É dizer, ao que parece, a lei não proibiria, por exemplo, que houvesse um parcelamento voluntário dos valores assumidos pelo servidor ímprobo, até no nível administrativo. Se o mesmo se declara culpado e se dispõe a ressarcir o Estado, não é crível que seja impedido de fazê-lo. Pode haver, assim, conveniência em aceitá-lo, desde que preservado o interesse público e a recomposição seja total, sem embargo de outras cominações a que esteja sujeito, tudo a depender da análise do caso concreto.

A conciliação é uma atividade do juiz e das partes, disciplinada pela lei processual (arts. 447-449 do CPC). Segundo Moacyr Amaral Santos, são seus pressupostos: a) a existência de uma lide pendente; b) a lide deverá versar sobre direitos patrimoniais de caráter privado; c) o processo deverá estar na fase de audiência de instrução; d) sejam as partes intimadas, de ofício, para comparecimento no início da audiência de instrução e julgamento (*Comentários ao Código de Processo Civil*, Rio de Janeiro, Forense, 1982, p. 375).

A transação é prevista no art. 1.025 do CC: "É lícito aos interessados prevenirem, ou terminarem o litígio mediante concessões mútuas". O art. 1.035 do mesmo diploma estabelece que: "Só quanto a direitos patrimoniais de caráter privado se permite a transação".

Por fim, o acordo, aqui visto como disposição, negociação, é igualmente forma de composição amigável das partes, com o intuito de pôr um fim à demanda. Trata-se de um ajuste, de uma convenção, com o intuito de cessar uma pendência judicial. Parece clara sua impossibilidade diante da magnitude da preservação da moralidade pública e da necessidade da apuração da "verdade real". É dizer, não se pode "negociar" nesse sentido negativo, dispondo do interesse público.

Segundo lição de Antônio Carlos de Araújo Cintra, Ada Grinover e Cândido R. Dinamarco, a conciliação pode ser extraprocessual ou endoprocessual. "Em ambos os casos, visa a induzir as próprias pessoas em conflito a ditar a solução para a sua pendência. O conciliador procura obter uma *transação* entre as partes (mútuas concessões), ou a *submissão* de um à pretensão do outro (no processo civil, reconhecimento do pedido: v. art. 269, inc. II), ou a desistência da pretensão (*renúncia*: CPC, art. 269, inc. V). Tratando-se de conciliação endoprocessual, pode-se chegar ainda à mera *desistência da ação*, ou seja, revogação da demanda judicial para que o processo se extinga sem que o conflito receba solução alguma (art. 267, inc. VIII)" (*Teoria Geral do Processo*, 25ª ed., São Paulo, Malheiros Editores, 2009, p. 34).

Outra questão que nos vem à mente é a relativa a eventual revelia. Seria possível aplicar-se a pena de perda dos direitos políticos diante da revelia? Cremos que não; salvo se houvesse alguma sorte de representação a fim de que os interesses do processado pudessem ser adequadamente resguardados, com ampla defesa.

Jurisprudência

• Administrativo – Locupletamento ilícito – Improbidade – Agente público – Transação – Inadmissibilidade. É vedada a transação na demanda aforada pelo Município visando ao ressarcimento de prejuízos resultantes de ato de improbidade administrativa imputado a agente público (Lei n. 8.429/92, art. 17, § 1º) (TJSC, 1ª C. Civil, Ap. 98.002112-0, j. 29.9.1998, rel. Des. Newton Trisotto, v.u.)

• É que não obstante, *ex vi* do art. 460, do CPC, "é defeso ao juiz proferir sentença, a favor do autor, de natureza diversa da pedida, bem como condenar o réu em quantidade superior ou em objeto diverso do que lhe foi demandado", certo que, como bem lançado na r. sentença e no parecer ministerial, trata-se, na espécie, de direitos indisponíveis e de normas cogentes, de modo que não cabe a "eleição pelo Autor das sanções que pretende para punição do administrador ímprobo, da mesma forma que não cabe ao julgador restringir as penalidades impostas pela lei em vigor" (fl. 124). "Isto porque são vedados a transação, o acordo e a conciliação nas ações da Lei n. 8.429/92" (art. 17, § 1º).

Não pode, conseqüentemente, o magistrado, verificado o ato de improbidade administrativa, deixar de aplicar as penalidades previstas em lei tão-somente porque o autor limitou o pedido, visto que as penalidades estão expressamente previstas na Lei n. 8.429/92 e na própria *Lex Mater*, em seu art. 37, § 4º.

Emerson Garcia e Rogério Pacheco Alvez lecionam que "não haveria que se falar, inclusive, em adstrição do órgão jurisdicional a uma possível delimitação do pedido, pois, tratando-se de direito eminentemente indisponível, não compete ao autor da demanda restringir as conseqüências dos atos de improbidade, restando-lhes, unicamente, deduzir a pretensão de que sejam aplicadas as sanções condizentes com a causa de pedir que declinara na inicial" (*Improbidade Administrativa*, Rio de Janeiro, Lumen Juris, pp. 405-406). Não discrepam Alexandre Ramos e Affonso Ghizzo Neto: "não será permitido ao julgador, após concluir pela caracterização do ato de improbidade, excluir uma das sanções previstas em lei" (*Improbidade Administrativa e Lei de Responsabilidade Fiscal*, Florianópolis, Habitus, 2001, p. 85) (TJSC, AR 2004.002174-7, rel. Francisco Oliveira Filho, j. 3.5.2005, m.v.).

Cremos que a descrição feita no acórdão acima está um tanto fora de foco. É óbvio que o juiz não pode proferir sentença de natureza diversa da pedida. Mas também parece correto o entendimento que incumbe ao autor, nos casos de improbidade, circunscrever, gizar os pedidos a partir das condutas tidas como ímprobas. Não se trata propriamente de "eleição" de sanções, mas de verdadeiro e legítimo pedido, que como regra pode ser provido, parcial ou totalmente.

Também, não estará o autor da demanda (o Ministério Público ou outro legitimado) "restringindo" nenhuma conseqüência do acoimado ato de improbidade, mas, simplesmente, exercendo o seu dever de curar pelo interesse público e social.

Art. 17. (...)

§ 2º. A Fazenda Pública, quando for o caso, promoverá as ações necessárias à complementação do ressarcimento do patrimônio público.

Sobre tal ressarcimento o STJ, no REsp 20.386-0-RJ (reg. 92.0006738-7, rel. Min. Demócrito Reinaldo) decidiu, por maioria de votos, vencido o Sr. Min. Mílton Luiz Pereira, que, "para viabilizar a procedência da ação de ressarcimento de prejuízos, a prova da existência do dano efetivamente configurado é pressuposto essencial e indispensável. Ainda mesmo que se comprove a violação de um dever jurídico, e que tenha existido culpa ou dolo por parte do infrator, nenhuma indenização será devida desde que, dela, não tenha decorrido prejuízo. A satisfação, pela via judicial, de prejuízo inexistente implicaria, em relação à parte adversa, em enriquecimento sem causa. O pressuposto da reparação civil está não só na configuração de conduta *contra jus*, mas, também, na prova efetiva dos ônus, já que se não repõe dano hipotético" (j. 23.5.1994).

Interessa ainda destacar que o STJ, na MC 6.575-SP (reg. 2003/0105587-6, j. 10.6.2003, rel. Min. João Otávio de Noronha) – medida, essa, destinada a emprestar efeito suspensivo a recursos especiais pendentes de admissibilidade na origem – , reafirmou interpretação segundo a qual "não cabe à Administração Pública, com fundamento na nulidade do contrato, requerer a *devolução dos valores pagos por obras realizadas*, ainda que constatada a culpa da empresa". No mesmo sentido o REsp 408.785 (j. 5.6.2003, rel. Min. Franciulli Netto): "No caso, não cabe à Administração Pública requerer a devolução dos valores pagos por obras realizadas com fundamento na nulidade do contrato. Mesmo declarada a nulidade da licitação por culpa da empresa contratada, que se utilizou de documento falso para vencer o procedimento licitatório para reforma e adaptação de prédio público, deve a Administração Pública indenizar a empresa pela execução das etapas da obra contratada até a data da declaração de nulidade (...)".

Art. 17. (...)

§ 3º. **No caso de a ação principal ter sido proposta pelo Ministério Público, aplica-se, no que couber, o disposto no § 3º do art. 6º da Lei n. 4.717, de 29 de junho de 1965.**

O dispositivo teve sua redação alterada. Originalmente: "No caso da ação principal ter sido proposta pelo Ministério Público, a pessoa jurídica interessada integrará a lide na qualidade de litisconsorte, devendo suprir as omissões e falhas da inicial e apresentar ou indicar os meios de provas de que disponha".

A alteração legislativa, realizada por intermédio do art. 11 da Lei 9.366, de 16.12.1996, envia o intérprete ao § 3º do art. 6º da Lei 4.717, de 29.6.1965 (Ação Popular), que está assim redigido: "§ 3º. A pessoa jurídica de direito público ou de direito privado, cujo ato seja objeto de impugnação, poderá abster-se de contestar o pedido, ou poderá atuar ao lado do autor, desde que isso se afigure útil ao interesse público, a juízo do respectivo representante legal ou dirigente".

A alteração legislativa realizada no presente dispositivo aproxima, ainda mais, a ação de improbidade da ação popular. Os atos lesivos ao patrimônio público podem ser impugnados tanto por meio da ação popular, tendo o cidadão no pólo ativo, como, na ação de improbidade administrativa, o Ministério Público, a pessoa jurídica interessada (art. 17, *caput*) ou a Fazenda competente. O desvio de finalidade na ação popular foi como que "decomposto" em outras figuras que a Lei de Improbidade prevê. Afinal, quem viola o princípio da moralidade administrativa, causando atos ímprobos, nas várias modalidades previstas, enriquecendo-se ilicitamente, causando prejuízos ao erário ou violando os princípios da Administração, poderá estar agindo com desvio de finalidade.

Enfim, o princípio jurídico da moralidade administrativa engloba, em nome de sua defesa, o ataque à imoralidade, à improbidade, que se manifesta de diversas maneiras, como exemplificou o legislador da ação popular no art. 2º da Lei 4.717, de 1965.

Entretanto, não são indiferentes jurídicos os caminhos adotados. Os autores são diversos. O objeto e o alcance das ações também não se confundem. A sentença na ação popular decreta a invalidade do ato, condena ao pagamento das perdas e danos os responsáveis e os beneficiários dele, ressalvando ação regressiva contra os funcionários causadores de dano, quando incorrerem em culpa.

Na ação de improbidade, além de a sentença poder reconhecer a prática do ato de improbidade (que é um *plus* em relação à mera invalidade do ato), desde logo condenará o réu e o responsável nas duras penas previstas, sem prejuízo de, no mesmo ato decisório, determinar a reparação do dano, a decretação da perda dos bens havidos ilicitamente, sua reversão ao patrimônio público, além da multa, quando cabível, individualizando as penas – que, em nosso entendimento, poderão ser aplicadas isolada ou cumulativamente.

Andou bem o legislador ao alterar o art. 17, § 3º, determinando a aplicação do regime da ação popular no tema do litisconsórcio, que vinha causando divergências jurisprudenciais. Agora, abre-se textualmente a possibilidade, democrática, para a Administração Pública, de escolher em que situação processual ficará no pólo passivo, a saber:

a) contestar o feito;

b) não contestar a ação, e simplesmente assistir ao autor;

c) omitir-se quanto às alternativas anteriores.

Nesse sentido já advogava José Afonso da Silva, em sua clássica obra *Ação Popular Constitucional* (2ª ed., São Paulo, Malheiros Editores, 2007, pp. 194 e ss.), fundamentando sua posição no interesse público que o administrador tem o dever de avaliar e resguardar, optando por um desses caminhos.

A mencionada "escolha" ou tomada de posição deve ser *criteriosamente* avaliada pelo administrador. Desnecessário marcar a profunda diferença de efeitos jurídicos existente entre aderir à posição do autor da ação de improbidade, impugná-la ou, simplesmente, nada fazer.

É preciso que a decisão seja tomada diante de critérios técnico-jurídicos, e não políticos. Há tendência natural do administrador público, sobretudo se dirigente de órgão ou empresa estatal, a sofrer a natural influência político-partidária na tomada de decisões desse jaez. Entretanto, deve ser o entendimento da consultoria jurídica a prevalecer. Do contrário o administrador poderá tomar decisão equivocada, que poderá levá-lo ao banco dos réus, até na mesma ação de improbidade, ou outra promovida por irresponsabilidade na questão em foco.

Sobre a possibilidade de alteração da posição, do pólo passivo para o ativo, no curso da ação, não há unanimidade doutrinária. Rodolfo de Camargo Mancuso e José Carlos Barbosa Moreira parecem admitir a mudança (v. Mancuso, *Ação Popular, Proteção do Erário, do Patrimônio Público, da Moralidade Administrativa e do Meio Ambiente*, 3ª ed.,

São Paulo, Ed. RT, 1998, pp. 143 e ss., com ampla gama de citações, inclusive com apoio em Barbosa Moreira).

Jurisprudência

• Quando a ação civil pública por ato de improbidade for promovida pelo Ministério Público, o ente público interessado, eventualmente prejudicado pelo suposto ato de improbidade, deverá ser citado para integrar o feito na qualidade de litisconsorte. A pessoa jurídica de direito público intervém, no caso, como litisconsorte facultativo, não sendo hipótese de litisconsórcio necessário. Entendimento pacífico firmado pelas Turmas de Direito Público desta Corte Superior. A ausência da citação do Município não configura a nulidade do processo. 5. Recurso especial provido (STJ, REsp 526.982, rela. Denise Arruda, j. 6.12.2005, v.u.).

• Ação Civil Pública – Improbidade Administrativa – Habilitação do Estado como litisconsorte – Possibilidade – Interesse público demonstrado. Logo, a teor dos arts. 17, § 3º da Lei n. 8.429/92, 6º, § 3º da Lei n. 4.717/65 e art. 5º, § 2º da Lei da Ação Civil Pública, havendo interesse público – entendido este como a possibilidade da decisão da causa produzir reflexos na esfera administrativa – pode a pessoa jurídica de direito público ingressar no feito como litisconsorte, ativa ou passivamente (TJSC, AI 02.000194-5, rel. Volnei Carlin, j. 6.6.2002, v.u.).

• Ação civil pública – Pessoa jurídica de direito público – Assistência litisconsorcial no pólo passivo – Inadmissibilidade – Possibilidade apenas de litisconsórcio ativo – Falta de interesse em recorrer – Recurso da Municipalidade de São Paulo não conhecido.

Propaganda veiculada por *telemarketing* com menção ao nome dos apelados – Ato de improbidade administrativa – Inocorrência – Recurso do Ministério Público improvido.

Voto: (...) A Cia. de Engenharia de Tráfego – CET foi citada para integrar a lide na qualidade de litisconsorte ativa. Alegou não possuir direito material lesado ou interesse processual, não podendo pleitear em nome próprio direito alheio, ou seja, da Municipalidade (fls. 288-290). (...).

A Municipalidade de São Paulo foi citada para integrar a lide na qualidade de litisconsorte ativa. Ao fazê-lo, contudo, pleiteou sua admissão como assistente litisconsorcial dos réus, ao lado dos quais se postou defendendo sua conduta.

(...).

Na verdade, a pessoa jurídica de direito público só pode atuar no pólo ativo da demanda, ao lado do Ministério Público. Não parece ter nenhum sentido a sua admissão como assistente litisconsorcial dos réus.

Em primeiro lugar pela singela razão de que de assistência litisconsorcial não se trata, já que nenhuma relação jurídica existe entre a Municipalidade recorrente e o Ministério Público. Como bem observado pelo autor (fls. 788), a parte contrária é a própria Fazenda Pública do Município de São Paulo, substituída pelo Ministério Público, pela permissão outorgada pela Lei n. 8.429/92.

Tanto é verdade que, admitindo-se, *ad argumentandum tantum*, sua admissão nessa qualidade, a quem iria ela, Municipalidade, devolver o dinheiro relativo à condenação? A si própria? Em segundo lugar porque contraria frontalmente o objetivo da Lei n. 8.429/92 eventual admissão de quem representa o Poder Público, ao lado dos réus, defendendo uma conduta que a princípio é dada como prejudicial ao próprio Poder Público.

Assim, ou ingressa a pessoa jurídica de direito público ao lado do Ministério Público, como litisconsorte no pólo ativo, ou não ingressa em nenhum dos pólos, permanecendo inerte.

Por tais razões, não se conhece do recurso interposto pela Municipalidade de São Paulo, por falta de interesse em pleitear a condenação do seu litisconsorte em honorários advocatícios, já que não seria beneficiária de qualquer verba honorária a que viesse a ser condenado o Ministério Público (TJSP, 1ª C. de Direito Público, Ap 31.194-5/4, rel. Des. Scarance Fernandes, j. 9.3.1999, v.u.).

Litisconsórcio facultativo da pessoa jurídica de direito público

• Na ação civil pública por ato de improbidade administrativa proposta pelo Ministério Público, o Município interessado é litisconsorte facultativo e não necessário, consoante se depreende da leitura conjunta do § 3º do artigo 17 da Lei n. 8.429/92 e do § 3º do artigo 6º da Lei n. 4.717/65 (REsp 329.735-RO, rel. Min. Castro Meira, *DJ* 14.6.2004; REsp 319.009-RO, rela. Min. Eliana Calmon, *DJ* 4.11.2002; REsp 329.735-RO, rel. Min. Garcia Vieira, *DJ* 29.10.2001).

Não há, dessa forma, nulidade pela ausência de citação do Município, sobretudo se ausente qualquer prejuízo para o ente público. Aplicação do princípio da Instrumentalidade das Formas (art. 244 do CPC) (REsp 408.219-SP, rel. Min. Luiz Fux, *DJ* 14.10.2002). Recurso Especial provido, para afastar a preliminar de nulidade do processo por falta de citação do Município e determinar o retorno dos autos ao Tribunal de origem a fim de que analise as demais questões suscitadas na apelação (STJ, REsp 593.264, rel. Franciulli Netto, j. 21.6.2005, v.u.).

• É pacífico o entendimento desta Corte, no sentido de ser o Ministério Público legítimo para propor ação civil pública na hipótese de dano ao erário público. A eg. Primeira Seção reconhece que na ação civil por ato de improbidade, quando o autor é o Ministério Público, pode a unidade federativa, no caso, o Estado, figurar no pólo ativo, como litisconsorte facultativo, consoante disposto no art. 17, § 3º, da Lei 9.429/92, com a redação da Lei 9.366/96, não sendo hipótese de litisconsórcio necessário. Os artigos 1º do Código Penal e 6º da LICC, não foram analisados pelo acórdão recorrido, faltando assim o devido prequestionamento, incidindo as Súmulas 282 e 356 do STF. Agravo regimental improvido (STJ, AgR no Ag 483.620, rel. Francisco Peçanha Martins, j. 20.5.2005, v.u.)

• O Município, na ação civil pública proposta pelo Ministério Público, tendo como *causa petendi* improbidade do prefeito, é litisconsorte facultativo, por isso que a sua ausência não tem o condão de acarretar a nulidade do processo. Precedentes jurisprudenciais do STJ: REsp 329.735-RO; ROMS 12.408-RO; REsp 123.672-SP; REsp 167.783-MG; REsp 21.376-SP e REsp 37.354-SP, Aplicação, *in casu*, do Princípio da Instrumentalidade das Formas sob o enfoque de que "não há nulidade sem prejuízo" (art. 244, do CPC).

A promulgação da Constituição Federal de 1988 alargou o campo de atuação do *Parquet*, legitimando-o a promover o inquérito civil e a ação civil pública para a proteção do patrimônio público e social, do meio ambiente e de outros direitos difusos e coletivos, *ratio essendi* do art. 129, III, CF/88.

Consectariamente, o Ministério Público está legitimado a defender os interesses transindividuais, quais sejam os difusos, os coletivos e os individuais homogêneos. *In casu*, a ação civil pública foi ajuizada, porquanto presentes elementos que levaram o *Parquet* Estadual à conclusão de lesão ao erário público, por força do recebimento de valores indevidos pelos recorridos. Precedentes jurisprudenciais desta Corte. (...). Recurso Especial parcialmente conhecido e, nessa parte, improvido (STJ, REsp 565.317, rel. Luiz Fux, j. 14.9.2004).

• Em ação de improbidade administrativa não é o município litisconsorte necessário de qualquer das partes como pretende o recorrente, nem assistente ou opoente, em princípio, sendo apenas facultada sua intervenção no processo como estabelece o art. 17, § 3º, da Lei n. 8.429/92 (TJRS, Ap. Civ. 70004046181, rel. Roberto Canibal, j. 12.6.2002, v.u.).

Litisconsórcio necessário

• Em se tratando de ação civil pública por ato de improbidade administrativa, promovida pelo Ministério Público contra a pessoa do Prefeito Municipal, afigura-se necessária a citação do ente público municipal para, querendo, ingressar na lide apoiando o autor, em atenção ao interesse público, ante os termos do artigo 17, § 3º, da Lei 8.429/97 (Lei de Improbidade Administrativa) c/c o artigo 6º, § 3º, da Lei 4.717/65 (Lei da Ação Popular). Para a concessão de liminar, impõe-se a demonstração da plausibilidade do direito invocado.

Voto: (...) Vencido na 3ª preliminar, passo ao exame do mérito da manifestação recursal, mediante a qual o agravante pretende a citação do Município de Mendes Pimentel para, querendo, compor o pólo ativo da relação processual principal, e a obtenção de provimento liminar com o fito de compelir o agravado, Prefeito do mencionado Município, a suprimir as marcas inseridas em bens públicos que conduziriam à sua promoção política e partidária.

Quanto ao primeiro aspecto aventado no recurso citação da Municipalidade – tem razão o agravante.

Com efeito, o artigo 17, § 3º, da Lei 8.429/97 (Lei de Improbidade Administrativa), dispõe que, nas hipóteses em que a correspondente ação é ajuizada pelo Ministério Público, tem aplicabilidade o artigo 6º, § 3º, da Lei 4.717/65 (Lei da Ação Popular), que, por sua vez, determina a citação das pessoas jurídicas públicas cujos atos praticados pelos respectivos agentes estejam sendo questionados em juízo para, querendo, integrarem o pólo ativo processual, a fim de promover a defesa do interesse público.

Muito embora as qualidades de réu na ação principal e de Chefe do Executivo Municipal se confundam na pessoa do cidadão Firmino Gonçalves Nascimento, há que se estabelecer a distinção entre sua atuação como pessoa natural e sua função de representante da Municipalidade de Mendes Pimentel, respectivamente.

Na posição de réu, referido cidadão providenciará a sua defesa buscando resguardar seus interesses pessoais, ao passo que, investido no cargo de Prefeito Municipal, avaliará a viabilidade do ente político ingressar na causa ao lado do Ministério Público. Assim, não poderia o julgador originário se fundar em meras conjecturas para concluir que, na espécie, haveria recusa do Município em se empenhar ativamente no auxílio ao autor da demanda, ou seja, não poderia o magistrado singular adiantar, de forma presumida, uma atitude que não lhe competia tomar, desatendendo, assim, o imperativo legal consistente na necessidade de notificação do ente público.

Inexiste a incompatibilidade visualizada pelo MM. Juiz.

A única ressalva que se faz é que a citação deve, mesmo, ser feita na pessoa do Prefeito, e não do vice-Prefeito, cabendo à principal autoridade do Município verificar o necessário para dar atendimento à já mencionada norma legal (TJMG, Ap. Civ. 1.0396.04.014754-0/001(1), rel. Moreira Diniz, j. 16.12.2004, v.u.).

• Em se tratando de ação civil pública promovida pelo Ministério Público por suposto ato de improbidade administrativa, com prejuízo aos cofres públicos, com fulcro na Lei n. 8.429/92, obrigatória a citação, como litisconsorte necessário, da pessoa jurídica de direito público interessada, *in casu*, o Município, a teor do § 3º do artigo 17 daquele diploma, cuja ausência acarreta, em sede revisora e de ofício, a cassação da sentença, para que se proceda àquela formalidade essencial (TJMG, Ap. Civ. 1.0000.00.295325-5/000(1), rel. Pedro Henriques, j. 11.11.2002, v.u.).

Art. 17. (...)

§ 4º. **O Ministério Público, se não intervir no processo como parte, atuará obrigatoriamente como fiscal da lei, sob pena de nulidade.**

Vide arts. 129 da CF e 81 a 85 do CPC.

Já verificamos a atuação do Ministério Público ao comentar os artigos anteriores.

A Constituição Federal define o Ministério Público como instituição "essencial à função jurisdicional do Estado" (art. 127). De fato, o Ministério Público teve suas funções extremamente dilargadas com a nova ordem constitucional.

Hugo Nigro Mazzilli assim se manifesta: "O Ministério Público tanto provoca a prestação jurisdicional como órgão do Estado, destinado a fazer valer normas indisponíveis de ordem pública, como também a provoca quando auxilia um particular, ou substitui sua iniciativa, no zelo de interesses indisponíveis do cidadão" ("O acesso à Justiça e o Ministério Público", *RT* 638/241).

Mais adiante, o citado autor assevera que o Ministério Público pode ainda ser órgão interveniente nos processos em que, diante da qualidade de uma parte, deve zelar pela indisponibilidade de seus interesses ou suprir alguma forma de inferioridade. Pode, ainda, ser órgão interveniente pela natureza da lide, podendo existir um interesse público a zelar.

O princípio da moralidade administrativa é imposição constitucional (art. 37, *caput*). O Ministério Público tem igualmente o dever institucional de promover as medidas necessárias à garantia dos direitos constitucionais (art. 129, II). É, portanto, coerente o dispositivo, obrigando a sua participação nas ações e medidas previstas na lei, sob pena de nulidade.

E nem poderia ser de outra forma, por várias razões; dentre elas destacamos a possibilidade da existência de crime, detectado a partir das investigações e provas advindas da presente lei. É perfeitamente possível que o Ministério Público se convença da existência de crime, promovendo a ação penal pública competente. Assim, o Ministério Público acompanhará sempre o desenrolar processual da lei anotada, ora como autor, ora como *custos legis*.

Art. 17. (...) (*§§ 5º a 12 incluídos pela MP 2.180-34, de 24.8.2001*)

§ 5º. A propositura da ação prevenirá a jurisdição do juízo para todas as ações posteriormente intentadas que possuam a mesma causa de pedir ou o mesmo objeto.

A MP 2.180-34, ato normativo solitário do Presidente da República, editado diante de *relevância e urgência* (art. 62 da CF), pretendeu alterar a presente lei, inserindo os §§ 5º, 6º, 7º, 8º, 9º, 10, 11 e 12 ao art. 17 de seu texto original.

Inócuo, a esta altura, discutir se a matéria poderia ou deveria ter sido editada por medida provisória. Evidentemente que ao menos "urgência", no contexto exigido pela Constituição, certamente não existia para a sua edição. Quanto à "relevância", é discutível sua existência para os efeitos de edição da medida provisória.

Deixando de lado, portanto, essa discussão relativa ao veículo normativo e seus requisitos, quanto ao conteúdo, as modificações introduzidas apresentam-se como uma resposta legislativa à existência de alguns *abusos* na propositura e inadequado manejo – utilização – da ação de responsabilização por ato de improbidade.

A questão não é nova. Lamentavelmente, na sociedade ou em qualquer outra organização sempre é possível encontrar homens ou líderes mal-preparados, que gostam de chamar atenção para si a qualquer custo, não raro, *v.g.*, propondo *ações temerárias*, para obter ao menos "um dia de glória na imprensa" ou para atender a objetivos políticos menores, postando-se, pois, assim, além da legalidade, acima do bem e do mal, passando, evidentemente, ao largo do Direito e da Justiça, causando danos à honra e ao patrimônio dos indivíduos e não defendendo o patrimônio público ou social.

Felizmente esse fato apresenta-se como uma exceção nas organizações da família judiciária (Ministério Público, Defensoria Pública, Procuradorias etc.).

Nesse meio ambiente e para alterá-lo é que vieram, em larga medida, os §§ 5º, 6º, 8º e 11, todos do art. 17 da Lei de Improbidade.

As demais normas – a saber, os §§ 7º, 9º e 10, e mesmo o § 11 – são como que instrumentos para alcançar aquele objetivo de procurar limitar os abusos (racionalizar) na utilização da ação de improbidade, procurando imprimir maior responsabilidade no seu manejo.

O § 5º do art. 17 reafirma regra processual de *competência*. Proposta a demanda (v. arts. 87 e 263 do CPC), fixada estará a jurisdição (foro – juízo) para todas as ações posteriormente intentadas.

Não raro ocorre a propositura de ações civis públicas e de improbidade envolvendo o mesmo fato e, no tempo, diversos réus. O dispositivo, nesse aspecto, atribui ao Ministério Público maior responsabilidade para efetivamente verificar com cuidado o pedido e apresentá-lo perante a jurisdição de forma definitiva. A norma tem claro efeito pragmático.

Sobre a discussão acerca da *causa de pedir* é útil a consulta à obra de Mancuso, *Ação Popular*, tantas vezes recomendada por esse autor, por identidade material com a ação de improbidade.

No mais, a matéria é para processualistas, e não nos atrevemos a dissertar sobre ela. Nesse sentido, remetemos o leitor para Arruda Alvim, *Manual de Direito Processual Civil*, vol. II, e *Processo de Conhecimento*, Ed. RT, 1978. Vide ainda Araken de Assis, *Cumulação de Ações*, 4ª ed., Ed. RT, 2002.

Jurisprudência

• Processual e Administrativo. Conflito de Competência. Imóveis funcionais. Ocupação irregular por ex-deputados. Ações de improbidade. Identidade de causa de pedir e de objeto. 1. Não se registra identidade de causa de pedir e de objeto, para ensejar a aplicação do § 5º do art. 17 da Lei n. 8.429/1992 ("A propositura da ação prevenirá a jurisdição do juízo para todas as ações posteriormente intentadas que possuam a mesma causa de pedir e o mesmo objeto"), entre ações de improbidade propostas em face de ex-parlamentares federais que ocuparam indevidamente imóveis funcionais e do 4º Secretário da Câmara dos Deputados, responsável pela administração dos imóveis da Casa. 2. A hipótese não é identidade, senão de semelhança de causas. Não se trata de conexão (art. 103 – CPC), para cuja ocorrência é necessário que os processos digam respeito a um mesmo fato jurídico, o que impõe a reunião de feitos para evitar sentenças contraditórias. O escopo do legislador, com o instituto processual da conexão, não é o de evitar divergência jurisprudencial, que, sobre ser saudável, é sanada mediante a atuação dos órgãos recursais, e sim o de evitar decisões judiciais contraditórias em casos iguais. 3. Na hipótese, tendo cada ex-parlamentar uma situação jurídica autônoma e independente, a exigir defesa específica e exame individualizado de cada termo de ocupação, não se justifica a reunião dos processos, que devem ser distribuídos livremente. 4. Conflito de Competência conhecido. Competência do Juízo Suscitante (TRF 1ª Região, CC 200601000190250, rel. Olindo Menezes, j. 19.7.2006, v.u.).

• Processo Civil. Agravo de Instrumento. Ação Civil de improbidade. Prevenção. Lei 8.429, de 2.6.1992, art. 17, § 5º. Propostas duas ações de improbidade relativas a um determinado grupo de professores que, contratados mediante concurso público em regime de dedicação exclusiva, não observara esse regime, exercendo outra atividade remunerada, a primeira ação prevenirá a jurisdição para outra ou outras ações propostas, em face do que dispõe o § 5º do art. 17 da Lei 8.429, de 1992 (TRF 1ª Região, AI 200401000296565, rel. Tourinho Neto, j. 14.12.2004, v.u.).

Art. 17. (...)

§ 6º. A ação será instruída com documentos ou justificação que contenham indícios suficientes da existência do

ato de improbidade ou com razões fundamentadas da impossibilidade de apresentação de qualquer dessas provas, observada a legislação vigente, inclusive as disposições inscritas nos arts. 16 a 18 do Código de Processo Civil.

Como já observamos, a norma do § 6º do art. 17 é parte do conjunto que pretende conter a má utilização da ação de improbidade administrativa.

Nesse sentido, exige-se que a ação venha razoavelmente documentada. É claro que é preciso prudência do juiz na análise da norma, para não frustrar o direito do Ministério Público na defesa intransigente do patrimônio público e social.

Quer-se a defesa da probidade administrativa, mas com responsabilidade, sem aventuras.

Já averbamos em outra parte que os agentes ímprobos ou seus colaboradores são forjados na escola da desonestidade; portanto, seria ingênuo supor que seus passos pudessem estar marcados em terra firme com sua assinatura e firma reconhecida.

Indícios *suficientes* da existência do ato de improbidade *ou* razões fundamentadas da *impossibilidade* da apresentação dessas provas parecem indicar que o caminho do *equilíbrio*, da justa medida, é o que deseja o legislador.

É dizer: o conjunto geral da prova possível produzida é que deve ser avaliado pelo juiz para o regular trânsito da demanda.

A norma, de certo modo, induz o Ministério Público a utilizar de forma mais sistemática o *inquérito civil* e, com ele, todos os meios preparatórios que devem anteceder a propositura da ação civil de improbidade administrativa.

Do mesmo modo, a ampla colaboração e a atuação de todas as forças policiais e de investigação (Receita Federal, Cartórios, Banco Central, Juntas Comerciais etc.) devem todas ser acionadas para a detecção, apuração e investigação dos atos de improbidade administrativa, com o apoio, se for o caso, dos Tribunais de Contas.

Jurisprudência

• Agravo de instrumento – Ação Civil Pública – Inicial instruída com documentos que contêm indícios suficientes da existência do ato de improbidade administrativa – Possibilidade da produção de outras provas durante a instrução do processo – Determinação judicial com amparo no art. 130 do CPC – Interpretação do artigo 17, § 6º, da Lei n. 7.347/85.

Voto: (...) O entendimento de que nos termos do art. 17, § 6º, da Lei n. 8.429/92, todos os documentos devem ser juntados com a inicial, é equivocado. Ao contrário do que sustentam no recurso, o inquérito civil é peça meramente informativa, sendo juntados documentos indispensáveis ao ajuizamento da Ação Civil Pública. Afora isso, o art. 8º da Lei 7.347/85 não exclui a produção de prova posteriormente à inicial. O art. 17, § 6º, da Lei 8429/92, dispõe: "Art. 17. (...). § 6º. A ação será instruída com documentos ou justificação que contenham indícios suficientes da existência do ato de improbidade ou com razões fundamentadas da impossibilidade de apresentação de qualquer dessas provas, observada a legislação vigente, inclusive as disposições inscritas nos arts. 16 e 18 do CPC". Nesse contexto, a petição deve conter os mínimos elementos que sustentam a imputação da prática de ato de improbidade administrativa, todavia, não há exclusão de que, durante o tramite do processo, não seja possível a produção de qualquer outra prova. Outrossim, não há receio de dano irreparável, eis que, se ficar comprovado que as agravantes estão agindo em conformidade com a lei, não haverá prejuízo à parte ora agravada. Por outro, não há que se falar em cerceamento de defesa, pois, a instrução do processo está ocorrendo e a audiência para a oitiva de testemunhas será em novembro de corrente ano. Nesse sentido: Ação Civil Pública. Improbidade Administrativa. Produção de provas. Cabe ao prudente arbitrio do juiz, como destinatário da prova, indeferir aquela que reputar desnecessária. Cerceamento probatório que não se ostenta. Agravo desprovido (agravo de instrumento n. 70003546512, Terceira Câmara Cível, Tribunal de Justiça do RS. Relator: Luiz Ari Azambuja Ramos, j. 21.3.2002). Portanto, em sendo, magistrado, o destinatário da prova e, não havendo óbice para o seu deferimento, mostra correta a decisão agravada. Ademais, cumpre referir que haverá, ainda, produção de provas, inclusive na audiência, sendo oportunizado a parte contrária, manifestar-se no momento oportuno, bem como, analisar toda a prova constante no processado (fls 74-76). Como se observa, não prospera a inconformidade das agravantes com a douta decisão agravada que bem aplicou as normas processuais à espécie.

A peça inicial contém os elementos necessários e suficientes para o desencadeamento da ação e nestes termos foi recebida (fls. 19-21). Tem-se, pois, que o autor instruiu convenientemente sua pretensão, superando a fase de acolhimento da peça inaugural e prosseguimento da ação. O que se exige para dar início ao processo é a presença dos mínimos elementos que contenham indícios suficientes da existência do ato de improbidade administrativa. E isso foi feito. Depois, nada impedia, observado o contraditório e eventual preclusão, a produção de novas provas ao longo da instrução, quer pela requisição do livro-ponto, quer pela oitiva de testemunhas e tomada de depoimento pessoal da parte contrária, considerando a gravidade dos fatos imputados às agravantes, a fim de se alcançar a verdade. A decisão que acolheu a produção das provas requeridas, está rigorosamente de acordo com o disposto no art. 130 do CPC, não merecendo reparo. Não se vislumbrando prejuízo às autoras com o ato judicial impugnado, que preserva o contraditório e a ampla defesa, e tendo sido observadas as formalidades legais, encaminho o voto pelo desprovimento do agravo (TJRS, AI 70007016579, rel. João Carlos Branco Cardoso, j. 5.11.2003, v.u.).

Art. 17. (...) (*§§ 7º a 12 incluídos pela MP 2.180-34, de 24.8.2001; nova redação dada pela MP 2.225-45, de 4.9.2001*)

§ 7º. Estando a inicial em devida forma, o juiz mandará autuá-la e ordenará a notificação do requerido, para oferecer manifestação por escrito, que poderá ser instruída com documentos e justificações, dentro do prazo de quinze dias.

§ 8º. Recebida a manifestação, o juiz, no prazo de trinta dias, em decisão fundamentada, rejeitará a ação, se convencido da inexistência do ato de improbidade, da improcedência da ação ou da inadequação da via eleita.

§ 9º. Recebida a petição inicial, será o réu citado para apresentar contestação.

§ 10. Da decisão que receber a petição inicial, caberá agravo de instrumento.

§ 11. Em qualquer fase do processo, reconhecida a inadequação da ação de improbidade, o juiz extinguirá o processo sem julgamento do mérito.

As normas em foco querem evitar que haja a formação de ação temerária. Desse modo, já após sua *propositura* há a primeira análise pelo juiz, o que é denominado pela lei de "devida forma"; após o quê determinará o magistrado as providências de praxe relativas a autuação, numeração etc. (art. 166 do CPC).

Estando minimamente articulada a ação, o juiz, após as providências de autuação, numeração e registro da ação, determinará a notificação do requerido para manifestar-se.

Não será ainda a contestação, que, se superada essa fase de "defesa prévia", virá adiante, após a citação (§ 9º do mesmo art. 17).

Quid juris se o requerido não apresentar sua manifestação? A ação prosseguirá, e ele deverá ser forçosamente citado, pois, embora com a propositura da ação haja a prevenção do juízo (§ 5º), somente com a citação válida o processo forma-se regularmente (arts. 213 e 214 do CPC), e seria inconstitucional considerar a ausência de manifestação *preliminar* (*prévia*) como verdadeiro exercício do direito de defesa, quando sequer houve ainda a citação, apenas a notificação.

É óbvio que a norma é de ser aplaudida, pois vai ao encontro à racionalidade e economia processual. Apresentada pelo requerido sua manifestação documentada, poderá desde logo ficar evidenciado que a ação é totalmente improcedente, como, por hipótese, um grande engano – *v.g.*, o requerido não seria parte ou não teria participação alguma nos atos imputados como de improbidade. Desde logo, abre-se a possibilidade de o juiz, nos 30 dias seguintes à manifestação do requerido, rejeitar a ação, fundamentadamente (§ 8º).

Nenhuma novidade acerca das possibilidades abertas ao Estado-Juiz para, nessa fase, rejeitar a ação. A *inexistência* do ato de improbidade exige, normalmente, pesquisa mais densa, e certamente demandará documentação suficiente, justificação plausível e densa.

Dificilmente, acreditamos, poder-se-á chegar a essa conclusão de *inexistência* do ato de improbidade já nessa fase. Mas não é impossível quando a manifestação do requerido consiga demonstrar de forma robusta a *inexistência* do ato de improbidade ao menos no que tange à sua conduta nos atos tidos como ímprobos, desonestos, desviados dos princípios e normas que devem nortear a Administração Pública Brasileira.

O que seria *ato inexistente*? O ato de improbidade não teria ocorrido no mundo fenomênico, ou o requerido não teria participado do ato ímprobo? Parece que a lei refere-se à segunda hipótese, embora logo a seguir o dispositivo faça referência a "improcedência" da ação (mérito) ou "inadequação" da via eleita (matéria processual). Vide §§ 8º e 11.

Recebida a petição inicial, abre-se ao requerido a possibilidade de interpor agravo de instrumento (art. 17, § 10).

Jurisprudência

• Processual Civil. Improbidade administrativa. Notificação prévia dos réus para apresentação de defesa. Necessidade. Medida liminar de indisponibilidade de bens. Inadmissibilidade. 1. Para evitar o abuso do direito de demandar, e ensejar o exame expresso e destacado da admissibilidade da ação civil pública por improbidade administrativa, mostra-se imperioso o órgão judiciário cumprir o art. 17, § 7º, da Lei 8.429/92. A medida de indisponibilidade de bens, destinada a assegurar a reparação do dano ao patrimônio público, prevista no art. 7º da Lei 8.429/92, se vincula à verificação dos requisitos do *fumus boni iuris* e do *periculum in mora*.

À configuração do receio de lesão "não basta o simples temor subjetivo, desacompanhado de razões concretas" (Galeno Lacerda).

Voto: (...) 1. Duas são as questões ventiladas no agravo de instrumento: a) cumprimento do art. 17, § 7º, da Lei 8.429/92 e b) deferimento da indisponibilidade de bens.

Em relação ao primeiro ponto, é necessário destacar que a ação civil por improbidade tem uma fase de admissibilidade destacada, para efeitos de melhor controle dos abusos do direito de demandar contra as autoridades, conforme observa Hely Lopes Meirelles (*Mandado de Segurança*, 25ª ed., São Paulo, Malheiros, 2003, p. 217):

"O § 7º do art. 17 cria uma fase de defesa prévia dos réus, com a possibilidade de juntada de razões escritas e documentos, após o quê o juiz poderá rejeitar a ação de plano, na forma do § 8º. Somente após a defesa prévia é que o juiz receberá a ação e mandará efetivamente citar o réu (§ 9º) – decisão, esta, impugnável por agravo de instrumento (§ 10). O objetivo do novo procedimento, que a princípio pode parecer repetitivo, é o de filtrar as ações que não tenham base sólida e segura, obrigando o juiz – com possibilidade de recurso ao tribunal – examinar efetivamente, desde logo, com atenção e cuidado, as alegações e os documentos da inicial, somente dando prosseguimento àquelas ações que tiverem alguma possibilidade de êxito e bloqueando aquelas que não passem de alegações especulativas, sem provas ou indícios concretos."

Assim, imperioso que se cumpra a disposição do art. 17, § 7º, da Lei 8.429/92, possibilitando ao agravante a apresentação da defesa preliminar. (...).

2. Pelo fio do exposto, dou provimento ao agravo de instrumento, para ordenar a notificação prévia do agravante para os efeitos do art. 17, § 7º, da Lei 8.429/92 e tornar sem efeito o decreto de indisponibilidade dos bens (TJRS, AI 70011311883, rel. Araken de Assis, j. 15.6.2005, v.u.).

• O Ministério Público é parte legítima para promover Ação Civil Pública visando ao ressarcimento de dano ao erário público. O Ministério Público, por força do art. 129, III, da CF/88, é legitimado a promover qualquer espécie de ação na defesa do patrimônio público social, não se limitando à ação de reparação de danos. Destarte, nas hipóteses em que não atua na condição de autor, deve intervir como *custos legis* (LACP, art. 5º, § 1º; CDC, art. 92; ECA, art. 202 e LAP, art. 9º). O § 1º do art. 219 do CPC dispõe que "A interrupção da prescrição retroagirá à data da propositura da ação (§ 1º com redação dada pela Lei n. 8.952, de 13.12.1994)". A demanda ajuizada tempestivamente não pode ser prejudicada pela decretação de prescrição em razão da mora atribuível exclusivamente aos serviços judiciários. Incidência da Súmula n. 106/STJ, *verbis*: "Proposta a ação no prazo fixado para o seu exercício, a demora na citação, por motivos inerentes ao mecanismo da Justiça, não justifica o acolhimento da argüição de prescrição ou decadência". Não compete ao autor da ação civil pública por ato de improbidade administrativa, mas ao magistrado responsável pelo trâmite do processo, a determinação da notificação prevista pelo art. 17, § 7º, da Lei de Improbidade. Ressalva do ponto de vista do Relator no sentido de que a Ação de Improbidade é ação civil com conteúdo misto administrativo-penal, a qual aplicam-se subsidiariamente o CPC e o CPP, este notadamente na dosimetria sancionatória, sempre à luz da regra exegética de que *lex specialis derrogat lex generalis*. No âmbito civil, é cediço que as regras do procedimento ordinário apenas incidem nas hipóteses de lacuna e não nos casos de antinomia. 7. Recurso especial conhecido e provido (STJ, REsp 751.230, rel. Luiz Fux, j. 15.8.2006, v.u.).

• Processual civil. Recurso Especial. Ação de improbidade administrativa contra ex-prefeito. Decretação da prescrição de ofício pelo Tribunal *a quo*. Impossibilidade. Retroação dos efeitos da citação à data do ajuizamento da ação. Súmula n. 106/STJ. Notificação Prévia. Art. 17, § 7º, da Lei n. 8.429/92. Atribuição do Magistrado. Tratam os autos de ação civil de improbidade administrativa movida pelo Ministério Público do Estado do Rio Grande do Sul contra Edegar Munari Rapach, ex-Prefeito do Município de Tramandaí, e Outros, pela prática de atos de improbidade consistentes em firmação de contrato irregular de prestação de serviços para coleta de lixo urbano, com dispensa de licitação. Requereu-se a indisponibilidade de bens e a quebra de sigilos bancário e fiscal. O juízo de primeiro grau não deferiu, liminarmente, a indisponibilidade de bens e a quebra de sigilos bancário e fiscal, e determinou a citação em 27.12.2001. Manifestou-se o Ministério Público no sentido da declaração de nulidade do ato praticado pelo magistrado que recebeu a inicial, reconhecendo as contestações apresentadas como as manifestações por escrito referidas no art. 17, § 7º, da Lei 8.429/92, e prosseguimento do feito, nos termos requeridos na petição inicial e nova citação dos réus. O juiz declarou a nulidade dos atos processuais praticados, inclusive as citações, em face do não-cumprimento da regra inserida no § 7º do art. 17 da Lei 8.429/92. Determinou, ainda, a notificação prevista nesse preceito legal. Incontinenti, proferiu o magistrado singular despacho com a determinação de remessa dos autos ao Tribunal de Justiça tendo em vista a prerrogativa de foro do ex-prefeito. Acórdão extinguiu o feito em relação ao réu Edegar Munari Rapach por ter-se operado a prescrição da ação de improbidade, remetendo-se os autos ao juízo de primeiro grau. Recurso especial do Ministério Público apontando violação dos arts. 219, *caput*, e §§ 1º e 2º, do CPC e 23, I, da Lei 8.429/92. Parecer do Ministério Público Federal opinando pelo conhecimento e provimento do apelo nobre. 2. O § 1º do art. 219 do CPC dispõe que "A interrupção da prescrição retroagirá à data da propositura da ação". Havendo a demanda sido ajuizada dentro do qüinqüênio previsto na lei de improbidade (art. 23, I), não pode a parte autora, no caso, o Ministério Público do Estado do Rio Grande do Sul, ser prejudicada pela decretação de prescrição em razão de mora atribuível aos serviços judiciários. Incidência da Súmula n. 106/STJ ("Proposta a ação no prazo fixado para o seu exercício, a demora na citação, por motivos inerentes ao mecanismo da Justiça, não justifica o acolhimento da argüição de prescrição ou decadência"). 3. Não compete ao autor da ação civil pública por ato de improbidade administrativa, mas ao magistrado responsável pelo trâmite do processo, a determinação da notificação prevista pelo art. 17, § 7º, da Lei de Improbidade, não podendo a parte sofrer prejuízo algum em razão de seu não-cumprimento. (...). 6. Recurso especial conhecido e provido, com a finalidade de, afastada a prescrição em relação a Edegar Munari Rapach, serem os autos encaminhados ao juízo de primeiro grau para que dê continuidade ao regular exame do feito, procedendo-se a citação de todos os réus na forma da lei (STJ, REsp 770.365, rel. José Delgado, j. 20.6.2006, v.u.).

• A ação civil pública decorrente de ato de improbidade administrativa, deve ser proposta até cinco anos após o término do exercício do mandato ou cargo em comissão, consoante o art. 23, I da Lei n. 8.429/92. *In casu*, o mandato do ex-prefeito foi extinto em 31.12.1996 (fls. 540) e a ação civil restou proposta pelo Ministério Público em 29.1.2001 (fls. 02), respeitando-se, portanto, o prazo quinquenal. É cediço nesta Corte de Justiça que: o § 1º do art. 219 do CPC dispõe que "A interrupção da prescrição retroagirá à data da propositura da ação" (§ 1º com redação dada pela Lei n. 8.952, de 13.12.1994). Tendo a demanda sido ajuizada tempestivamente, não pode a parte autora ser prejudicada pela decretação de prescrição em razão da mora atribuível exclusivamente aos serviços judiciários. Incidência da Súmula n. 106/STJ ("Proposta a ação no prazo fixado para o seu exercício, a demora na citação, por motivos inerentes ao mecanismo da Justiça, não justifica o acolhimento da argüição de prescrição ou decadência") – REsp 700.038-RS, Ministro José Delgado, *DJ* 12.9.2005. Consoante o art. 17, § 7º, da Lei de Improbidade, não compete ao autor da ação civil pública por ato de improbidade administrativa, mas ao magistrado responsável pelo trâmite do processo, a determinação da notificação prevista pela lei. Conseqüentemente, a ausência da notificação requerida pelo Ministério Público nos termos do art. 17, § 7º, da Lei n. 8.429/92, não influi no prazo processual, impondo-se a observância ao artigo 219, § 1º, do Código de Processo Civil. Precedentes: REsp 704.323-RS, Relator Ministro Francisco Falcão, *DJ* 6.3.2006. REsp 813.700-RS, Ministro Francisco Falcão, *DJ* 27.3.2006 (STJ, REsp 750.187, rel. Luiz Fux, j. 19.9.2006, v.u.)

• Em respeito à garantia constitucional da ampla defesa, pode o agravante obter cópia dos autos da ação de improbidade. A defesa prévia é similar à contestação já que o requerido poderá argüir questões prejudiciais, preliminares e de mérito e poderá juntar prova de suas alegações.

Voto: (...) O fato do agravante ter sido intimado para apresentar defesa prévia e não para contestar não autoriza o afastamento da garantia da ampla defesa. O objetivo do legislador com a defesa prévia foi dar condições ao requerido de argüir questões prejudiciais, preliminares e de mérito, como se fosse uma contestação, com o fim de tentar convencer o magistrado a rejeitar a ação de improbidade contra si proposta. Ora, assim, não se pode impedir ao requerido o livre acesso aos autos, inclusive com a obtenção de cópias das peças que entenda sejam fundamentais à sua defesa. Há um direito constitucionalmente garantido.

Ademais, mesmo sendo vários os requeridos, sempre haverá a possibilidade de restituição do prazo, se os autos não estiverem no cartório quando procurados, nos termos do art. 180 do CPC. Ante o exposto, confirmando a decisão de fl. 17, dou provimento ao agravo de instrumento. É o voto (TRF 1ª Região, AI 2004.01.00.015768-4-DF, rel. Hilton Queiroz, j. 4.8.2004, v.u.)

• Processo Civil. Ação de Improbidade Administrativa. Levantamento de depósitos judiciais mediante alvarás falsificados. Falta de notificação dos requeridos (§ 7º do art. 17 da Lei 8.429, de 1992). Prescrição. O ato ímprobo. 1. Prevê o § 7º do art. 17 da 17 da Lei 8.429, de 1992, a notificação prévia do requerido, antes do recebimento ou rejeição da inicial. No entanto, em razão do princípio da instrumentalidade, se o requerido, ao contestar o pedido, nada alegar, a inobservância da norma não pode implicar nulidade. *Pas de nulité sans grief.* "A nulidade dos atos deve ser alegada na primeira oportunidade em que couber à parte falar nos autos, sob pena de preclusão" (CPC, art. 245), salvo quando a nulidade é absoluta, que não é o caso dos autos. 2. Não sendo o réu, servidor público, ainda que em *lato sensu*, o prazo prescricional, também de cinco anos, começa a correr quando o ato tornou-se conhecido. Ação ajuizada em 14.2.2001. Ato conhecido depois de 12.2.1996. 3. Demonstração perfeita e cabal do conluio dos réus, servidores públicos e não servidores, para levantamento de depósitos judiciais, resíduos das contas, na Caixa Econômica Federal, por meio de alvarás fraudados, falsificação das assinaturas de servidores e do juiz. Método aplicado para fazer o dinheiro percorrer por diversas contas correntes de terceiros que foram usados, vulgarmente chamados de laranjas, para despistar. 4. Para ressarcimento da entidade pública, não pode o réu ser condenado, ao mesmo tempo, na perda dos bens ou valores acrescidos ilicitamente ao seu patrimônio e ao ressarcimento integral do dano (Lei 8.429/1992, art. 12, I). (...) Se a perda dos bens ou valores não for suficiente para ressarcir a entidade, fará ele o pagamento em dinheiro do que remanesceu (TRF 1ª Região, Ap. Civ. 200132000012120, rel. Tourinho Neto, j. 3.4.2006, v.u.)

• Em se tratando de ação de improbidade administrativa, torna-se imperiosa a notificação do réu para apresentar defesa prévia, eivando-se de nulidade o ato judicial que, descurando da norma inserta no § 7º do art. 17 da Lei n. 8.429/92, recebe a petição inicial e determina a citação do réu para contestar o feito (TJMG, Ag 1.0180.04.020905-8/001(1), rel. Silas Vieira, j. 16.12.2004, v.u.).

• Se a notificação do requerido é condição de procedibilidade da ação civil pública por atos de improbidade administrativa (art. 17, § 7º, da Lei n. 8.429/92), configura cerceamento ao direito de defesa da parte a decisão judicial que concede liminar, sem a prévia manifestação, por escrito, do requerido trazendo, como conseqüência, a nulidade do processo a partir do ato inquinado de ilegal (TJMG, Ag 1.0460.04.014847-6/001(1), rel. Edílson Fernandes, j. 9.11.2004, v.u.).

• Se a pretensão deduzida em juízo não visa à condenação de ex-Prefeito Municipal à prestação das contas relativas a convênio celebrado com entidade-federal, mas objetiva a reparação dos danos causados aos cofres municipais em decorrência da má-administração dos recursos oriundos do mencionado ajuste, patente é a legitimidade do Município para propor a ação de ressarcimento ao erário. 2 – Preliminar rejeitada. Agravo de Instrumento – Ação de Improbidade Administrativa – Ausência de notificação do réu para apresentar defesa prévia – Recebimento da inicial – Citação. Se o magistrado singular vislumbrando mácula no processo por inobservância da regra prevista na norma inserta no § 7º do art. 17, da Lei n. 8.429/92, chama-o a ordem e determina a citação do réu na forma do § 9º, do mesmo dispositivo legal, supre a irregularidade, bem como prestigia o princípio da instrumentalidade das formas, máxime se cogitarmos que a anulação de parte do processo apenas protelaria a solução da controvérsia.

Voto: O Sr. Des. Silas Vieira: Vencido quanto a preliminar de ilegitimidade ativa "ad causam", passo ao exame do mérito. (...).

Alega, o recorrente, que a juíza primeiro, ao admitir a contestação como defesa prévia, contrariou o que dispõe o artigo 17 da Lei 8.429/92, pugnando pela extinção do processo nos termos do inciso V do art. 295 do Código de Processo Civil.

Pois bem. Certo é que, em se tratando de ação de improbidade administrativa, torna-se imperioso a notificação do réu para apresentar defesa prévia, eivando-se de nulidade o ato judicial que, descurando da norma inserta no § 7º do art. 17, da Lei n. 8.429/92, recebe a petição inicial e incontinenti, determinar a citação do réu para contestar o feito. A propósito, dispõe o art. 17, da Lei de Improbidade Administrativa que a ação principal terá rito ordinário e será proposta pelo Ministério Público ou pela pessoa jurídica interessada, observando-se o seguinte: "Estando a inicial em devida forma, o juiz mandará autuá-la e ordenará a notificação do requerido, para oferecer manifestação por escrito, que poderá ser instruída com documentos e justificações, dentro do prazo de quinze dias" (art. 17, § 7º, da Lei n. 8.429/92). "Recebida a manifestação, o juiz, no prazo de trinta dias, em decisão fundamentada, rejeitará a ação, se convencido do ato de improbidade administrativa, da improcedência da ação ou da inadequação da via eleita" (art. 17, § 8º, da Lei n. 8.429/92). "Recebida a petição inicial, será o réu citado para apresentar contestação" (art. 17, § 9º, da Lei n. 8.429/92).

Da simples leitura dos dispositivos legais supra citados, conclui-se que a ação de improbidade administrativa prevê um rito ordinário específico para o seu processamento, através do qual, compete ao Magistrado, antes de admitir a demanda, notificar o "indiciado para oferecer resposta por escrito, que poderá ser instruída com documentos e justificações".

Ao lecionar sobre o tema, o i. processualista Professor Ernane Fidelis assevera que a particularidade específica da ação referente à improbidade administrativa quanto a seu procedimento "é a de que a inicial só será recebida após a notificação do requerido no prazo de quinze dias, podendo o juiz rejeitar de plano a ação, o que importa, em princípio, em efetivo julgamento de mérito (§§ do referido art. 17, com redação da mesma MP)" (*Improbidade Administrativa 10 anos da Lei n. 8.429/92*, Del Rey, p. 116).

Tal procedimento revela-se necessário em razão da gravidade das penas estabelecidas na Lei de Improbidade Administrativa, v.g., perda da função pública, suspensão dos direitos políticos, proibição de contratar com o Poder Público pelo prazo de 10 (dez) anos, dentre outras.

No caso em comento, constata-se que a MM. Juíza da causa, inicialmente não atentou para a regra prevista nos §§ do art. 17, da Lei n. 8.429/92, porquanto, *in limine litis*, recebeu a demanda e determinou a citação do réu, antes mesmo de notificá-lo para defesa prévia.

Não obstante, no decorrer do processo, a juíza sentenciante, vislumbrando a mácula processual, chamou o processo à ordem e recebeu a petição de f. 37-39 como notificação prévia, rejeitando as alegações e determinando a citação do réu nos termos do art. 17, § 9º, da Lei n. 8.492/92, medida que se fez necessária para regularidade do feito.

Dar guarida ao entendimento diverso implicaria na prevalência da forma sobre o conteúdo, em flagrante afronta ao princípio da celeridade e instrumentalidade das formas, máxime se cogitarmos que a anulação de parte do processo apenas protelaria a solução da controvérsia.

É o que nos ensina o Professor Nelson Nery Júnior e Rosa Maria Andrade Nery, em sua obra *Código de Processo Civil Comentado e legislação processual civil extravagante em vigor*, 3ª ed., Ed. RT,1997, p. 523: "O Código adotou o princípio da instrumentalidade das formas, segundo o qual o que importa é a finalidade do ato e não ele em si mesmo considerado. Se puder atingir sua finalidade, ainda que irregular na forma não se deve anulá-lo". Com tais considerações, nego provimento ao recurso (TJMG, Ag 1.0474.02.001525-8/001, rel. Silas Vieira, j. 6.10.2005, v.u.)

• Nos termos expressos do art. 17, § 7º, da Lei n. 8.429/92, deve ser oportunizada a manifestação de defesa prévia pelo acusado de improbidade administrativa, antes do recebimento da peça inicial, à semelhança do que ocorre no processo penal. A inobservância traduz-se em nulidade do procedimento, por ofensa ao devido processo legal, com os corolários do contraditório e da ampla defesa (art. 5º, LIV e LV, da CF/88).

Voto: (...) com efeito, a ação de improbidade administrativa tem uma fase de admissibilidade destacada, com a finalidade de melhor controlar eventuais abusos do direito de demandar contra as autoridades, consoante lição de Hely Lopes Meirelles, in *Mandado de Segurança, Ação Popular, Ação Civil Pública, Habeas Data*, 25ª ed., São Paulo, Malheiros, 2003, p. 217:

"O § 7º do art. 17 cria uma fase de defesa prévia dos réus, com a possibilidade de juntada de razões escritas e documentos, após o quê o juiz poderá rejeitar a ação de plano, na forma do § 8º. Somente após a defesa prévia é que o juiz receberá a ação e mandará efetivamente citar o réu (§ 9º) – decisão, esta, impugnável por agravo de instrumento (§ 10). O objetivo do novo procedimento, que a princípio pode parecer repetitivo, é o de filtrar as ações que não tenham base sólida e segura, obrigando o juiz – com possibilidade de recurso ao tribunal – examinar efetivamente, desde logo, com atenção e cuidado, as alegações e os documentos da ini-

DO PROCEDIMENTO ADMINISTRATIVO E DO PROCESSO JUDICIAL 217

cial, somente dando prosseguimento àquelas ações que tiverem alguma possibilidade de êxito e bloqueando aquelas que não passem de alegações especulativas, sem provas ou indícios concretos."
Assim, imperioso que se cumpra a disposição do art. 17, § 7º, da Lei n. 8.429/92, possibilitando ao agravante a apresentação da defesa preliminar, sob pena de ofensa ao devido processo legal, com os corolários do contraditório e da ampla defesa (art. 5º, LIV e LV, da CF/88).
Nesse sentido, a título exemplificativo:
"Processual Civil. Improbidade Administrativa. Notificação prévia dos réus para apresentação de defesa. Necessidade. Medida liminar de indisponibilidade de bens. Inadmissibilidade. 1. Para evitar o abuso do direito de demandar, e ensejar o exame expresso e destacado da admissibilidade da ação civil pública por improbidade administrativa, mostra-se imperioso o órgão judiciário cumprir o art. 17, § 7º, da Lei 8.429/92. A medida de indisponibilidade de bens, destinada a assegurar a reparação do dano ao patrimônio público, prevista no art. 7º da Lei 8.429/92, se vincula à verificação dos requisitos *do fumus boni iuris* e do *periculum in mora*. À configuração do receio de lesão 'não basta o simples temor subjetivo, desacompanhado de razões concretas' (Galeno Lacerda). 2. Agravo de Instrumento provido" (Agravo de Instrumento 70011311883, Quarta Câmara Cível, Tribunal de Justiça do RS, Relator: Araken de Assis, j. 15.6.2005).
"Agravo Regimental. Improbidade Administrativa. Ação Civil Pública. Nulidade. Citação. Notificação. Defesa prévia. Ato singular. Cabimento. Nas ações de improbidade administrativa de competência originária deste Tribunal, está o Relator autorizado a decretar a nulidade do processo pela inobservância do artigo 17, § 7º, da Lei n. 8.429/92 e determinar a notificação dos Réus para apresentação de defesa prévia por ato singular, contra a qual cabe agravo regimental para o órgão colegiado. Hipótese em que a ação foi ajuizada depois da edição da Medida Provisória n. 2.088-35, de 27.12.2000. Recurso desprovido" (Agravo Regimental 70011755923, Vigésima Segunda Câmara Cível, Tribunal de Justiça do RS, Relatora: Maria Isabel de Azevedo Souza, j. 9.6.2005).
"Agravo Regimental. Improbidade Administrativa. Defesa prévia. Decisão que declara a nulidade das citações operadas no feito. Incidência do regramento cogente do artigo 17, § 7º, da Lei n. 8.492/92, não observada na peça vestibular e no despacho inicial. Invalidade que deve ser proclamada a qualquer tempo e grau de jurisdição. Agravo Regimental desprovido" (Agravo Regimental 70007574361, Vigésima Segunda Câmara Cível, Tribunal de Justiça do RS, Relator: Augusto Otávio Stern, j. 11.11.2003) (TJRS, AI 70012503512, rel. Adão Sergio do Nascimento Cassiano, j. 5.10.2005, v.u.)

• Em ação civil pública proposta com base na improbidade administrativa de ex-agente político, cumpre ao juiz, antes de receber a petição inicial, notificar o requerido para oferecimento da defesa prévia, "ex vi" dos §§ 7º, 8º e 9º do art. 17 da Lei n. 8.429/1992. A inobservância do procedimento especial previsto no mencionado dispositivo resulta, por violação ao devido processo legal, na nulidade da decisão que aprecia a liminar e determina a citação, sobretudo porque tais providências sucedem o juízo positivo de admissibilidade da demanda. Agravo provido (TJMG, Ag 1.0460.03.011482-7/001(1), rel. Edgard Penna Amorin, j. 17.2.2005).

• Ação civil por ato de improbidade administrativa. Antecipação da tutela. Decisão. Deferimento "initio litis". Nulidade. Requeridos. Notificação prévia. Inexistência. Em obséquio do devido processo legal, expressamente assegurado no art. 5º, LIV e LV, da Constituição Federal, é nula a decisão interlocutória proferida em ação civil por ato de improbidade administrativa que defere, "initio litis", a antecipação dos efeitos da tutela sem a realização dos atos previstos nos §§ 7º, 8º e 9º do art. 17 da Lei n. 8.429/1992, com as alterações que lhe foram introduzidas pela Medida Provisória n. 2.225/2001. Acolhe-se a preliminar suscitada e anula-se a decisão agravada (TJMG, Ag 1.0000.00.314487-0/000(1), j. 13.3.2003, v.u.)

• Ausente a concretização do suposto atuar ímprobo, sobressai a falta de interesse processual superveniente. Tratando-se de ação cível com cunho penal, a atipicidade da conduta assemelha-se à impossibilidade jurídica do pedido, mercê da falta notória do interesse de agir quer por repressão quer por inibição, impondo o indeferimento da inicial e a conseqüente extinção do processo sem análise do mérito, por isso que ausente a violação do art. 267 do CPC. Deveras, o atual § 8º do art. 17 da Lei 8.429/92 permite ao magistrado indeferir a inicial julgando improcedente a ação se se convencer da inexistência do ato de improbidade. Conseqüentemente, se assim o faz, não há violação da lei, senão seu cumprimento. Outrossim, considerando que *in casu* o Tribunal local concluiu pela improcedência da ação com base na valoração dos fatos, na impossibilidade jurídica do pedido e na revogação do ato, esvaziando a suposta improbidade, tem-se que, mercê de inexistir violação do art. 267 do CPC, não é lícito ao STJ empreender a análise que engendrou o Tribunal local, sob pena de infringir a Súmula 7/STJ. Recurso Especial parcialmente conhecido e desprovido (STJ, REsp 721.190, rel. Luiz Fux, j. 13.12.2005, v.u.)

• Agravo de Instrumento. Improbidade Administrativa. Admissibilidade da inicial. O convencimento a que se refere o legislador no artigo 17, § 8º, da Lei n. 8.429/92, para a extinção prematura da ação de improbidade, é aquele formado a partir de um juízo de certeza (quanto à inexistência do ato de improbidade, à improcedência da ação ou à inadequação da via eleita) (TJRS, AI 70005932330, rela. Mara Larsen Chechi, j. 12.5.2005, v.u.)

• Processual Civil. Ação de Improbidade Administrativa. Rejeição da ação. Não comprovação da inexistência do ato de improbidade. 1. O art. 17, § 8º, da Lei 8.429/92, possibilita a rejeição da ação se o juiz estiver convencido da inexistência do ato de improbidade. No entanto, a comprovação de inexistência do ato deve ser cabal, ao passo que existindo indícios da prática da improbidade, o processo deve ter regular tramitação (TJRS, AI 70009779133, rel. Araken de Assis, j. 22.12.2004, v.u.)

• Apelação Cível. Ação Civil Pública. Improbidade Administrativa. Juízo de admissibilidade após a defesa-prévia. Princípio regente. 1. No momento processual do juízo de admissibilidade da ação civil pública, após a defesa-prévia, não vigora o princípio *in dubio pro reo*, mas o *in dubio pro societate*, assim como, por exemplo, na área criminal, relativamente à pronúncia e ao recebimento da denúncia, inclusive, relativamente aos crimes de responsabilidade dos funcionários públicos, de igual modo após defesa-prévia (CPP, art. 516). Exegese do art. 17, § 8º, da Lei 8.429/92, acrescido pela MP 2.225-45, de 4.9.2001. 2. Apelação provida em parte (TJRS, Ap. Civ. 70008399388, rel. Irineu Mariani, j. 15.12.2004).

• Agravo de Instrumento. Ação de Improbidade. Exclusão do pólo passivo. Fase inicial da demanda. Defesa da jurisdição. Atividade materialmente demonstrada. Se a decisão que recepciona a inicial, desacolhendo manifestação por escrito do demandado (art. 17, §, da Lei n. 8.429, de 2.6.92), encontra apoio em prova material satisfatória, razão não há para censurá-la, pois, ainda que dúvida persistisse, esta haveria de pender *pro societate*. É o que se dá, relativamente à demonstração participação do réu na instrumentalização da relação contratual invectivada pela ação de improbidade. Agravo desprovido (TJRS, AI 70005316799, rel. Antonio Dall'Agnol Junior, j. 12.3.2003, v.u.).

• Apelação Cível. Administrativo e processual civil. Ação civil pública. Improbidade administrativa. Oficiais de justiça e escritório de advocacia. Recebimento de gratificação para cumprimento de diligência. Rejeição da ação. Extinção do processo com base no art. 17, § 8º, da Lei 8.429/92. Impossibilidade. Petição inicial que descreve os atos de improbidade a justificar a ação. Existência de indícios e provas suficientes de autoria e co-participação. Ausência de prejuízo material ao erário que não afasta a justa causa. Absolvição na seara administrativa que não impede e tampouco condiciona o controle judiciário. Descabimento da análise da proporcionalidade das sanções cominadas em sede de indeferimento da inicial. Situação a reclamar ampla dilação probatória, sob o crivo do contraditório. Precedentes jurisprudenciais. Sentença terminativa do feito. Fundamentos sentenciais que não têm o condão de arredar o recebimento da inicial, devendo o processo seguir o seu curso natural. Apelação provida.

Voto: (...) Estou em provê-la, aos efeitos de receber a petição inicial desta ação civil pública por improbidade administrativa, porquanto comporta reforma a r. sentença hostilizada, que rejeitou a ação, concluindo pela sua improcedência, em decisão fundamentada, adotada com base no § 8º do art. 17 da Lei 8.429/92.

Solução diversa se impõe, no caso concreto, visto que a decisão proferida pelo ínclito juízo "a quo" se põe em manifesto descompasso com o entendimento perfilhado por ambas as Câmaras Cíveis que compõem o Segundo Grupo Cível desta Corte, quando do exame de situações em tudo similares à presente, como bem enfatizado no parecer ministerial exarado nesta instância recursal.

Com efeito, a despeito das ponderáveis considerações tecidas na sentença terminativa fustigada, havendo descrição, na petição inicial desta demanda, de fatos que, ao menos em tese, podem ser tipificados como atos de improbidade administrativa para os efeitos da legislação específica sob exame, cumpre seja recebida e regularmente processado o feito, apurando-se o modo como se deram ditos fatos e se para o seu cometimento concorreram os demandados mediante conduta dolosa ou culposa.

Impõe-se a ampla dilação probatória, assegurado o pleno exercício do contraditório, por isso que a ação em apreço foi instruída com documentos que contém, ao menos, indícios suficientes da existência de atos de improbidade (art. 17, § 6º, da Lei 8.429/92). A circunstância de os ora demandados (ou alguns deles) estarem respondendo a processos criminais e/ou administrativos não é bastante para inviabilizar o processamento desta ação, que tem natureza cível e prevê sanções diversas das contempladas nas searas administrativa e penal. (...) (TJRS, Ap. Civ. 70010857050, rel. Miguel Ângelo da Silva, j. 8.3.2006).

• Processo Civil. Ação de Improbidade Administrativa. Recebimento da inicial. Defesa. Mérito. Discussão Não cabível. A despeito do teor do § 8º do art. 17 da Lei de Improbidade Administrativa (Lei n. 8.429/92), é incabível a discussão de questões atinentes ao mérito para atacar a decisão que recebe a inicial da Ação de Improbidade Administrativa. Agravo desprovido (TJDF, AI 2005 00 2 003430-2, rel. Flávio Rostirola, j. 15.8.2005, v.u.).

• Agravo de Instrumento. Constitucional, Administrativo e Processual Civil. Ação Civil Pública. Improbidade Administrativa. FENAC. Cargos em comissão não relacionados a funções de direção, chefia e assessoramento. Apesentação de defesa preliminar. Inicial recebida. Ausência de intimação dessa decisão. Impossibilidade de insurgência via agravo de instrumento. Infringência do § 10, do art. 17, da Lei n. 8.429/92, na redação dada pela MP n. 2.225-45/01. Suspensão das citações e contestações apresentadas. Efeito suspensivo ativo que se concede. 1. O Ministério Público interpôs a presente ação civil pública, objetivando a declaração das contratações em cargos em comissão, que não configuram funções de direção, chefia e assessoramento, na FENAC, como atos de improbidade administrativa. 2. A parte adversa, por sua vez, apresentou defesa preliminar e, após sua análise, o magistrado *a quo* recebeu a inicial, sem, contudo, ter procedido na intimação dessa decisão, oportunizando a interposição de agravo de instrumento, em clara infringência ao § 10, do art. 17, da Lei n. 8.429/92, na redação dada pela MP n. 2.225-45/01. 3. Assim, para sanar o vício processual apontado que causa prejuízo à parte passiva da demanda, mister seja procedida a devida intimação, com abertura de prazo para a interposição recursal cabível, bem como sejam suspensas as citações já procedidas e as contestações já apresentadas. 4. Agravo de Instrumento provido (TJRS, Quarta Câmara Cível, AI 70015851033, rel. Wellington Pacheco Barros, j. 18.10.2006).

Art. 17. (...)

§ 12. Aplica-se aos depoimentos ou inquirições realizadas nos processos regidos por esta Lei o disposto no art. 221, *caput* e § 1º, do Código de Processo Penal.

Vide art. 53 e seus §§ da CF; art. 330 do CP; art. 33, I, da LOMN; art. 40, I, da LONMP; art. 218 do CPP.

O art. 221 do CPP, por sua vez, assim está assim redigido:

"Art. 221. O Presidente e o Vice-Presidente da República, os Senadores e Deputados Federais, os Ministros de Estado, os Governadores de Estado e Territórios, os Secretários de Estado, os Prefeitos do Distrito Federal e dos Municípios, os Deputados às Assembléias Legislativas Estaduais, os membros do Poder Judiciário, os Ministros e Juízes dos Tribunais de Contas da União, dos Estados, do Distrito Federal, bem como os do Tribunal Marítimo serão inquiridos em local, dia e hora previamente ajustados entre eles e o Juiz.

"§ 1º. O Presidente e o Vice-Presidente da República, os Presidentes do Senado Federal, da Câmara dos Deputados e do Supremo Tribunal Federal poderão optar pela prestação de depoimento por escrito, caso em que as perguntas, formuladas pelas partes e deferidas pelo juiz, lhes serão transmitidas por ofício.

"§ 2º. Os militares deverão ser requisitados à autoridade superior.

"§ 3º. Aos funcionários públicos aplicar-se-á o disposto no art. 218, devendo, porém, a expedição do mandado ser imediatamente comunicada ao chefe da repartição em que servirem, com indicação do dia e da hora marcados."

Art. 18. A sentença que julgar procedente ação civil de reparação de dano ou decretar a perda dos bens havidos ilicitamente determinará o pagamento ou a reversão dos bens, conforme o caso, em favor da pessoa jurídica prejudicada pelo ilícito.

Novamente a lei peca. O dispositivo não contempla as outras sanções legais. As demais sanções estão contempladas no art. 12 e incisos.

Dentre as cominações legais estabelecidas no art. 12 da lei está a perda dos bens ou valores acrescidos ilicitamente ao patrimônio, ressarcimento integral do dano, além de outras.

A norma determina ao juiz que, ao julgar a ação de responsabilização extrapenal do agente público, ou equiparado, condene o autor do ato ilícito ao pagamento ou determine a reversão dos bens em favor da pessoa jurídica prejudicada.

Nada de novo no dispositivo. Trata-se de verificar, em cada caso concreto, se o bem se encontra na posse ou propriedade de terceiro, para, então, revertê-lo ao patrimônio público. Caso contrário – é dizer, na impossibilidade de reversão – segue-se a indenização, com o pagamento do quanto baste ao ressarcimento integral, acrescido de perdas e danos e demais consectários da prática ilícita.

As demais sanções – é dizer, a perda de função, a suspensão dos direitos políticos, a proibição de contratar – igualmente podem ser decretadas na sentença. Contudo, somente tornam-se efetivas com seu trânsito em julgado.

CAPÍTULO VI – DAS DISPOSIÇÕES PENAIS

Art. 19. Constitui crime a representação por ato de improbidade contra agente público ou terceiro beneficiário, quando o autor da denúncia o sabe inocente.

Pena: detenção de seis a dez meses e multa.

O dispositivo estabelece a figura criminal para as hipóteses da lei anotada. O art. 339 do CP contempla a denunciação caluniosa com pena diversa: reclusão de dois a oito anos e multa. No caso da lei, a pena é mais branda.

Caso haja a hipótese, não há que cogitar da aplicação do Código Penal, mas da lei anotada. Trata-se da aplicação do princípio da lei especial, que regula a matéria exaustivamente.

Art. 19. (...)
Parágrafo único. Além da sanção penal, o denunciante está sujeito a indenizar o denunciado pelos danos materiais, morais ou à imagem que houver provocado.

Vide art. 5º, X, da CF; CC, art. 159.

Todo aquele que causa dano a outrem fica, como é elementar, obrigado a indenizar plenamente por sua ação antijurídica. Não importa se o denunciante foi ou não condenado na esfera criminal. O direito à indenização exsurge do fato concreto – denúncia. É certo que será necessário sindicar como ela se deu, se o denunciante é de fato responsável, se não foi induzido por terceiro, se agiu culposa ou dolosamente etc. – todos elementos que poderão mitigar ou acrescer sua responsabilidade. A idéia central que preside a norma é a seguinte: quem denuncia terceiro deve assumir inteiramente o risco de sua ação. Sendo assim, a norma em tela autoriza a indenização pelos danos materiais, morais ou à imagem que houver o denunciante provocado.

Calha a observação sempre percuciente de Celso Antônio Bandeira de Mello: "Todo sujeito de direito capaz é responsável pelos próprios atos (CC, art. 159), mas que 'o preceito segundo o qual fica obrigado a indenizar o agravado quem lhe ferir direito, causando dano deliberadamente, ou por negligência, imprudência ou imperícia, não é regra apenas do direito civil. É cânone da teoria geral do Direito e por isso se aplica também no âmbito do direito administrativo'" (*apud* Adílson de Abreu Dallari, *Regime Constitucional dos Servidores Públicos*, 2ª ed., São Paulo, Ed. RT, 1990, p. 136).

Em relação ao dano material não há qualquer novidade. Já, em relação ao dano moral, sem dúvida, com a Constituição de 1988 e a previsão inserta no art. 5º, X, houve extremo avanço, que já se reflete na jurisprudência. Tanto assim, que o STJ editou a Súmula 37: "São cumuláveis as indenizações por dano material e dano moral oriundos do mesmo fato" (*DOU* 18.3.1992, p. 3.201). A jurisprudência vem, pouco a pouco, avançando, e já admite, inclusive, a reparação do dano moral puro. Limongi França define o dano moral como "aquele que, direta ou indiretamente, a pessoa física ou jurídica, bem assim a coletividade, sofre no aspecto não-econômico dos seus bens jurídicos" ("Reparação do dano moral", *RT* 631/29). Sobre o tema, Hermenegildo de Barros, *apud* Pontes de Miranda, doutrina: "Embora o dano moral seja um sentimento de pesar íntimo da pessoa ofendida, para o qual se não encontra estimação perfeitamente adequada, não é isso razão para que se lhe recuse em absoluto uma compensação qualquer. Essa será estabelecida, como e quando possível, por meio de uma soma, que, não importando uma exata reparação, todavia representará a única salvação cabível nos limites das forças humanas. O dinheiro não os extinguirá de todo: não os atenuará mesmo por sua própria natureza; mas pelas vantagens que o seu valor permutativo poderá proporcionar, compensando, indiretamente e parcialmente embora, o suplício moral que os vitimados experimentam" (in *RTJ* 57/789 e 790).

O tema do dano presumido merece maiores reflexões dos operadores do Direito. Antes, porém, de dissertar sobre ele, algumas lembranças acerca do regime de responsabilidade no Direito brasileiro devem ser feitas. E mais adiante veremos que o tema relaciona-se com o do dano presumido e com a culpa do agente acusado de improbidade.

Como se sabe, no direito constitucional brasileiro, desde 1946, adotou-se a teoria da responsabilidade objetiva do Estado. O art. 194 da CF de 1946 tinha a seguinte redação: "As pessoas jurídicas de direito público interno são civilmente responsáveis pelos danos que seus funcionários, nessa qualidade, causem a terceiros".

A Constituição de 1967 ratificou a norma anterior, acrescentando, no parágrafo único, que a ação regressiva cabe em caso de culpa ou dolo – expressão não incluída na Constituição anterior. Na EC 1, de 1969, a regra constitucional foi mantida no art. 107.

A Constituição de 1988, no art. 37, § 6º, dispõe: "As pessoas jurídicas de direito público e as de direito privado prestadoras de serviços públicos responderão pelos danos que seus agentes, nessa qualidade, causarem a terceiros, assegurado o direito de regresso contra o responsável nos casos de dolo ou culpa".

A partir da Constituição de 1946, portanto, o direito constitucional brasileiro sedimentou a teoria da responsabilidade objetiva do Estado. Exige-se culpa ou dolo para o direito de regresso contra o funcionário, excluindo-se a exigência em relação às pessoas jurídicas.

Há no dispositivo constitucional dois comandos. O primeiro consagrando a responsabilidade objetiva do Estado, e o segundo a responsabilidade subjetiva do funcionário.

Cumpre ainda observar que no que tange a entidades da Administração que executem atividade econômica de natureza privada não se aplicará a regra constitucional, mas o regime de responsabilidade do direito privado, salvo se prestadoras de serviços públicos.

De outra parte, a jurisprudência nacional tem entendido, que, geralmente, são causas excludentes de responsabilidade a força maior e a culpa da vítima. A primeira pode acarretar ou não a responsabilidade do Estado. Ela ocorrerá se ficar comprovado que o Estado poderia ter evitado o resultado danoso se houvesse agido. É dizer, não tivesse se omitido na prestação do serviço.

Quando houver culpa da vítima deve-se estabelecer uma distinção. Caso haja culpa exclusiva da vítima o Estado não responderá. Caso haja culpa concorrente com o Estado haverá atenuação de responsabilidade e repartição proporcional com a vítima.

Esse o regime de responsabilidade do Estado, também denominado de "responsabilidade extracontratual do Estado".

De outro lado, quando o funcionário, servidor público ou equiparado, causa dano a outrem é obrigado, pelo ordenamento jurídico nacional, a repará-lo, sujeitando-se às responsabilidades civil, penal e administrativa.

A responsabilidade civil, basicamente, decorre do art. 186 do CC brasileiro, estando presente naquela regra: a) *uma ação ou omissão antijurídica*; b) *culpa ou dolo*; c) *relação de causalidade entre a ação ou omissão e o dano causado*; d) *a ocorrência de um dano material ou moral*.

Na hipótese de o agente público causar dano ao Estado *é a própria Administração quem deve apurar e puni-lo*, nos termos de seu regime estatutário ou trabalhista (empregados públicos).

Haverá, ainda, sempre a possibilidade de o Ministério Público, a procuradoria do órgão encarregado, as pessoas jurídicas interessadas acionarem o servidor ou funcionário pelos danos que causou ao Estado, visando a ver recomposto o patrimônio público "desfalcado". Essas possibilidades ficaram reforçadas com a Constituição Federal de 1988, não só em razão da dilargada competência do Ministério Público como, também, em virtude de o princípio da moralidade ter sido prestigiado, não apenas como valor "autônomo" na ação popular, como agora com a Lei de Improbidade.

Por fim, quando se tratar de danos causados a terceiros deve ser novamente invocada a norma constitucional do art. 37, § 6º, da CF, através da qual o Estado responde objetivamente, independentemente de dolo ou culpa, ficando assegurado o direito de regresso contra o agente causador do dano, desde que este tenha agido com dolo ou culpa.

A responsabilidade por ato de improbidade, criada pela Lei 8.429, de 1992, estaria a meio-caminho entre a responsabilidade administrativa e a responsabilidade penal. Não se trata de responsabilidade administrativa tradicional, na medida em que as condutas ilícitas descritas na Lei de Improbidade não podem ser consideradas como constantes de *seu* regime jurídico estatutário ou disciplinar. É dizer, o agente ímprobo não transgride diretamente as normas estatutárias ou disciplinares a que está sujeito. Viola uma determinada lei, de cunho geral, que atingirá todo e qualquer agente público ou particular.

Não há uma relação jurídica direta entre o regime estatutário e a Lei de Improbidade, sendo certo, contudo, que o agente público processado por ato de improbidade certamente sofrerá processo administrativo disciplinar. Também pode ocorrer o inverso. O agente transgride norma estatutária e é processado e punido (administrativa ou judicialmente), abrindo espaço para o ajuizamento de ação de improbidade.

Cumpre, ainda, recordar que, muito embora haja relativa independência entre as responsabilidades civil, penal e administrativa, os efeitos da responsabilização podem se comunicar. Nessa direção, também o agente político que é processado por ato de improbidade (ação civil) pode vir a ser defenestrado de seu cargo, por falta de decoro parlamentar. A condenação de uma ação não implica a da outra; contudo, abre caminho seguro para a segunda via. Como poderá o Parlamento tolerar um membro condenado por ato de improbidade? Também o condenado por ato de improbidade terá direitos políticos suspensos e, assim, não poderá seguir o caminho da vida política.

Vê-se, portanto, que há um verdadeiro sistema de proteção da moralidade administrativa, devendo o intérprete relacionar as normas contidas no ordenamento, realizando interpretação sistemática.

Nessa mesma linha de raciocínio, preocupa-nos a defesa intransigente e pouco refletida do dano presumido. Os sistemas de responsabilidade objetiva, a tese do dano presumido, respondem a uma necessidade contemporânea de armar o Estado e seus agentes contra abusos praticados por agentes públicos e privados, no combate à corrupção. Assim, não há dúvida de que, ao afastarmos da discussão, nesse cenário, o tema da culpabilidade, da responsabilidade subjetiva, estaremos fortalecendo os agentes fiscalizadores da moralidade, armando-os com instrumentos poderosos. Entretanto, há o outro lado da questão.

No pólo oposto encontramos, além do agente público, o particular que mantém relacionamento com o Estado, normalmente contratantes públicos, concessionários, permissionários, submetidos ao regime jurídico administrativo. Ao aplicarmos o regime do dano presumido, sem cautelas, como princípio geral, muitas injustiças podem ocorrer, e de fato ocorrem.

Uma coisa é propugnar e defender a tese do dano presumido como regra geral contra o agente ímprobo. Efetivamente, aquele que praticou atos de improbidade administrativa que causam prejuízo ao erário ou que se enriqueceu ilicitamente deve ser punido, e o Estado deve ter mecanismos processuais e materiais para, desnivelando o equilíbrio de forças, colhê-lo em suas malhas e recompor o patrimônio público, punindo-o exemplarmente.

Outra coisa bem diversa é permitir que a tese do dano presumido seja utilizada para inversão total do ônus da prova, devassa na vida privada do cidadão e de sua atividade – enfim, para a ruína do suspeito, que muitas vezes é simplesmente o perseguido politicamente. O advogado e o juiz experiente sabem que a moralidade administrativa é exemplarmente "defendida" em épocas eleitorais, onde centenas de ações populares e, agora, de improbidade são ajuizadas no fórum – muitas vezes apenas com o intuito de conseguir algum espaço na imprensa...

Assim, gostaríamos de chamar a atenção dos operadores do Direito para esse fato, que está por merecer reflexão mais profunda. Parece interessante distinguir os atos de improbidade por graus de relevância jurídica, tal como os juristas fizeram tradicionalmente com o direito penal, penalizando condutas mais graves, ofensas jurídicas socialmente mais reprováveis do que outras, adequando de acordo com o princípio da proporcionalidade e razoabilidade todo o procedimento legal, o devido processo legal.

Assim, ainda que admitamos pacificamente a tese do dano presumido, não vemos como afastar *sic et simpliciter* o tema da culpa ou dolo na verificação do ato de improbidade administrativa. É muito cômoda e pouco instigante a condenação sem investigação de culpa ou dolo do agente. Aliás, normalmente pune o servidor mais simples da Administração, deixando de lado os verdadeiros mentores do ato de improbidade.

A pesquisa jurisprudencial, se, de um lado, demonstra importante acréscimo do ajuizamento de ações de improbidade, revela, no pólo passivo, a falta de participação de importantes autoridades públicas com efetivo poder de decisão. Governadores de Estado, secretários de Estado, presidentes de companhias estatais, deveriam, se participaram efetivamente das decisões administrativas que levaram ao ato de improbidade, integrar as ações.

De outro lado, não nos convence a tese do simples abandono da teoria subjetiva da culpa na investigação dos atos de improbidade. Frente a todo ato de improbidade estaremos diante de (como na investigação de atos ilícitos) uma *ação ou omissão antijurídica, presente culpa ou dolo dos agentes envolvidos*; de uma *relação de causalidade entre a ação ou omissão e o dano causado*; e, finalmente, diante da ocorrência de um *dano material ou moral*.

Nenhum desses elementos pode ser deixado de lado em uma séria investigação de atos de improbidade, ainda que a lei contemple o dano presumido textualmente – o que pode levar o intérprete mais afoito a afastar a ampla investigação da conduta do agente e de terceiros envolvidos no ato de improbidade.

Por último, forçoso reconhecer que o tema apresenta desafios teóricos e práticos de monta. A Espanha, que também passou por longo período ditatorial, viu-se a braços com problemas similares. Introduziu a culpa ou negligência grave não para proteger o servidor público, mas para defender a Administração. Dizia a Lei de 1950 que naqueles casos a responsabilidade da Administração não era direta, mas subsidiária, de tal forma que primeiro dever-se-ia acionar o agente, e depois a Administração. A fórmula implicou alto risco para os funcionários públicos. Alterou-se o regime da responsabilidade, sempre respondendo a Administração, deixando a ela o juízo acerca da culpa ou negligência grave do funcionário (cf. Alfonso Sabán Godoy, *El Marco Jurídico de la Corrupción*, Madri, Cuadernos Civitas, 1991, pp. 82 e ss.).

Art. 20. A perda da função pública e a suspensão dos direitos políticos só se efetivam com o trânsito em julgado da sentença condenatória.

Vide art. 41, parágrafo único, da CF.

O dispositivo garante ao indiciado que as sanções acima somente sejam aplicadas pelo Poder Judiciário, respeitadas as garantias constitucionais e processuais, e sugere algumas reflexões. De fato, a considerá-lo comando imperativo, não caberia demissão por processo administrativo em caso de improbidade? Não cremos que o dispositivo tenha tal elastério. O que ele determina são *numerus clausus*. É dizer, as penalidades ou sanções aqui enunciadas – perda da função pública e suspensão dos direitos políticos –, *advindas, processadas e julgadas pelo Poder Judiciário*, somente se efetivam com o trânsito em julgado da sentença condenatória. Em suma, existem vários veículos para a perda do cargo; o judicial não é o único. Assim, *v.g.*, há demissão por improbidade nas hipóteses estatutárias (Lei 8.112, de 1990). A norma em tela apenas garante cláusula tradicional advinda do direito penal, segundo a qual somente com o trânsito em julgado operam-se a perda da função pública e a suspensão dos direitos políticos. Nada mais.

Dúvida ainda de difícil equacionamento pode vir à mente do intérprete: o dispositivo, ao aludir à sentença condenatória, refere-se à sentença condenatória penal ou civil? É dizer: fruto de infringência à legislação penal ou aos comandos e condutas advindos da presente lei? Sérias conseqüências derivam se tomarmos essa ou aquela posição.

Entendemos que o dispositivo alude à condenação fruto da presente ação de improbidade. Desse modo, somente tornar-se-á eficaz o provimento judicial dispositivo da sentença em relação à perda de função pública (pena), ou à suspensão dos direitos políticos, após o trânsito em julgado da sentença. Assim, se não "revogados" os dispositivos conflitantes em contrário, a lei garante que tais penalidades somente possam ser eficazes após a manifestação concreta do Poder Judiciário.

A garantia da coisa julgada efetiva-se, ainda, através da interposição dos recursos cabíveis, da primeira à segunda instância, e, conforme o caso, do recurso especial ou extraordinário. Como as cominações atritam em grande parte o direito de propriedade, o exercício do *ius sufragii*, temas constitucionais, a matéria poderá chegar ao STF. Poderá também chegar ao STJ, notadamente por meio de recurso ordinário em mandado de segurança ou por intermédio de recurso especial, presentes seus pressupostos.

Ressalte-se que a suspensão dos direitos políticos somente terá eficácia com o trânsito em julgado da sentença. Significa dizer que os eventuais recursos interpostos terão efeito suspensivo, garantia constitucional (art. 5º, XLVI, c/c art. 15, III e V) e legal.

Art. 20. (...)

Parágrafo único. A autoridade judicial ou administrativa competente poderá determinar o afastamento do agente público do exercício do cargo, emprego ou função, sem prejuízo da remuneração, quando a medida se fizer necessária à instrução processual.

O art. 147 da Lei 8.112, de 1990, dispõe:

"Como medida cautelar e a fim de que o servidor não venha a influir na apuração da irregularidade, a autoridade instauradora do processo disciplinar poderá determinar o seu afastamento do exercício do cargo, pelo prazo de até 60 (sessenta) dias, sem prejuízo da remuneração.

"Parágrafo único. O afastamento poderá ser prorrogado por igual prazo, findo o qual cessarão os seus efeitos, ainda que não concluído o processo."

O afastamento pode ser decretado em nível administrativo ou judicial. No primeiro caso desde que haja fundados indícios de responsabilidade do servidor. Na fase judicial, do mesmo modo, o juiz será competente para decretá-lo na medida em que se mostre necessário à instrução processual (*ex vi legis*).

Em relação ao prazo de afastamento, cremos que o mesmo perdura o tempo necessário à investigação; prazo determinado, que deve coincidir com as investigações, cessando após sua conclusão. O excesso ou a delonga nas investigações poderão ser objeto de impugnação pelo interessado, pois atritarão seus direitos.

Cremos, ainda, que o legislador da improbidade perdeu valiosa oportunidade para contemplar a hipótese da suspensão obrigatória do *contrato* administrativo. É dizer, se de um lado a Lei de Improbidade faculta à autoridade administrativa ou judicial – e, é óbvio, ao Ministério Público – o *afastamento do agente público* acusado de ato de improbidade, naturalmente deveria, de igual modo, contemplar a hipótese de *suspensão da execução do contrato administrativo*.

Na maioria das vezes o contrato administrativo, nas hipóteses de atos de improbidade, é acoimado de inválido, de nulo. Pois bem: parece resguardar o interesse público a paralisação de obra ou serviço cujo contrato tenha sido acoimado de nulo, *resguardada a posição jurídica do Estado*. A posição adotada almeja o equilíbrio das partes na ação de improbidade. Aliás, o art. 79, III, da Lei 8.666, de 1993, ao contemplar a hipótese de rescisão judicial do ajuste, contém lógica e implicitamente a autorização de sua suspensão.

Jurisprudência

• Administrativo e Processual Civil. Recurso Especial. Agravo de Instrumento. Improbidade Administrativa. Competência. Prerrogativa de foro. Art. 84 do CPP (alterado pela Lei 10.628/02). Deputado estadual. Afastamento do cargo (art. 20 da Lei 8.429/92. Provimento parcial do Recurso Especial. 1. O Plenário do Supremo Tribunal Federal julgou procedente a Ação Direta de Inconstitucionalidade 2.797, "para declarar a inconstitucionalidade da Lei n. 10.628, de 24 de dezembro de 2002, que acresceu os §§ 1º e 2º ao artigo 84 do Código de Processo Penal" (rel. Min. Sepúlveda Pertence, *DJ* de 26.9.2005, p. 36). 2. Portanto, em face do efeito vinculante da referida decisão, não há falar em negativa de vigência do art. 84 e parágrafos do Código de Processo Penal, tampouco da incompetência do juízo de primeiro grau de jurisdição para processar e julgar ação de improbidade administrativa ajuizada contra os ora recorrentes. 3. O afastamento da função pública é medida excepcional, e que apenas se justifica quando haja efetivamente riscos de que a permanência no cargo da autoridade submetida à investigação implique obstrução da instrução processual. Excepcionalidade não-configurada. 4. Recurso especial parcialmente provido.

Voto: Min. Denise Arruda (Relatora): (...) Presentes os pressupostos de admissibilidade, o recurso especial merece ser conhecido.

Quanto à possibilidade do afastamento dos recorrentes das funções públicas em sede de ação de improbidade, dispõe o art. 20, parágrafo único, da Lei 8.429/92: "Art. 20. A perda de função pública e a suspensão dos direitos políticos só se efetivam com o trânsito em julgado da sentença condenatória. Paragrafo único. A autoridade judicial ou administrativa competente poderá determinar o afastamento do agente público do exercício do cargo, emprego ou função, sem prejuízo da remuneração, quando a medida se fizer necessária à instrução processual." Efetivamente, o parágrafo único do art. 20 da Lei 8.429/92, autoriza o fastamento do agente público, quando necessário, para assegurar a instrução processual. Todavia, é pacífico o entendimento desta Corte Superior de que o afastamento da função pública é medida excepcional, e que apenas se justifica quando haja efetivamente riscos de que a permanência no cargo da autoridade submetida à investigação implique obstrução da instrução processual.

Ressalte-se, ainda, que o afastamento da função pública nos casos de cargos eletivos, como no presente caso (deputados estaduais), exige prudência ainda maior, sob pena da configuração de uma "cassação branca".

Aliás, o próprio *caput* do referido artigo somente autoriza a perda da função pública após o trânsito em julgado da sentença condenatória, o que remete à idéia da excepcionalidade do afastamento provisório e observância do princípio da presunção de inocência e do devido processo legal.

Sobre o tema, a lição contida na obra do mestre Hely Lopes Meirelles (*Mandado de Segurança*, Ed. Malheiros, 2004, 27ª ed., atualizada e complementada por Arnoldo Wald e Gilmar Ferreira Mendes, pp. 223-224):

"... o parágrafo único do art. 20 da Lei n. 8.429/92, inserido dentre as 'disposições penais', admite o afastamento preventivo do cargo do agente público acusado, que pode ser determinado pela autoridade judicial ou administrativa. Por constar da parte penal da lei, é discutível se o referido dispositivo se aplicaria às ações civis de improbidade. De qualquer modo, o pressuposto de tal afastamento é sua necessidade para a melhor instrução processual. O afastamento visa impedir o acusado de destruir provas, obstruir o acesso a elas ou coagir testemunhas (...). Trata-se de medida violenta, que afasta o agente público antes de ele ter sido definitivamente julgado, e, portanto, merece interpretação estrita e cuidadosa, para que não se transforme em forma abusiva de combate político ou de vingança pessoal e não viole as garantias do devido processo legal e da presunção de inocência de todos quantos venham a ser acusados da prática de atos de improbidade."

Esta Corte Superior já proclamou:

"Processo Civil e Administrativo. Ação Civil Pública por improbidade administrativa. Medida cautelar de afastamento do cargo. Inteligência do art. 20 da Lei 8.429/92.

"1. Segundo o art. 20, *caput*, da Lei 8.429/92, a perda da função pública e a suspensão dos direitos políticos, como sanção por improbidade administrativa, só se efetivam com o trânsito em julgado da sentença condenatória. Assim, o afastamento cautelar do agente de seu cargo, previsto no parágrafo único, somente se legitima como medida excepcional, quando for manifesta sua indispensabilidade. A observância dessas exigências se mostra ainda mais pertinente em casos de mandato eletivo, cuja suspensão, considerada a temporariedade do cargo e a natural demora na instrução de ações de improbidade, pode, na prática, acarretar a própria perda definitiva. 2. A situação de excepcionalidade não se configura sem a demonstração de um comportamento do agente público que importe efetiva ameaça à instrução do processo. Não basta, para tal, a mera cogitação teórica da possibilidade da sua ocorrência. 3. Para configuração da indispensabilidade da medida é necessário que o resultado a que visa não possa ser obtido por outros meios que não comprometam o bem jurídico protegido pela norma, ou seja, o exercício do cargo. Assim, não é cabível a medida cautelar de suspensão se destinada a evitar que o agente promova a alteração de local a ser periciado, pois tal perigo pode ser contornado por simples medida cautelar de produção antecipada de prova pericial, nos exatos termos dos arts. 849 a 851 do CPC, meio muito mais eficiente que a medida drástica postulada. 4. Recurso especial provido" (REsp 550.135-MG, 1ª Turma, rel. Min. Teori Albino Zavascki, DJ 17.2.2004, p. 177).

"Processual Civil. Medida Cautelar. Prefeito. Afastamento. Art. 20, § 1º, Lei 8.429/92 (Lei de Improbidade Administrativa).

"1. Prefeito que recebe de Tribunal de Contas a aprovação das contas apontadas como irregulares. 2. Afastamento, conseqüentemente, da demonstração inequívoca de improbidade administrativa. 3. Possibilidade, contudo, de fatos remanescentes serem apreciados e julgados. 4. Não-caracterização da influência prevista no art. 20, § 1º, da Lei 8.429/92 (Lei de Improbidade Administrativa). 5. Presença da fumaça do bom direito e do perigo da demora. Prefeito afastado do cargo sem motivação suficiente. 6. Medida cautelar procedente" (MC 7.325/AL, 1ª Turma, rel. Min. Humberto Gomes de Barros, DJ 16.2.2004, p. 203).

Por fim, é necessário consignar que, na MC 6.239-ES (apenso), ajuizada pelos ora recorrentes nesta Corte Superior, foi deferido pedido liminar para "determinar o imediato retorno dos parlamentares ao exercício de seus mandatos, ressalvada a hipótese de algum fato superveniente tornar necessário novo afastamento".

Assim, não se justificaria, nesse momento, o afastamento dos recorrentes das funções públicas, mesmo porque seria inócuo para a instrução processual da ação de improbidade administrativa.

Ante o exposto, o provimento parcial do recurso especial se impõe, tão-somente para determinar a reintegração dos recorrentes às respectivas funções. É o voto (STJ, REsp 604.832, rela. Denise Arruda, j. 3.11.2005, m.v.).

• Embora a Lei de Improbidade Administrativa preveja, no parágrafo único de seu art. 20, a possibilidade de afastamento do agente público durante a tramitação do processo, tendo em vista a instrução probatória, que pode ser cerceada por ato daquele que continua no exercício de suas funções, não se deve perder de vista que se trata de "medida assecuratória, de evidente natureza cautelar e excepcional", destinada apenas a proporcionar a livre produção de provas. Por isto, deve a medida prevista no parágrafo único, do art. 20, da Lei de Improbidade, ser aplicada com cautela, a fim de que não sejam desprezados os princípios republicanos e democráticos nem menosprezado o mandado popular. Não se olvide ainda que a perda da função pública e a suspensão dos direitos políticos são efeitos que somente se aperfeiçoam com o trânsito em julgado da sentença condenatória, o que termina por criar risco reverso de injustiça irreparável, quando há controvérsia sobre a existência dos fatos ou sobre sua qualificação.

Voto: (...) Conforme já me manifestei quando do julgamento do Agravo de Instrumento n. 260.489-0, a Constituição da República erigiu os princípios republicano e democrático como fundamentos do Estado (art. 1º, *caput*). Por isto, é preciso conferir absoluto respeito ao mandato popular, à escolha do administrador público feita pelo povo. Apenas excepcionalmente, somente naquelas hipóteses expressamente previstas em lei que não conflitem com o texto constitucional é que se pode admitir a suspensão do exercício de um mandato popular.

Embora a Lei de Improbidade Administrativa preveja, no parágrafo único de seu art. 20, a possibilidade de afastamento do agente público durante a tramitação do processo, tendo em vista a instrução probatória, que pode ser cerceada por ato daquele que continua no exercício de suas funções, não se deve perder de vista que se trata de medida assecuratória, de evidente natureza cautelar, destinada apenas a proporcionar a livre produção de provas.

Por isto, deve a medida prevista no parágrafo único, do art. 20, da Lei de Improbidade, ser aplicada com máxima cautela, a fim de que não seja desprezado o princípio democrático nem menosprezado o mandado popular, e ainda para que não se olvide que a perda da função pública e a suspensão dos direitos políticos são efeitos que regularmente somente se efetivam com o trânsito em julgado da sentença condenatória. Por estar fora de tais hipóteses, o afastamento cautelar de cargo público é inegavelmente excepcional.

O Egrégio Superior Tribunal de Justiça tem examinado com o máximo de cautela o afastamento de detentor de cargo eletivo que esteja respondendo a ação judicial, deixando claro que somente poderá haver afastamento do administrador público se isto realmente for indispensável para a apuração dos fatos, no curso da instrução.

Neste sentido, colhe-se o seguinte aresto: "A cassação de investidura popular é medida radical, só suscetível de ser aplicada com lastro em sentença definitiva acobertada pelo trânsito em julgado ou, em condições excepcionais, quando assim o exigir o interesse público, particularmente a administração da justiça" (Superior Tribunal de Justiça, Segunda Turma, MC 2.299, rel. Min. Franciulli Netto, *DJ* 1.8.2000, p. 216, "in" *RSTJ* 135/205).

Por isto, evidenciado que a permanência dos agravados Neide de Souza Magalhães e Zulberto Martins Freire no cargo de Prefeita e de Presidente da Comissão de Licitação, respectivamente, não tem o condão de prejudicar a ação de improbidade administrativa contra eles movida, não se justifica seja decretado seus afastamentos, ainda que "provisórios", sob pena de inequívoco dano reverso e agressão aos princípios constitucionais supra elencados. (...) (TJMG, Ag 1.0000.00.325659-1/000(1), rel. Brandão Teixeira, j. 21.10.2003, v.u.).

• Antecipação de tutela. Ação Civil Pública. Improbidade Administrativa. Suspensão dos direitos políticos. Decisão que não se afina com a precariedade, provisoriedade e unilateralidade da antecipação, especialmente diante da irreversibilidade da medida. Direito fundamental cuja perda somente poderá se efetivar após regular procedimento cognitivo e em decisão trânsita em julgado. Agravo provido (TJMG, Ag 1.0000.00.195935-2/000(1), rel. José Francisco Bueno, j. 15.2.2001, v.u.).

• A medida liminar de afastamento do cargo do acusado de ato de improbidade administrativa insere-se no poder geral de cautela do juiz, sendo admitida quando há a presença dos requisitos legais para sua concessão "fumus boni juris" e "periculum in mora", dirigindo-se à segurança e garantia do eficaz desenvolvimento e do profícuo resultado da atividade cognitiva. De forma que, diante das peculiaridades dos fatos, e inexistindo prova incontroversa de que a autoridade situada no pólo passivo da ação de improbidade esteja praticando atos que embaracem a instrução processual, não há que se falar em seu afastamento do cargo nos termos do parágrafo único do art. 20 da Lei n. 8.429/92. Agravo provido (TJPR, AI 162.128-1, rel. Bonejos Demchuk, j. 10.11.2004, m.v.).

• A perda do cargo de Prefeito na ação civil pública por improbidade administrativa somente tem lugar com o trânsito em julgado da sentença condenatória; e seu afastamento, temporário, cujo prazo não pode ir além de sessenta (60) dias, somente tem lugar quando comprovadamente esteja, em exercício das funções, embaraçando e prejudicando aos trabalhos de investigação e/ou da instrução. Conforme afirmado na decisão atacada, não se justifica o bloqueio de direitos sobre o terminal telefônico, por ser ele, hoje, de valor irrisório e com tendência ao desaparecimento. A pessoa jurídica de direito público que deve integrar a lide como litisconsorte é aquela cujo patrimônio foi afetado. Inteligência dos arts. 17, § 3º, e 20, parágrafo único da Lei n. 8429/92, e 147 da Lei n. 8.112/90 (TJPR, AI 93.019-8, rel. Cordeiro Cleve, j. 14.3.2004, v.u.).

• Cargo – Necessidade de prova inequívoca de comprometimento da instrução processual. O afastamento do cargo previsto no art. 20, parágrafo único, da Lei n. 8.429/92 é medida grave, que deve ser tomada com todas as cautelas necessárias, diante de prova inequívoca (e não de meras suposições) de que a continuidade do agente público no cargo acarretará o comprometimento da instrução do processo, seja pela supressão de provas documentais, seja pela coação a testemunhas. Tendo o togado monocrático se baseado simplesmente no fato de ser o réu ocupante de cargo de direção, no exercício do qual presumiu-se que poderia ele influenciar a instrução do processo, em decorrência da superioridade hierárquica, a reforma do *decisum* é medida que se impõe, pois para que seja aplicada a medida não se mostram suficientes meras suposições, devendo haver prova concreta de tais atos no processo – o que não ocorreu na hipótese (TJSC, AI 02.000194-5, rel. Volnei Carlin, j. 6.6.2002, v.u.).

• Em razão do princípio da presunção de inocência (Constituição Federal, artigo 5º, LVII), não há impedimento para que o agente condenado por ato de improbidade seja nomeado para ocupar cargo em comissão, quando ainda não ocorrido o trânsito em julgado da sentença condenatória.

– Da mesma forma que não se pode afastar o servidor de suas atividades se não comprovada a prática de atos que comprometam a instrução processual da ação de improbidade, também não se pode impedir a nomeação do agente para ocupar cargo em comissão se não comprovada a prática de atos que dificultem a marcha processual da ação de improbidade.

Voto: (...) Alega o Ministério Público que a apelada, Myrian da Silva, foi condenada, por ato ímprobo e, assim, não poderia ser nomeada para ocupar cargo público. O artigo 20 da Lei 8.429/92 prevê: (...).

Da leitura do mencionado dispositivo, conclui-se que, antes do trânsito em julgado da sentença condenatória por ato de improbidade, o agente público somente poderá ser afastado do exercício do cargo quando tal medida for imprescindível à instrução processual. Do mesmo modo, em razão do princípio da presunção de inocência (Constituição Federal, artigo 5º, LVII), não há impedimento para que o agente condenado por ato de improbidade seja nomeado para ocupar cargo em comissão, quando não ocorrido o trânsito em julgado da sentença condenatória.

Da mesma forma que não se pode afastar o servidor de suas atividades se não comprovada a prática de atos que comprometam a instrução processual da ação de improbidade, também, não se pode impedir a nomeação do agente para ocupar cargo em comissão se não comprovada a prática de atos que dificultem a marcha processual da ação de improbidade.

No caso dos autos, não há comprovação de que a apelada esteja comprometendo a instrução processual. Assim, não há que se falar em anulação do ato de nomeação, em razão da existência de sentença condenatória que não *transitou* em julgado. Por outro lado, a nomeação da Secretária de Saúde do Município de Passa Quatro é ato discricionário que compete ao Prefeito Municipal. Certo é que o ato administrativo discricionário deve ser balizado pelos princípios que regem a Administração Pública. E, no caso sob julgamento, do que se verifica dos autos, tais princípios pautaram o ato do Administrador Público. Assim, não há razão para anulação do ato que nomeou Myrian da Silva para o cargo de Secretária de Saúde do Município de Passa Quatro. Com tais apontamentos, nego provimento ao recurso. Custas, como de lei (TJMG, Ap. Civ. 1.0476.05.001649-4/002(1), rel. Moreira Diniz, j. 7.12.2005, v.u.).

Impossibilidade de afastamento provisório do agente político com base no art. 20

• Administrativo. Improbidade Administrativa. Afastamento de Agente Político. Impossibilidade. As limitações do art. 475, §§ 1º e 2º não se aplicam às remessas oficiais previstas em leis extravagantes, a exemplo do mandado de segurança. Reexame conhecido. O art. 20, parágrafo único, da Lei 8.429/92 não prevê o afastamento temporário do titular de mandato eletivo, que, nada obstante, legitima-se passivamente em tal demanda, conforme se observa no art. 2º do mesmo diploma, mas tão-só o titular de cargo, emprego e função, omitindo referência a "mandato eletivo".

Voto: Não merece reparos a sentença da lavra da Dra. Romani Terezinha Bortolas Dalcin, que reafirmo por seus próprios fundamentos.

E isto, por um fundamento primordial: o afastamento se mostra ilegal. De fato, como demonstra Francisco Octavio de Almeida Prado (*Improbidade Administrativa*, p. 162, São Paulo, Malheiros, 2001), o artigo 20, parágrafo único, da Lei 8.429/92 só permite o afastamento cautelar do titular de cargo, emprego ou função, enquanto o art. 2º sujeita aos efeitos da lei o titular de mandato, cargo, emprego ou função. A discrepância não é fortuita, mas baseia-se em sólidas razões, aduzindo o doutrinador:

"Observa-se, portanto, que a regra do parágrafo único do art. 20 não estendeu aos agentes públicos investidos em 'mandato eletivo' a possibilidade de afastamento cautelar. E se assim o fez foi, certamente, para preservar a integridade dos mandatos, que, conferidos pela soberania popular, constituem a viga-mestra do regime democrático. É importante lembrar que o tempo do mandato eletivo é absolutamente irrecuperável, sendo, pois, sempre irreparáveis os danos advindos de um afastamento.

"Assim, não tendo a regra contemplado o afastamento dos agentes públicos exercentes de 'mandato eletivo', impõe-se a conclusão no sentido de não estarem sujeitos à medida, convindo salientar que o caráter excepcional da previsão de afastamento repele qualquer interpretação extensiva. De qualquer modo, cabe observar que esse aspecto da Lei de Improbidade não tem merecido particular atenção, sendo comuns os casos de afastamento de titulares de cargos eletivos, notadamente de nível municipal (prefeitos e vereadores). Mas é importante ressaltar que o afastamento cautelar de titular de mandato eletivo acaba se transformando numa cassação indireta de mandatos, que freqüentes vezes se exaurem no curso da pendência do processo, privando definitivamente o agente político – e, bem assim, o eleitorado que o escolheu – do exercício do mandato popular."

Não podendo, por conseguinte, serem os agentes políticos afastados pela autoridade administrativa e judicial, ilegal se revela o afastamento do impetrante.

Pelo fio do exposto, confirmo a sentença em reexame necessário (TJRS, RN 70010441657, rel. Araken de Assis, j. 22.6.2005, v.u.).

No mesmo sentido: TJRS, AI 70009297128, rel. Miguel Ângelo da Silva, j. 10.11.2004.

Art. 21. A aplicação das sanções previstas nesta Lei independe:

I – da efetiva ocorrência de dano ao patrimônio público;

II – da aprovação ou rejeição das contas pelo órgão de controle interno ou pelo Tribunal ou Conselho de Contas.

A respeito do tema – do ressarcimento do dano (ausente a lesividade – se existente ou não a figura do dano presumido) – a jurisprudência, ao que parece, é vacilante. O STJ tem-se orientado no sentido de exigir, ao menos em ações populares que chegam àquela Corte, por meio de recursos especiais, a comprovação efetiva do dano.[65] É dizer, *ausente o requisito da lesividade ao erário*, estando a obra ou serviço concluídos e realizados, há forte tendência jurisprudencial a considerar improcedentes ações populares promovidas sob o argumento de violação à moralidade administrativa, sobretudo quando presentes apenas vícios formais, como, *v.g.*, utilização de tomada de preços quando o correto seria concorrência, e assim por diante. Por outro lado, o STF, ao menos em uma oportunidade (e por isso não se pode afirmar que é esse seu entendimento), por intermédio de sua 2ª Turma, em ação popular, acabou acolhendo, ao que parece, a tese do "dano presumido", ao afirmar que "a ilegalidade do comportamento do agente, por si só, causa o dano. Dispensável a existência de lesão (...) a lesividade alcança o patrimônio moral das entidades públicas". A decisão ficou assim ementada: "Ação popular – Procedência – Pressupostos. Na maioria das vezes, a lesividade ao erário público decorre da própria ilegalidade do ato praticado. Assim o é quando dá-se a contratação, por Município, de serviços que poderiam ser prestados por servidores, sem a feitura da licitação e sem que o ato administrativo tenha sido precedido da necessária justificativa" (RE 160.381-0-SP, j. 29.3.1994, rel. Min. Marco Aurélio). Observe-se que em nosso sistema jurídico não se admite, como regra, a culpa presumida.

O inciso I é coerente com as demais disposições da lei. A violação à moralidade administrativa pode dar-se sem a efetiva ocorrência de dano ao patrimônio público. Nos comentários aos artigos anteriores ratificamos essa noção. A redação não é feliz. A lei pressupõe a existência

---

65. "Administrativo. Ato de Improbidade. Configuração. Esta Corte, em precedente da Primeira Seção, considerou ser indispensável a prova de existência de dano ao patrimônio público para que se tenha configurado o fato de improbidade, inadmitindo o dano presumido. Ressalvado entendimento da relatora. Após divergências, também firmou a Corte que é imprescindível, na avaliação do ato de improbidade, a prova do elemento subjetivo. Recurso especial conhecido em parte e, nessa parte, improvido" (STJ, REsp 621.415, rela. Eliana Calmon, j. 16.2.2006, m.v.).

de dano (dano presumido) nas hipóteses do art. 11 exclusivamente, já que nos outros casos as figuras lá existentes deixam clara a existência do dano. Entendemos que se pretendeu afirmar que a lei pune não somente o dano material à Administração, como também qualquer sorte de lesão ou violação à moralidade administrativa, havendo ou não prejuízo no sentido econômico. De fato, pretende a lei, em seu conjunto, punir os agentes ímprobos, vedar comportamentos e práticas usuais de "corrupção" (sentido leigo). Muitas dessas práticas revertem em benefício do agente e nem sempre causam prejuízo "econômico-financeiro" à Administração.

O dispositivo, ainda, ao não exigir "a efetiva ocorrência de dano ao patrimônio público", pode levar o intérprete a imaginar que o juiz será obrigado a aplicar as sanções da lei independentemente de dano. Não parece a melhor exegese, como vimos. Já desenvolvemos alhures a idéia de que ao Judiciário é cometida a ampla análise da conduta do agente. Assim, poderá, ao aplicar a pena, dosá-la em função do prejuízo causado ao erário. Nota-se que, ausente qualquer tipo de prejuízo, mesmo moral, seria um verdadeiro *nonsense* punir-se o agente. É dizer, a lei pretendeu afirmar que as várias modalidades de improbidade administrativa serão punidas. Ausente qualquer sorte de prejuízo ou lesão, de toda e qualquer natureza, faltaria interesse jurídico para punir.

A Constituição Federal contempla várias modalidades de controle da Administração Pública. O dispositivo alude ao controle externo e interno previsto nos arts. 70, 71 e 74 da CF. O controle interno é exercido em cada Poder sobre seus atos, e o externo, pelo Tribunal de Contas.

O dispositivo afirma que, seja qual for o resultado da prestação das contas dos agentes e órgãos públicos controlados nessas esferas aludidas, a lei será invocada e aplicada. Assim, o agente que teve suas contas aprovadas não escapa das punições da lei. Terá de enfrentá-la, realizar o contraditório, para a final ser condenado ou absolvido. É possível, no entanto, utilizar-se da documentação apresentada naquelas esferas, como também das demais provas colhidas. Entretanto, haverá nova ação, nova demanda, com todos os seus consectários processuais.

A propósito das contas aprovadas pelo Tribunal de Contas e sua necessária investigação posterior, assim se manifesta Hugo Nigro Mazzilli: "Não é porque as contas públicas tenham sido eventualmente aprovadas pelo Tribunal de Contas ou pelo próprio Poder Legislativo que estaria formado aí um óbice à investigação do Ministério Público. Em primeiro lugar, inexiste presunção absoluta de correção nas contas, ainda que aprovadas pelas Cortes de Contas ou pelo Legislativo; o Poder Judiciário poderia aceitá-las, posto recusadas pelos primeiros, ou recusá-las ainda que aprovadas pelo controle externo exercido pelas câmaras legislativas. Em segundo, se o ganho ilícito tiver advindo de concussão, excesso de exação ou corrupção passiva ou ativa, em todos esses casos naturalmente as contas públicas poderiam estar rigorosamente em ordem (o agente não iria dar recibo nem lançar nas escritas públicas os ganhos ilícitos que estava exigindo ou recebendo), mas sempre haveria crimes de ação pública de competência da Justiça Comum e de iniciativa do Ministério Público" (*RT* 676/62).

Por intermédio da presente lei, mais uma ação pode o Ministério Público ajuizar, além daquelas possibilidades autorizadas pelo ordenamento jurídico. Trata-se da presente "ação civil de reparação de dano" (art. 18).

Vide, a respeito do tema: Odete Medauar, *Controle da Administração Pública*, São Paulo, Ed. RT, 1993; Eduardo Lobo Botelho Gualazzi, *Regime Jurídico dos Tribunais de Contas*, São Paulo, Ed. RT, 1992; Antônio Roque Citadini, *O Controle Externo da Administração Pública*, São Paulo, Max Limonad, 1995. Vide, ainda, "Os Tribunais de Contas e o sancionamento administrativo de licitantes e contratados", artigo de Eduardo Rocha Dias, *RTDP* 19/203, 1997.

Jurisprudência

• Administrativo. Improbidade. Lei 9.429/92, art. 11. Desnecessidade de ocorrência de prejuízo ao erário. Exigência de conduta dolosa.

A classificação dos atos de improbidade administrativa em atos que importam enriquecimento ilícito (art. 9º), atos que causam prejuízo ao erário (art. 10) e atos que atentam contra os princípios da Administração Pública (art. 11) evidencia não ser o dano aos cofres públicos elemento essencial das condutas ímprobas descritas nos incisos dos arts. 9º e 11 da Lei 9.429/92. Reforçam a assertiva as normas constantes dos arts. 7º, *caput*, 12, I e III, e 21, I, da citada Lei. (...). Recurso especial provido (STJ, REsp 604.151, rel. José Delgado, j. 25.4.2006, m.v.).

• Ação de Improbidade Administrativa. Lei 8.429/92. Violação dos deveres de moralidade e impessoalidade. Servidores contratados sem concurso público pelo ex-prefeito. Lesão à moralidade administrativa que prescinde da efetiva lesão ao erário. Pena de ressarcimento. Princípio da razoabilidade. Aplicação. Dano efetivo. Inocorrência. Ação civil pública intentada pelo Ministério Público Estadual em face de ex-prefeito de Riolândia-SP e de ex-servidores públicos municipais, por ato de improbidade administrativa, causador de lesão ao erário público e atentatório dos princípios da Administração Pública, consistente na contratação irregular dos servidores co-réus, sem a realização de concurso público. A Lei n. 8.429/92, da Ação de Improbidade Administrativa, explicitou o cânone inserto no artigo 37, § 4º, da Constituição Federal de 1988, tendo por escopo impor sanções aos agentes públicos incursos em atos de improbidade nos casos em que: a) importem em enriquecimento ilícito (artigo 9º); b) causem prejuízo ao erário público (artigo 10); e c) atentem contra os princípios da Administração Pública (artigo 11), aqui também compreendida a lesão à moralidade administrativa. Acórdão recorrido calcado na assertiva de que, "apesar das contratações inconstitucionais e ilegais, não houve prejuízo ao patrimônio público, na medida em que os servidores Celso Luiz Santana e José Inácio Borges efetivamente prestaram seus serviços, fazendo jus ao recebimento da respectiva paga, não se justificando a condenação de Antônio Gonçalves da Silva a restituir aos cofres da Municipalidade os valores a eles pagos". *In casu*, o ato de improbidade se amolda à conduta prevista no art. 11, revelando autêntica lesão aos princípios da impessoalidade e da moralidade administrativa, tendo em vista a contratação de parente e de amigo do ex-prefeito para exercerem cargos públicos sem a realização de concurso público. Deveras, a aplicação das sanções, nos termos do artigo 21, da Lei de Improbidade, independem da efetiva ocorrência de dano ao patrimônio público, o que autoriza a aplicação da norma sancionadora prevista nas hipóteses de lesão à moralidade administrativa. À luz dos princípios da razoabilidade e da proporcionalidade, impõe-se a mitigação do preceito que preconiza a prescindibilidade da ocorrência do dano efetivo ao erário para se infligir a sanção de ressarcimento: "a hipótese prevista no inciso I do artigo 21, que dispensa a ocorrência de dano para aplicação das sanções da lei, merece meditação mais cautelosa. Seria inconcebível punir-se uma pessoa se de seu ato não resultasse qualquer tipo de dano. Tem-se que entender que o dispositivo, ao dispensar o 'dano ao patrimônio público' utilizou a expressão patrimônio público em seu sentido restrito de patrimônio econômico. Note-se que a lei de ação popular (Lei n. 4.717/65) define patrimônio público como 'os bens e direitos de valor econômico, artístico, estético, histórico ou turístico' (art. 1º, § 1º), para deixar claro que, por meio dessa ação, é possível proteger o patrimônio público nesse sentido mais amplo. O mesmo ocorre, evidentemente, com a ação de improbidade administrativa, que protege o patrimônio público nesse mesmo sentido amplo" (Maria Sylvia Zanella Di Pietro, in *Direito Administrativo*, 13ª ed., p. 674, *in fine*). Precedentes do STJ: REsp 291.747-SP, Relator Ministro Humberto Gomes de Barros, Primeira Turma, *DJ* de 18.3.2002; REsp 213.994-MG, Relator Ministro Garcia Vieira, Primeira Turma, *DJ* de 27.9.1999; REsp 261.691-MG, Relatora Ministra Eliana Calmon, Segunda Turma, *DJ* de 5.8.2002; e REsp 439.280-RS, desta relatoria, Primeira Turma, *DJ* de 16.6.2003. Assentado o aresto recorrido que não houve dano e que impor o ressarcimento por força de improbidade imaterial conduziria à reparação de dano hipotético, resta insindicável o tema pelo STJ (Súmula 07), mercê de afastar-se a improbidade por violação da moralidade administrativa por via oblíqua, ao exigir-se, sempre, prejuízo material ressarcível. Condutas que recomendaram o afastamento do ex-prefeito no trato da coisa pública, objetivo aferível pela manutenção da suspensão dos direitos políticos e da inabilitação para contratar com a Administração Pública. Recurso especial do Ministério Público Estadual desprovido (STJ, REsp 711.732, rel. Luiz Fux, j. 28.3.2006).

No mesmo sentido: STJ, REsp 739.778, rel. Luiz Fux, j. 19.9.2006, v.u.

• Ação – Condições – Ajuizamento pelo Ministério Público com base em improbidade administrativa – Alegação de promoção pessoal do Chefe do Executivo (Lei n. 8.429/92, artigos 9º, 10 e 11) – Via eleita que se mostra adequada – Prévia condenação pelo Tribunal de Contas desnecessária – Constatação do ato que depende de dilação probatória – Recurso não provido (TJSP, 8ª Câmara de Direito Público, AI 272.774-5-Mogi das Cruzes, rel. Paulo Travain, 28.8.2002, v.u.).

• Ação Civil Pública – Improbidade administrativa – Ressarcimento ao Erário Público – Pagamento de festividade, em período eleitoral, sem licitação – Nulidade do processo por falta de prova pericial – Inadmissibilidade – Despesas documentalmente comprovadas – Julgamento antecipado por tratar-se de matéria de direito – Controle externo pelo Tribunal de Contas – Caráter meramente administrativo – Não supressão do controle jurisdicional – Caracterizada a ilegalidade – Recurso improvido (TJSP, 3ª Câmara de Direito Público, Ap. Civ. com Revisão 277.099-5/5-00-Itapeva, rel. Magalhães Coelho, j. 6.9.2005, v.u., voto n. 5.840).

• Ação Civil Pública – Improbidade administrativa – Legitimidade de propositura pelo Ministério Público não só lastreada na Lei n. 7.347/85, como também na Lei n. 8.429/92, não prevendo esta a necessidade de prévia representação como condição de procedibilidade – Inexigibilidade, também, para a propositura, de condenação do gestor do dinheiro público pelo Tribunal ou Conselho de Contas (TJSP, 7ª Câmara de Direito Público, Ap. Civ. 295.580-5/2-00-Andradina, rel. Walter Swensson, j. 7.11.2005, v.u., voto n. 17.575).

• Ação Civil Pública – Prestação de contas – Parecer pela aprovação exarado pelo Tribunal de Contas e acolhido pela Câmara Municipal – Dívida particular do agente público – Impossibilidade de transação – Prejuízo ao erário – Ato de improbidade configurado – Dever de indenizar. 1. Face ao disposto no inc. XXXV do art. 5º da Carta Magna, o parecer favorável do Tribunal de Contas e a aprovação da prestação de contas pela Câmara Municipal não têm o condão de impedir que o Poder Judiciário, por meio da ação apropriada, aprecie a ilicitude dos atos praticados pelo administrador público. 2. Não é facultado ao agente do Poder Público se utilizar de créditos públicos para quitar dívidas particulares e muito menos dar descontos ou não cobrar juros moratórios e correção monetária dos valores devidos à entidade sujeita ao controle da administração. 3. Restando comprovados a conduta lesiva e a concretização do prejuízo, impõe-se a obrigação do autor do ato de improbidade em indenizar o erário (TJSC, Ap. Civ. 1999.003874-2, j. 20.5.2002, rel. Luiz Cézar Medeiros).

• Processual Civil. Ação Civil Pública. Defesa do Patrimônio Público. Ministério Público. Legitimidade ativa. Inteligência do art. 129, III, da CF/88, c/c art. 1º da Lei n. 7.347/85. Precedente. Recurso Especial não conhecido. "O campo de atuação do MP foi ampliado pela Constituição de 1988, cabendo ao *Parquet* a promoção do inquérito civil e da ação civil pública para a proteção do patrimônio público e social, do meio ambiente, e de outros interesses difusos e coletivos, sem a limitação imposta no art. 1º da Lei n. 7.347/85 (REsp n. 31.547-9-SP)". Não há incompatibilidade entre as disposições da Lei n. 8.429/92 e a Lei n. 7.347/85, uma vez que esta última consagra cláusulas que permitem o manejo da ação civil pública para a defesa do patrimônio público *lato sensu*, sendo, ademais, incabível, qualquer discussão a respeito de que a apreciação dos atos de improbidade administrativa compete não ao Judiciário, mas as Câmaras de Vereadores, auxiliadas pelos Tribunais de Contas, a teor do art. 31 da CF/88. Sintetizando, não há que se confundir o controle externo das Prefeituras, o que é afeto às edilidades, Poder Legislativo, com as atribuições do Poder Judiciário, no controle da probidade administrativa. Não acarreta a nulidade da ação civil pública quando não realizado previamente o inquérito civil público, procedimento que pode ser substituído por outras peças de informação a critério do Ministério Público, a teor do art. 8º, § 1º, da Lei n. 7.347/85. A prova cinematográfica pode ser admitida em juízo, mormente quando se vê embasada em outros elementos de convicção existentes nos autos. Comete ato de improbidade administrativa o administrador público que recebe do erário recursos financeiros para edificação de obra pública e não emprega a totalidade dos quantitativos recebidos, segundo apurado em perícia levada a efeito pelo órgão público repassador das verbas (TJSC, Ap. Civ. 2002.017797-6, rel. Anselmo Cerello, j. 17.11.2003).

Art. 22. Para apurar qualquer ilícito previsto nesta Lei, o Ministério Público, de ofício, a requerimento de autoridade administrativa ou mediante representação formulada de acordo com o disposto no art. 14, poderá requisitar a instauração de inquérito policial ou procedimento administrativo.

Já verificamos, segundo o art. 17, a competência do Ministério Público para, de ofício, a requerimento da autoridade administrativa ou através de representação (art. 14, § 1º), requisitar a instauração de inquérito policial ou procedimento administrativo.

Tendo legitimação para ajuizar a ação principal, deve investigar os fatos narrados, podendo, diante deles, tomar várias atitudes. Segundo o art. 22, poderá requisitar a abertura de inquérito policial, quando a conduta descrita possibilitar crime de ação pública. Poderá, ainda, requisitar a instauração de procedimento administrativo e acompanhá-lo e, a final, de acordo com os fatos, novamente decidir o caminho a tomar.

Ainda, poderá instaurar inquérito civil na forma da cláusula constitucional (art. 129, III, da CF), mecanismo adequado para a defesa do patrimônio público.

Parece clara a desnecessidade de inquérito civil diante da requisição de procedimento administrativo, que fará as vezes do primeiro.

Jurisprudência

• A prova colhida em inquérito civil pode e deve ser contraditada na fase processual, não sendo as mesmas, por si só, se inconclusas ou deficientes, suficientes para embasar a condenação dos acusados por prática de ato de improbidade administrativa sem a corroboração de outros elementos do processo (TJMG, Ap. Civ. 1.0000.00.326542-8/000(1), rel. Sérgio Braga, j. 25.9.2003, v.u.).

• O inquérito civil público não se confunde com o inquérito penal público, daí que não se pode aplicar àquele as regras deste. Ademais, a lei de improbidade administrativa não possui natureza jurídica de direito penal, por isso que suas sanções são administrativas, e não penais. Dado a esses aspectos, causa estranheza – por esdrúxula – a alegação de nulidade do ato investigatório formulado pelo Ministério Público no inquérito civil público. O inquérito civil é mera peça informativa, destinada apenas a colher elementos que venham a indicar a necessidade ou não de ajuizar ação civil pública. Não constitui prova exclusiva e inequívoca dos atos imputados aos investigandos, podendo ser questionado, amplamente, em juízo. Ademais, se admitida a tese dos recorrentes de que o Ministério Público não pode realizar ato investigatório na esfera civil, quem as realizaria? A Polícia Judiciária? Criar-se-ia, assim, uma nova competência para Polícia Judiciária: investigação de infrações administrativas e civis ligadas à improbidade. O que me parece um absurdo! A auto-executoriedade do inquérito civil público outorga ao Ministério Público o poder de realizar as diligências investigativas sem necessidade de recorrer ao Poder Judiciário (TJMG, Ag 1.0140.04.910578-0/001(1), rela. Maria Elza, j. 10.2.2005, v.u.).

• Processo Civil – Ação Civil Pública – Inquérito Administrativo – Omissões e contradições argüidas em embargos de declaração: multa (art. 18). 1. O inquérito civil é procedimento administrativo facultativo, inquisitorial e auto-executório, o que desobriga o Ministério Público de instaurá-lo se dispõe dos elementos necessários à propositura da ação. 2. Como medida antecipativa com objetivo de angariar elementos que dêem sustentação à ação civil pública, pode o Ministério Público dispor de todos os elementos arrecadados no inquérito civil, ou de parte deles, quando assim entender pertinente. 3. Omissão do Tribunal em dois dos quatro pontos argüidos em embargos de declaração, o que torna uma ilegalidade as multas impostas com base no art. 18 e §§, do CPC. 4. Recurso especial parcialmente provido (STJ, REsp 448.023, rela. Eliana Calmon, j. 20.5.2003).

CAPÍTULO VII – DA PRESCRIÇÃO*

Vide CF, art. 37, § 5º; art. 142 da Lei 8.112, de 1990; CC, arts. 189 a 206; art. 269, IV, do CPC; Decreto 20.910, de 6.1.1932.

Prescrição, segundo o clássico Câmara Leal, é a "extinção de uma ação ajuizável, em virtude da inércia de seu titular durante um certo lapso de tempo, na ausência de causas preclusivas de seu curso" (*Da Prescrição e Decadência*, Rio de Janeiro, Forense, 1978, p. 9).

A prescrição, em princípio, atinge todas as pretensões e ações, quer veiculem direitos pessoais, quer reais, privados ou públicos. No tema da prescrição, a imprescritibilidade é sempre excepcional.

Art. 23. As ações destinadas a levar a efeito as sanções previstas nesta Lei podem ser propostas:

I – até cinco anos após o término do exercício de mandato, de cargo em comissão ou de função de confiança;

II – dentro do prazo prescricional previsto em lei específica para faltas disciplinares puníveis com demissão a bem do serviço público, nos casos de exercício de cargo efetivo ou emprego.[66]

---

66. Imprescindível o conhecimento do art. 142 da Lei 8.112, de 1990, aplicável unicamente para os servidores da esfera federal, que dispõe:

"Art. 142. A ação disciplinar prescreverá: I, em 5 (cinco) anos, quanto às infrações puníveis com demissão, cassação de aposentadoria ou disponibilidade e destituição de cargo em comissão; II, em 2 (dois) anos, quanto à suspensão; III, em 180 (cento e oitenta) dias, quanto à advertência.

"§ 1º. *O prazo de prescrição começa a correr da data em que o fato se tornou conhecido.*

"§ 2º. Os prazos de prescrição previstos na lei penal aplicam-se às infrações disciplinares capituladas também como crime.

O artigo 23, inciso I, abriga norma alusiva à prescrição. Como a doutrina e a jurisprudência têm compreendido o dispositivo?

A prescrição também é, sob certo ângulo, um instituto preocupado com o princípio da segurança jurídica. O decurso do tempo tem grande influência na aquisição e na extinção de direitos.

É ele o personagem principal do instituto da prescrição. Segundo o clássico Cunha Gonçalves, "a prescrição é indispensável à estabilidade e consolidação de todos os direitos; sem ela, nada seria permanente; o proprietário jamais estaria seguro em seus direitos, e o devedor livre de pagar duas vezes a mesma dívida" (*Tratado de Direito Civil*, Max Limonad, p. 663).

No direito administrativo sancionador, não é diferente.

A Constituição Federal prestigiou o instituto da prescrição, portanto, indo ao encontro da segurança jurídica e da pacificação social, ao estabelecer, em seu art. 37, § 5º: "A lei estabelecerá os prazos de prescrição para ilícitos por qualquer agente, servidor ou não, que causem prejuízo ao erário, ressalvadas as respectivas ações de ressarcimento".

Excetuadas as ações de ressarcimento, todas as sanções advindas da aplicação da lei de improbidade são alcançadas pela prescrição, seja quem for o agente público ou o particular em concurso com aquele.

Não é outro o entendimento doutrinário.

O douto Sérgio Ferraz ensina:

"Para as sanções que não a perda da função pública o prazo prescricional da ação será de cinco anos, contados da data em que poderia ser proposta (princípio da *actio nata*), isto é, a partir da data em que o fato se tornou conhecido (não pendendo causa interruptiva ou suspensiva), a não ser que o agente responsabilizado seja detentor de mandato, cargo ou comissão ou função de confiança (nessas hipóteses o *dies a quo* será o subseqüente ao término do respectivo exercício, não pendendo causa interruptiva ou suspensiva).

"Para a sanção de perda de função pública (não atrelada esta a exercício de mandato, cargo em comissão ou função de confiança, hipóteses para os quais o *dies a quo* será o subseqüente ao término do respectivo exercício) a ação prescreverá, no plano federal, em cinco anos (mas será

"§ 3º. A abertura de sindicância ou a instauração de processo disciplinar interrompe a prescrição, até a decisão final proferida por autoridade competente.

"§ 4º. Interrompido o curso da prescrição, o prazo começará a correr a partir do dia em que cessar a interrupção."

necessário verificar para as demais unidades da Federação como a matéria lá foi regulada), contados a partir da data em que o fato se tornou conhecido (não pendendo condição interruptiva ou suspensiva)" ("Aspectos Processuais do Mandado de Segurança". em *Curso de Mandado de Segurança*, diversos autores, Ed. RT, São Paulo, 1986, p. 377).

Idênticos os posicionamentos majoritários da doutrina. Vide, dentre outros, Maria Sylvia Zanella de Pietro, *Curso*, 14ª ed., Edílson Pereira Nobre Junior, *RDA* 235/91, Marino Pazzaglini Filho, *Improbidade Administrativa*, 2ª ed.

Ressalte-se, ainda, apenas no que tange a ação de ressarcimento a posição quase unânime da doutrina em abono da ausência de prescrição, temperada pela observação de Fábio Medina Osório: "É o caso de questionar essa idéia [*refere-se a imprescritibilidade do ressarcimento de danos decorrente de ato de improbidade*], pois a quebra e a violação da segurança jurídica não é um bom caminho de combate às práticas nefastas ao patrimônio público. Entendo que um amplo e larguíssimo prazo prescricional deveria ser criado para às hipóteses de lesão ao erário, mas não se poderia aceitar a total imprescritibilidade, ao menos do ponto de vista ideológico" (*Direito Administrativo Sancionador*, São Paulo, Ed. RT, 2000, p. 101).

Por fim, ressalte-se que a obrigação de reparar o dano (material) é imprescritível à luz do art. 37, § 5º da Constituição Federal. Vejamos agora como os tribunais vêm se posicionando a respeito do tema:

Jurisprudência

• Agravo de Instrumento. Ação Civil Pública. Prescrição. Interrupção. Lei 8.429/92. As disposições da Lei 8.429/92 relativas à prescrição têm natureza administrativo-disciplinar, com natureza especial em relação às disposições do Código de Processo Civil (art. 219), de natureza geral. Contudo, não se opera entre elas qualquer tipo de revogação ou modificação, conforme determina o art. 2º da Lei de Introdução ao Código Civil. A norma contida na Lei de Improbidade não altera os critérios de interrupção do prazo prescritivo, impondo-se a observância do artigo 219, § 1º, do Código de Processo Civil. Entendimento pacífico do E. STJ. Realizando-se a citação válida conforme estabelece o *caput* do art. 219 do CPC, a prescrição se interrompe, nos termos do § 1º do aludido dispositivo. Se ainda não houve a citação nos autos, mas apenas a notificação para oferecimento de manifestação por escrito, nos termos do § 7º do art. 17 da Lei n. 8.429/92, não há como verificar a interrupção da prescrição com base na citação válida (art. 219, *caput*, do CPC). Não se verificando a prescrição em face do disposto no art. 23 da Lei de Improbidade Administrativa, e estando ausentes os requisitos para a não-interrupção da prescrição, nos termos da Lei Processual, ou também pela falta de elementos para se aplicar o disposto no § 4º do art. 219 do CPC, não há fundamento para declarar prescrita a ação, *in limine*. negaram provimento ao agravo (TJRS, AI 70015943483, rel. Adão Sérgio do Nascimento Cassiano, j. 11.10.2006).

• I – O agravo de instrumento tem de ser instruído obrigatoriamente com a certidão de intimação da decisão agravada (art. 525, I, CPC). Mediante a aplicação do princípio da instrumentalidade das formas, pode-se admitir que o agravante, posteriormente à interposição do recurso, junte documento comprobatório da tempestividade do mesmo. II – "Os prazos de prescrição previstos na lei penal aplicam-se às infrações disciplinares capituladas também como crime" (art. 142, § 2º, da Lei n. 8.112/90). III – Se a conduta do réu também se subsume ao delito de peculato (art. 312 do CP), o prazo prescricional da ação de improbidade é de 16 (dezesseis) anos, nos termos do art. 23, II, da Lei n. 8.429/92 c/c art. 142, § 2º, da Lei n. 8.112/90 c/c art. 109, II, CP. IV – Agravo de instrumento improvido (TRF 1ª Região, AI 200501000594010, rel. Cândido Ribeiro, j. 30.5.2006, v.u.).

• Processual Civil. Improbidade administrativa. Ato ímprobo. Conhecimento. Momento. Prescrição. I – Tratando-se de servidor ocupante de cargo público estável, a prescrição para ação de improbidade rege-se pela disposição contida no artigo 23, II, da Lei 8.429/92. II – Sendo o alegado ato ímprobo relacionado a recebimento de propina pelo servidor, a prescrição a ser observada é a definida pelo artigo 142, I, § 1º, da Lei 8.112/90. III – O início da prescrição conta-se a partir do momento em que o fato se tornou conhecido, identificando-se tal situação com o conhecimento pela autoridade administrativa competente, e não apenas a partir do momento em que o Ministério Público, também titular da ação, dele tome conhecimento. IV – Ressaindo dos autos que não remanesce controvérsia quanto ao momento em que a autoridade administrativa fora oficialmente comunicada do ilícito, no caso concreto, em 20 de março de 1998, e tendo sido a ação de improbidade ajuizada em 18 de dezembro de 2003, encontra-se a mesma fulminada pela incidência prescricional. V – Provimento do recurso. Reconhecimento da prescrição da ação com a extinção do processo, com amparo no artigo 269, IV, do CPC (TRF 1ª Região, AI 200401000439670, rel. Ítalo Fiovanti Sabo Mendes, j. 11.10.2005, v.u.).

• Processo civil e administrativo. Ação de Improbidade Administrativa. Servidor do TRT/MG. Prescrição. Cargo efetivo e função comissionada. Exercício concomitante ou não. Interrupção do prazo. Lei 8.429/92, artigo 23, incisos I e II c/c a Lei 8.112/90, artigo 142, inciso I, §§ 3º e 4º. I – Os prazos prescricionais para o ajuizamento da ação de improbidade administrativa são definidos em razão do cargo ou função comissionada do agente público, ou da sua condição de detentor de cargo efetivo ou emprego, conforme estatuído pelo artigo 23, I e II, respectivamente, da Lei 8.429/92. II – Sendo o agente do ilícito administrativo ocupante de cargo público e, concomitantemente, detentor de cargo ou função comissionada, com aquele relacionado ou não, aplica-se-lhe a regra de prescrição do inciso II, do artigo 23, da Lei 8.429/92, pelo simples fato de que a responsabilidade pela falta funcional decorrente do exercício daquele cargo ou função comissionados, repercutirá, direta ou reflexamente, no próprio cargo efetivo, no mínimo, por violação aos deveres de lealdade e da moralidade administrativa, que, em qualquer condição de agente público, deveriam ser observados, na forma do artigo 116, da Lei 8.112/90. III – Incidindo a regra do artigo 23, II, da Lei 8.429/92, para o caso concreto impõe-se observar a interrupção da prescrição de que tratam os §§ 3º e 4º, do inciso I, artigo 142, da Lei 8.112/90, e disso resultando não se configurar a incidência prescricional para fins de extinção do processo. IV – Apelações providas para anular a sentença, com retorno dos autos ao MM. Juízo "a quo" para o seu regular prosseguimento (TRF 1ª Região, Ap. Civ. 200138000064063, rel. Ítalo Fiovanti Sabo Mendes, j. 26.7.2005, m.v.).

• Processo Civil. Agravo de Instrumento. Improbidade Administrativa. Servidor público ocupante de cargo efetivo. Infração disciplinar capitulada como crime. Prescrição. Inocorrência. Incidência dos arts. 23, II, da Lei n. 8.429/92 e 142, § 2º, da Lei n. 8.112/90. 1. Sendo o agravante servidor público ocupante de cargo efetivo, não há de se falar na aplicação, na espécie, no prazo prescricional previsto no inciso I, do art. 23, da Lei de Improbidade Administrativa (Lei n. 8.429/92), devendo incidir na hipótese a norma prevista no art. 23, inciso II, do mesmo diploma legal. 2. Nos casos em que a infração disciplinar também for capitulada como crime, tem aplicação o art. 142, §§ 1º e 2º, da Lei n. 8.112/90. 3. Considerando que o fato tornou-se conhecido pela autoridade pública em 20.3.1998; bem como a circunstância de o prazo prescricional previsto para o delito supostamente praticado pelo agravante ser de 12 (doze) anos (art. 109, III, do Código Penal), verifica-se que não se esgotou, na espécie, o prazo prescricional. 4. Precedentes do eg. Superior Tribunal de Justiça e da 4ª Turma deste Tribunal Regional Federal. 5. Agravo improvido (TRF 1ª Região, AI 200501000563870, rel. Ítalo Fiovanti Sabo Mendes, j. 24.4.2005, v.u.)

• Processual Civil. Agravo. Improbidade Administrativa. Prescrição. Lei 8.429/92. Inocorrência. 1. De acordo com o artigo 23, I, da Lei 8.429/92 o termo *a quo* do prazo prescricional para ajuizamento da ação de improbidade para os ocupantes de função de confiança, começa a correr da data da dispensa ou término de seu exercício, e, no caso de prefeito, do término do exercício do mandato eletivo. 2. Assim, a prescrição que beneficia um dos requeridos, porque ocupante de cargo de confiança, não aproveita ao outro agente público, considerando que a própria lei estabelece termo *a quo* individualizado. 3. Por conseguinte, não há de se falar na possibilidade jurídica de se reconhecer a prescrição postulada, quando não tiver ocorrido a prescrição do direito à ação pela prática do ato de improbidade com relação a um dos agentes públicos (Prefeito Municipal). 4. Agravo improvido (TRF 1ª Região, AI 200501000647593, j. 24.4.2006, v.u.).

Prescrição qüinqüenal

• A propositura da ação de improbidade administrativa não interrompe o prazo prescricional se o autor, no caso o Ministério Público, não pede a notificação prévia criada pela medida provisória que alterou o art. 17, § 7º, da Lei n. 8.429/91. O prazo prescricional da ação de improbidade administrativa é de cinco anos a contar do término do mandato do agente público. "Proposta a ação no prazo fixado para o seu exercício, a demora na citação, por motivos inerentes ao mecanismo da Justiça, não justifica o acolhimento da argüição de prescrição ou decadência (STJ, REsp 752.015, rel. Humberto Martins, j. 17.10.2006).

• (...) A Lei 8.429/92 estabelece a prescrição qüinqüenal para a proposição da ação de improbidade administrativa (art. 23). O termo *a quo* da prescrição, para a hipótese de falta de ocupantes de cargos eleitos, em comissão ou em função de confiança é o término do exercício do mandato ou o afastamento do cargo. As disposições da Lei 8.429/92 relativas à prescrição tem natureza administrativo-disciplinar, com natureza especial em relação às disposições do Código de Processo Civil (art. 219), de natureza geral, não se operando entre elas qualquer tipo de revogação ou modificação, conforme determina o art. 2º da Lei de Introdução ao Código Civil. Recurso especial provido (STJ, REsp 689.910, rela. Eliana Calmon, j. 7.2.2006, v.u.).

• O inciso I do artigo 23 da Lei n. 8.429/92 estabelece que as ações referentes a atos de improbidade administrativa deverão ser propostas "até cinco anos após o término do exercício de mandato, de cargo em comissão ou de função de confiança". No caso em apreço, a propositura da ação deu-se dentro do lapso prescricional, tendo sido expedido o mandado de citação do ex-prefeito recorrido no mesmo dia em que ajuizada a ação. Citados os réus e apresentadas as contestações respectivas, o MM. Juiz, em observância ao ditame do § 7º do art. 17 da Lei n. 8.429/92 (acrescentado pela MP n. 2.225-45/01), tomou a primeira citação efetuada como se notificação fosse, recebendo as contestações apresentadas como defesas preliminares. Após, determinou a realização de nova citação dos réus. O Colegiado *a quo* entendeu que a citação do ex-prefeito-recorrido fora realizada após o transcurso do lapso prescricional por culpa do recorrente, que não teria feito pedido expresso de notificação na exordial, razão pela qual entendeu prescrita a ação para o referido réu. Não há como imputar ao recorrente culpa pela demora na citação, haja vista que devida ao próprio procedimento adotado na Lei de regência, o qual foi observado pelo Juiz Singular, destaque-se, mesmo ante a ausência de pedido pela notificação dos réus na exordial. Ademais, a citação realizada atingiu sua finalidade, já que o réu ofereceu novamente contestação à demanda, devendo ser aplicado ao caso o brocardo *pas de nulité sans grief*. Afastada a pecha de nulidade da citação, tem-se a aplicação do art. 219, § 1º, do CPC, ou seja, retroagem seus efeitos à data da propositura da ação, não havendo, pois, que se falar em prescrição para o caso vertente. Recurso especial provido, afastando-se a prescrição declarada em face do ex-prefeito recorrido e determinando-se o retorno dos autos ao Tribunal de origem, a fim de que prossiga no julgamento da ação civil pública ajuizada (STJ, REsp 700.820, rel. Francisco Falcão, j. 8.11.2005, v.u.).

• Processual Civil. Mandado de Segurança. Recurso ordinário. Embargos de Declaração. Obscuridade. Inexistência. O prazo para instauração do processo administrativo por improbidade é qüinqüenal, nos termos do art. 23 da Lei n. 8.429/92. Inexistência de obscuridade ou contradição. Embargos de declaração rejeitados (STJ, EDcl no RMS 20.544, rel. Castro Meira, j. 18.4.2006).

• Processual Civil. Embargos de Declaração. Finalidade. Prequestionamento. Omissão. Contradição. Ocorrência. Prescrição. Lei 8.429/92, art. 23, I. Ressarcimento. Dano. Erário. Ação autônoma. 1. "Para que se configure o prequestionamento não há necessidade de menção expressa dos dispositivos legais tido como contrariados, sendo suficiente que a matéria tenha sido debatida na origem" (STJ, AGREsp 424.149-SP, rel. Min. Castro Meira, *DJU* 6.10.2003, p. 249). 2. Os embargos de declaração destinam-se a sanar eventual omissão, obscuridade ou contradição, nos termos do art. 535, I e II, do CPC. Não se prestam para corrigir eventual desacordo do acórdão em relação à orientação jurisprudencial de um tribunal superior ou para questionar o entendimento formado pelo relator. 3. A regra acerca da prescrição qüinqüenal contida no art. 23 da Lei de Improbidade Administrativa vale para todas as sanções nela previstas. Revestindo-se o ressarcimento do dano ao erário do caráter de pena imposta ao agente público demandado por ato de improbidade, não há como admitir-se venha a demanda prosseguir somente com o objetivo do aludido ressarcimento, que deverá ser buscado em ação autônoma. 4. Embargos de declaração acolhidos (TRF 1ª Região, ED em AI 200501000548027, rel. Tourinho Neto, j. 20.2.2006, v.u.).

• Ação Civil Pública de Improbidade Administrativa. Prescrição. Remessa à origem. A sanção de suspensão de direitos políticos, decorrente de ação civil pública de improbidade, atinge direitos indisponíveis, o que vem provado no art. 17, § 1º da LIA, que veda a transação, o acordo ou a conciliação nas ações em questão. Ressalva do art. 37, § 5º da CF, quanto à responsabilidade pelo ressarcimento. A interrupção da prescrição só retroage à data da propositura da ação após válida citação. Interpretação dos §§ 1º e 4º do art. 219 do Código de Processo Civil. Não tendo ocorrido a citação válida até o momento, já transcorridos mais de seis anos do término do mandato do ex-Prefeito, impende decretá-la. O processo deve ser devolvido à origem, para apreciação da ação em relação aos co-réus (TJRS, ACP 70010261287, rela. Rejane Maria Dias Castro Bins, j. 17.2.2005, v.u.).

• A ação de improbidade administrativa tem por escopo aplicar sanções ao agente ímprobo que invadem sua esfera pessoal, podendo sujeitá-lo, inclusive, à suspensão dos direitos políticos (art. 15, inciso V, da CR). Sendo a cidadania um dos fundamentos da República, a prescrição da ação de improbidade administrativa não é atingida pela preclusão, porquanto afeta direito indisponível. Art. 1º, inciso II, da CR. A prescrição da ação de improbidade administrativa consuma-se depois de decorridos mais de cinco anos do término do exercício do mandato, do cargo em comissão ou da função de confiança. Art. 23 da Lei n. 8.429/92. Conquanto ajuizada a ação de improbidade administrativa dentro do prazo prescricional, é de ser reconhecida a prescrição se não foi procedida à citação nem à notificação dentro do prazo por demora não imputável, exclusivamente, ao Judiciário. Hipótese em que o Ministério Público se limitou a requerer, na petição inicial, a citação dos requeridos. Art. 17, § 7º, da Lei n. 8.429/92. Processo extinto em relação a Egon Birlem. Autos remetidos ao juízo de 1ª instância (TJRS, ACP 70010325033, rela. Maria Isabel de Azevedo Souza, j. 16.12.2004, v.u.).

• A prescrição da ação de improbidade administrativa consuma-se depois de decorridos mais de cinco anos da exoneração do agente público do cargo em comissão ou função de confiança. Art. 23 da Lei n. 8.429/92. O fato de o agente público ter ocupado, imediatamente após o exercício do cargo que ocupava ao tempo do suposto ato de improbidade, outro cargo em comissão não altera o termo inicial da prescrição. É de ser rejeitada a ação de improbidade administrativa na parte em que se imputa a prática de doação sem previsão legal, se a inicial está instruída com as notas de empenho que comprovam a previsão orçamentária da referida despesa (TJRS, ACP 70007374309, rela. Maria Isabel de Azevedo Souza, j. 30.3.2004, v.u.).

• Apesar da prerrogativa de ser intimado pessoalmente, com a remessa dos autos, a intimação feita ao Ministério Público Federal por meio de ofício e pelo Oficial de Justiça não é irregular, tanto por ser o agravado parte autora da ação como por haver o ato atingido sua finalidade. Assim, não se repetirá nem se lhe suprirá a falta quando não prejudicar a parte (CPC, art. 249, § 1º). 2. A jurisprudência deste Tribunal firmou-se no sentido de que as verbas da União, oriundas de convênios para fomento e desenvolvimento da educação em sentido amplo, que compreende, além do ensino propriamente dito, as práticas culturais e desportivas, ainda que aplicadas no Estado ou no Município, cuja prestação de contas deve ser feita ao Tribunal de Contas da União, não perdem a natureza originária de verbas públicas federais. Competência da Justiça Federal. 3. A prescrição da ação de ressarcimento de dano por improbidade administrativa ocorre no prazo qüinqüenal previsto no artigo 23, inciso I, da Lei n. 8.429/92, contado "após o término do exercício de mandato, de cargo em comissão ou de função de confiança". O prazo não se interrompe pelo exercício subseqüente de outra função pública, em sentido lato, pois a responsabilidade civil e administrativa decorre do exercício de cargo, função pública ou mandato eletivo em que se verificou a prática de improbidade. Com a exoneração do cargo em 30 de março de 1994 e ajuizamento da ação em 17 de dezembro de 1999, consumado está o lapso prescricional. 4. São imprescritíveis, tão-só, os crimes de racismo e de ação de grupos armados, civis ou militares, contra a ordem constitucional e o Estado Democrático (Constituição Federal, art. 5º, incisos XLII e XLIV). 5. A Lei n. 8.429/92, destinada a tornar efetivas as sanções previstas em seus arts. 9º, 10 e 11, entre as quais a perda dos bens ou valores acrescidos ilicitamente ao patrimônio, perda da função pública, suspensão dos direitos políticos, não excepcionou da regra da prescrição qüinqüenal a ação de ressarcimento de dano (TRF 1ª Região, AI 200101000354028, rel. Aloísio Palmeira Lima, j. 2.4.2002, v.u.).

Prescrição vintenária

• Afasta-se a alegação de negativa da prestação jurisdicional se o Tribunal *a quo* examinou e decidiu, fundamentada e suficientemente, os pontos suscitados pela parte recorrente.

Aplica-se a prescrição vintenária à ação civil pública objetivando o ressarcimento do dano causado ao erário. Contratação de pessoal sem concurso público caracteriza erro inescusável. Agravo regimental improvido.

Voto: (...) Prosseguindo, no tocante à suposta violação dos dispositivos que cuidam do instituto da prescrição – art. 23, inciso I, da Lei n. 8.429/92 – melhor sorte não assiste ao recorrente, pois filio-me à exegese adotada no voto-vista do aresto impugnado no sentido de que o disposto no mencionado dispositivo – prescrição qüinqüenal – regulamentou especificamente a primeira parte do § 5º do art. 37 da Constituição Federal: "a lei estabelecerá os prazos de prescrição para ilícitos praticados por qualquer agente, servidor ou não, que causem prejuízos ao erário", ou seja, "define os ilícitos praticados por agentes públicos e trata dos respectivos prazos prescricionais" (fl. 108).

Destarte, por carecer de regulamentação a segunda parte do § 5º do art. 37 da Carta Magna, que diz respeito às respectivas ações de ressarcimento, entendo ser aplicável, *in casu*, a prescrição vintenária prescrita no art. 177 do Código Civil de 1916 vigente à época do fato. (...) (STJ, AgR no AI 695.351, rel. João Otávio de Noronha, j. 17.11.2005, v.u.).

Imprescritibilidade da ação

• Agravo – Despacho inicial de natureza interlocutória – Pedido de ressarcimento ao erário – Imprescritibilidade do direito de ação do *Parquet* – Rejeição da preliminar – Manutenção da decisão recorrida.

Imprescritível é o direito de agir do Ministério Público para as ações de responsabilidade por improbidade administrativa, com pedido de ressarcimento ao erário público.

Direito Constitucional e Administrativo – Constituição da República – Art. 37, § 5º – Ação de ressarcimento – Imprescritibilidade – Prejuízo ao erário público – Pressuposto inarredável – Ausência de licitação – Falta de indicação objetiva de prejuízo – Ato de improbidade submetido à prescrição qüinqüenal – Imprescritibilidade não configurada, à falta de indicação de prejuízo.

O art. 37 da CR/88, em seu § 5º, ressalva a imprescritibilidade apenas quanto às ações de ressarcimento ao erário público pelo agente causador do prejuízo decorrente de ato ilícito, submetendo-se as sanções relativas às demais ações previstas na Lei de Improbidade à prescrição qüinqüenal.

A exigência primordial para a imprescritibilidade prevista no § 5º do art. 37 da CR/88 é que tenha o ato ilícito causado prejuízo ao erário público, o que, no caso de falta de licitação, pode ocorrer na hipótese de superfaturamento, falta de entrega da obra ou do serviço ou outras irregularidades que causem prejuízo ao erário público.

Se a inicial da ação de ressarcimento não faz qualquer referência a prejuízo patrimonial, financeiro ou material ao erário público, referindo-se apenas a ato de improbidade por falta de licitação para obra e serviços, que na realidade foram implementados e recebidos pelo município, as sanções são as previstas na lei de improbidade, como a perda da função pública, suspensão dos direitos políticos e pagamento de multa civil, dentre outras, que prescrevem em 5 (cinco) anos. O ressarcimento sem que haja indicação de ocorrência de efetivo prejuízo equivaleria à multa, já que não se destina a recompor prejuízo ao patrimônio público. Nesse caso, submete-se a ação à prescrição qüinqüenal (TJMG, AI 1.0439.04.030158-2/001(1), rel. Geraldo Augusto, j. 9.8.2005, m.v.).

• Direito Administrativo – Improbidade Administrativa – Reparação de danos ao erário – Dever imprescritível – Processo declarado extinto – Sentença inadequada – Recurso provido.

Voto: (...) E a sentença recorrida acolheu a preliminar de prescrição, em face do disposto no art. 23 da Lei n. 8.429/92, que, no inciso I prevê que as ações destinadas à aplicação da sanções previstas na referida lei podem ser propostas até cinco anos após o término do exercício de mandato do agente que cometeu o ato de improbidade.

Entretanto, essa disposição legal está em consonância com o comando do art. 37, § 5º, da Constituição Federal: "A lei estabelecerá os prazos de prescrição para ilícitos praticados por qualquer agente, servidor ou não, que causem prejuízos ao erário, ressalvadas as respectivas ações de ressarcimento".

Tal regra maior tem pertinência ainda com o § 4º do mesmo art. 37, que relaciona conseqüências do ato de improbidade administrativa, entre as quais "o ressarcimento ao erário".

Ora, se a Constituição, portanto, ao remeter à lei a fixação do prazo prescricional, excepcionou, expressamente, o dever de ressarcir o erário, é porque considerou essa sanção administrativa como imprescritível.

A propósito, Marcelo Figueiredo comentou: (...)

Estaria aí, talvez, implícita a consideração de que o ressarcimento teria natureza indenizatória e não punitiva.

Assim sendo, dou provimento ao recurso e casso a sentença, determinando que, no retorno dos autos à Comarca, tenha o processo o seguimento e o julgamento adequados (TJMG, Ap. Civ. 1.0000.00.313954-0/000(1), rel. Aluízio Quintão, j. 5.6.2003, v.u.).

• Ação Civil Pública – Atos de improbidade administrativa praticado por prefeito municipal – São imprescritíveis as ações para a reparação de danos civis causados contra o erário público (art. 37, § 5º, da CF) – Adequação de regra de direito cabível ao caso concreto pelo Magistrado – Cabimento – Defesa do patrimônio público – Legitimidade ativa do Ministério Público – Constituição Federal, arts. 127 e 129, III – Lei 7.347/85 (arts. 1º, IV, 3º, II, e 13) – Lei 8.429/92 (art. 17) – Lei 8.625/93 (arts. 25 e 26) – Fatos sobejamente comprovados nos autos – Recurso desprovido. "A lei estabelecerá o prazo de prescrição para ilícitos praticados por qualquer agente, servidor ou não, que causem prejuízos ao erário, ressalvadas as respectivas ações de ressarcimento" (art. 37, § 5º, da CF). "No que tange aos danos civis, o propósito do texto constitucional é de tornar imprescritíveis as ações visando ao ressarcimento do dano causado" (Bastos, Celso Ribeiro. *Comentários à Constituição do Brasil*. São Paulo, Saraiva, 1992, p.167, v. 3, t. III). 2. Não está o Togado, ao proferir a sentença, adstrito à precisa capitulação ou à fundamentação legal para bem entregar a prestação jurisdicional, podendo adequar ao caso concreto a regra de direito cabível. 3. Dano ao Erário municipal enquadra-se na categoria dos interesses difusos ou coletivos, legitimando o Ministério Público para promover o inquérito civil e ação civil pública objetivando a defesa do patrimônio público. A Constituição Federal (art. 129, III) ampliou a legitimação ativa do Ministério Público para propor Ação Civil Pública na defesa desses interesses. 4. Restando sobejamente comprovados os atos de improbidade administrativa, torna-se imperiosa a procedência da ação civil pública e a condenação do requerido no ressarcimento dos danos causados ao erário público municipal (TJSC, Ap. Civ. 1997.003295-1, rel. Luiz César Medeiros, j. 18.3.2002).

• Prescrição – Prazo – Termo inicial – Ação civil pública – Improbidade administrativa – Contratação ilegal de servidores – Contagem do prazo prescricional a partir do término do exercício do mandato do Prefeito-réu e não do término dos contratos dos servidores ilegalmente admitidos – Artigo 23, I, da lei 8.429/92 – Hipótese, ademais, que em se tratando de ação de ressarcimento ao erário público, em razão do ilícito praticado por agente público, esta espécie processual é imprescritível – Artigo 37, § 5º da Constituição Federal – Objeção rejeitada (TJSP, 10º Câmara de Direito Público, Ap 427.681-5/9-Guaíra, rel. Reinaldo Miluzzi, j. 6.11.2006, v.u., voto n. 1.866).

• Agravo de Instrumento – Ação Civil Pública – Ressarcimento do erário, em virtude de prática de atos de improbidade administrativa – Decisão agravada que excluiu da lide co-réu, ex-prefeito municipal, reconhecendo a prescrição qüinqüenal do artigo 23, inciso I, da Lei n. 8.429, de 1992, na fase de pré-admissibilidade da demanda – Imprescritibilidade da ação quanto ao pedido de ressarcimento do dano – Artigo 37, § 5º, da Constituição Federal – Prescrição do artigo 23, inciso I, da Lei n. 8.429, de 1992, que alcança apenas as sanções do artigo 12, inciso I, do mesmo diploma legal – Doutrina e jurisprudência desta Corte – Provimento parcial do agravo, para o recebimento da ação também em relação ao referido co-réu, consoante especificado (TJSP, 2ª Câmara de Direito Público, AI 374.014-5/6-00-Viradouro, rel. Osvaldo Magalhães, j. 29.3.2005, v.u.).

• Agravo de Instrumento – Ação civil pública – Improbidade administrativa – Prescrição – Inocorrência – Recomposição do patrimônio público – Inteligência do artigo 37, § 5º, da Constituição Federal de 1988 – Recurso improvido (TJSP, 5ª Câmara de Direito Público, AI 360.828-5/3-Garça, rel. Emmanoel França, j. 1.7.2004, v.u.).

• Ação de Improbidade Administrativa – Prescrição – Artigo 23, I, da Lei n. 8.429/92 – Danos patrimoniais ao Erário – Imprescritibilidade – Artigo 37, § 5º, da Constituição Federal – Legitimidade ativa do Ministério Público – Artigo 17 da Lei n. 8.429/92 – e artigo 129, III, da Constituição Federal – Recurso provido para afastar a prescrição (TJSP, 8ª Câmara de Direito Público, AI 289.298-5/6-São Paulo, rel. Toledo Silva, j. 4.12.2002, v.u.).

Imprescritibilidade do pedido autônomo de ressarcimento do erário público

• 1. A norma contida no art. 23 da Lei n. 8.429/1992 vale para todas as sanções nela previstas. Somente quando prescrita a ação de improbidade, e portanto, indeferida a inicial, o subsistente ressarcimento do dano ao erário – que também tem natureza de penalidade imposta ao agente ímprobo e que é imprescritível, por força de previsão constitucional (art. 37, § 5º) – , poderá ser pleiteado autonomamente. Prescrição inocorrente na espécie. 2. Ausente a comprovação da regular aplicação da totalidade dos recursos públicos no objeto de convênio firmado entre o Fundo Nacional do Meio Ambiente e ente privado, configurada está a lesão ao erário e, bem assim, o ato de improbidade administrativa tipificado no art. 10 da Lei n. 8.429/1992. 3. "A aplicação das sanções da Lei n. 8.429/1992 deve ocorrer à luz do princípio da proporcionalidade, de modo a evitar sanções desarrazoadas em relação ao ato ilícito praticado, sem, contudo, privilegiar a impunidade" (REsp 300.184, rel. Min. Franciulli Neto, *DJ* de 3.11.2003). 4. Improvimento da apelação do réu. Parcial provimento das apelações do Ministério Público Federal e da União (TRF 1ª Região, Ap. Civ. 200135000138441, rel. Olindo Menezes, j. 4.9.2004, v.u.).

• Processual Civil. Improbidade Administrativa. Prescrição. Lei 8.429/92, art. 23, I. Ressarcimento de dano ao erário. Imprescritibilidade. Ação autônoma. Art. 37 § 4º da CF/88. 1. As ações para ressarcimento ao erário são imprescritíveis, consoante o artigo 37, § 5º, da Constituição Federal. 2. Não se viabilizando o ressarcimento ao erário pela ação de improbidade administrativa, posto que alcançada pela prescrição, na forma do artigo 23, I, da Lei 8.429/92, deve aquele intento ser buscado em ação

autônoma. (Precedentes do Tribunal Regional Federal da 1ª Região). 3. Improvimento da apelação (TRF 1ª Região, Ap. Civ. 200530000001349, rel. Ítalo Fioravanti Sabo Mendes, j. 16.8.2005, v.u.).
• Processo Administrativo. Ação de Improbidade. Prescrição. Indeferimento da inicial. Ressarcimento dos danos causados ao erário. Ação autônoma. Agravo Regimental. 1. A norma prescritiva do qüinqüênio, prevista no art. 23, I, da Lei 8.492, de 1992, é válida para todas as sanções previstas na Lei de Improbidade, salvo para as ações de ressarcimento. 2. Prescrita a ação de improbidade, em face do disposto no art. 23, I, da Lei 8.492, de 1992, e, assim, indeferida a inicial, o ressarcimento do dano, decorrente do ato ímprobo – imprescritível por força de norma constitucional (CF/88, art. 37, § 5º) – só pode ser pleiteado em ação autônoma. Precedentes do TRF 1: AC 1998.32.00.003665-6-AM, *DJ* 8.10.2004, rel. Juiz Tourinho Neto; AC 1998.38.00.045810-4-MG, *DJ* 19.3.2004, rel. Juiz Hilton Queiroz (TRF 1ª Região, AR na AIA 200301000218314, rel. Tourinho Neto, j. 9.3.2005, v.u.).

Prescrição decenal

• Ação Civil Pública – Prescrição – Prescrição decenal – Princípio da "actio nata". Nas ações de ressarcimento por ato de improbidade movidas pelo Ministério Público contra atos, ainda que em tese, perpetrados ao arrepio da lei, o prazo prescricional é o ordinário, de dez (10) anos, na forma do art. 205 do Código Civil, contados da data do ato considerado de improbidade. A Constituição ressalvou expressamente a regra de prescrição das ações de ressarcimento por atos de improbidade administrativa, o que afasta a aplicabilidade do art. 23 da Lei de Improbidade, mas sem estabelecer a imprescritibilidade a que se refere parte considerável da doutrina, por tratar-se de penalidade a que o nosso sistema não dá guarida, a não ser em casos excepcionalíssimos, como os de crime de racismo, mas sempre explícitos na própria Constituição (art. 5º, XLII). Não havendo prazo explícito, nem na Constituição (que o excepciona), nem na lei ordinária (que o não contemplou), e sendo assistemático o estabelecimento da imprescritibilidade, deve vigorar o prazo ordinário a que se refere a lei civil. Se o ato de improbidade e o fim do mandato do Prefeito agravante ocorreram quando em vigor o Código Civil de 1916 e, à época da entrada em vigor da Lei 10.406/2002, já haviam transcorrido mais de 10 anos, deve ser observado o prazo prescricional de 20 anos, nos termos do artigo 177 do Código Civil de 1916, artigo 2.028 do Código Civil de 13.1.2003 e do artigo 37, § 5º, da CF/88 (TJMG, AI 1.0439.04.031751-3/001(1), rel. Wander Marotta, j. 31.5.2005, v.u.).

Prescrição em relação a terceiro

• Não há obstáculo ao reconhecimento de prescrição em relação a terceiro que não o ex-Prefeito por decisão monocrática. O prazo prescricional, no caso de terceiro, não agente público, tem por *dies a quo* o término do contrato atacado.

Voto: No que diz respeito à própria prescrição, assim decidi: Os documentos de fls. 90-96 atestam que os serviços objeto da licitação em que foi vencedor Lotário Real foram quitados em 27 e 29 de fevereiro de 1996, quando já exaurido o contrato.

Prescreve o art. 23 da Lei n. 8.429/92: "Art. 23. As ações destinadas a levar a efeito as sanções previstas nesta Lei podem ser propostas: I – até 5 (cinco) anos após o término do exercício de mandato, de cargo em comissão ou de função de confiança; II – dentro do prazo prescricional previsto em lei específica para faltas disciplinares puníveis com demissão à bem do serviço público, nos casos de exercício de cargo efetivo ou emprego".

Não há previsão expressa para a prescrição, no caso de ato de improbidade praticado por particular, certo, contudo, que não se enquadram nos incisos acima reproduzidos, porque não são agentes que exercem cargo ou função pública.

O prazo deve ser o qüinqüenal, como assentou o Superior Tribunal de Justiça, *verbis*: "A ação civil pública não veicula bem jurídico mais relevante para a coletividade do que a Ação Popular. Aliás, a bem da verdade, hodiernamente ambas as ações fazem parte de um microssistema de tutela dos direitos difusos onde se encartam a moralidade administrativa sob seus vários ângulos e facetas. Assim, à míngua de previsão do prazo prescricional para a propositura da Ação Civil Pública, inafastável a incidência da *analogia legis*, recomendando o prazo qüinqüenal para a prescrição das Ações Civil Públicas, tal como ocorre com a prescritibilidade da Ação Popular, porquanto *ubi eadem ratio ibi eadem legis dispositio*" (REsp 406.545-SP, rel. Min. Luiz Fux).

E o termo *a quo* deve ser a data do término do contrato pelo qual foi praticada a improbidade, neste caso, 29.2.1996.

Então, quando aforada a ação, em 19 de dezembro de 2001, já estava consumada a prescrição. A citação válida retroagirá à data da propositura da ação, é verdade, mas, se esta não recaiu antes do término do marco prescricional, imperativo decretar a prescrição, que, inclusive, foi argüida pelo interessado (TJRS, AgR 70007099583, rela. Rejane Maria Dias de Castro Bins, j. 16.9.2003, v.u.).

• Processual civil e administrativo. Ação Civil Pública de Improbidade Administrativa. Requerimento de notificação realizado fora do prazo prescricional. Prescrição. Afastamento. "Dies a quo" do prazo prescricional. Art. 23, inciso I, da Lei n. 8.429/92. Extensão. Particular. I – O Tribunal *a quo* entendeu que a propositura da ação não teria o condão de interromper o prazo prescricional se o autor não pleiteia a notificação prevista no § 7º do artigo 17 da Lei n. 8.429/92, com os acréscimos impostos pela MPV n. 2.225/2001, dentro deste período. II – Ocorre que a norma acima aludida não impõe alteração aos critérios de interrupção do prazo prescritivo, impondo-se desta feita a observância do artigo 219, § 1º, do Código de

Processo Civil. III – Assim, em sendo realizada a notificação imanente ao § 7º do art. 17 da Lei 8.429/92, mesmo fora do prazo qüinqüenal do artigo 23, inciso I, daquele diploma legal, deveria o magistrado prosseguir com as providências previstas nos parágrafos seguintes para, acaso recebida a petição inicial, ser realizada a citação e efetivada a interrupção da prescrição com a retroação deste momento para o dia da propositura da ação. IV – O *dies a quo* do prazo prescricional, aplicável aos servidores públicos e agentes políticos, previsto no art. 23, inciso I, da Lei n. 8.429/92, é extensivo aos particulares que se valeram do ato ímprobo, porquanto não haveria como ocorrer tal ilícito sem que fosse em concurso com agentes públicos ou na condição de beneficiários de seus atos. V – Recursos especiais providos, para afastar a pecha da prescrição e determinar o prosseguimento do feito com as ulteriores providências legais (STJ, REsp 704.323, rel. Francisco Falcão, j. 16.2.2006).

CAPÍTULO VIII – DAS DISPOSIÇÕES FINAIS

Art. 24. Esta Lei entra em vigor na data de sua publicação.

Vide art. 5º, XL, da CF.

Paulo de Barros Carvalho doutrina:

"Viger é ter força para disciplinar, para reger, cumprindo a normas seus objetivos finais. A vigência é propriedade das regras jurídicas que estão prontas para propagar efeitos tão logo aconteçam, no mundo fático, os eventos que elas descrevem.

"De quanto se expôs deflui que a norma jurídica se diz vigente quando está apta para qualificar fatos e determinar o surgimento de efeitos de direito, dentro dos limites que a ordem positiva estabelece, no que concerne ao espaço e no que consulta ao tempo" (*Curso de Direito Tributário*, São Paulo, Saraiva, 1991, pp. 64 e 65).

As normas jurídicas nascem com a promulgação; contudo, só começam a vigorar com sua publicação no *Diário Oficial*. A promulgação atesta a existência da lei, e a publicação veicula sua obrigatoriedade (v. Lei de Introdução ao Código Civil). A respeito de vigência e eficácia, consultar Maria Helena Diniz, "Vigência e eficácia da norma constitucional", na obra coletiva *Constituição de 1988. Legitimidade. Vigência e Eficácia. Supremacia*, Tércio S. Ferraz Jr. e Ritinha A. Stevenson Georgakilas, São Paulo, Atlas, 1989.

Como sabemos, o princípio da segurança e certeza do direito reclama a aplicação da lei para o futuro, repugnando a alteração de relações jurídicas consubstanciadas em atos, fatos e direitos do passado. A lei não pode retroagir, não pode operar sobre o passado. Trata-se do princípio da irretroatividade das leis.

No caso específico do direito penal existe a possibilidade, emanada da Constituição, da "retroatividade" da lei penal, desde que mais benéfica; se mais severa, é vedada a alteração da relação jurídica estabelecida.

Conquanto já tenhamos afirmado e ratificado que a lei em tela não possa ser qualificada como lei penal, na medida em que não estabelece restrições à pessoa, à liberdade pessoal (prevê a suspensão de direitos, multa civil, reparação civil de danos etc.), dúvidas não pairam a propósito de seu cunho marcadamente restritivo de direitos. É lei que atrita, suspende, restringe, direitos de várias categorias: patrimoniais, civis, eleitorais, funcionais etc. Em última análise, está cerceando legitimamente a liberdade dos cidadãos. Se é assim, devemos interpretá-la e aplicá-la (ao menos no que tange às cominações) como se fora autêntica norma penal. Exclusivamente para fins de interpretação, cremos que podemos encará-la como norma penal. A importância de tal assertiva está na legalidade cerrada dos comportamentos judiciais e administrativos por ocasião de sua aplicação. Deve-se ter extrema cautela com os direitos fundamentais expressos e implícitos, com o devido processo legal, com a ampla defesa, com o contraditório – enfim, com as garantias constitucionais.

Os delitos e práticas de improbidade somente podem ser alcançados pela Lei 8.429, de 2.6.1992, se praticados após sua vigência. É dizer: é vedado aplicar a lei a comportamentos ou condutas ilícitas praticados anteriormente a 3 de junho de 1992, data da publicação do diploma. Não se admite aplicação retroativa da norma posterior aos fatos ditos ilícitos. Para tanto, consulte-se a lei anterior. Diversa será a hipótese de aplicação *in mellius*, já vista.

Pontes de Miranda, a propósito, doutrinou, ainda na vigência da Constituição Federal de 1969: "O texto assegura o direito a ser punido pela lei incidente ao tempo do delito, quer no que concerne aos pressupostos do crime, quer quanto à qualidade e extensão da pena. É o princípio da vedação das leis penais materiais *ex post facto*. Por ele, sabe-se que a lei penal material (inclusive a lei fiscal, quando contenha pena propriamente dita, as leis municipais e posturas) há de ser a do momento do crime ou fato punível" (*Comentários à Constituição de 1967 com a Emenda n. 1 de 1969*, t. V, Rio de Janeiro, Forense, 1987, p. 241).

Jurisprudência

• Ação Civil Pública – Reparação de danos – Ex-prefeito municipal – Ato praticado anterior à Lei n. 8.429/92 – Irretroatividade – Dano comprovação – Ausência – Recurso improvido. "A Carta Magna de 1988, art. 37, § 4º, passou a sancionar a improbidade administrativa, ainda que não causadora de enriquecimento, na forma da lei; destarte, da vigência da nova Carta até a publicação da Lei n. 8.429/92, a improbidade administrativa era punida somente quando causadora de enriquecimento ilícito, exceção às hipóteses que pudessem configurar ilícito penal ou administrativo, pelas vias próprias".

Voto: (...) *Data maxima venia*, após analisar detidamente toda a argumentação discorrida pelo aqui apelante, afigura-me que o ato fustigado não merece reforma, face a inaplicabilidade *in casu*, da Lei n. 8.429, de 2.6.92, porquanto os fatos que deram origem ao processo ocorreram no ano de 1991; repita-se, anteriormente à vigência da aludida Lei.

Na vigência da nova Carta, até a publicação da Lei n. 8.429/92, a improbidade administrativa era punida somente quando causadora de enriquecimento ilícito, exceção às hipóteses que pudessem configurar ilícito penal ou administrativo, pelas vias próprias. No caso em comento, não restou demonstrada a improbidade administrativa e causadora de enriquecimento ilícito ou prejuízo ao erário (arts. 9º e 10, da Lei 8.429/92), mas, infringência ao art. 11, que cogita de improbidade administrativa atentatória contra os princípios da administração pública; inobstante, essa modalidade de improbidade administrativa não era alvo de punição nas leis anteriores, somente alcançada pela Lei n. 8.429/92. O MM. Juiz de Direito *a quo* deixou consignado no ato sentencial: "Embora comprovada a aquisição do terreno e a construção noticiada – fls. 304-307, e sabido o alcance social de uma creche em um pequeno município como o de São Sebastião da Bela Vista, deve-se ser relevado que a falta de licitação é conduta inadmissível no seio da administração pública. A licitação para aquisição de bens e serviços, trata-se de exigência constitucional, que visa a proteger o patrimônio público, além de dar publicidade ao certame, dando oportunidade para a contratação da proposta mais vantajosa. Contudo, não se fez prova de que o ato ilegal acarretou qualquer prejuízo ao município de São Sebastião da Bela Vista".

Trago à baila, lição de Marino Pazzaglini Filho, Márcio Fernando Elias Rosa e Waldo Fazzio Júnior: "Assim, os atos de improbidade administrativa praticados antes de 3.6.92 (data da publicação da Lei Federal n. 8.429/92), não tipificados na espécie enriquecimento ilícito, não comportam a aplicação em ação civil das sanções de multa civil, perda da função pública, suspensão dos direitos políticos e proibição de contratar com o Poder público ou dele receber benefícios e incentivos" (in *Improbidade Administrativa*, Atlas, 4ª ed., p. 34).

Colhe-se da jurisprudência desta Corte: "*Ementa*: Ato de improbidade – Lei n. 8.429/92 – Irretroatividade – Dano – Comprovação – Ausência – Ressarcimento – Inadmissibilidade. A Lei n. 8.429/92, que dispõe sobre as sanções para os atos de improbidade administrativa, é aplicável somente aos fatos ocorridos após sua publicação, em obediência ao princípio da irretroatividade. Para o ressarcimento de danos ao erário, é imprescindível a sua comprovação. Se ausente, inexiste o dever de indenizar" (Apelação

Cível n. 141.187/5.00-Comarca de Santos Dumont – Apelante(s) – Ministério Público Estado Minas Gerais, Comarca Santos Dumont – Apelado(a) (s) – Custódio Ferreira Martins – Relator – Exmo. Sr. Des. José Antonino Baía Borges).

Pinça-se, do voto ali proferido: "A Lei n. 8.429/92 não é aplicável, *in casu*, porque os fatos ocorreram anteriormente à sua vigência, e o princípio da irretroatividade da lei, que garante segurança nas relações jurídicas, é consagrado em nosso ordenamento, como não poderia deixar de ser, em um Estado Democrático de Direito. Por conseguinte, inaplicáveis as sanções previstas naquele diploma legal, como pretende o apelante. É que, ao tempo em que foram praticados os atos de improbidade administrativa, embora a Constituição Federal, em seu art. 37, § 4º, já trouxesse as sanções de suspensão dos direitos políticos, perda da função pública, indisponibilidade dos bens e o ressarcimento ao erário, inexistia lei que as regulamentasse, decorrendo, daí, a impossibilidade da aplicação" (...) (TJMG, Ap. Civ. 1.0000.00.340587-5/000(1), rel. Alvim Soares, j. 9.9.2003, v.u.).

• Restando incontroverso nos autos que os valores repassados ao ente municipal, através de convênio com a Secretaria Estadual de Obras Públicas, não foram aplicadas em prol da coletividade, é de se acolher o pedido de ressarcimento de danos ao erário. Incabível se mostra a declaração de improbidade administrativa relativamente a fatos ocorridos anteriormente à vigência da Lei n. 8.429/92, o que leva à procedência parcial do pedido, com a conseqüente divisão da verba sucumbencial. Rejeitada preliminar, dá-se parcial provimento ao recurso (TJMG, Ap. Civ. 000.259.522-1/00, rel. Kildare Carvalho, j. 6.3.2003, v.u.).

• A Lei n. 8.429, de 2 de junho de 1992, não se aplica a fatos ocorridos antes da sua vigência. Hipótese em que não comprovados os atos de improbidade referidos na inicial praticados depois do advento do referido diploma legal. Ação improcedente (TJRS, ACP 70006046635, rela. Maria Isabel de Azevedo Souza, j. 24.6.2003, v.u.).

• Por não ter caráter penal, a Lei 8.429/92, ensejadora do pedido de ressarcimento de dano por ato de improbidade administrativa, não está ela sujeita à regra de interpretação atinente ao princípio da tipicidade do delito, impeditivo da sua retroação às infrações praticadas anteriormente à sua vigência, mormente quando tais atos já eram puníveis por força de norma legal anterior.

Voto: (...) Rejeito, finalmente, a preliminar de impossibilidade jurídica do pedido, levantada ao argumento de terem os atos de improbidade administrativa atribuídos aos apelantes sido praticados, em parte, antes do início da vigência da Lei n. 8.429/92, com base na qual foi proposta a presente ação, tendo-se em vista o seu alegado caráter penal, pelo que ela não poderia retroagir, para alcançar tais atos. A preliminar não merece acolhimento, em primeiro lugar, por não se tratar de lei de caráter penal, cuja aplicação se condiciona à verificação da tipicidade do delito, necessária ao enquadramento do ato delituoso no preceito contido na norma abstrata, assim como a previsão de sanção de natureza diversa da colimada através da presente ação, cujo objetivo é somente a reparação de um dano patrimonial e a imposição de uma restrição de natureza administrativa decorrente do ato lesivo ao interesse público dos beneficiários de entidade assistencial defendido pelo Ministério Público e, em segundo, porque, antes mesmo da vigência da referida lei, os danos resultantes de atos de improbidade, contemplados pelo art. 5º, inciso LXXIII, da Constituição Federal, já eram passíveis de ressarcimento, com base em norma legal anteriormente vigente. Não tem aplicação, portanto, à hipótese *sub judice* a regra contida na máxima *nullum crimen, nulla poena sine lege*.

Isso significa que, antes do advento da referida lei, os atos lesivos como os atribuídos aos apelantes já eram puníveis com base na lei ordinária então vigente.

E como o julgador não está condicionado à invocação da norma legal citada pela parte no processo, tendo-se em vista o teor da máxima *iura novit curia* e o preceito da *mihi factum, dabo tibi ius*, em decorrência do qual sequer é necessária a invocação expressa, na petição inicial, da norma legal aplicável, a condenação dos apelantes à reparação dos danos resultantes dos atos antijurídicos por eles praticados poderia dar-se com base na norma legal vigente ao tempo da prática desses atos, independentemente da eventual invocação de norma legal inaplicável à espécie em julgamento (TJMG, Ap. Civ. 320.137-4, rel. Fernando Bráulio, j. 14.12.2000).

Art. 25. Ficam revogadas as Leis ns. 3.164, de 1º de junho de 1957, e 3.502, de 21 de dezembro de 1958, e demais disposições em contrário.

A presente lei ab-rogou expressamente as leis que menciona.

A expressão final "e demais disposições em contrário" *c'est parler pour rien dire*, na feliz síntese de Planiol (*apud* Vicente Ráo, *O Direito e a Vida dos Direitos*, v. I, t. II, São Paulo, Resenha Universitária, 1978, p. 296), pois "que é que significa revogar disposições em contrário, senão revogar as disposições das leis anteriores, incompatíveis com a lei posterior? Ora, a revogação tácita não é outra coisa; resulta da incompatibilidade entre a lei antiga e a lei nova. Aquilo que a fórmula diz é, efetivamente, isso e nada mais".

APÊNDICE DE LEGISLAÇÃO

LEI 8.429, DE 2 DE JUNHO DE 1992

Dispõe sobre as sanções aplicáveis aos agentes públicos nos casos de enriquecimento ilícito no exercício de mandato, cargo, emprego ou função na Administração Pública direta, indireta ou fundacional e dá outras providências.

Capítulo I – Das Disposições Gerais

Art. 1º. Os atos de improbidade praticados por qualquer agente público, servidor ou não, contra a Administração direta, indireta ou fundacional de qualquer dos Poderes da União, dos Estados, do Distrito Federal, dos Municípios, de Território, de empresa incorporada ao patrimônio público ou de entidade para cuja criação ou custeio o erário haja concorrido ou concorra com mais de 50% do patrimônio ou da receita anual, serão punidos na forma desta Lei.

Parágrafo único. Estão também sujeitos às penalidades desta Lei os atos de improbidade praticados contra o patrimônio de entidade que receba subvenção, benefício ou incentivo, fiscal ou creditício, de órgão público bem como daquelas para cuja criação ou custeio o erário haja concorrido ou concorra com menos de 50% do patrimônio ou da receita anual, limitando-se, nestes casos, a sanção patrimonial à repercussão do ilícito sobre a contribuição dos cofres públicos.

Art. 2º. Reputa-se agente público, para os efeitos desta Lei, todo aquele que exerce, ainda que transitoriamente ou sem remuneração, por eleição, nomeação, designação, contratação, ou qualquer outra forma de investidura ou vínculo, mandato, cargo, emprego ou função nas entidades mencionadas no artigo anterior.

Art. 3º. As disposições desta Lei são aplicáveis, no que couber, àquele que, mesmo não sendo agente público, induza ou concorra para a prática do ato de improbidade ou dele se beneficie sob qualquer forma direta ou indireta.

Art. 4º. Os agentes públicos de qualquer nível ou hierarquia são obrigados a velar pela estrita observância dos princípios de legalidade, impessoalidade, moralidade e publicidade no trato dos assuntos que lhes são afetos.

Art. 5º. Ocorrendo lesão ao patrimônio público por ação ou omissão, dolosa ou culposa, do agente ou de terceiro, dar-se-á o integral ressarcimento do dano.

Art. 6º. No caso de enriquecimento ilícito, perderá o agente público ou terceiro beneficiário os bens ou valores acrescidos ao seu patrimônio.

Art. 7º. Quando o ato de improbidade causar lesão ao patrimônio público ou ensejar enriquecimento ilícito, caberá à autoridade administrativa responsável pelo inquérito representar ao Ministério Público, para a indisponibilidade dos bens do indiciado.

Parágrafo único. A indisponibilidade a que se refere o *caput* deste artigo recairá sobre bens que assegurem o integral ressarcimento do dano, ou sobre o acréscimo patrimonial resultante do enriquecimento ilícito.

Art. 8º. O sucessor daquele que causar lesão ao patrimônio público ou se enriquecer ilicitamente está sujeito às cominações desta Lei até o limite do valor da herança.

Capítulo II – Dos Atos de Improbidade Administrativa

Seção I – Dos Atos de Improbidade Administrativa que Importam Enriquecimento Ilícito

Art. 9º. Constitui ato de improbidade administrativa importando enriquecimento ilícito auferir qualquer tipo de vantagem patrimonial indevida em razão do exercício de cargo, mandato, função, emprego ou atividade nas entidades mencionadas no art. 1º desta Lei, e notadamente:

I – receber, para si ou para outrem, dinheiro, bem móvel ou imóvel, ou qualquer outra vantagem econômica, direta ou indireta, a titulo de comissão, percentagem, gratificação ou presente de quem tenha interesse, direto ou indireto, que possa ser atingido ou amparado por ação ou omissão decorrente das atribuições do agente público;

II – perceber vantagem econômica, direta ou indireta, para facilitar a aquisição, permuta ou locação de bem móvel ou imóvel, ou a contratação de serviços pelas entidades referidas no art. 1º por preço superior ao valor de mercado;

III – perceber vantagem econômica, direta ou indireta, para facilitar a alienação, permuta ou locação de bem público ou o fornecimento de serviço por ente estatal por preço inferior ao valor de mercado;

IV – utilizar, em obra ou serviço particular, veículos, máquinas, equipamentos ou material de qualquer natureza, de propriedade ou à disposição de qualquer das entidades mencionadas no art. 1º desta Lei, bem como o trabalho de servidores públicos, empregados ou terceiros contratados por essas entidades;

V – receber vantagem econômica de qualquer natureza, direta ou indireta, para tolerar a exploração ou a prática de jogos de azar, de lenocínio, de narcotráfico, de contrabando, de usura ou de qualquer outra atividade ilícita, ou aceitar promessa de tal vantagem;

VI – receber vantagem econômica de qualquer natureza, direta ou indireta, para fazer declaração falsa sobre medição ou avaliação em obras públicas ou qualquer outro serviço, ou sobre quantidade, peso, medida, qualidade ou característica de mercadorias ou bens fornecidos a qualquer das entidades mencionadas no art. 1º desta Lei;

VII – adquirir, para si ou para outrem, no exercício de mandato, cargo, emprego ou função pública, bens de qualquer natureza cujo valor seja desproporcional à evolução do patrimônio ou à renda do agente público;

VIII – aceitar emprego, comissão ou exercer atividade de consultoria ou assessoramento para pessoa física ou jurídica que tenha interesse suscetível de ser atingido ou amparado por ação ou omissão decorrente das atribuições do agente público, durante a atividade;

IX – perceber vantagem econômica para intermediar a liberação ou aplicação de verba pública de qualquer natureza;

X – receber vantagem econômica de qualquer natureza, direta ou indiretamente, para omitir ato de ofício, providência ou declaração a que esteja obrigado;

XI – incorporar, por qualquer forma, ao seu patrimônio bens, rendas, verbas ou valores integrantes do acervo patrimonial das entidades mencionadas no art. 1º desta Lei;

XII – usar, em proveito próprio, bens, rendas, verbas ou valores integrantes do acervo patrimonial das entidades mencionadas no art. 1º desta Lei.

Seção II – Dos Atos de Improbidade Administrativa que Causam Prejuízo ao Erário

Art. 10. Constitui ato de improbidade administrativa que causa lesão ao erário qualquer ação ou omissão, dolosa ou culposa, que enseje perda patrimonial, desvio, apropriação, malbaratamento ou dilapidação dos bens ou haveres das entidades referidas no art. 1º desta Lei, e notadamente:

I – facilitar ou concorrer por qualquer forma para a incorporação ao patrimônio particular, de pessoa física ou jurídica, de bens, rendas, verbas ou valores integrantes do acervo patrimonial das entidades mencionadas no art. 1º desta Lei;

II – permitir ou concorrer para que pessoa física ou jurídica privada utilize bens, rendas, verbas ou valores integrantes do acervo patrimonial das entidades mencionadas no art. 1º desta Lei, sem a observância das formalidades legais ou regulamentares aplicáveis à espécie;

III – doar à pessoa física ou jurídica bem como ao ente despersonalizado, ainda que de fins educativos ou assistenciais, bens, rendas, verbas ou valores do patrimônio de qualquer das entidades mencionadas no art. 1º desta Lei, sem observância das formalidades legais e regulamentares aplicáveis à espécie;

IV – permitir ou facilitar a alienação, permuta ou locação de bem integrante do patrimônio de qualquer das entidades referidas no art. 1º desta Lei, ou ainda a prestação de serviço por parte delas, por preço inferior ao de mercado;

V – permitir ou facilitar a aquisição, permuta ou locação de bem ou serviço por preço superior ao de mercado;

VI – realizar operação financeira sem observância das normas legais e regulamentares ou aceitar garantia insuficiente ou inidônea;

VII – conceder benefício administrativo ou fiscal sem a observância das formalidades legais ou regulamentares aplicáveis à espécie;

VIII – frustrar a licitude do processo licitatório ou dispensá-lo indevidamente;

IX – ordenar ou permitir a realização de despesas não autorizadas em lei ou regulamento;

X – agir negligentemente na arrecadação de tributo ou renda, bem como no que diz respeito à conservação do patrimônio público;

XI – liberar verba pública sem a estrita observância das normas pertinentes ou influir de qualquer forma para a sua aplicação irregular;

XII – permitir, facilitar ou concorrer para que terceiro se enriqueça ilicitamente;

XIII – permitir que se utilize, em obra ou serviço particular, veículos, máquinas, equipamentos ou material de qualquer natureza, de propriedade ou à disposição de qualquer das entidades mencionadas no art. 1º desta Lei, bem como o trabalho de servidor público, empregados ou terceiros contratados por essas entidades.

XIV – celebrar contrato ou outro instrumento que tenha por objeto a prestação de serviços públicos por meio da gestão associada sem observar as formalidades previstas na lei;

XV – celebrar contrato de rateio de consórcio público sem suficiente e prévia dotação orçamentária, ou sem observar as formalidades previstas na lei.

Seção III – Dos Atos de Improbidade Administrativa que Atentam
Contra os Princípios da Administração Pública

Art. 11. Constitui ato de improbidade administrativa que atenta contra os princípios da Administração Pública qualquer ação ou omissão que viole os deveres de honestidade, imparcialidade, legalidade, e lealdade às instituições, e notadamente:

I – praticar ato visando fim proibido em lei ou regulamento ou diverso daquele previsto, na regra de competência;

II – retardar ou deixar de praticar, indevidamente, ato de ofício;

III – revelar fato ou circunstância de que tem ciência em razão das atribuições e que deva permanecer em segredo;

IV – negar publicidade aos atos oficiais;

V – frustrar a licitude de concurso público;

VI – deixar de prestar contas quando esteja obrigado a fazê-lo;

VII – revelar ou permitir que chegue ao conhecimento de terceiro, antes da respectiva divulgação oficial, teor de medida política ou econômica capaz de afetar o preço de mercadoria, bem ou serviço.

Capítulo III – Das Penas

Art. 12. Independentemente das sanções penais, civis e administrativas, previstas na legislação específica, está o responsável pelo ato de improbidade sujeito às seguintes cominações:

I – na hipótese do art. 9º, perda dos bens ou valores acrescidos ilicitamente ao patrimônio, ressarcimento integral do dano, quando houver, perda da função pública, suspensão dos direitos políticos de 8 a 10 anos, pagamento de multa civil de até 3 vezes o valor do acréscimo patrimonial e proibição de contratar com o Poder Público ou receber benefícios ou incentivos fiscais ou creditícios, direta ou indiretamente, ainda que por intermédio de pessoa jurídica da qual seja sócio majoritário, pelo prazo de 10 anos;

II – na hipótese do art. 10, ressarcimento integral do dano, perda dos bens ou valores acrescidos ilicitamente ao patrimônio, se concorrer esta circunstância, perda da função pública, suspensão dos direitos políticos de cinco a oito anos, pagamento de multa civil de até duas vezes o valor do dano e proibição de contratar com o Poder Público ou receber benefícios ou incentivos fiscais ou creditícios, direta ou indiretamente, ainda que por intermédio de pessoa jurídica da qual seja sócio majoritário, pelo prazo de cinco anos;

III – na hipótese do art. 11, ressarcimento integral do dano, se houver, perda da função pública, suspensão dos direitos políticos de 3 a 5 anos, pagamento de multa civil de até 100 vezes o valor da remuneração percebida pelo agente e proibição de contratar com o Poder Público ou receber benefícios ou incentivos fiscais ou creditícios, direta ou indiretamente, ainda que por intermédio de pessoa jurídica da qual seja sócio majoritário, pelo prazo de 3 anos.

Parágrafo único. Na fixação das penas previstas nesta Lei o juiz levará em conta a extensão do dano causado, assim como o proveito patrimonial obtido pelo agente.

Capítulo IV – Da Declaração de Bens

Art. 13. A posse e o exercício de agente público ficam condicionados à apresentação de declaração dos bens e valores que compõem o seu patrimônio privado, a fim de ser arquivada no Serviço de Pessoal competente.*

§ 1º. A declaração compreenderá imóveis, móveis, semoventes, dinheiro, títulos, ações, e qualquer outra espécie de bens e valores patrimoniais, localizados no país ou no exterior, e, quando for o caso, abrangerá os bens e valores patrimoniais do cônjuge ou companheiro, dos filhos e de outras pessoas que vivam sob a dependência econômica do declarante, excluídos apenas os objetos e utensílios de uso doméstico.

§ 2º. A declaração de bens será anualmente atualizada e na data em que o agente público deixar o exercício do mandato, cargo, emprego ou função.

§ 3º. Será punido com a pena de demissão, a bem do serviço público, sem prejuízo de outras sanções cabíveis, o agente público que se recusar a prestar declaração dos bens, dentro do prazo determinado, ou que a prestar falsa.

§ 4º. O declarante, a seu critério, poderá entregar cópia da declaração anual de bens apresentada à Delegacia da Receita Federal na conformidade da legislação do imposto sobre a renda e os proventos de qualquer natureza, com as necessárias atualizações, para suprir a exigência contida no *caput* e no § 2º deste artigo.

Capítulo V – Do Procedimento Administrativo e do Processo Judicial

Art. 14. Qualquer pessoa poderá representar à autoridade administrativa competente para que seja instaurada investigação destinada a apurar a prática de ato de improbidade.

§ 1º. A representação, que será escrita ou reduzida a termo e assinada, conterá a qualificação do representante, as informações sobre o fato e sua autoria e a indicação das provas de que tenha conhecimento.

§ 2º. A autoridade administrativa rejeitará a representação, em despacho fundamentado, se esta não contiver as formalidades estabelecidas no § 1º deste artigo. A rejeição não impede a representação ao Ministério Público, nos termos do art. 22 desta Lei.

§ 3º. Atendidos os requisitos da representação, a autoridade determinará a imediata apuração dos fatos que, em se tratando de servidores federais, será processada na forma prevista nos arts. 148 a 182 da Lei n. 8.112, de 11 de dezembro de 1990, e, em se tratando de servidor militar, de acordo com os respectivos regulamentos disciplinares.

Art. 15. A comissão processante dará conhecimento ao Ministério Público e ao Tribunal ou Conselho de Contas da existência de procedimento administrativo para apurar a prática de ato de improbidade.

* V., adiante, Decreto 5.483, de 20.6.2005, regulamentando o dispositivo.

Parágrafo único. O Ministério Público ou Tribunal ou Conselho de Contas poderá, a requerimento, designar representante para acompanhar o procedimento administrativo.

Art. 16. Havendo fundados indícios de responsabilidade, a comissão representará ao Ministério Público ou à Procuradoria do órgão para que requeira ao juízo competente a decretação do seqüestro dos bens do agente ou terceiro que tenha enriquecido ilicitamente ou causado dano ao patrimônio público.

§ 1º. O pedido de seqüestro será processado de acordo com o disposto nos arts. 822 e 825 do Código de Processo Civil.

§ 2º. Quando for o caso, o pedido incluirá a investigação, o exame e o bloqueio de bens, contas bancárias e aplicações financeiras mantidas pelo indiciado no exterior, nos termos da lei e dos tratados internacionais.

Art. 17. A ação principal, que terá o rito ordinário, será proposta pelo Ministério Público ou pela pessoa jurídica interessada, dentro de 30 dias da efetivação da medida cautelar.

§ 1º. É vedada a transação, acordo ou conciliação nas ações de que trata o *caput*.

§ 2º. A Fazenda Pública, quando for o caso, promoverá as ações necessárias à complementação do ressarcimento do patrimônio público.

§ 3º. No caso de a ação principal ter sido proposta pelo Ministério Público, aplica-se, no que couber, o disposto no § 3º do art. 6º da Lei n. 4.717, de 29 de junho de 1965.

§ 4º. O Ministério Público, se não intervir no processo como parte, atuará obrigatoriamente como fiscal da lei, sob pena de nulidade.

§ 5º. A propositura da ação prevenirá a jurisdição do juízo para todas as ações posteriormente intentadas que possuam a mesma causa de pedir ou o mesmo objeto.

§ 6º. A ação será instruída com documentos ou justificação que contenham indícios suficientes da existência do ato de improbidade ou com razões fundamentadas da impossibilidade de apresentação de qualquer dessas provas, observada a legislação vigente, inclusive as disposições inscritas nos arts. 16 a 18 do Código de Processo Civil.

§ 7º. Estando a inicial em devida forma, o juiz mandará autuá-la e ordenará a notificação do requerido, para oferecer manifestação por escrito, que poderá ser instruída com documentos e justificações, dentro do prazo de quinze dias.

§ 8º. Recebida a manifestação, o juiz, no prazo de trinta dias, em decisão fundamentada, rejeitará a ação, se convencido da inexistência do ato de improbidade, da improcedência da ação ou da inadequação da via eleita.

§ 9º. Recebida a petição inicial, será o réu citado para apresentar contestação.

§ 10. Da decisão que receber a petição inicial, caberá agravo de instrumento.

§ 11. Em qualquer fase do processo, reconhecida a inadequação da ação de improbidade, o juiz extinguirá o processo sem julgamento do mérito.

§ 12. Aplica-se aos depoimentos ou inquirições realizadas nos processos regidos por esta Lei o disposto no art. 221, *caput* e § 1º, do Código de Processo Penal.

Art. 18. A sentença que julgar procedente ação civil de reparação de dano ou decretar a perda dos bens havidos ilicitamente determinará o pagamento ou a reversão dos bens, conforme o caso, em favor da pessoa jurídica prejudicada pelo ilícito.

Capítulo VI – Das Disposições Penais

Art. 19. Constitui crime a representação por ato de improbidade contra agente público ou terceiro beneficiário, quando o autor da denúncia o sabe inocente:

Pena – detenção de 6 a 10 meses e multa.

Parágrafo único. Além da sanção penal, o denunciante está sujeito a indenizar o denunciado pelos danos materiais, morais ou à imagem que houver provocado.

Art. 20. A perda da função pública e a suspensão dos direitos políticos só se efetivam com o trânsito em julgado da sentença condenatória.

Parágrafo único. A autoridade judicial ou administrativa competente poderá determinar o afastamento do agente público do exercício do cargo, emprego ou função, sem prejuízo da remuneração, quando a medida se fizer necessária à instrução processual.

Art. 21. A aplicação das sanções previstas nesta Lei independe:

I – da efetiva ocorrência de dano ao patrimônio público;

II – da aprovação ou rejeição das contas pelo órgão de controle interno ou pelo Tribunal ou Conselho de Contas.

Art. 22. Para apurar qualquer ilícito previsto nesta Lei, o Ministério Público, de ofício, a requerimento de autoridade administrativa ou mediante representação formulada de acordo com o disposto no art. 14, poderá requisitar a instauração de inquérito policial ou procedimento administrativo.

Capítulo VII – Da Prescrição

Art. 23. As ações destinadas a levar a efeito as sanções previstas nesta Lei podem ser propostas:

I – até cinco anos após o término do exercício de mandato, de cargo em comissão ou de função de confiança;

II – dentro do prazo prescricional previsto em lei específica para faltas disciplinares puníveis com demissão a bem do serviço público, nos casos de exercício de cargo efetivo ou emprego.

Capítulo VIII – Das Disposições Finais

Art. 24. Esta Lei entra em vigor na data de sua publicação.

Art. 25. Ficam revogadas as Leis ns. 3.164, de 1º de junho de 1957, e 3.502, de 21 de dezembro de 1958, e demais disposições em contrário.

DECRETO 5.483, DE 30 DE JUNHO DE 2005

Regulamenta, no âmbito do Poder Executivo Federal, o art. 13 da Lei n. 8.429, de 2 de junho de 1992, institui a sindicância patrimonial e dá outras providências.

Art. 1º. A declaração dos bens e valores que integram o patrimônio privado de agente público, no âmbito do Poder Executivo Federal, bem como sua atualização, conforme previsto na Lei n. 8.429, de 2 de junho de 1992, observarão as normas deste Decreto.

Art. 2º. A posse e o exercício de agente público em cargo, emprego ou função da administração pública direta ou indireta ficam condicionados à apresentação, pelo interessado, de declaração dos bens e valores que integram o seu patrimônio, bem como os do cônjuge, companheiro, filhos ou outras pessoas que vivam sob a sua dependência econômica, excluídos apenas os objetos e utensílios de uso doméstico.

Parágrafo único. A declaração de que trata este artigo compreenderá imóveis, móveis, semoventes, dinheiro, títulos, ações e qualquer outra espécie de bens e valores patrimoniais localizados no País ou no exterior.

Art. 3º. Os agentes públicos de que trata este Decreto atualizarão, em formulário próprio, anualmente e no momento em que deixarem o cargo, emprego ou função, a declaração dos bens e valores, com a indicação da respectiva variação patrimonial ocorrida.

§ 1º. A atualização anual de que trata o *caput* será realizada no prazo de até quinze dias após a data limite fixada pela Secretaria da Receita Federal do Ministério da Fazenda para a apresentação da Declaração de Ajuste Anual do Imposto de Renda Pessoa Física.

§ 2º. O cumprimento do disposto no § 4º do art. 13 da Lei n. 8.429, de 1992, poderá, a critério do agente público, realizar-se mediante autorização de acesso à declaração anual apresentada à Secretaria da Receita Federal, com as respectivas retificações.

Art. 4º. O serviço de pessoal competente manterá arquivo das declarações e autorizações previstas neste Decreto até cinco anos após a data em que o agente público deixar o cargo, emprego ou função.

Art. 5º. Será instaurado processo administrativo disciplinar contra o agente público que se recusar a apresentar declaração dos bens e valores na data própria, ou que a prestar falsa, ficando sujeito à penalidade prevista no § 3º do art. 13 da Lei n 8.429, de 1992.

Art. 6º. Os órgãos de controle interno fiscalizarão o cumprimento da exigência de entrega das declarações regulamentadas por este Decreto, a ser realizado pelo serviço de pessoal competente.

Art. 7º. A Controladoria-Geral da União, no âmbito do Poder Executivo Federal, poderá analisar, sempre que julgar necessário, a evolução patrimonial do agente público, a fim de verificar a compatibilidade desta com os recursos e disponibilidades que compõem o seu patrimônio, na forma prevista na Lei n. 8.429, de 1992, observadas as disposições especiais da Lei n. 8.730, de 10 de novembro de 1993.

Parágrafo único. Verificada a incompatibilidade patrimonial, na forma estabelecida no *caput*, a Controladoria-Geral da União instaurará procedimento de sindicância patrimonial ou requisitará sua instauração ao órgão ou entidade competente.

Art. 8º. Ao tomar conhecimento de fundada notícia ou de indícios de enriquecimento ilícito, inclusive evolução patrimonial incompatível com os recursos e disponibilidades do agente público, nos termos do art. 9º da Lei n. 8.429, de 1992, a autoridade competente determinará a instauração de sindicância patrimonial, destinada à apuração dos fatos.

Parágrafo único. A sindicância patrimonial de que trata este artigo será instaurada, mediante portaria, pela autoridade competente ou pela Controladoria-Geral da União.

Art. 9º. A sindicância patrimonial constituir-se-á em procedimento sigiloso e meramente investigatório, não tendo caráter punitivo.

§ 1º. O procedimento de sindicância patrimonial será conduzido por comissão composta por dois ou mais servidores ou empregados efetivos de órgãos ou entidades da administração federal.

§ 2º. O prazo para conclusão do procedimento de sindicância patrimonial será de trinta dias, contados da data da publicação do ato que constituir a comissão, podendo ser prorrogado, por igual período ou por período inferior, pela autoridade competente pela instauração, desde que justificada a necessidade.

§ 3º. Concluídos os trabalhos da sindicância patrimonial, a comissão responsável por sua condução fará relatório sobre os fatos apurados, opinando pelo seu arquivamento ou, se for o caso, por sua conversão em processo administrativo disciplinar.

Art. 10. Concluído o procedimento de sindicância nos termos deste Decreto, dar-se-á imediato conhecimento do fato ao Ministério Público Federal, ao Tribunal de Contas da União, à Controladoria-Geral da União, à Secretaria da Receita Federal e ao Conselho de Controle de Atividades Financeiras.

Art. 11. Nos termos e condições a serem definidos em convênio, a Secretaria da Receita Federal poderá fornecer à Controladoria-Geral da União, em meio eletrônico, cópia da declaração anual do agente público que houver optado pelo cumprimento da obrigação, na forma prevista no § 2º do art. 3º deste Decreto.

§ 1º. Compete à Controladoria-Geral da União informar à Secretaria da Receita Federal o rol dos optantes, nos termos do § 2º do art. 3º deste Decreto, com o respectivo número de inscrição no Cadastro de Pessoas Físicas e o exercício ao qual correspondem as mencionadas declarações.

§ 2º. Caberá à Controladoria-Geral da União adotar medidas que garantam a preservação do sigilo das informações recebidas, relativas à situação econômica ou financeira do agente público ou de terceiros e à natureza e ao estado de seus negócios ou atividades.

Art. 12. Para a realização dos procedimentos previstos neste Decreto, poderão ser utilizados recursos de tecnologia da informação.

Art. 13. A Controladoria-Geral da União e o Ministério do Planejamento, Orçamento e Gestão expedirão, no prazo de noventa dias, as instruções necessárias para o cumprimento deste Decreto no âmbito do Poder Executivo Federal, salvo em relação ao convênio a que se refere o art. 11.

Art. 14. Caberá aos titulares dos órgãos e entidades da administração pública federal direta ou indireta, sob pena de responsabilidade, velar pela estrita observância do disposto neste Decreto.

Art. 15. Este Decreto entra em vigor na data de sua publicação.

Art. 16. Fica revogado o Decreto n. 978, de 10 de novembro de 1993.

CONSTITUIÇÃO DA REPÚBLICA FEDERATIVA DO BRASIL

Título II – DOS DIREITOS E GARANTIAS FUNDAMENTAIS

Capítulo I – Dos Direitos e Deveres Individuais e Coletivos

Art. 5º. Todos são iguais perante a lei, sem distinção de qualquer natureza, garantindo-se aos brasileiros e aos estrangeiros residentes no País a inviolabilidade do direito à vida, à liberdade, à igualdade, à segurança e à propriedade, nos termos seguintes:

(...)

V – é assegurado o direito de resposta, proporcional ao agravo, além da indenização por dano material, moral ou à imagem;

(...)

X – são invioláveis a intimidade, a vida privada, a honra e a imagem das pessoas, assegurado o direito a indenização pelo dano material ou moral decorrente de sua violação;

(...)

XXXIV – são a todos assegurados, independentemente do pagamento de taxas:

a) o direito de petição aos Poderes Públicos em defesa de direitos ou contra ilegalidade ou abuso de poder;

b) a obtenção de certidões em repartições públicas, para defesa de direitos e esclarecimento de situações de interesse pessoal;

XXXV – a lei não excluirá da apreciação do Poder Judiciário lesão ou ameaça a direito;

(...)

XL – a lei penal não retroagirá, salvo para beneficiar o réu;

(...)

XLV – nenhuma pena passará da pessoa do condenado, podendo a obrigação de reparar o dano e a decretação do perdimento de bens ser, nos termos da lei, estendidas aos sucessores e contra eles executadas, até o limite do valor do patrimônio transferido;

XLVI – a lei regulará a individualização da pena e adotará, entre outras, as seguintes:

a) privação ou restrição da liberdade;

b) perda de bens;

c) multa;

d) prestação social alternativa;

e) suspensão ou interdição de direitos;

XLVII – não haverá penas:

a) de morte, salvo em caso de guerra declarada, nos termos do art. 84, XIX;

b) de caráter perpétuo;

c) de trabalhos forçados;

d) de banimento;

e) cruéis;

(...)

LIV – ninguém será privado da liberdade ou de seus bens sem o devido processo legal;

LV – aos litigantes, em processo judicial ou administrativo, e aos acusados em geral são assegurados o contraditório e a ampla defesa, com os meios e recursos a ela inerentes;

(...)

LVII – ninguém será considerado culpado até o trânsito em julgado de sentença penal condenatória;

(...)

LXVIII – conceder-se-á *habeas corpus* sempre que alguém sofrer ou se achar ameaçado de sofrer violência ou coação em sua liberdade de locomoção, por ilegalidade ou abuso de poder;

LXIX – conceder-se-á mandado de segurança para proteger direito líquido e certo, não amparado por *habeas corpus* ou *habeas data*, quando o responsável pela ilegalidade ou abuso de poder for autoridade pública ou agente de pessoa jurídica no exercício de atribuições do Poder Público;

LXX – o mandado de segurança coletivo pode ser impetrado por:

a) partido político com representação no Congresso Nacional;

b) organização sindical, entidade de classe ou associação legalmente constituída e em funcionamento há pelo menos um ano, em defesa dos interesses de seus membros ou associados;

(...)

LXXIII – qualquer cidadão é parte legítima para propor ação popular que vise a anular ato lesivo ao patrimônio público ou de entidade de que o Estado participe, à moralidade administrativa, ao meio ambiente e ao patrimônio histórico e cultural, ficando o autor, salvo comprovada má-fé, isento de custas judiciais e do ônus da sucumbência;

(...)

Capítulo IV – Dos Direitos Políticos

Art. 14. A soberania popular será exercida pelo sufrágio universal e pelo voto direto e secreto, com valor igual para todos, e, nos termos da lei, mediante:

(...)

§ 9º. Lei complementar estabelecerá outros casos de inelegibilidade e os prazos de sua cessação, a fim de proteger a probidade administrativa, a moralidade para o exercício do mandato, considerada a vida pregressa do candidato, e a normalidade e legitimidade das eleições contra a influência do poder econômico ou o abuso do exercício de função, cargo ou emprego na Administração direta ou indireta.

(...)

Art. 15. É vedada a cassação de direitos políticos, cuja perda ou suspensão só se dará nos casos de:

I – cancelamento da naturalização por sentença transitada em julgado;

II – incapacidade civil absoluta;

III – condenação criminal transitada em julgado, enquanto durarem seus efeitos;

IV – recusa de cumprir obrigação a todos imposta ou prestação alternativa, nos termos do art. 5º, VIII;

V – improbidade administrativa, nos termos do art. 37, § 4º.

(...)

Título III – DA ORGANIZAÇÃO DO ESTADO

(...)

Capítulo VII – Da Administração Pública

Seção I – Disposições Gerais

Art. 37. A Administração Pública direta e indireta de qualquer dos Poderes da União, dos Estados, do Distrito Federal e dos Municípios obedecerá aos princípios de legalidade, impessoalidade, moralidade, publicidade e eficiência e, também, ao seguinte: (...)

II – a investidura em cargo ou emprego público depende de aprovação prévia em concurso público de provas ou de provas e títulos, de acordo com a natureza e a complexidade do cargo ou emprego, na forma prevista em lei, ressalvadas as nomeações para cargo em comissão declarado em lei de livre nomeação e exoneração;

(...)

XXI – ressalvados os casos especificados na legislação, as obras, serviços, compras e alienações serão contratados mediante processo de licitação pública que assegure igualdade de condições a todos os concorrentes, com cláusulas que estabeleçam obrigações de pagamento, mantidas as condições efetivas da proposta, nos termos da lei, o qual somente permitirá as exigências de qualificação técnica e econômica indispensáveis à garantia do cumprimento das obrigações.

(...)

§ 1º. A publicidade dos atos, programas, obras, serviços e campanhas dos órgãos públicos deverá ter caráter educativo, informativo ou de orientação social, dela não podendo constar nomes, símbolos ou imagens que caracterizem promoção pessoal de autoridades ou servidores públicos.

§ 2º. A não-observância do disposto nos incisos II e III implicará a nulidade do ato e a punição da autoridade responsável, nos termos da lei.

(...)

§ 4º. Os atos de improbidade administrativa importarão a suspensão dos direitos políticos, a perda da função pública, a indisponibilidade dos bens e o ressarcimento ao erário, na forma e gradação previstas em lei, sem prejuízo da ação penal cabível.

§ 5º. A lei estabelecerá os prazos de prescrição para ilícitos praticados por qualquer agente, servidor ou não, que causem prejuízos ao erário, ressalvadas as respectivas ações de ressarcimento.

§ 6º. As pessoas jurídicas de direito público e as de direito privado prestadoras de serviços públicos responderão pelos danos que seus agentes, nessa qualidade, causarem a terceiros, assegurado o direito de regresso contra o responsável nos casos de dolo ou culpa.

§ 7º. A lei disporá sobre os requisitos e as restrições ao ocupante de cargo ou emprego da Administração direta e indireta que possibilite o acesso a informações privilegiadas.

(...)

Seção II – Dos Servidores Públicos

(...)

Art. 41. São estáveis após três anos de efetivo exercício os servidores nomeados para cargo de provimento efetivo em virtude de concurso público.

§ 1º. O servidor público estável só perderá o cargo:

I – em virtude de sentença judicial transitada em julgado;

II – mediante processo administrativo em que lhe seja assegurada ampla defesa;

III – mediante procedimento de avaliação periódica de desempenho, na forma de lei complementar, assegurada ampla defesa.

§ 2º. Invalidada por sentença judicial a demissão do servidor estável, será ele reintegrado, e o eventual ocupante da vaga, se estável, reconduzido ao cargo de origem, sem direito a indenização, aproveitado em outro cargo ou posto em disponibilidade com remuneração proporcional ao tempo de serviço.

§ 3º. Extinto o cargo ou declarada a sua desnecessidade, o servidor estável ficará em disponibilidade, com remuneração proporcional ao tempo de serviço, até seu adequado aproveitamento em outro cargo.

§ 4º. Como condição para a aquisição da estabilidade, é obrigatória a avaliação especial de desempenho por comissão instituída para essa finalidade.

(...)

Título IV – DA ORGANIZAÇÃO DOS PODERES

Capítulo I – Do Poder Legislativo

(...)

Seção IX – Da Fiscalização Contábil, Financeira e Orçamentária

Art. 70. A fiscalização contábil, financeira, orçamentária, operacional e patrimonial da União e das entidades da Administração direta e indireta, quanto à legalidade, legitimidade, economicidade, aplicação das subvenções e renúncia de receitas, será exercida pelo Congresso Nacional, mediante controle externo, e pelo sistema de controle interno de cada Poder.

Parágrafo único. Prestará contas qualquer pessoa física ou jurídica, pública ou privada, que utilize, arrecade, guarde, gerencie ou administre dinheiros, bens e valores públicos ou pelos quais a União responda ou que, em nome desta, assuma obrigações de natureza pecuniária.

Art. 71. O controle externo, a cargo do Congresso Nacional, será exercido com o auxílio do Tribunal de Contas da União, ao qual compete:

I – apreciar as contas prestadas anualmente pelo Presidente da República, mediante parecer prévio, que deverá ser elaborado em sessenta dias a contar de seu recebimento;

II – julgar as contas dos administradores e demais responsáveis por dinheiros, bens e valores públicos da Administração direta e indireta, incluídas as fundações e sociedades instituídas e mantidas pelo Poder Público Federal, e as contas daqueles que derem causa a perda, extravio ou outra irregularidade de que resulte prejuízo ao erário público;

III – apreciar, para fins de registro, a legalidade dos atos de admissão de pessoal, a qualquer título, na Administração direta e indireta, incluídas as fundações instituídas e mantidas pelo Poder Público, excetuadas as nomeações para cargo de provimento em comissão, bem como a das concessões de aposentadorias, reformas e pensões, ressalvadas as melhorias posteriores que não alterem o fundamento legal do ato concessório;

IV – realizar, por iniciativa própria, da Câmara dos Deputados, do Senado Federal, de comissão técnica ou de inquérito, inspeções e auditorias de natureza contábil, financeira, orçamentária, operacional e patrimonial, nas unidades administrativas dos Poderes Legislativo, Executivo e Judiciário, e demais entidades referidas no inciso II;

V – fiscalizar as contas nacionais das empresas supranacionais de cujo capital social a União participe, de forma direta ou indireta, nos termos do tratado constitutivo;

VI – fiscalizar a aplicação de quaisquer recursos repassados pela União, mediante convênio, acordo, ajuste ou outros instrumentos congêneres, a Estado, ao Distrito Federal ou a Município;

VII – prestar as informações solicitadas pelo Congresso Nacional, por qualquer de suas Casas, ou por qualquer das respectivas comissões, sobre a fiscalização contábil, financeira, orçamentária, operacional e patrimonial e sobre resultados de auditorias e inspeções realizadas;

VIII – aplicar aos responsáveis, em caso de ilegalidade de despesa ou irregularidade de contas, as sanções previstas em lei, que estabelecerá, entre outras cominações, multa proporcional ao dano causado ao erário;

IX – assinar prazo para que o órgão ou entidade adote as providências necessárias ao exato cumprimento da lei, se verificada ilegalidade;

X – sustar, se não atendido, a execução do ato impugnado, comunicando a decisão à Câmara dos Deputados e ao Senado Federal;

XI – representar ao Poder competente sobre irregularidades ou abusos apurados.

§ 1º. No caso de contrato, o ato de sustação será adotado diretamente pelo Congresso Nacional, que solicitará, de imediato, ao Poder Executivo as medidas cabíveis.

§ 2º. Se o Congresso Nacional ou o Poder Executivo, no prazo de 90 dias, não efetivar as medidas previstas no parágrafo anterior, o Tribunal decidirá a respeito.

§ 3º. As decisões do Tribunal de que resulte imputação de débito ou multa terão eficácia de título executivo.

§ 4º. O Tribunal encaminhará ao Congresso Nacional, trimestral e anualmente, relatório de suas atividades.

Art. 72. A comissão mista permanente a que se refere o art. 166, § 1º, diante de indícios de despesas não autorizadas, ainda que sob a forma de investimentos não programados ou de subsídios não aprovados, poderá solicitar à autoridade governamental responsável que, no prazo de cinco dias, preste os esclarecimentos necessários.

§ 1º. Não prestados os esclarecimentos, ou considerados estes insuficientes, a comissão solicitará ao Tribunal pronunciamento conclusivo sobre a matéria, no prazo de 30 dias.

§ 2º. Entendendo o Tribunal irregular a despesa, a comissão, se julgar que o gasto possa causar dano irreparável ou grave lesão à economia pública, proporá ao Congresso Nacional sua sustação.

(...)

Art. 74. Os Poderes Legislativo, Executivo e Judiciário manterão, de forma integrada, sistema de controle interno com a finalidade de:

I – avaliar o cumprimento das metas previstas no plano plurianual, a execução dos programas de governo e dos orçamentos da União;

II – comprovar a legalidade e avaliar os resultados, quanto à eficácia e eficiência, da gestão orçamentária, financeira e patrimonial nos órgãos e entidades da Administração Federal, bem como da aplicação de recursos públicos por entidades de direito privado;

III – exercer o controle das operações de crédito, avais e garantias, bem como dos direitos e haveres da União;

IV – apoiar o controle externo no exercício de sua missão institucional.

§ 1º. Os responsáveis pelo controle interno, ao tomarem conhecimento de qualquer irregularidade ou ilegalidade, dela darão ciência ao Tribunal de Contas da União, sob pena de responsabilidade solidária.

§ 2º. Qualquer cidadão, partido político, associação ou sindicato é parte legítima para, na forma da lei, denunciar irregularidades ou ilegalidades perante o Tribunal de Contas da União.

Art. 75. As normas estabelecidas nesta Seção aplicam-se, no que couber, à organização, composição e fiscalização dos Tribunais de Contas dos Estados e do Distrito Federal, bem como dos Tribunais e Conselhos de Contas dos Municípios.

Parágrafo único. As Constituições estaduais disporão sobre os Tribunais de Contas respectivos, que serão integrados por sete conselheiros.

Capítulo II – Do Poder Executivo

(...)

Seção III – Da Responsabilidade do Presidente da República

Art. 85. São crimes de responsabilidade os atos do Presidente da República que atentem contra a Constituição Federal e, especialmente, contra:

(...)

V – a probidade na Administração;

(...)

Parágrafo único. Esses crimes serão definidos em lei especial, que estabelecerá as normas de processo e julgamento.

(...)

Capítulo III – Do Poder Judiciário

Seção I – Disposições Gerais

(...)

Art. 93. Lei complementar, de iniciativa do Supremo Tribunal Federal, disporá sobre o Estatuto da Magistratura, observados os seguintes princípios:

(...)

VIII – o ato de remoção, disponibilidade e aposentadoria do magistrado, por interesse público, fundar-se-á em decisão por voto da maioria absoluta do respectivo tribunal ou do Conselho Nacional de Justiça, assegurada ampla defesa;

(...)

Capítulo IV – Das Funções Essenciais à Justiça

Seção I – Do Ministério Público

Art. 127. O Ministério Público é instituição permanente, essencial à função jurisdicional do Estado, incumbindo-lhe a defesa da ordem jurídica, do regime democrático e dos interesses sociais e individuais indisponíveis.

§ 1º. São princípios institucionais do Ministério Público a unidade, a indivisibilidade e a independência funcional.

§ 2º. Ao Ministério Público é assegurada autonomia funcional e administrativa, podendo, observado o disposto no art. 169, propor ao Poder Legislativo a criação e extinção de seus cargos e serviços auxiliares, provendo-os por concurso público de provas ou de provas e títulos, a política remuneratória e os planos de carreira; a lei disporá sobre sua organização e funcionamento.

§ 3º. O Ministério Público elaborará sua proposta orçamentária dentro dos limites estabelecidos na lei de diretrizes orçamentárias.

(...)

Art. 129. São funções institucionais do Ministério Público:

I – promover, privativamente, a ação penal pública, na forma da lei;

II – zelar pelo efetivo respeito dos Poderes Públicos e dos serviços de relevância pública aos direitos assegurados nesta Constituição, promovendo as medidas necessárias a sua garantia;

III – promover o inquérito civil e a ação civil pública, para a proteção do patrimônio público e social, do meio ambiente e de outros interesses difusos e coletivos;

(...)

Título VI – DA TRIBUTAÇÃO E DO ORÇAMENTO

Capítulo I – Do Sistema Tributário Nacional

(...)

Seção II – Das Limitações do Poder de Tributar

Art. 150. Sem prejuízo de outras garantias asseguradas ao contribuinte, é vedado à União, aos Estados, ao Distrito Federal e aos Municípios:

I – exigir ou aumentar tributo sem lei que o estabeleça;

II – instituir tratamento desigual entre contribuintes que se encontrem em situação equivalente, proibida qualquer distinção em razão de ocupação profissional ou função por eles exercida, independentemente da denominação jurídica dos rendimentos, títulos ou direitos;

III – cobrar tributos:

a) em relação a fatos geradores ocorridos antes do início da vigência da lei que os houver instituído ou aumentado;

b) no mesmo exercício financeiro em que haja sido publicada a lei que os instituiu ou aumentou;

c) antes de decorridos noventa dias da data em que haja sido publicada a lei que os instituiu ou aumentou, observado o disposto na alínea "b";

IV – utilizar tributo com efeito de confisco;

V – estabelecer limitações ao tráfego de pessoas ou bens por meio de tributos interestaduais ou intermunicipais, ressalvada a cobrança de pedágio pela utilização de vias conservadas pelo Poder Público;

VI – instituir impostos sobre:

a) patrimônio, renda ou serviços, uns dos outros;

b) templos de qualquer culto;

c) patrimônio, renda ou serviços dos partidos políticos, inclusive suas fundações, das entidades sindicais dos trabalhadores, das instituições de educação e de assistência social, sem fins lucrativos, atendidos os requisitos da lei;

d) livros, jornais, periódicos e o papel destinado a sua impressão.

(...)

§ 6º. Qualquer subsídio ou isenção, redução de base de cálculo, concessão de crédito presumido, anistia ou remissão, relativos a impostos, taxas ou contribuições, só poderá ser concedido mediante lei específica, federal, estadual ou municipal, que regule exclusivamente as matérias acima enumeradas ou o correspondente tributo ou contribuição, sem prejuízo do disposto no art. 155, § 2º, XII, "g".

(...)

Capítulo II – Das Finanças Públicas

(...)

Seção II – Dos Orçamentos

(...)

Art. 167. São vedados:

I – o início de programas ou projetos não incluídos na lei orçamentária anual;

II – a realização de despesas ou a assunção de obrigações diretas que excedam os créditos orçamentários ou adicionais;

III – a realização de operações de créditos que excedam o montante das despesas de capital, ressalvadas as autorizadas mediante créditos suplementares ou especiais com finalidade precisa, aprovados pelo Poder Legislativo por maioria absoluta;

IV – a vinculação de receita de impostos a órgão, fundo ou despesa, ressalvadas a repartição do produto da arrecadação dos impostos a que se referem os arts. 158 e 159, a destinação de recursos para as ações e serviços públicos de saúde, para manutenção e desenvolvimento do ensino, e para realização de atividades da administração tributária, como determinado, respectivamente, pelos arts. 198, § 2º, 212, e 37, XXII, e a prestação de garantias às operações de crédito por antecipação de receita, previstas no art. 165, § 8º, bem como o disposto no § 4º deste artigo;

V – a abertura de crédito suplementar ou especial sem prévia autorização legislativa e sem indicação dos recursos correspondentes;

VI – a transposição, o remanejamento ou a transferência de recursos de uma categoria de programação para outra ou de um órgão para outro, sem prévia autorização legislativa;

VII – a concessão ou utilização de créditos ilimitados;

VIII – a utilização, sem autorização legislativa específica, de recursos dos orçamentos fiscal e da seguridade social para suprir necessidade ou cobrir déficit de empresas, fundações e fundos, inclusive dos mencionados no art. 165, § 5º.

IX – a instituição de fundos de qualquer natureza, sem prévia autorização legislativa.

X – a transferência voluntária de recursos e a concessão de empréstimos, inclusive por antecipação de receita, pelos Governos Federal e Estaduais e suas instituições financeiras, para pagamento de despesas com pessoal ativo, inativo e pensionista, dos Estados, do Distrito Federal e dos Municípios.

XI – a utilização dos recursos provenientes das contribuições sociais de que trata o art. 195, I, a, e II, para a realização de despesas distintas do pagamento de benefícios do regime geral de previdência social de que trata o art. 201.

§ 1º. Nenhum investimento cuja execução ultrapasse um exercício financeiro poderá ser iniciado sem prévia inclusão no plano plurianual, ou sem lei que autorize a inclusão, sob pena de crime de responsabilidade.

§ 2º. Os créditos especiais e extraordinários terão vigência no exercício financeiro em que forem autorizados, salvo se o ato de autorização for promulgado nos últimos quatro meses daquele exercício, caso em que, reabertos nos limites de seus saldos, serão incorporados ao orçamento do exercício financeiro subseqüente.

§ 3º. A abertura de crédito extraordinário somente será admitida para atender a despesas imprevisíveis e urgentes, como as decorrentes de guerra, comoção interna ou calamidade pública, observado o disposto no art. 62.

§ 4º. É permitida a vinculação de receitas próprias geradas pelos impostos a que se referem os arts. 155 e 156, e dos recursos de que tratam os arts. 157, 158 e 159, I, a e b, e II, para a prestação de garantia ou contragarantia à União e para pagamento de débitos para com esta.

(...)

Título VII – DA ORDEM ECONÔMICA E FINANCEIRA

Capítulo I – Dos Princípios Gerais da Atividade Econômica

(...)

Art. 175. Incumbe ao Poder Público, na forma da lei, diretamente ou sob regime de concessão ou permissão, sempre através de licitação, a prestação de serviços públicos.

Parágrafo único. A lei disporá sobre:

I – o regime das empresas concessionárias e permissionárias de serviços públicos, o caráter especial de seu contrato e de sua prorrogação, bem como as condições de caducidade, fiscalização e rescisão da concessão ou permissão;

II – os direitos dos usuários;

III – política tarifária;

IV – a obrigação de manter serviço adequado.

(...)

CÓDIGO CIVIL (LEI 10.406, DE 10.1.2002)

PARTE GERAL

LIVRO II – DOS BENS

TÍTULO ÚNICO – DAS DIFERENTES CLASSES DE BENS

(...)

Capítulo III – Dos Bens Públicos e Particulares

Art. 98. São públicos os bens do domínio nacional pertencentes à União, aos Estados, ou aos Municípios. Todos os outros são particulares, seja qual for a pessoa a que pertencerem.

Art. 99. Os bens públicos são:

I – de uso comum do povo, tais como os mares, rios, estradas, ruas e praças;

II – os de uso especial, tais como os edifícios ou terrenos aplicados a serviço ou estabelecimento federal, estadual ou municipal;

III – os dominicais, isto é, os que constituem o patrimônio da União, dos Estados, ou dos Municípios, como objeto de direito pessoal, ou real de cada uma dessas entidades.

(...)

LIVRO III – DOS FATOS JURÍDICOS

(...)

TÍTULO II – DOS ATOS ILÍCITOS

Art. 186. Aquele que, por ação ou omissão voluntária, negligência, ou imprudência, violar direito, ou causar prejuízo a outrem, ainda que exclusivamente moral, comete ato ilícito.*

(...)

TÍTULO IV – DA PRESCRIÇÃO

(...)

Capítulo I – Da Prescrição

Seção IV

Art. 205. A prescrição ocorre em dez anos, quando a lei não lhe haja fixado prazo menor.

PARTE ESPECIAL

(...)

* A verificação da culpa e a avaliação da responsabilidade regulam-se pelo disposto nos arts. 927 a 943 e 948 a 954 do Código Civil.

Livro I – Do Direito das Obrigações

(...)

Título VI – DAS VÁRIAS ESPÉCIES DE CONTRATOS

(...)

Capítulo IV – Da Doação

Seção I – Disposições Gerais

Art. 538. Considera-se doação o contrato em que uma pessoa, por liberalidade, transfere do seu patrimônio bens ou vantagens para o de outra.

(...)

Seção II – Da Revogação da Doação

Art. 555. A doação pode ser revogada por ingratidão do donatário, ou por inexecução do encargo.

(...)

Livro V – Do Direito das Sucessões

(...)

Título IV – DO INVENTÁRIO E PARTILHA

(...)

Capítulo III – Do Pagamento das Dívidas

Art. 1.997. A herança responde pelo pagamento das dívidas do falecido; mas, feita a partilha, só respondem os herdeiros, cada qual em proporção da parte, que na herança lhes coube.

§ 1º. Quando, antes da partilha, for requerido no inventário o pagamento de dívidas constantes de documentos, revestidos de formalidades legais, constituindo prova bastante da obrigação, e houver impugnação, que se não funde na alegação de pagamento, acompanhada de prova valiosa, o juiz mandará reservar, em poder do inventariante, bens suficientes para solução do débito, sobre os quais venha a recair oportunamente a execução.

§ 2º. No caso previsto no parágrafo antecedente, o credor será obrigado a iniciar a ação de cobrança dentro no prazo de 30 dias, sob pena de se tornar de nenhum efeito a providência indicada.

(...)

Art. 1.999. Sempre que houver ação regressiva de uns contra outros herdeiros, a parte do co-herdeiro insolvente dividir-se-á em proporção entre os demais.

Art. 2.000. Os legatários e credores da herança podem exigir que do patrimônio do falecido se discrimine o do herdeiro, e, em concurso com os credores deste, ser-lhes-ão preferidos no pagamento.

Art. 2.001. Se o herdeiro for devedor ao espólio, sua dívida será partilhada igualmente entre todos, salvo se a maioria consentir que o débito seja imputado inteiramente no quinhão do devedor.

(...).

CÓDIGO DE PROCESSO CIVIL (LEI 5.869, DE 11.1.1973)

LIVRO I – DO PROCESSO DE CONHECIMENTO

(...)

TÍTULO III – DO MINISTÉRIO PÚBLICO

Art. 81. O Ministério Público exercerá o direito de ação nos casos previstos em lei, cabendo-lhe, no processo, os mesmos poderes e ônus que às partes.

Art. 82. Compete ao Ministério Público intervir:

I – nas causas em que há interesses de incapazes;

II – nas causas concernentes ao estado da pessoa, pátrio poder, tutela, curatela, interdição, casamento, declaração de ausência e disposições de última vontade;

III – nas ações que envolvam litígios coletivos pela posse da terra rural e nas demais causas em que há interesse público evidenciado pela natureza da lide ou qualidade da parte.

Art. 83. Intervindo como fiscal da lei, o Ministério Público:

I – terá vista dos autos depois das partes, sendo intimado de todos os atos do processo;

II – poderá juntar documentos e certidões, produzir prova em audiência e requerer medidas ou diligências necessárias ao descobrimento da verdade.

Art. 84. Quando a lei considerar obrigatória a intervenção do Ministério Público, a parte promover-lhe-á a intimação sob pena de nulidade do processo.

Art. 85. O órgão do Ministério Público será civilmente responsável quando, no exercício de suas funções, proceder com dolo ou fraude.

(...)

TÍTULO VI – DA FORMAÇÃO, DA SUSPENSÃO
E DA EXTINÇÃO DO PROCESSO

(...)

Capítulo III – Da Extinção do Processo

Art. 269. Haverá resolução de mérito:

(...)

IV – quando o juiz pronunciar a decadência ou a prescrição;

(...)

Título VIII – DO PROCEDIMENTO ORDINÁRIO

(...)

Capítulo X – Do Cumprimento da Sentença

(...)

Art. 475-N. São títulos executivos judiciais:

I – a sentença proferida no processo civil que reconheça a existência de obrigação de fazer, não fazer, entregar coisa ou pagar quantia;

II – a sentença penal condenatória transitada em julgado;

III – a sentença homologatória de conciliação ou de transação, ainda que não inclua matéria não posta em juízo;

IV – a sentença arbitral;

V – o acordo extrajudicial, de qualquer natureza, homologado judicialmente;

VI – a sentença estrangeira, homologada pelo Superior Tribunal de Justiça;

VII – o formal e a certidão de partilha exclusivamente em relação ao inventariante, aos herdeiros e aos sucessores a título singular ou universal.

Parágrafo único. Nos casos dos incisos II, IV, e VI, o mandado inicial (art. 475-J) incluirá a ordem de citação do devedor, no juízo cível, para liquidação ou execução, conforme o caso.

(...)

LIVRO IV – DOS PROCEDIMENTOS ESPECIAIS

TÍTULO I – DOS PROCEDIMENTOS ESPECIAIS DE JURISDIÇÃO CONTENCIOSA

(...)

Capítulo IX – Do Inventário e da Partilha

(...)

Seção VII – Do Pagamento das Dívidas

Art. 1.017. Antes da partilha, poderão os credores do espólio requerer ao juízo do inventário o pagamento das dívidas vencidas e exigíveis.

§ 1º. A petição, acompanhada de prova literal da dívida, será distribuída por dependência e atuada em apenso aos autos do processo de inventário.

§ 2º. Concordando as partes com o pedido, o juiz, ao declarar habilitado o credor, mandará que se faça a separação de dinheiro ou, em sua falta, de bens suficientes para o seu pagamento.

§ 3º. Separados os bens, tantos quantos forem necessários para o pagamento dos credores habilitados, o juiz mandará aliená-los em praça ou leilão, observadas, no que forem aplicáveis, as regras do Livro II, Título II, Capítulo IV, Seção I, Subseção VII, e Seção II, Subseções I e II.

§ 4º. Se o credor requerer que, em vez de dinheiro, lhe sejam adjudicados, para o seu pagamento, os bens já reservados, o juiz deferir-lhe-á o pedido, concordando todas as partes.
(...).

CÓDIGO PENAL (DECRETO-LEI 2.848, DE 7.12.1940)

Parte Geral

(...)

Título V – DAS PENAS

(...)

Capítulo VI – Dos Efeitos da Condenação
Efeitos genéricos e específicos
Art. 91. São efeitos da condenação:

I – tornar certa a obrigação de indenizar o dano causado pelo crime;

II – a perda em favor da União, ressalvado o direito do lesado ou de terceiro de boa-fé:

a) dos instrumentos do crime, desde que consistam em coisas cujo fabrico, alienação, uso, porte ou detenção constitua fato ilícito;

b) do produto do crime ou de qualquer bem ou valor que constitua proveito auferido pelo agente com a prática do fato criminoso.

Art. 92. São também efeitos da condenação:

I – a perda de cargo, função pública ou mandato eletivo:

a) quando aplicada pena privativa de liberdade por tempo igual ou superior a um ano, nos crimes praticados com abuso de poder ou violação de dever para com a Administração Pública;

b) quando for aplicada pena privativa de liberdade por tempo superior a 4 (quatro) anos nos demais casos.

II – a incapacidade para o exercício do pátrio poder, tutela ou curatela, nos crimes dolosos, sujeitos à pena de reclusão, cometidos contra filho, tutelado ou curatelado;

III – a inabilitação para dirigir veículo, quando utilizado como meio para a prática de crime doloso.

Parágrafo único. Os efeitos de que trata este artigo não são automáticos, devendo ser motivadamente declarados na sentença.

(...)

Parte Especial

(...)

Título I – DOS CRIMES CONTRA A PESSOA

(...)

Capítulo VI – Dos Crimes Contra a Liberdade Individual

(...)

Seção IV – Dos Crimes Contra a Inviolabilidade dos Segredos

Divulgação de segredo

Art. 153. Divulgar alguém, sem justa causa, conteúdo de documento particular ou de correspondência confidencial, de que é destinatário ou detentor, e cuja divulgação possa produzir dano a outrem:

Pena – detenção, de um a seis meses, ou multa.

§ 1º. Somente se procede mediante representação.

§ 1º-A. Divulgar, sem justa causa, informações sigilosas ou reservadas, assim definidas em lei, contidas ou não nos sistemas de informações ou banco de dados da Administração Pública:

Pena: detenção, de um a quatro anos, e multa.

§ 2º. Quando resultar prejuízo a Administração Pública, a ação penal será incondicionada.

Violação do segredo profissional

Art. 154. Revelar alguém, sem justa causa, segredo, de que tem ciência em razão de função, ministério, ofício ou profissão, e cuja revelação possa produzir dano a outrem:

Pena – detenção, de três meses a um ano, ou multa.

Parágrafo único. Somente se procede mediante representação.

(...)

Título X – DOS CRIMES CONTRA A FÉ PÚBLICA

(...)

Capítulo III – Da Falsidade Documental

(...)

Falsidade ideológica

Art. 299. Omitir, em documento público ou particular, declaração que dele devia constar, ou nele inserir ou fazer inserir declaração falsa ou diversa da que devia ser escrita, com o fim de prejudicar direito, criar obrigação ou alterar a verdade sobre fato juridicamente relevante:

Pena – reclusão, de um a cinco anos, e multa, se o documento é público, e reclusão, de um a três anos, e multa, se o documento é particular.

Parágrafo único. Se o agente é funcionário público, e comete o crime prevalecendo-se do cargo, ou se a falsificação ou alteração é de assentamento de registro civil, aumenta-se a pena de sexta parte.

(...)

Título XI – DOS CRIMES CONTRA A ADMINISTRAÇÃO PÚBLICA

Capítulo I – Dos Crimes Praticados por Funcionário Público

Contra a Administração em Geral

(...)

Inserção de dados falsos em sistema de informações

Art. 313-A. Inserir ou facilitar, o funcionário autorizado, a inserção de dados falsos, alterar ou excluir indevidamente dados corretos nos sistemas informatizados ou bancos de dados da Administração Pública com o fim de obter vantagem indevida para si ou para outrem ou para causar dano:

Pena – reclusão, de dois a doze anos, e multa

Modificação ou alteração não autorizada de sistema de informações

Art. 313-B. Modificar ou alterar, o funcionário, sistema de informações ou programa de informática sem autorização ou solicitação de autoridade competente:

Pena – detenção, de três meses a dois anos, e multa.

Parágrafo único. As penas são aumentadas de um terço até a metade se da modificação ou alteração resulta dano para a Administração Pública ou para o administrado.

Extravio, sonegação ou inutilização de livro ou documento

Art. 314. Extraviar livro oficial ou qualquer documento, de que tem a guarda em razão do cargo; sonegá-lo ou inutilizá-lo, total ou parcialmente:

Emprego irregular de verbas ou rendas públicas

Art. 315. Dar às verbas ou rendas públicas aplicação diversa da estabelecida em lei:

Pena – detenção, de um a três meses, ou multa.

Concussão

Art. 316. Exigir, para si ou para outrem, direta ou indiretamente, ainda que fora da função ou antes de assumi-la, mas em razão dela, vantagem indevida:

Pena – reclusão, de dois a oito anos, e multa.

Excesso de exação

§ 1º. Se o funcionário exige imposto, taxa ou emolumento que sabe indevido, ou, quando devido, emprega na cobrança meio vexatório ou gravoso, que a lei não autoriza:

Pena – detenção, de seis meses a dois anos, e multa.

§ 2º. Se o funcionário desvia, em proveito próprio ou de outrem, o que recebeu indevidamente para recolher aos cofres públicos:

Pena – reclusão, de dois a doze anos, e multa.

Corrupção passiva

Art. 317. Solicitar ou receber, para si ou para outrem, direta ou indiretamente, ainda que fora da função ou antes de assumi-la, mas em razão dela, vantagem indevida, ou aceitar promessa de tal vantagem:

Pena – reclusão, de dois a doze anos, e multa.

§ 1º. A pena é aumentada de um terço, se, em conseqüência da vantagem ou promessa, o funcionário retarda de praticar qualquer ato de ofício ou o pratica infringindo dever funcional.

§ 2º. Se o funcionário pratica, deixa de praticar ou retarda ato de ofício, com infração de dever funcional, cedendo a pedido ou influência de outrem:

Pena – detenção, de três meses a um ano, ou multa.

(...)

Prevaricação

Art. 319. Retardar ou deixar de praticar, indevidamente, ato de ofício, ou praticá-lo contra disposição expressa de lei, para satisfazer interesse ou sentimento pessoal:

Pena – detenção, de três meses a um ano, e multa.

(...)

Advocacia administrativa

Art. 321. Patrocinar, direta ou indiretamente, interesse privado perante a Administração Pública, valendo-se da qualidade de funcionário:

Pena – detenção, de um a três meses, ou multa.

Parágrafo único. Se o interesse é ilegítimo:

Pena – detenção, de três meses a um ano, além da multa.

(...)

Violação de sigilo funcional

Art. 325. Revelar fato de que tem ciência em razão de cargo e que deva permanecer em segredo, ou facilitar-lhe a revelação:

Pena – detenção, de seis meses a dois anos, ou multa, se o fato não constitui crime mais grave.

§ 1º. Nas mesmas penas deste artigo incorre quem:

I – permite ou facilita, mediante atribuição, fornecimento ou empréstimo de senha ou qualquer outra forma, o acesso de pessoas não autorizadas a sistemas de informações ou banco de dados da Administração Pública;

II – se utiliza, indevidamente, do acesso restrito.

§ 2º. Se da ação ou omissão resulta dano à Administração Pública ou a outrem:

Pena – reclusão, de dois a seis anos, e multa.

Violação do sigilo de proposta de concorrência

Art. 326. Devassar o sigilo de proposta de concorrência pública, ou proporcionar a terceiro o ensejo de devassá-lo:

Pena – Detenção, de três meses a um ano, e multa.

Capítulo II – Dos Crimes Praticados por Particular Contra a Administração em Geral

(...)

Tráfico de influência

Art. 332. Solicitar, exigir, cobrar ou obter, para si ou para outrem, vantagem ou promessa de vantagem, a pretexto de influir em ato praticado por funcionário público no exercício da função.

Pena – reclusão, de dois a cinco anos, e multa

Parágrafo único. A pena é aumentada da metade, se o agente alega ou insinua que a vantagem é também destinada ao funcionário.

Corrupção ativa

Art. 333. Oferecer ou prometer vantagem indevida a funcionário público, para determiná-lo a praticar, omitir ou retardar ato de ofício:

Pena – reclusão, de dois a doze anos, e multa.

(...)

Impedimento, perturbação ou fraude de concorrência

Art. 335. Impedir, perturbar ou fraudar concorrência pública ou venda em hasta pública, promovida pela Administração Federal, estadual ou municipal, ou por entidade paraestatal; afastar ou procurar afastar concorrente ou licitante, por meio de violência, grave ameaça, fraude ou oferecimento de vantagem:

Pena – detenção, de seis meses a dois anos, ou multa, além da pena correspondente à violência.

Parágrafo único. Incorre na mesma pena quem se abstém de concorrer ou licitar, em razão da vantagem oferecida.

(...)

Capítulo III – Dos Crimes Contra a Administração da Justiça

(...)

Denunciação caluniosa

Art. 339. Dar causa à instauração de investigação policial, de processo judicial, instauração de investigação administrativa, inquérito civil ou ação de improbidade administrativa contra alguém, imputando-lhe crime de que o sabe inocente:

Pena – reclusão, de dois a oito anos, e multa.

§ 1º. A pena é aumentada de sexta parte, se o agente se serve de anonimato ou de nome suposto.

§ 2º. A pena é diminuída de metade, se a imputação é de prática de contravenção.

Comunicação falsa de crime ou de contravenção

Art. 340. Provocar a ação de autoridade, comunicando-lhe a ocorrência de crime ou de contravenção que sabe não se ter verificado:

Pena – detenção, de um a seis meses, ou multa.

(...).

Exploração de prestígio

Art. 357. Solicitar ou receber dinheiro ou qualquer outra utilidade, a pretexto de influir em juiz, jurado, órgão do Ministério Público, funcionário de justiça, perito, tradutor, intérprete ou testemunha:

Pena – reclusão, de um a cinco anos, e multa.

Parágrafo único. As penas aumentam-se de um terço, se o agente alega ou insinua que o dinheiro ou utilidade também se destina a qualquer das pessoas referidas neste artigo.

(...)

Capítulo IV – Dos Crimes contra as Finanças Públicas

Contratação de operação de crédito

Art. 359-A. Ordenar, autorizar ou realizar operação de crédito, interno ou externo, sem prévia autorização legislativa:

Pena – reclusão, de um a dois anos.

Parágrafo único. Incide na mesma pena quem ordena, autoriza ou realiza operação de crédito, interno ou externo:

I – com inobservância de limite, condição ou montante estabelecido em lei ou em resolução do Senado Federal;

II – quando o montante da dívida consolidada ultrapassa o limite máximo autorizado por lei.

Inscrição de despesas não empenhadas em restos a pagar

Art. 359-B. Ordenar ou autorizar a inscrição em restos a pagar, de despesa que não tenha sido previamente empenhada ou que exceda limite estabelecido em lei:

Pena – detenção, de seis meses a dois anos.

Assunção de obrigação no último ano do mandato ou legislatura

Art. 359-C. Ordenar ou autorizar a assunção de obrigação, nos dois últimos quadrimestres do último ano do mandato ou legislatura, cuja despesa não possa ser paga no mesmo exercício financeiro ou, caso reste parcela a ser paga no exercício seguinte, que não tenha contrapartida suficiente de disponibilidade de caixa:

Pena – reclusão, de um a quatro anos.

Ordenação de despesa não autorizada

Art. 359-D. Ordenar despesa não autorizada por lei:

Pena – reclusão, de um a quatro anos.

Prestação de garantia graciosa

Art. 359-E. Prestar garantia em operação de crédito sem que tenha sido constituída contragarantia em valor igual ou superior ao valor da garantia prestada, na forma da lei:

Pena – detenção, de três meses a um ano.

Não cancelamento de restos a pagar

Art. 359-F. Deixar de ordenar, de autorizar ou de promover o cancelamento do montante de restos a pagar inscrito em valor superior ao permitido em lei:

Pena – detenção, de seis meses a dois anos.

Aumento de despesa total com pessoal no último ano do mandato ou legislatura

Art. 359-G. Ordenar, autorizar ou executar ato que acarrete aumento de despesa total com pessoal, nos cento e oitenta dias anteriores ao final do mandato ou da legislatura:

Pena – reclusão, de um a quatro anos.

Oferta pública ou colocação de títulos no mercado

Art. 359-H. Ordenar, autorizar ou promover a oferta pública ou a colocação no mercado financeiro de títulos da dívida pública sem que tenham sido criados por lei ou sem que estejam registrados em sistema centralizado de liquidação e de custódia:

Pena – reclusão, de um a quatro anos.

CÓDIGO DE PROCESSO PENAL
(DECRETO-LEI 3.689, DE 3.10.1941)

Livro I – Do Processo em Geral

(...)

Título II – DO INQUÉRITO POLICIAL

Art. 4º. A polícia judiciária será exercida pelas autoridades policiais no território de suas respectivas jurisdições e terá por fim a apuração das infrações penais e da sua autoria.

Parágrafo único. A competência definida neste artigo não excluirá a de autoridades administrativas, a quem por lei seja cometida a mesma função.

Art. 5º. Nos crimes de ação pública e inquérito policial será iniciado:

I – de ofício;

(...)

Título III – DA AÇÃO PENAL

Capítulo VII – Da Competência pela Prerrogativa de Função

Art. 84. A competência pela prerrogativa de função é do Supremo Tribunal Federal, do Superior Tribunal de Justiça, dos Tribunais Regionais Federais e Tribunais de Justiça dos Estados e do Distrito Federal, relativamente às pessoas que devam responder perante eles por crimes comuns e de responsabilidade. (*Redação dada pela Lei 10.628, de 2002, que também introduzia os §§ 1º e 2º, julgados inconstitucionais pelo STF na ADI 2.797*)

Título IX – DA PRISÃO E DA LIBERDADE PROVISÓRIA

(...)

Capítulo II – Da Prisão em Flagrante

Art. 301. Qualquer do povo poderá e as autoridades policiais e seus agentes deverão prender quem quer que seja encontrado em flagrante delito.

(...)

CÓDIGO TRIBUTÁRIO NACIONAL
(LEI 5.172, DE 25.10.1966)

Livro Segundo – Normas Gerais de Direito Tributário

Título I – LEGISLAÇÃO TRIBUTÁRIA

Capítulo I – Disposições Gerais

(...)

Seção II – Leis, Tratados e Convenções Internacionais e Decretos

Art. 97. Somente a lei pode estabelecer:

I – a instituição de tributos, ou a sua extinção;

II – a majoração de tributos, ou sua redução, ressalvado o disposto nos arts. 21, 26, 39, 57 e 65;

III – a definição do fato gerador da obrigação tributária principal, ressalvado o disposto no inciso I do § 3º do art. 52, e do seu sujeito passivo;

IV – a fixação da alíquota do tributo e da sua base de cálculo, ressalvado o disposto nos arts. 21, 26, 39, 57 e 65;

V – a cominação de penalidades para as ações ou omissões contrárias a seus dispositivos, ou para outras infrações nela definidas;

VI – as hipóteses de exclusão, suspensão e extinção de créditos tributários, ou de dispensa ou redução de penalidades.

§ 1º. Equipara-se à majoração do tributo a modificação de sua base de cálculo, que importe em torná-lo mais oneroso.

§ 2º. Não constitui majoração de tributo, para os fins do disposto no inciso II deste artigo, a atualização do valor monetário da respectiva base de cálculo.

(...)

Capítulo IV – Interpretação e Integração da Legislação Tributária

(...)

Art. 111. Interpreta-se literalmente a legislação tributária que disponha sobre:

I – suspensão ou exclusão do crédito tributário;

II – outorga de isenção;

III – dispensa do cumprimento de obrigações tributárias acessórias.

Art. 112. A lei tributária que define infrações, ou lhe comina penalidades, interpreta-se da maneira mais favorável ao acusado, em caso de dúvida quanto:

I – à capitulação legal do fato;

II – à natureza ou às circunstâncias materiais do fato, ou à natureza ou extensão dos seus efeitos;

III – à autoria, imputabilidade, ou punibilidade;

IV – à natureza da penalidade aplicável, ou à sua graduação.

(...)

Título III – CRÉDITO TRIBUTÁRIO

Capítulo I – Disposições Gerais

(...)

Art. 141. O crédito tributário regularmente constituído somente se modifica ou extingue, ou tem sua exigibilidade suspensa ou excluída, nos casos previstos nesta Lei, fora dos quais não podem ser dispensadas, sob pena de responsabilidade funcional na forma da lei, a sua efetivação ou as respectivas garantias.

(...)

Capítulo III – Suspensão do Crédito Tributário

Seção I – Disposições Gerais

Art. 151. Suspendem a exigibilidade do crédito tributário:

I – moratória;

II – o depósito do seu montante integral;

III – as reclamações e os recursos, nos termos das leis reguladoras do processo tributário administrativo;

IV – a concessão de medida liminar em mandado de segurança;

V – a concessão de medida liminar ou tutela antecipada, em outras espécies de ação judicial;

VI – o parcelamento.

Parágrafo único. O disposto neste artigo não dispensa o cumprimento das obrigações acessórias dependentes da obrigação principal cujo crédito seja suspenso, ou dela conseqüentes.

(...)

Capítulo IV – Extinção do Crédito Tributário

Seção I – Modalidades de Extinção

Art. 156. Extinguem o crédito tributário:

I – o pagamento;

II – a compensação;

III – a transação;

IV – a remissão;

V – a prescrição e a decadência;

VI – a conversão de depósito em renda;

VII – o pagamento antecipado e a homologação do lançamento nos termos do disposto no art. 150 e seus §§ 1º e 4º;

VIII – a consignação em pagamento, nos termos do disposto no § 2º do art. 164;

IX – a decisão administrativa irreformável, assim entendida a definitiva na órbita administrativa, que não mais possa ser objeto de ação anulatória;

X – a decisão judicial passada em julgado.

XI – a dação em pagamento em bens imóveis, na forma e condições estabelecidas em lei.

Parágrafo único. A lei disporá quanto aos efeitos da extinção total ou parcial do crédito sobre a ulterior verificação da irregularidade da sua constituição, observado o disposto nos arts. 144 e 149.

(...)

Capítulo V – Exclusão do Crédito Tributário

Seção I – Disposições Gerais

Art. 175. Excluem o crédito tributário:

I – a isenção;

II – a anistia.

Parágrafo único. A exclusão do crédito tributário não dispensa o cumprimento das obrigações acessórias, dependentes da obrigação principal cujo crédito seja excluído, ou dela conseqüente.

Seção II – Isenção

Art. 176. A isenção, ainda quando prevista em contrato, é sempre decorrente de lei que especifique as condições e requisitos exigidos para a sua concessão, os tributos a que se aplica e, sendo caso, o prazo de sua duração.

Parágrafo único. A isenção pode ser restrita a determinada região do território da entidade tributante, em função de condições a ela peculiares.

Art. 177. Salvo disposição de lei em contrário, a isenção não é extensiva:

I – às taxas e às contribuições de melhoria;

II – aos tributos instituídos posteriormente à sua concessão.

Art. 178. A isenção, salvo se concedida por prazo certo e em função de determinadas condições, pode ser revogada ou modificada por lei, a qualquer tempo, observado o disposto no inciso III do art. 104.

Art. 179. A isenção, quando não concedida em caráter geral, é efetivada, em cada caso, por despacho da autoridade administrativa, em requerimento com o qual o interessado faça prova do preenchimento das condições e do cumprimento dos requisitos previstos em lei ou contrato para sua concessão.

§ 1º. Tratando-se de tributo lançado por período certo de tempo, o despacho referido neste artigo será renovado antes da expiração de cada período, cessando automaticamente os seus efeitos a partir do primeiro dia do período para o qual o interessado deixar de promover a continuidade do reconhecimento da isenção.

§ 2º. O despacho referido neste artigo não gera direito adquirido, aplicando-se, quando cabível, o disposto no art. 155.

(...)

Título IV – ADMINISTRAÇÃO TRIBUTÁRIA

Capítulo I – Fiscalização

Art. 194. A legislação tributária, observado o disposto nesta Lei, regulará, em caráter geral, ou especificamente em função da natureza do tributo de que se tratar, a competência e os poderes das autoridades administrativas em matéria de fiscalização da sua aplicação.

Parágrafo único. A legislação a que se refere este artigo às pessoas naturais ou jurídicas, contribuintes ou não, inclusive às que gozem de imunidade tributária ou de isenção de caráter pessoal.

Art. 195. Para os efeitos da legislação tributária, não têm aplicação quaisquer disposições legais excludentes ou limitativas do direito de examinar mercadorias, livros, arquivos, documentos, papéis e efeitos comerciais ou fiscais dos comerciantes, industriais ou produtores, ou da obrigação destes de exibi-los.

Parágrafo único. Os livros obrigatórios de escrituração comercial e fiscal e os comprovantes dos lançamentos neles efetuados serão conservados até que ocorra a prescrição dos créditos tributários decorrentes das operações a que se refiram.

Art. 196. A autoridade administrativa que proceder ou presidir a quaisquer diligências de fiscalização lavrará os termos necessários para que se documente o início do procedimento, na forma da legislação aplicável, que fixará prazo máximo para a conclusão daquelas.

Parágrafo único. Os termos a que se refere este artigo serão lavrados, sempre que possível, em um dos livros fiscais exibidos; quando lavrados em separado deles se entregará, à pessoa sujeita à fiscalização, cópia autenticada pela autoridade a que se refere este artigo.

Art. 197. Mediante intimação escrita, são obrigados a prestar à autoridade administrativa todas as informações de que disponham com relação aos bens, negócios ou atividades de terceiros:

I – os tabeliães, escrivães e demais serventuários de ofício;

II – os bancos, casas bancárias, Caixas Econômicas e demais instituições financeiras;

III – as empresas de administração de bens;

IV – os corretores, leiloeiros e despachantes oficiais;

V – os inventariantes;

VI – os síndicos, comissários e liquidatários;

VII – quaisquer outras entidades ou pessoas que a lei designe, em razão de seu cargo, ofício, função, ministério, atividade ou profissão.

Parágrafo único. A obrigação prevista neste artigo não abrange a prestação de informações quanto a fatos sobre os quais o informante esteja legalmente obrigado a observar segredo em razão de cargo, ofício, função, ministério, atividade ou profissão.

Art. 198. Sem prejuízo do disposto na legislação criminal, é vedada a divulgação, por parte da Fazenda Pública ou de seus servidores, de informação obtida em razão do ofício sobre situação econômica ou financeira do sujeito passivo ou de terceiros e sobre a natureza e o estado de seus negócios ou atividades.

§ 1º. Excetuam-se do disposto neste artigo, além dos casos previstos no art. 199, os seguintes:

I – requisição de autoridade judiciária no interesse da justiça;

II – solicitações de autoridade administrativa no interesse da Administração Pública, desde que seja comprovada a instauração regular de processo administrativo, no órgão ou na entidade respectiva, com o objetivo de investigar o sujeito passivo a que se refere a informação, por prática de infração administrativa

§ 2º. O intercâmbio de informação sigilosa, no âmbito da Administração Pública, será realizado mediante processo regularmente instaurado, e a entrega será feita pessoalmente à autoridade solicitante, mediante recibo, que formalize a transferência e assegure a preservação do sigilo.

§ 3º. Não é vedada a divulgação de informações relativas a:

I – representações fiscais para fins penais;

II – inscrições da Dívida Ativa da Fazenda Pública;

III – parcelamento ou moratória.

Art. 199. A Fazenda Pública da União e as dos Estados, do Distrito Federal e dos Municípios prestar-se-ão mutuamente assistência para a fiscalização dos tributos respectivos e permuta de informações, na forma estabelecida, em caráter geral ou específico, por lei ou convênio.

Parágrafo único. A Fazenda Pública da União, na forma estabelecida em tratados, acordos ou convênios, poderá permutar informações com Estados estrangeiros no interesse da arrecadação e da fiscalização de tributos.

Art. 200. As autoridades administrativas federais poderão requisitar o auxílio da força pública federal, estadual ou municipal, e reciprocamente, quando vítimas de embaraço ou desacato no exercício de suas funções, ou quando necessário à efetivação de medida prevista na legislação tributária, ainda que não se configure fato definido em lei como crime ou contravenção.

(...).

DECRETO 20.910, DE 6 DE JANEIRO DE 1932

Regula a prescrição qüinqüenal.

Art. 1º. As dívidas passivas da União, dos Estados e dos Municípios, bem assim todo e qualquer direito ou ação contra a Fazenda federal, estadual ou municipal, seja qual for a sua natureza, prescrevem em cinco anos, contados da data do ato ou fato do qual se originarem.

Art. 2º. Prescrevem igualmente no mesmo prazo todo o direito e as prestações correspondentes a pensões vencidas ou por vencerem, ao meio-soldo e ao montepio civil e militar ou a quaisquer restituições ou diferenças.

Art. 3º. Quando o pagamento se dividir por dias, meses ou anos, a prescrição atingirá progressivamente as prestações, à medida que completarem os prazos estabelecidos pelo presente Decreto.

Art. 4º. Não corre a prescrição durante a demora que, no estudo, no reconhecimento ou no pagamento da dívida, considerada líquida, tiverem as repartições ou funcionários encarregados de estudar e apurá-la.

Parágrafo único. A suspensão da prescrição, neste caso, verificar-se-á pela entrada do requerimento do titular do direito ou do credor nos livros ou protocolos das repartições públicas, com designação do dia, mês e ano.

Art. 5º. (*Revogado pela Lei 2.211, de 31.5.1954*)

Art. 6º. O direito à reclamação administrativa, que não tiver prazo fixado em disposição de lei para ser formulada, prescreve em um ano a contar da data do ato ou fato do qual a mesma se originar.

Art. 7º. A citação inicial não interrompe a prescrição quando, por qualquer motivo, o processo tenha sido anulado.

Art. 8º. A prescrição somente poderá ser interrompida uma vez.

Art. 9º. A prescrição interrompida recomeça a correr, pela metade do prazo, da data do ato que a interrompeu ou do último ato ou termo do respectivo processo.

Art. 10. O disposto nos artigos anteriores não altera as prescrições de menor prazo, constantes das leis e regulamentos, as quais ficam subordinadas às mesmas regras.

Art. 11. Revogam-se as disposições em contrário.

DECRETO-LEI 4.597, DE 19 DE AGOSTO DE 1942

Dispõe sobre a prescrição das ações contra a Fazenda Pública e dá outras providências.

Art. 1º. Salvo o caso do foro do contrato, compete, à Justiça de cada Estado e à do Distrito Federal, processar e julgar as causas em que for interessado, como autor, réu assistente ou opoente, respectivamente, o mesmo Estado ou seus Municípios, e o Distrito Federal.

Parágrafo único. O disposto neste artigo não se aplica às causas já ajuizadas.

Art. 2º. O Decreto n. 20.910, de 6 de janeiro de 1932, que regula a prescrição qüinqüenal, abrange as dívidas passivas das autarquias, ou entidades e órgãos paraestatais, criados por lei e mantidos mediante impostos, taxas ou quaisquer contribuições exigidas em virtude de lei federal, estadual ou municipal, bem como a todo e qualquer direito e ação contra os mesmos.

Art. 3º. A prescrição das dívidas, direitos e ações a que se refere o Decreto n. 20.910, de 6 de janeiro de 1932, somente pode ser interrompida uma vez, e recomeça a correr, pela metade do prazo, da data do ato que a interrompeu, ou do último do processo para a interromper; consumar-se-á a prescrição no curso da lide sempre que a partir do último ato ou termo da mesma, inclusive da sentença nela proferida, embora passada em julgado, decorrer o prazo de dois anos e meio.

Art. 4º. As disposições do artigo aplicam-se desde logo a todas as dívidas, direitos e ações a que se referem, ainda não extintos por qualquer causa, ajuizados ou não, devendo a prescrição ser alegada e decretada em qualquer tempo e instância, inclusive nas execuções de sentença.

Art. 5º. Este Decreto-lei entrará em vigor na data de sua publicação, revogadas as disposições em contrário.

LEI 1.079, DE 10 DE ABRIL DE 1950

Define os crimes de responsabilidade e regula o respectivo processo de julgamento.

Parte Primeira – Do Presidente da República e Ministros de Estado

Art. 1º. São crimes de responsabilidade os que esta lei especifica.

Art. 2º. Os crimes definidos nesta lei, ainda quando simplesmente tentados, são passíveis da pena de perda do cargo, com inabilitação, até cinco anos, para o exercício de qualquer função pública, imposta pelo Senado Federal nos processos contra o Presidente da República ou Ministros de Estado, contra os Ministros do Supremo Tribunal Federal ou contra o Procurador Geral da República.

Art. 3º. A imposição da pena referida no artigo anterior não exclui o processo e julgamento do acusado por crime comum, na justiça ordinária, nos termos das leis de processo penal.

Art. 4º. São crimes de responsabilidade os atos do Presidente da República que atentarem contra a Constituição Federal, e, especialmente, contra:

(...)

V – A probidade na administração;

VI – A lei orçamentária;

VII – A guarda e o legal emprego dos dinheiros públicos;

(...)

Capítulo V – Dos Crimes contra a Probidade na Administração

Art. 9º. São crimes de responsabilidade contra a probidade na administração:

1 – omitir ou retardar dolosamente a publicação das leis e resoluções do Poder Legislativo ou dos atos do Poder Executivo;

2 – não prestar ao Congresso Nacional dentro de sessenta dias após a abertura da sessão legislativa, as contas relativas ao exercício anterior;

3 – não tornar efetiva a responsabilidade dos seus subordinados, quando manifesta em delitos funcionais ou na prática de atos contrários à Constituição;

4 – expedir ordens ou fazer requisição de forma contrária às disposições expressas da Constituição;

5 – infringir no provimento dos cargos públicos, as normas legais;

6 – usar de violência ou ameaça contra funcionário público para coagi-lo a proceder ilegalmente, bem como utilizar-se de suborno ou de qualquer outra forma de corrupção para o mesmo fim;

7 – proceder de modo incompatível com a dignidade, a honra e o decoro do cargo.

Capítulo VI – Dos Crimes Contra a Lei Orçamentária

Art. 10. São crimes de responsabilidade contra a lei orçamentária:

1 – Não apresentar ao Congresso Nacional a proposta do orçamento da República dentro dos primeiros dois meses de cada sessão legislativa;

2 – Exceder ou transportar, sem autorização legal, as verbas do orçamento;

3 – Realizar o estorno de verbas;

4 – Infringir, patentemente, e de qualquer modo, dispositivo da lei orçamentária.

5 – deixar de ordenar a redução do montante da dívida consolidada, nos prazos estabelecidos em lei, quando o montante ultrapassar o valor resultante da aplicação do limite máximo fixado pelo Senado Federal;

6 – ordenar ou autorizar a abertura de crédito em desacordo com os limites estabelecidos pelo Senado Federal, sem fundamento na lei orçamentária ou na de crédito adicional ou com inobservância de prescrição legal;

7 – deixar de promover ou de ordenar na forma da lei, o cancelamento, a amortização ou a constituição de reserva para anular os efeitos de operação de crédito realizada com inobservância de limite, condição ou montante estabelecido em lei;

8 – deixar de promover ou de ordenar a liquidação integral de operação de crédito por antecipação de receita orçamentária, inclusive os respectivos juros e demais encargos, até o encerramento do exercício financeiro;

9 – ordenar ou autorizar, em desacordo com a lei, a realização de operação de crédito com qualquer um dos demais entes da Federação, inclusive suas entidades da administração indireta, ainda que na forma de novação, refinanciamento ou postergação de dívida contraída anteriormente;

10 – captar recursos a título de antecipação de receita de tributo ou contribuição cujo fato gerador ainda não tenha ocorrido;

11 – ordenar ou autorizar a destinação de recursos provenientes da emissão de títulos para finalidade diversa da prevista na lei que a autorizou;

12 – realizar ou receber transferência voluntária em desacordo com limite ou condição estabelecida em lei.

Capítulo VII – Dos Crimes contra a Guarda e Legal Emprego dos Dinheiros Públicos

Art. 11. São crimes contra a guarda e legal emprego dos dinheiros públicos:

1 – ordenar despesas não autorizadas por lei ou sem observância das prescrições legais relativas às mesmas;

2 – Abrir crédito sem fundamento em lei ou sem as formalidades legais;

3 – Contrair empréstimo, emitir moeda corrente ou apólices, ou efetuar operação de crédito sem autorização legal;

4 – alienar imóveis nacionais ou empenhar rendas públicas sem autorização legal;

5 – negligenciar a arrecadação das rendas impostos e taxas, bem como a conservação do patrimônio nacional.

(...)

Título II – DOS MINISTROS DE ESTADO

Art. 13. São crimes de responsabilidade dos Ministros de Estado;

1 – os atos definidos nesta lei, quando por eles praticados ou ordenados;

2 – os atos previstos nesta lei que os Ministros assinarem com o Presidente da República ou por ordem deste praticarem;

3 – A falta de comparecimento sem justificação, perante a Câmara dos Deputados ou o Senado Federal, ou qualquer das suas comissões, quando uma ou outra casa do Congresso os convocar para pessoalmente, prestarem informações acerca de assunto previamente determinado;

4 – Não prestarem dentro em trinta dias e sem motivo justo, a qualquer das Câmaras do Congresso Nacional, as informações que ela lhes solicitar por escrito, ou prestarem-nas com falsidade.

LEI 4.320, DE 17 DE MARÇO DE 1964

Estatui normas gerais de direito financeiro para elaboração e controle dos orçamentos e balanços da União, dos Estados, dos Municípios e do Distrito Federal.

Título I – DA LEI DE ORÇAMENTO

(...)

Capítulo II – Da Receita

(...)

Art. 11. A receita classificar-se-á nas seguintes categorias econômicas: Receitas Correntes e Receitas de Capital.

§ 1º. São Receitas Correntes as receitas tributárias, de contribuições, patrimonial, agropecuária, industrial, de serviços e outras e, ainda, as provenientes de recursos financeiros recebidos de outras pessoas de direito público ou privado, quando destinadas a atender despesas classificáveis em Despesas Correntes.

§ 2º. São Receitas de Capital as provenientes da realização de recursos financeiros oriundos de constituição de dívidas; da conversão, em espécie, de bens e direitos; os recursos recebidos de outras pessoas de direito público ou privado, destinados a atender despesas classificáveis em Despesas de Capital e, ainda, o superávit do Orçamento Corrente.

§ 3º. O superávit do Orçamento Corrente resultante do balanceamento dos totais das receitas e despesas correntes, apurado na demonstração a que se refere o Anexo n. 1, não constituirá item de receita orçamentária.

§ 4º. A classificação da receita obedecerá ao seguinte esquema:

RECEITAS CORRENTES
    Receita Tributária
        Impostos
        Taxas
        Contribuições de Melhoria
    Receita de Contribuições
    Receita Patrimonial
    Receita Agropecuária
    Receita Industrial
    Receita de Serviços
    Transferências Correntes
    Outras Receitas Correntes
RECEITAS DE CAPITAL
    Operações de Crédito
    Alienação de Bens
    Amortização de Empréstimos
    Transferências de Capital
    Outras Receitas de Capital

Capítulo III – Da Despesa

Art. 12. A despesa será classificada nas seguintes categorias econômicas:

DESPESAS CORRENTES
    Despesas de Custeio
    Transferências Correntes
DESPESAS DE CAPITAL
    Investimentos
    Inversões Financeiras
    Transferências de Capital

§ 1º. Classificam-se como Despesas de Custeio as dotações para manutenção de serviços anteriormente criados, inclusive as destinadas a atender a obras de conservação e adaptação de bens imóveis.

§ 2º. Classificam-se como Transferências Correntes as dotações para despesas às quais não corresponda contraprestação direta em bens ou serviços, inclusive para contribuições e subvenções destinadas a atender à manutenção de outras entidades de direito público ou privado.

§ 3º. Consideram-se subvenções, para os efeitos desta Lei, as transferências destinadas a cobrir despesas de custeio das entidades beneficiadas, distinguindo-se como:

I – subvenções sociais, as que se destinem a instituições públicas ou privadas de caráter assistencial ou cultural, sem finalidade lucrativa;

II – subvenções econômicas, as que se destinem a empresas públicas ou privadas de caráter industrial, comercial, agrícola ou pastoril.

§ 4º. Classificam-se como investimentos as dotações para o planejamento e a execução de obras, inclusive as destinadas à aquisição de imóveis considerados necessários à realização destas últimas, bem como para os programas especiais de trabalho, aquisição de instalações, equipamentos e material permanente e constituição ou aumento do capital de empresas que não sejam de caráter comercial ou financeiro.

§ 5º. Classificam-se como Inversões Financeiras as dotações destinadas a:

I – aquisição de imóveis, ou de bens de capital já em utilização;

II – aquisição de títulos representativos do capital de empresas ou entidades de qualquer espécie, já constituídas, quando a operação não importe aumento do capital;

III – constituição ou aumento do capital de entidades ou empresas que visem a objetivos comerciais ou financeiros, inclusive operações bancárias ou de seguros.

§ 6º. São Transferências de Capital as dotações para investimentos ou inversões financeiras que outras pessoas de direito público ou privado devam realizar, independentemente de contraprestação direta em bens ou serviços, constituindo essas transferências auxílios ou contribuições, segundo derivem diretamente da Lei de Orçamento ou de lei especialmente anterior, bem como as dotações para amortização da dívida pública.

(...)

Seção I – Das Despesas Correntes

Subseção Única – Das transferências correntes

I – Das subvenções sociais

Art. 16. Fundamentalmente e nos limites das possibilidades financeiras a concessão de subvenções sociais visará a prestação de serviços essenciais de assistência social, médica e educacional, sempre que a suplementação de recursos de origem privada aplicados a esses objetivos revelar-se mais econômica.

Parágrafo único. O valor das subvenções, sempre que possível, será calculado com base em unidades de serviços efetivamente prestados ou postos à disposição dos interessados, obedecidos os padrões mínimos de eficiência previamente fixados.

Art. 17. Somente à instituição cujas condições de funcionamento forem julgadas satisfatórias pelos órgãos oficiais de fiscalização serão concedidas subvenções.

(...)

Título VI – DA EXECUÇÃO DO ORÇAMENTO

(...)

Capítulo III – Da Despesa

(...)

Art. 60. É vedada a realização de despesa sem prévio empenho.

§ 1º. Em casos especiais previstos na legislação específica será dispensada a emissão da nota de empenho.

§ 2º. Será feito por estimativa o empenho da despesa cujo montante não se possa determinar.

§ 3º. É permitido o empenho global de despesas contratuais e outras, sujeitas a parcelamento.

Art. 61. Para cada empenho será extraído um documento denominado "nota de empenho" que indicará o nome do credor, a representação e a importância da despesa, bem como a dedução desta do saldo da dotação própria.

Art. 62. O pagamento da despesa só será efetuado quando ordenado após sua regular liquidação.

Art. 63. A liquidação da despesa consiste na verificação do direito adquirido pelo credor tendo por base os títulos e documentos comprobatórios do respectivo crédito.

§ 1º. Essa verificação tem por fim apurar:

I – a origem e o objeto do que se deve pagar;

II – a importância exata a pagar;

III – a quem se deve pagar a importância, para extinguir a obrigação.

§ 2º. A liquidação da despesa por fornecimentos feitos ou serviços prestados terá por base:

I – o contrato, ajuste ou acordo respectivo;

II – a nota de empenho;

III – os comprovantes da entrega de material ou da prestação efetiva do serviço.

(...)

Título VIII – DO CONTROLE DA EXECUÇÃO ORÇAMENTÁRIA

Capítulo I – Disposições Gerais

Art. 75. O controle da execução orçamentária compreenderá:

I – a legalidade dos atos de que resultem a arrecadação da receita ou a realização da despesa, o nascimento ou a extinção de direitos e obrigações;

II – a fidelidade funcional dos agentes da Administração, responsáveis por bens e valores públicos;

III – o cumprimento do programa de trabalho expresso em termos monetários e em termos de realização de obras e prestação de serviços.

(...)

Capítulo II – Do Controle Interno

(...)

Art. 77. A verificação da legalidade dos atos de execução orçamentária será prévia, concomitante e subseqüente.

Art. 78. Além da prestação ou tomada de contas anual, quando instituída em lei, ou por fim de gestão, poderá haver, a qualquer tempo, levantamento, prestação ou tomada de contas de todos os responsáveis por bens ou valores públicos.

(...)

Capítulo III – Do Controle Externo

Art. 81. O controle da execução orçamentária, pelo Poder Legislativo, terá por objetivo verificar a probidade da Administração, a guarda e legal emprego do dinheiro público e o cumprimento da Lei de Orçamento.

(...)

Título IX – DA CONTABILIDADE

Capítulo I – Disposições Gerais

Art. 83. A contabilidade evidenciará perante a Fazenda Pública a situação de todos quantos, de qualquer modo, arrecadem receitas, efetuem despesas, administrem ou guardem bens a ela pertencentes ou confiados.

(...)

LEI 4.717, DE 29 DE JUNHO DE 1965

Regula a ação popular.

DA AÇÃO POPULAR

Art. 1º. Qualquer cidadão será parte legítima para pleitear a anulação ou a declaração de nulidade de atos lesivos ao patrimônio da União, do Distrito Federal, dos Estados, dos Municípios, de entidades autárquicas, de sociedades de economia mista (Constituição Federal, art. 141, § 38), de sociedades mútuas de seguro nas quais a União represente os segurados ausentes, de empresas públicas, de serviços sociais autônomos, de instituições ou fundações para cuja criação ou custeio o tesouro público haja concorrido ou concorra com mais de 50% do patrimônio ou da receita ânua, de empresas incorporadas ao patrimônio da União, do Distrito Federal, dos Estados e dos Municípios, e de quaisquer pessoas jurídicas ou entidades subvencionadas pelos cofres públicos.

§ 1º. Consideram-se patrimônio público, para os fins referidos neste artigo, os bens e direitos de valor econômico, artístico, estético, histórico ou turístico.

§ 2º. Em se tratando de instituições ou fundações, para cuja criação ou custeio o tesouro público concorra com menos de 50% do patrimônio ou da receita ânua, bem como de pessoas jurídicas ou entidades subvencionadas, as conseqüências patrimoniais da invalidez dos atos lesivos terão por limite a repercussão deles sobre a contribuição dos cofres públicos.

§ 3º. A prova da cidadania, para ingresso em juízo, será feita com o título eleitoral, ou com documento que a ele corresponda.

§ 4º. Para instruir a inicial, o cidadão poderá requerer às entidades, a que se refere este artigo, as certidões e informações que julgar necessárias, bastando para isso indicar a finalidade das mesmas.

§ 5º. As certidões e informações, a que se refere o parágrafo anterior, deverão ser fornecidas dentro de 15 dias da entrega, sob recibo, dos respectivos requerimentos, e só poderão ser utilizadas para a instrução de ação popular.

§ 6º. Somente nos casos em que o interesse público, devidamente justificado, impuser sigilo, poderá ser negada certidão ou informação.

§ 7º. Ocorrendo a hipótese do parágrafo anterior, a ação poderá ser proposta desacompanhada das certidões ou informações negadas, cabendo ao juiz, após apreciar os motivos do indeferimento, e salvo em se tratando de razão de segurança nacional, requisitar umas e outras; feita a requisição, o processo correrá em segredo de justiça, que cessará com o trânsito em julgado de sentença condenatória.

Art. 2º. São nulos os atos lesivos ao patrimônio das entidades mencionadas no artigo anterior, nos casos de:

a) incompetência;

b) vício de forma;

c) ilegalidade do objeto;

d) inexistência dos motivos;

e) desvio de finalidade.

Parágrafo único. Para a conceituação dos casos de nulidade observar-se-ão as seguintes normas:

a) a incompetência fica caracterizada quando o ato não se incluir nas atribuições legais do agente que o praticou;

b) o vício de forma consiste na omissão ou na observância incompleta ou irregular de formalidades indispensáveis à existência ou seriedade do ato;

c) a ilegalidade do objeto ocorre quando o resultado do ato importa em violação de lei, regulamento ou outro ato normativo;

d) a inexistência dos motivos se verifica quando a matéria de fato ou de direito, em que se fundamentou o ato, é materialmente inexistente ou juridicamente inadequada ao resultado obtido;

e) o desvio de finalidade se verifica quando o agente pratica o ato visando a fim diverso daquele previsto, explícita ou implicitamente, na regra de competência.

Art. 3º. Os atos lesivos ao patrimônio das pessoas de direito público ou privado, ou das entidades mencionadas no art. 1º, cujos vícios não se compreendam nas especificações do artigo anterior, serão anuláveis, segundo as prescrições legais, enquanto compatíveis com a natureza deles.

Art. 4º. São também nulos os seguintes atos ou contratos, praticados ou celebrados por quaisquer das pessoas ou entidades referidas no art. 1º:

I – a admissão ao serviço público remunerado, com desobediência, quanto às condições de habilitação, das normas legais, regulamentares ou constantes de instruções gerais;

II – a operação bancária ou de crédito real, quando:

a) for realizada com desobediência a normas legais, regulamentares, estatutárias, regimentais ou internas;

b) o valor real do bem dado em hipoteca ou penhor for inferior ao constante de escritura, contrato ou avaliação;

III – a empreitada, a tarefa e a concessão do serviço público, quando:

a) o respectivo contrato houver sido celebrado sem prévia concorrência pública ou administrativa, sem que essa condição seja estabelecida em lei, regulamento ou norma geral;

b) no edital de concorrência forem incluídas cláusulas ou condições que comprometam o seu caráter competitivo;

c) a concorrência administrativa for processada em condições que impliquem na limitação das possibilidades normais de competição;

IV – as modificações ou vantagens, inclusive prorrogações, que forem admitidas, em favor do adjudicatário, durante a execução dos contratos de empreitada, tarefa e concessão de serviço público, sem que estejam previstas em lei ou nos respectivos instrumentos;

V – a compra e venda de bens móveis ou imóveis, nos casos em que não cabível concorrência pública ou administrativa, quando:

a) for realizada com desobediência a normas legais, regulamentares, ou constantes de instruções gerais;

b) o preço de compra dos bens for superior ao corrente no mercado, na época da operação;

c) o preço de venda dos bens for inferior ao corrente no mercado, na época da operação;

VI – a concessão de licença de exportação ou importação, qualquer que seja a sua modalidade, quando:

a) houver sido praticada com violação das normas legais e regulamentares ou de instruções e ordens de serviço;

b) resultar em exceção ou privilégio, em favor de exportador ou importador;

VII – a operação de redesconto quando, sob qualquer aspecto, inclusive o limite de valor, desobedecer a normas legais, regulamentares ou constantes de instruções gerais;

VIII – o empréstimo concedido pelo Banco Central da República, quando:

a) concedido com desobediência de quaisquer normas legais, regulamentares, regimentais ou constantes de instruções gerais;

b) o valor dos bens dados em garantia, na época da operação, for inferior ao da avaliação;

IX – a emissão, quando efetuada sem observância das normas constitucionais, legais e regulamentadoras que regem a espécie.

DA COMPETÊNCIA

Art. 5º. Conforme a origem do ato impugnado, é competente para conhecer da ação, processá-la e julgá-la o juiz que, de acordo com a organização judiciária de cada Estado, o for para as causas que interessem à União, ao Distrito Federal, ao Estado ou ao Município.

§ 1º. Para fins de competência, equiparam-se a atos da União, do Distrito Federal, do Estado ou dos Municípios os atos das pessoas criadas ou mantidas por essas pessoas jurídicas de direito público, bem como os atos das sociedades de que elas sejam acionistas e os das pessoas ou entidades por elas subvencionadas ou em relação às quais tenham interesse patrimonial.

§ 2º. Quando o pleito interessar simultaneamente à União e a qualquer outra pessoa ou entidade, será competente o juiz das causas da União, se houver; quando interessar simultaneamente ao Estado e ao Município, será competente o juiz das causas do Estado, se houver.

§ 3º. A propositura da ação prevenirá a jurisdição do juízo para todas as ações que forem posteriormente intentadas contra as mesmas partes e sob os mesmos fundamentos.

§ 4º. Na defesa do patrimônio público caberá suspensão liminar do ato lesivo impugnado.

DOS SUJEITOS PASSIVOS DA AÇÃO E DOS ASSISTENTES

Art. 6º. A ação será proposta contra as pessoas públicas ou privadas e as entidades referidas no art. 1º, contra as autoridades, funcionários ou administradores que houverem autorizado, aprovado, ratificado ou praticado o ato impugnado ou que, por omissão, tiverem dado oportunidade à lesão, e contra os beneficiários diretos do mesmo.

§ 1º. Se não houver beneficiário direto do ato lesivo, ou se for ele indeterminado ou desconhecido, a ação será proposta somente contra as outras pessoas indicadas neste artigo.

§ 2º. No caso de que trata o inciso II, item "b", do art. 4º, quando o valor real do bem for inferior ao da avaliação, citar-se-ão como réus, além das pessoas públicas ou privadas e entidades referidas no art. 1º, apenas os responsáveis pela avaliação inexata e os beneficiários da mesma.

§ 3º. A pessoa jurídica de direito público ou de direito privado, cujo ato seja objeto de impugnação, poderá abster-se de contestar o pedido ou poderá atuar ao lado do autor, desde que isso se afigure útil ao interesse público, a juízo do respectivo representante legal ou dirigente.

§ 4º. O Ministério Público acompanhará a ação, cabendo-lhe apressar a produção da prova e promover a responsabilidade, civil ou criminal, dos que nela incidirem, sendo-lhe vedado, em qualquer hipótese, assumir a defesa do ato impugnado ou de seus autores.

§ 5º. É facultado a qualquer cidadão habilitar-se como litisconsorte ou assistente do autor da ação popular.

DO PROCESSO

Art. 7º. A ação obedecerá ao procedimento ordinário, previsto no Código de Processo Civil, observadas as seguintes normas modificativas:

I – Ao despachar a inicial, o juiz ordenará:

a) além da citação dos réus, a intimação do representante do Ministério Público;

b) a requisição, às entidades indicadas na petição inicial, dos documentos que tiverem sido referidos pelo autor (art. 1º, § 6º), bem como a de outros que se lhe afigurem necessários ao esclarecimento dos fatos, fixando prazos de 15 a 30 dias para o atendimento.

§ 1º. O representante do Ministério Público providenciará para que as requisições, a que se refere o inciso anterior, sejam atendidas dentro dos prazos fixados pelo juiz.

§ 2º. Se os documentos e informações não puderem ser oferecidos nos prazos assinalados, o juiz poderá autorizar prorrogação dos mesmos, por prazo razoável.

II – Quando o autor o preferir, a citação dos beneficiários far-se-á por edital com o prazo de 30 dias, afixado na sede do juízo e publicado 3 vezes no jornal oficial do Distrito Federal, ou da Capital do Estado ou Território em que seja ajuizada a ação. A publicação será gratuita e deverá iniciar-se no máximo 3 dias após a entrega, na repartição competente, sob protocolo, de uma via autenticada do mandado.

III – Qualquer pessoa, beneficiada ou responsável pelo ato impugnado, cuja existência ou identidade se torne conhecida no curso do processo e antes de proferida a sentença final de primeira instância, deverá ser citada para a integração do contraditório, sendo-lhe restituído o prazo para contestação e produção de provas. Salvo, quanto a beneficiário, se a citação se houver feito na forma do inciso anterior.

IV – O prazo de contestação é de 20 dias, prorrogáveis por mais 20, a requerimento do interessado, se particularmente difícil a produção de prova documental, e será comum a todos os interessados, correndo da entrega em cartório do mandado cumprido, ou, quando for o caso, do decurso do prazo assinado em edital.

V – Caso não requerida, até o despacho saneador, a produção de prova testemunhal ou pericial, o juiz ordenará vista às partes por 10 dias, para alegações, sendo-lhe os autos conclusos, para sentença, 48 horas após a expiração deste prazo; havendo requerimento de prova, o processo tomará o rito ordinário.

VI – A sentença, quando não prolatada em audiência de instrução e julgamento, deverá ser proferida dentro de 15 dias do recebimento dos autos pelo juiz.

Parágrafo único. O proferimento da sentença além do prazo estabelecido privará o juiz da inclusão em lista de merecimento para promoção, durante dois anos, e acarretará a perda, para efeito de promoção por antigüidade, de tantos dias quantos forem os do retardamento; salvo motivo justo, declinado nos autos e comprovado perante o órgão disciplinar competente.

Art. 8º. Ficará sujeita à pena de desobediência, salvo motivo justo devidamente comprovado, a autoridade, o administrador ou o dirigente, que deixar de fornecer, no prazo fixado no art. 1º, § 5º, ou naquele que tiver sido estipulado pelo juiz (art. 7º, I, "b"), informações e certidão ou fotocópia de documentos necessários à instrução da causa.

Parágrafo único. O prazo contar-se-á do dia em que entregue, sob recibo, o requerimento do interessado ou ofício de requisição (art. 1º, § 5º, e art. 7º, I, "b").

Art. 9º. Se o autor desistir da ação ou der motivo à absolvição da instância, serão publicados editais nos prazos e condições previstos no art. 7º, II, ficando assegurado a qualquer cidadão, bem como ao representante do Ministério Público, dentro do prazo de 90 dias da última publicação feita, promover o prosseguimento da ação.

Art. 10. As partes só pagarão custas e preparo a final.

Art. 11. A sentença que, julgando procedente a ação popular, decretar a invalidade do ato impugnado, condenará ao pagamento de perdas e danos os responsáveis pela sua prática e os beneficiários dele, ressalvada a ação regressiva contra os funcionários causadores de dano, quando incorrerem em culpa.

Art. 12. A sentença incluirá sempre, na condenação dos réus, o pagamento, ao autor, das custas e demais despesas, judiciais e extrajudiciais, diretamente relacionadas com a ação e comprovadas, bem como o dos honorários de advogado.

Art. 13. A sentença que, apreciando o fundamento de direito do pedido, julgar a lide manifestamente temerária, condenará o autor ao pagamento do décuplo das custas.

Art. 14. Se o valor da lesão ficar provado no curso da causa, será indicado na sentença; se depender de avaliação ou perícia, será apurado na execução.

§ 1º. Quando a lesão resultar da falta ou isenção de qualquer pagamento, a condenação imporá o pagamento devido, com acréscimo de juros de mora e multa legal ou contratual, se houver.

§ 2º. Quando a lesão resultar da execução fraudulenta, simulada ou irreal de contratos, a condenação versará sobre a reposição do débito, com juros de mora.

§ 3º. Quando o réu condenado perceber dos cofres públicos, a execução far-se-á por desconto em folha até o integral ressarcimento do dano causado, se assim mais convier ao interesse público.

§ 4º. A parte condenada a restituir bens ou valores ficará sujeita a seqüestro e penhora, desde a prolação da sentença condenatória.

Art. 15. Se, no curso da ação, ficar provada a infringência da lei penal ou a prática de falta disciplinar a que a lei comine a pena de demissão ou a de rescisão do contrato de trabalho, o juiz, *ex officio*, determinará a remessa de cópia autenticada das peças necessárias às autoridades ou aos administradores a quem competir aplicar a sanção.

Art. 16. Caso decorridos 60 dias da publicação da sentença condenatória de segunda instância, sem que o autor ou terceiro promova a respectiva execução, o representante do Ministério Público a promoverá nos 30 dias seguintes, sob pena de falta grave.

Art. 17. É sempre permitido às pessoas ou entidades referidas no art. 1º, ainda que hajam contestado a ação, promover, em qualquer tempo, e no que as beneficiar, a execução da sentença contra os demais réus.

Art. 18. A sentença terá eficácia de coisa julgada oponível *erga omnes*, exceto no caso de haver sido a ação julgada improcedente por deficiência de prova; neste caso, qualquer cidadão poderá intentar outra ação com idêntico fundamento, valendo-se de nova prova.

Art. 19. A sentença que concluir pela carência ou pela improcedência da ação está sujeita ao duplo grau de jurisdição, não produzindo efeito senão depois de confirmada pelo tribunal; da que julgar a ação procedente caberá apelação, com efeito suspensivo.

§ 1º. Das decisões interlocutórias cabe agravo de instrumento.

§ 2º. Das sentenças e decisões proferidas contra o autor da ação e suscetíveis de recurso, poderá recorrer qualquer cidadão e também o Ministério Público.

DISPOSIÇÕES GERAIS

Art. 20. Para os fins desta Lei, consideram-se entidades autárquicas:

a) o serviço estatal descentralizado com personalidade jurídica, custeado mediante orçamento próprio, independente do orçamento geral;

b) as pessoas jurídicas especialmente instituídas por lei, para a execução de serviços de interesse público ou social, custeados por tributos de qualquer natureza ou por outros recursos oriundos do tesouro público;

c) as entidades de direito público ou privado a que a lei tiver atribuído competência para receber e aplicar contribuições parafiscais.

Art. 21. A ação prevista nesta Lei prescreve em cinco anos.

Art. 22. Aplicam-se à ação popular as regras do Código de Processo Civil, naquilo em que não contrariem os dispositivos desta Lei, nem a natureza específica da ação.

DECRETO-LEI 200, DE 25 DE FEVEREIRO DE 1967

Dispõe sobre a organização da Administração Federal, estabelece diretrizes para a Reforma Administrativa e dá outras providências.

Título X – DAS NORMAS DE ADMINISTRAÇÃO FINANCEIRA E DE CONTABILIDADE

(...)

Art. 80. Os órgãos de contabilidade inscreverão como responsável todo o ordenador da despesa, o qual só poderá ser exonerado de sua responsabilidade após julgadas regulares suas contas pelo Tribunal de Contas.

§ 1º. Ordenador de despesas é toda e qualquer autoridade de cujos atos resultem emissão de empenho, autorização de pagamento, suprimento ou dispêndio de recursos da União ou pela qual esta responda.

§ 2º. O ordenador de despesa, salvo conivência, não é responsável por prejuízos causados à Fazenda Nacional decorrentes de atos praticados por agente subordinado que exorbitar das ordens recebidas.

§ 3º. As despesas feitas por meio de suprimentos, desde que não impugnadas pelo ordenador, serão escrituradas e incluídas na sua tomada de contas, na forma prescrita; quando impugnadas, deverá o ordenador determinar imediatas providências administrativas para a apuração das responsabilidades e imposição das penalidades cabíveis, sem prejuízo do julgamento da regularidade das contas pelo Tribunal de Contas.

Art. 81. Todo ordenador de despesa ficará sujeito a tomada de contas realizada pelo órgão de contabilidade e verificada pelo órgão de auditoria interna, antes de ser encaminhada ao Tribunal de Contas (art. 82).

Parágrafo único. O funcionário que receber suprimento de fundos, na forma do disposto no art. 74, § 3º, é obrigado a prestar contas de sua aplicação procedendo-se, automaticamente, a tomada de contas se não o fizer no prazo assinalado.

(...).

DECRETO-LEI 201, DE 27 DE FEVEREIRO DE 1967

Dispõe sobre a responsabilidade dos Prefeitos e Vereadores, e dá outras providências.

Art. 1º. São crimes de responsabilidade dos Prefeitos Municipal, sujeitos ao julgamento do Poder Judiciário, independentemente do pronunciamento da Câmara dos Vereadores:

I apropriar-se de bens ou rendas públicas, ou desviá-los em proveito próprio ou alheio;

II – utilizar-se, indevidamente, em proveito próprio ou alheio, de bens, rendas ou serviços públicos;

III – desviar, ou aplicar indevidamente, rendas ou verbas públicas;

IV – empregar subvenções, auxílios, empréstimos ou recursos de qualquer natureza, em desacordo com os planos ou programas a que se destinam;

V – ordenar ou efetuar despesas não autorizadas por lei, ou realizá-las em desacordo com as normas financeiras pertinentes;

VI – deixar de prestar contas anuais da administração financeira do Município a Câmara de Vereadores, ou ao órgão que a Constituição do Estado indicar, nos prazos e condições estabelecidos;

VII – Deixar de prestar contas, no devido tempo, ao órgão competente, da aplicação de recursos, empréstimos subvenções ou auxílios internos ou externos, recebidos a qualquer titulo;

VIII – Contrair empréstimo, emitir apólices, ou obrigar o Município por títulos de crédito, sem autorização da Câmara, ou em desacordo com a lei;

IX – Conceder empréstimo, auxílios ou subvenções sem autorização da Câmara, ou em desacordo com a lei;

X – Alienar ou onerar bens imóveis, ou rendas municipais, sem autorização da Câmara, ou em desacordo com a lei;

XI – Adquirir bens, ou realizar serviços e obras, sem concorrência ou coleta de preços, nos casos exigidos em lei;

XII – Antecipar ou inverter a ordem de pagamento a credores do Município, sem vantagem para o erário;

XIII – Nomear, admitir ou designar servidor, contra expressa disposição de lei;

XIV – Negar execução a lei federal, estadual ou municipal, ou deixar de cumprir ordem judicial, sem dar o motivo da recusa ou da impossibilidade, por escrito, à autoridade competente;

XV – Deixar de fornecer certidões de atos ou contratos municipais, dentro do prazo estabelecido em lei.

XVI – deixar de ordenar a redução do montante da dívida consolidada, nos prazos estabelecidos em lei, quando o montante ultrapassar o valor resultante da aplicação do limite máximo fixado pelo Senado Federal;

XVII – ordenar ou autorizar a abertura de crédito em desacordo com os limites estabelecidos pelo Senado Federal, sem fundamento na lei orçamentária ou na de crédito adicional ou com inobservância de prescrição legal;

XVIII – deixar de promover ou de ordenar, na forma da lei, o cancelamento, a amortização ou a constituição de reserva para anular os efeitos de operação de crédito realizada com inobservância de limite, condição ou montante estabelecido em lei;

XIX – deixar de promover ou de ordenar a liquidação integral de operação de crédito por antecipação de receita orçamentária, inclusive os respectivos juros e demais encargos, até o encerramento do exercício financeiro;

XX – ordenar ou autorizar, em desacordo com a lei, a realização de operação de crédito com qualquer um dos demais entes da Federação, inclusive suas entidades da administração indireta, ainda que na forma de novação, refinanciamento ou postergação de dívida contraída anteriormente;

XXI – captar recursos a título de antecipação de receita de tributo ou contribuição cujo fato gerador ainda não tenha ocorrido;

XXII – ordenar ou autorizar a destinação de recursos provenientes da emissão de títulos para finalidade diversa da prevista na lei que a autorizou;

XXIII – realizar ou receber transferência voluntária em desacordo com limite ou condição estabelecida em lei.

§ 1º. Os crimes definidos neste artigo são de ação pública, punidos os dos itens I e II, com a pena de reclusão, de dois a doze anos, e os demais, com a pena de detenção, de três meses a três anos.

§ 2º. A condenação definitiva em qualquer dos crimes definidos neste artigo, acarreta a perda de cargo e a inabilitação, pelo prazo de cinco anos, para o exercício de cargo ou função pública, eletivo ou de nomeação, sem prejuízo da reparação civil do dano causado ao patrimônio público ou particular.

(...)

LEI 6.404, DE 15 DE DEZEMBRO DE 1976

Dispõe sobre as sociedades por ações.

Capítulo XII – Conselho de Administração e Diretoria

Seção IV – Deveres e Responsabilidades

(...)

Finalidade das atribuições e desvio de poder

Art. 154. O administrador deve exercer as atribuições que a lei e o estatuto lhe conferem para lograr os fins e no interesse da companhia, satisfeitas as exigências do bem público e da função social da empresa.

§ 1º. O administrador eleito por grupo ou classe de acionistas tem, para com a companhia, os mesmos deveres que os demais, não podendo, ainda que para defesa do interesse dos que o elegeram, faltar a esses deveres.

§ 2º. É vedado ao administrador:

a) praticar ato de liberalidade à custa da companhia;

b) sem prévia autorização da assembléia-geral ou do conselho de administração, tomar por empréstimo recursos ou bens da companhia, ou usar, em proveito próprio, de sociedade em que tenha interesse, ou de terceiros, os seus bens, serviços ou crédito;

c) receber de terceiros, sem autorização estatutária ou da assembléia-geral, qualquer modalidade de vantagem pessoal, direta ou indireta, em razão do exercício de seu cargo.

§ 3º. As importâncias recebidas com infração ao disposto na alínea "c" do § 2º pertencerão à companhia.

§ 4º. O conselho de administração ou a diretoria podem autorizar a prática de atos gratuitos razoáveis em benefício dos empregados ou da comunidade de que participe a empresa, tendo em vista suas responsabilidades sociais.

Dever de lealdade

Art. 155. O administrador deve servir com lealdade à companhia e manter reserva sobre os seus negócios, sendo-lhe vedado:

I – usar, em benefício próprio ou de outrem, com ou sem prejuízo para a companhia, as oportunidades comerciais de que tenha conhecimento em razão do exercício de seu cargo;

II – omitir-se no exercício ou proteção de direitos da companhia ou, visando à obtenção de vantagens, para si ou para outrem, deixar de aproveitar oportunidades de negócio de interesse da companhia;

III – adquirir, para revender com lucro, bem ou direito que sabe necessário à companhia, ou que esta tencione adquirir.

§ 1º. Cumpre, ademais, ao administrador de companhia aberta, guardar sigilo sobre qualquer informação que ainda não tenha sido divulgada para conhecimento do mercado, obtida em razão do cargo e capaz de influir de modo ponderável na cotação de valores mobiliários, sendo-lhe vedado valer-se da informação para obter, para si ou para outrem, vantagem mediante compra ou venda de valores mobiliários.

§ 2º. O administrador deve zelar para que a violação do disposto no § 1º não possa ocorrer através de subordinados ou terceiros de sua confiança.

§ 3º. A pessoa prejudicada em compra e venda de valores mobiliários, contratada com infração do disposto nos §§ 1º e 2º, tem direito de haver do infrator indenização por perdas e danos, a menos que ao contratar já conhecesse a informação.

§ 4º. É vedada a utilização de informação relevante ainda não divulgada, por qualquer pessoa que a ela tenha tido acesso, com a finalidade de auferir vantagem, para si ou para outrem, no mercado de valores mobiliários.

(...)

Responsabilidade dos administradores

Art. 158. O administrador não é pessoalmente responsável pelas obrigações que contrair em nome da sociedade e em virtude de ato regular de gestão; responde, porém, civilmente, pelos prejuízos que causar, quando proceder:

I – dentro de suas atribuições ou poderes, com culpa ou dolo;

II – com violação da lei ou do estatuto.

§ 1º. O administrador não é responsável por atos ilícitos de outros administradores, salvo se com eles for conivente, se negligenciar em descobri-los ou se, deles tendo conhecimento, deixar de agir para impedir a sua prática. Exime-se de responsabilidade o administrador dissidente que faça consignar sua divergência em ata de reunião do órgão de administração ou, não sendo possível, dela dê ciência imediata e por escrito ao órgão da administração, no conselho fiscal, se em funcionamento, ou à assembléia-geral.

§ 2º. Os administradores são solidariamente responsáveis pelos prejuízos causados em virtude do não cumprimento dos deveres impostos por lei para assegurar o funcionamento normal da companhia, ainda que, pelo estatuto, tais deveres não caibam a todos eles.

§ 3º. Nas companhias abertas, a responsabilidade de que trata o § 2º ficará restrita, ressalvado o disposto no § 4º, aos administradores que, por disposição do estatuto, tenham atribuição específica de dar cumprimento àqueles deveres.

§ 4º. O administrador que, tendo conhecimento do não cumprimento desses deveres por seu predecessor, ou pelo administrador competente nos termos do § 3º, deixar de comunicar o fato a assembléia-geral, tornar-se-á por ele solidariamente responsável.

§ 5º. Responderá solidariamente com o administrador quem, com o fim de obter vantagem para si ou para outrem, concorrer para a prática de ato com violação da lei ou do estatuto.

Ação de responsabilidade

Art. 159. Compete à companhia, mediante prévia deliberação da assembléia-geral, a ação de responsabilidade civil contra o administrador, pelos prejuízos causados ao seu patrimônio.

§ 1º. A deliberação poderá ser tomada em assembléia-geral ordinária e, se prevista na ordem do dia, ou for conseqüência direta de assunto nela incluído, em assembléia-geral extraordinária.

§ 2º. O administrador ou administradores contra os quais deva ser proposta ação ficarão impedidos e deverão ser substituídos na mesma assembléia.

§ 3º. Qualquer acionista poderá promover a ação, se não for proposta no prazo de três meses da deliberação da assembléia-geral.

§ 4º. Se a assembléia deliberar não promover a ação, poderá ela ser proposta por acionistas que representem 5%, pelo menos, do capital social.

§ 5º. Os resultados da ação promovida por acionista deferem-se à companhia, mas esta deverá indenizá-lo, até o limite daqueles resultados, de todas as despesas em que tiver incorrido, inclusive correção monetária e juros dos dispêndios realizados.

§ 6º. O juiz poderá reconhecer a exclusão da responsabilidade do administrador, se convencido de que este agiu de boa-fé e visando ao interesse da companhia.

§ 7º. A ação prevista neste artigo não exclui a que couber ao acionista ou terceiro diretamente prejudicado por ato de administrador.

(...).

LEI 6.830, DE 22 DE NOVEMBRO DE 1980

Dispõe sobre a cobrança judicial da Dívida Ativa da Fazenda Pública e dá outras providências.

(...)

Art. 2º. Constitui Dívida Ativa da Fazenda Pública aquela definida como tributária ou não-tributária na Lei n. 4.320, de 17 de março de 1964, com as alterações posteriores, que estatui normas gerais de direito financeiro para elaboração e controle dos orçamentos e balanços da União, dos Estados, dos Municípios e do Distrito Federal.

§ 1º. Qualquer valor, cuja cobrança seja atribuída por lei às entidades de que trata o art. 1º, será considerado Dívida Ativa da Fazenda Pública.

§ 2º. A Dívida Ativa da Fazenda Pública, compreendendo a tributária e a não-tributária, abrange atualização monetária, juros e multa de mora e demais encargos previstos em lei ou contrato.

(...)

Art. 4º. A execução fiscal poderá ser promovida contra:

(...)

VI – os sucessores a qualquer título.

(...)

Art. 29. A cobrança judicial da Dívida Ativa da Fazenda Pública não é sujeita a concurso de credores ou habilitação em falência, concordata, liquidação, inventário ou arrolamento.

Parágrafo único. O concurso de preferência somente se verifica entre pessoas jurídicas de direito público, na seguinte ordem:

I – União e suas autarquias;

II – Estados, Distrito Federal e Territórios e suas autarquias, conjuntamente e *pro rata*;

III – Municípios e suas autarquias, conjuntamente e *pro rata*.

(...).

LEI 7.347, DE 24 DE JULHO DE 1985

Disciplina a Ação Civil Pública de responsabilidade por danos causados ao meio ambiente, ao consumidor, a bens e direitos de valor artístico, estético, histórico, turístico e paisagístico (vetado), e dá outras providências.

Art. 1º. Regem-se pelas disposições desta Lei, sem prejuízo da ação popular, as ações de responsabilidade por danos morais e patrimoniais causados:

I – ao meio ambiente;

II – ao consumidor;

III – a bens e direitos de valor artístico, estético, histórico, turístico e paisagístico;

IV – a qualquer outro interesse difuso ou coletivo;

V – por infração da ordem econômica e da economia popular;

VI – à ordem urbanística.

(...)

Art. 3º. A ação civil poderá ter por objeto a condenação ou o cumprimento de obrigação de fazer ou não fazer.

Art. 4º. Poderá ser ajuizada ação cautelar para os fins desta Lei, objetivando, inclusive, evitar o dano ao meio ambiente, ao consumidor, à ordem urbanística ou aos bens e direitos de valor artístico, estético, histórico, turístico e paisagístico (*vetado*).

Art. 5º. Têm legitimidade para propor a ação principal e a ação cautelar:

I – o Ministério Público;

II – a Defensoria Pública;

III – a União, os Estados, o Distrito Federal e os Municípios; .

IV – a autarquia, empresa pública, fundação ou sociedade de economia mista;

V – a associação que, concomitantemente:

a) esteja constituída há pelo menos um ano nos termos da lei civil;

b) inclua, entre suas finalidades institucionais, a proteção ao meio ambiente, ao consumidor, à ordem econômica, à livre concorrência ou ao patrimônio artístico, estético, histórico, turístico e paisagístico.

§ 1º. O Ministério Público, se não intervier no processo como parte, atuará obrigatoriamente como fiscal da lei.

§ 2º. Fica facultado ao Poder Público e a outras associações legitimadas nos termos deste artigo habilitar-se como litisconsortes de qualquer das partes.

§ 3º. Em caso de desistência infundada ou abandono da ação por associação legitimada, o Ministério Público ou outro legitimado assumirá a titularidade ativa.

§ 4º. O requisito da pré-constituição poderá ser dispensado pelo juiz, quando haja manifesto interesse social evidenciado pela dimensão ou característica do dano, ou pela relevância do bem jurídico a ser protegido.

§ 5º. Admitir-se-á o litisconsórcio facultativo entre os Ministérios Públicos da União, do Distrito Federal e dos Estados na defesa dos interesses e direitos de que cuida esta Lei.

§ 6º. Os órgãos públicos legitimados poderão tomar dos interessados compromisso de ajustamento de sua conduta às exigências legais, mediante cominações, que terá eficácia de título executivo extrajudicial.

Art. 6º. Qualquer pessoa poderá e o servidor público deverá provocar a iniciativa do Ministério Público, ministrando-lhe informações sobre fatos que constituam objeto da ação civil e indicando-lhe os elementos de convicçãoArt. 7º. Se, no exercício de suas funções, os juízes e tribunais tiverem conhecimento de fatos que possam ensejar a propositura da ação civil, remeterão peças ao Ministério Público para as providências cabíveis.

(...)

Art. 11. Na ação que tenha por objeto o cumprimento de obrigação de fazer ou não fazer, o juiz determinará o cumprimento da prestação da atividade devida ou a cessação da atividade nociva, sob pena de execução específica, ou de cominação de multa diária, se esta for suficiente ou compatível, independentemente de requerimento do autor.

Art. 12. Poderá o juiz conceder mandado liminar, com ou sem justificação prévia, em decisão sujeita a agravo.

§ 1º. A requerimento de pessoa jurídica de direito público interessada, e para evitar grave lesão à ordem, à saúde, à segurança e à economia pública, poderá o presidente do tribunal a que competir o conhecimento do respectivo recurso suspender a execução da liminar, em decisão fundamentada, da qual caberá agravo para uma das Turmas Julgadoras, no prazo de cinco dias a partir da publicação do ato.

§ 2º. A multa cominada liminarmente só será exigível do réu após o trânsito em julgado da decisão favorável ao autor, mas será devida desde o dia em que se houver configurado o descumprimento.

Art. 13. Havendo condenação em dinheiro, a indenização pelo dano causado reverterá a um fundo gerido por um Conselho Federal ou por Conselhos Estaduais de que participarão necessariamente o Ministério Público e representantes da comunidade, sendo seus recursos destinados à reconstituição dos bens lesados.

Parágrafo único. Enquanto o fundo não for regulamentado, o dinheiro ficará depositado em estabelecimento oficial de crédito, em conta com correção monetária.

(...)

Art. 16. A sentença civil fará coisa julgada *erga omnes*, nos limites da competência territorial do órgão prolator, exceto se o pedido for julgado improcedente por insuficiência de provas, hipótese em que qualquer legitimado poderá intentar outra ação com idêntico fundamento, valendo-se de nova prova.

(...).

LEI 7.492, DE 16 DE JUNHO DE 1986

Define os crimes contra o Sistema Financeiro Nacional e dá outras providências.

Art. 1º. Considera-se instituição financeira, para efeito desta Lei, a pessoa jurídica de direito público ou privado, que tenha como atividade principal ou acessória, cumulativamente ou não, a captação, intermediação ou aplicação de recursos financeiros (*vetado*) de terceiros, em moeda nacional ou estrangeira, ou a custódia, emissão, distribuição, negociação, intermediação ou administração de valores mobiliários.

Parágrafo único. Equipara-se à instituição financeira:

I – a pessoa jurídica que capte ou administre seguros, câmbio, consórcio, capitalização ou qualquer tipo de poupança, ou recursos de terceiros;

II – a pessoa natural que exerça quaisquer das atividades referidas neste artigo, ainda que de forma eventual.

DOS CRIMES CONTRA O SISTEMA FINANCEIRO NACIONAL

Art. 2º. Imprimir, reproduzir ou, de qualquer modo, fabricar ou pôr em circulação, sem autorização escrita da sociedade emissora, certificado, cautela ou outro documento representativo de título ou valor mobiliário:

Pena – reclusão, de dois a oito anos, e multa.

Parágrafo único. Incorre na mesma pena quem imprime, fabrica, divulga, distribui ou faz distribuir prospecto ou material de propaganda relativo aos papéis referidos neste artigo.

Art. 3º. Divulgar informação falsa ou prejudicialmente incompleta sobre instituição financeira:

Pena – reclusão, de dois a seis anos, e multa.

Art. 4º. Gerir fraudulentamente instituição financeira:

Pena – reclusão, de três a doze anos, e multa.

Parágrafo único. Se a gestão é temerária:

Pena – reclusão, de dois a oito anos, e multa.

Art. 5º. Apropriar-se, quaisquer das pessoas mencionadas no art. 25 desta Lei, de dinheiro, título, valor ou qualquer outro bem imóvel de que tem a posse, ou desviá-lo em proveito próprio ou alheio:

Pena – reclusão, de dois a seis anos, e multa.

Parágrafo único. Incorre na mesma pena qualquer das pessoas mencionadas no art. 25 desta Lei, que negociar direito, título ou qualquer outro bem móvel ou imóvel de que tem a posse, sem autorização de quem de direito.

Art. 6º. Induzir ou manter em erro sócio, investidor ou repartição pública competente, relativamente a operação ou situação financeira, sonegando-lhe informação ou prestando-a falsamente:

Pena – reclusão, de dois a seis anos, e multa.

Art. 7º. Emitir, oferecer ou negociar, de qualquer modo, títulos ou valores mobiliários:

I – falsos ou falsificados;

II – sem registro prévio de emissão junto à autoridade competente, em condições divergentes das constantes do registro ou irregularmente registrados;

III – sem lastro ou garantia suficientes, nos termos da legislação;

IV – sem autorização prévia da autoridade competente, quando legalmente exigida:

Pena – reclusão, de dois a oito anos, e multa.

Art. 8º. Exigir em desacordo com a legislação (*vetado*), juro, comissão ou qualquer tipo de remuneração sobre operação de crédito ou de seguro, administração de fundo mútuo ou fiscal ou de consórcio, serviço de corretagem ou distribuição de títulos ou valores mobiliários:

Pena – reclusão, de um a quatro anos, e multa.

Art. 9º. Fraudar a fiscalização ou o investidor, inserindo ou fazendo inserir, em documento comprobatório de investimento em títulos ou valores mobiliários, declaração falsa ou diversa da que dele deveria constar:

Pena – reclusão, de um a cinco anos, e multa.

Art. 10. Fazer inserir elemento falso ou omitir elemento exigido pela legislação, em demonstrativos contábeis de instituição financeira, seguradora ou instituição integrante do sistema de distribuição de títulos de valores mobiliários:

Pena – reclusão, de um a cinco anos, e multa.

Art. 11. Manter ou movimentar recursos ou valor paralelamente à contabilidade exigida pela legislação:

Pena – reclusão, de um a cinco anos, e multa.

Art. 12. Deixar, o ex-administrador de instituição financeira, de apresentar, ao interventor, liquidante, ou síndico, nos prazos e condições estabelecidos em lei, as informações, declarações ou documentos de sua responsabilidade:

Pena – reclusão, de um a quatro anos, e multa.

Art. 13. Desviar (*vetado*) bem alcançado pela indisponibilidade legal resultante de intervenção, liquidação extrajudicial ou falência de instituição financeira:

Pena – reclusão, de dois a seis anos, e multa.

Parágrafo único. Na mesma pena incorre o interventor, o liquidante ou o síndico que se apropriar de bem abrangido pelo *caput* deste artigo, ou desviá-lo em proveito próprio ou alheio.

Art. 14. Apresentar, em liquidação extrajudicial, ou em falência de instituição financeira, declaração de crédito ou reclamação falsa, ou juntar a elas título falso ou simulado:

Pena – reclusão, de dois a oito anos, e multa.

Parágrafo único. Na mesma pena incorre o ex-administrador ou falido que reconhecer, como verdadeiro, crédito que não o seja.

Art. 15. Manifestar-se falsamente o interventor, o liquidante ou o síndico (*vetado*) a respeito de assunto relativo a intervenção, liquidação extrajudicial ou falência de instituição financeira:

Pena – reclusão, de dois a oito anos, e multa.

Art. 16. Fazer operar, sem a devida autorização, ou com autorização obtida mediante declaração (*vetado*) falsa, instituição financeira, inclusive de distribuição de valores mobiliários ou de câmbio:

Pena – reclusão, de um a quatro anos, e multa.

Art. 17. Tomar ou receber, qualquer das pessoas mencionadas no art. 25 desta Lei, direta ou indiretamente, empréstimo ou adiantamento, ou deferi-lo a controlador, a administrador, a membro de conselho estatutário, aos respectivos cônjuges, aos ascendentes ou descendentes, a parentes da linha colateral até o segundo grau, consangüíneos ou afins, ou a sociedade cujo controle seja por ela exercido, direta ou indiretamente, ou por qualquer dessas pessoas:

Pena – reclusão, de dois a seis anos, e multa.

Parágrafo único. Incorre na mesma pena quem:

I – em nome próprio, como controlador ou na condição de administrador da sociedade, conceder ou receber adiantamento de honorários, remuneração, salário ou qualquer outro pagamento, nas condições referidas neste artigo;

II – de forma disfarçada, promover a distribuição ou receber lucros de instituição financeira.

Art. 18. Violar sigilo de operação ou de serviço prestado por instituição financeira ou integrante do sistema de distribuição de títulos mobiliários de que tenha conhecimento, em razão de ofício:

Pena – reclusão, de um a quatro anos, e multa.

Art. 19. Obter, mediante fraude, financiamento em instituição financeira:

Pena – reclusão, de dois a seis anos, e multa.

Parágrafo único. A pena é aumentada de um terço se o crime é cometido em detrimento de instituição financeira oficial ou por ela credenciada para o repasse de financiamento.

Art. 20. Aplicar, em finalidade diversa da prevista em lei ou contrato, recursos provenientes de financiamento concedido por instituição financeira oficial ou por instituição credenciada para repassá-lo:

Pena – reclusão, de dois a seis anos, e multa.

Art. 21. Atribuir-se, ou atribuir a terceiro, falsa identidade, para realização de operação de câmbio:

Pena – detenção, de um a quatro anos, e multa.

Parágrafo único. Incorre na mesma pena quem, para o mesmo fim, sonega informação que devia prestar ou presta informação falsa.

Art. 22. Efetuar operação de câmbio não autorizada, com o fim de promover evasão de divisas do país:

Pena – reclusão, de dois a seis anos, e multa.

Parágrafo único. Incorre na mesma pena quem, a qualquer título, promove, sem autorização legal, a saída de moeda ou divisa para o exterior, ou nele mantiver depósitos não declarados à repartição federal competente.

Art. 23. Omitir, retardar ou praticar, o funcionário público, contra disposição expressa de lei, ato de ofício necessário ao regular funcionamento do Sistema Financeiro Nacional, bem como a preservação dos interesses e valores da ordem econômico-financeira:

Pena – reclusão, de um a quatro anos, e multa.

Art. 24. (*Vetado*)

DA APLICAÇÃO E DO PROCEDIMENTO CRIMINAL

Art. 25. São penalmente responsáveis, nos termos desta Lei, o controlador e os administradores de instituição financeira, assim considerados os diretores, gerentes (*vetado*).

§ 1º. Equiparam-se aos administradores de instituição financeira (*vetado*) o interventor, o liquidante ou o síndico.

§ 2º. Nos crimes previstos nesta Lei, cometidos em quadrilha ou co-autoria, o co-autor ou partícipe que através de confissão espontânea revelar à autoridade policial ou judicial toda a trama delituosa terá a sua pena reduzida de um a dois terços.

Art. 26. A ação penal, nos crimes previstos nesta Lei, será promovida pelo Ministério Público Federal, perante a Justiça Federal.

Parágrafo único. Sem prejuízo do disposto no art. 268 do Código de Processo Penal, aprovado pelo Decreto-lei n. 3.689, de 3 de outubro de 1941, será admitida a assistência da Comissão de Valores Mobiliários – CVM, quando o crime tiver sido praticado no âmbito de atividade sujeita à disciplina e à fiscalização dessa Autarquia, e do Banco Central do Brasil quando, fora daquela hipótese, houver sido cometido na órbita de atividade sujeita à sua disciplina e fiscalização.

Art. 27. Quando a denúncia não for intentada no prazo legal, o ofendido poderá representar ao Procurador-Geral da República, para que este a ofereça, designe outro órgão do Ministério Público para oferecê-la ou determine o arquivamento das peças de informação recebidas.

Art. 28. Quando, no exercício de suas atribuições legais, o Banco Central do Brasil ou a Comissão de Valores Mobiliários – CVM, verificar a ocorrência de crime previsto nesta Lei, disso deverá informar ao Ministério Público Federal, enviando-lhe os documentos necessários à comprovação do fato.

Parágrafo único. A conduta de que trata este artigo será observada pelo interventor, liquidante ou síndico que, no curso de intervenção, liquidação extrajudicial ou falência, verificar a ocorrência de crime de que trata esta Lei.

Art. 29. O órgão do Ministério Público Federal, sempre que julgar necessário, poderá requisitar, a qualquer autoridade, informação, documento ou diligência relativa à prova dos crimes previstos nesta Lei.

Parágrafo único. O sigilo dos serviços e operações financeiras não pode ser invocado como óbice ao atendimento da requisição prevista no *caput* deste artigo.

Art. 30. Sem prejuízo do disposto no art. 312 do Código de Processo Penal, aprovado pelo Decreto-lei n. 3.689, de 3 de outubro de 1941, a prisão preventiva do acusado da prática de crime previsto nesta Lei poderá ser decretada em razão da magnitude da lesão causada (*vetado*).

Art. 31. Nos crimes previstos nesta Lei e punidos com pena de reclusão, o réu não poderá prestar fiança, nem apelar antes de ser recolhido à prisão, ainda que primário e de bons antecedentes, se estiver configurada situação que autoriza a prisão preventiva.

Art. 32. (*Vetado*)

Art. 33. Na fixação da pena de multa relativa aos crimes previstos nesta Lei, o limite a que se refere o § 1º do art. 49 do Código Penal, aprovado pelo Decreto-lei n. 2.848, de 7 de dezembro de 1940, pode ser estendido até o décuplo, se verificada a situação nele cogitada.

Art. 34. Esta Lei entra em vigor na data de sua publicação.

Art. 35. Revogam-se as disposições em contrário.

LEI 8.112, DE 11 DE DEZEMBRO DE 1990

Dispõe sobre o Regime Jurídico dos Servidores Públicos Civis da União, das autarquias e das fundações públicas federais.

Título II – DO PROVIMENTO, VACÂNCIA, REMOÇÃO, REDISTRIBUIÇÃO E SUBSTITUIÇÃO

Capítulo I – Do Provimento

(...)

Seção IV – Da Posse e do Exercício

Art. 13. A posse dar-se-á pela assinatura do respectivo termo, no qual deverão constar as atribuições, os deveres, as responsabilidades e os direitos inerentes ao cargo ocupado, que não poderão ser alterados unilateralmente, por qualquer das partes, ressalvados os atos de ofício previstos em lei.

(...)

§ 5º. No ato da posse, o servidor apresentará declaração de bens e valores que constituem seu patrimônio e declaração quanto ao exercício ou não de outro cargo, emprego ou função pública.

(...)

Título IV – DO REGIME DISCIPLINAR

Capítulo I – Dos Deveres

Art. 116. São deveres do servidor:

I – exercer com zelo e dedicação as atribuições do cargo;

II – ser leal às instituições a que servir;

III – observar as normas legais e regulamentares;

IV – cumprir as ordens superiores, exceto quando manifestamente ilegais;

V – atender com presteza:

a) ao público em geral, prestando as informações requeridas, ressalvadas as protegidas por sigilo;

b) à expedição de certidões requeridas para defesa de direito ou esclarecimento de situações de interesse pessoal;

c) às requisições para a defesa da Fazenda Pública;

VI – levar ao conhecimento da autoridade superior as irregularidades de que tiver ciência em razão do cargo;

VII – zelar pela economia do material e a conservação do patrimônio público;

VIII – guardar sigilo sobre assunto da repartição;

IX – manter conduta compatível com a moralidade administrativa;

X – ser assíduo e pontual ao serviço;

XI – tratar com urbanidade as pessoas;

XII – representar contra ilegalidade, omissão ou abuso de poder.

Parágrafo único. A representação de que trata o inciso XII será encaminhada pela via hierárquica e apreciada pela autoridade superior àquela contra a qual é formulada, assegurando-se ao representando ampla defesa.

Capítulo II – Das Proibições

Art. 117. Ao servidor é proibido:

I – ausentar-se do serviço durante o expediente, sem prévia autorização do chefe imediato;

II – retirar, sem prévia anuência da autoridade competente, qualquer documento ou objeto da repartição;

III – recusar fé a documentos públicos;

IV – opor resistência injustificada ao andamento de documento e processo ou execução de serviço;

V – promover manifestação de apreço ou desapreço no recinto da repartição;

VI – cometer a pessoa estranha à repartição, fora dos casos previstos em lei, o desempenho de atribuição que seja de sua responsabilidade ou de seu subordinado;

VII – coagir ou aliciar subordinados no sentido de filiarem-se a associação profissional ou sindical, ou a partido político;

VIII – manter sob sua chefia imediata, em cargo ou função de confiança, cônjuge, companheiro ou parente até o segundo grau civil;

IX – valer-se do cargo para lograr proveito pessoal ou de outrem, em detrimento da dignidade da função pública;

X – participar de gerência ou administração de sociedade privada, personificada ou não personificada, exercer o comércio, exceto na qualidade de acionista, cotista ou comanditário;

XI – atuar, como procurador ou intermediário, junto a repartições públicas, salvo quando se tratar de benefícios previdenciários ou assistenciais de parentes até o segundo grau, e de cônjuge ou companheiro;

XII – receber propina, comissão, presente, ou vantagem de qualquer espécie, em razão de suas atribuições;

XIII – aceitar comissão, emprego ou pensão de estado estrangeiro;

XIV – praticar usura sob qualquer de suas formas;

XV – proceder de forma desidiosa;

XVI – utilizar pessoal ou recursos materiais da repartição em serviços ou atividades particulares;

XVII – cometer a outro servidor atribuições estranhas ao cargo que ocupa, exceto em situações de emergência e transitórias;

XVIII – exercer quaisquer atividades que sejam incompatíveis com o exercício do cargo ou função e com o horário de trabalho;

XIX – recusar-se a atualizar seus dados cadastrais quando solicitado.

Parágrafo único. A vedação de que trata o inciso X do caput deste artigo não se aplica nos seguintes casos:

I – participação nos conselhos de administração e fiscal de empresas ou entidades em que a União detenha, direta ou indiretamente, participação no capital social ou em sociedade cooperativa constituída para prestar serviços a seus membros; e

II – gozo de licença para o trato de interesses particulares, na forma do art. 91 desta Lei, observada a legislação sobre conflito de interesses.

Capítulo III – Da Acumulação

Art. 118. Ressalvados os casos previstos na Constituição, é vedada a acumulação remunerada de cargos públicos.

§ 1º. A proibição de acumular estende-se a cargos, empregos e funções em autarquias, fundações públicas, empresas públicas, sociedades de economia mista da União, do Distrito Federal, dos Estados, dos Territórios e dos Municípios.

§ 2º. A acumulação de cargos, ainda que lícita, fica condicionada à comprovação da compatibilidade de horários.

§ 3º. Considera-se acumulação proibida a percepção de vencimento de cargo ou emprego público efetivo com proventos da inatividade, salvo quando os cargos de que decorrem essas remunerações forem acumuláveis na atividade.

Art. 119. O servidor não poderá exercer mais de um cargo em comissão, exceto no caso previsto no parágrafo único do art. 9º, nem ser remunerado pela participação em órgão de deliberação coletiva.

Parágrafo único. O disposto neste artigo não se aplica à remuneração devida pela participação em conselhos de administração e fiscal das empresas públicas e sociedades de economia mista, suas subsidiárias e controladas, bem como quaisquer empresas ou entidades em que a União, direta ou indiretamente, detenha participação no capital social, observado o que, a respeito, dispuser legislação específica.

Art. 120. O servidor vinculado ao regime desta Lei, que acumular licitamente dois cargos efetivos, quando investido em cargo de provimento em comissão, ficará afastado de ambos os cargos efetivos, salvo na hipótese em que houver compatibilidade de horário e local com o exercício de um deles, declarada pelas autoridades máximas dos órgãos ou entidades envolvidos.

Capítulo IV – Das Responsabilidades

Art. 121. O servidor responde civil, penal e administrativamente pelo exercício irregular de suas atribuições.

Art. 122. A responsabilidade civil decorre de ato omissivo ou comissivo, doloso ou culposo, que resulte em prejuízo ao erário ou a terceiros.

§ 1º. A indenização de prejuízo dolosamente causado ao erário somente será liquidada na forma prevista no art. 46, na falta de outros bens que assegurem a execução do débito pela via judicial.

§ 2º. Tratando-se de dano causado a terceiros, responderá o servidor perante a Fazenda Pública, em ação regressiva.

§ 3º. A obrigação de reparar o dano estende-se aos sucessores e contra eles será executada, até o limite do valor da herança recebida.

Art. 123. A responsabilidade penal abrange os crimes de contravenções imputadas ao servidor, nessa qualidade.

Art. 124. A responsabilidade civil-administrativa resulta de ato omissivo ou comissivo praticado no desempenho do cargo ou função.

Art. 125. As sanções civis, penais e administrativas poderão cumular-se, sendo independentes entre si.

Art. 126. A responsabilidade administrativa do servidor será afastada no caso de absolvição criminal que negue a existência do fato ou sua autoria.

Capítulo V – Das Penalidades

Art. 127. São penalidades disciplinares:

I – advertência;

II – suspensão;

III – demissão;

IV – cassação de aposentadoria ou disponibilidade;

V – destituição de cargo em comissão;

VI – destituição de função comissionada.

Art. 128. Na aplicação das penalidades serão consideradas a natureza e a gravidade da infração cometida, os danos que dela provierem para o serviço público, as circunstâncias agravantes ou atenuantes e os antecedentes funcionais.

Parágrafo único. O ato de imposição da penalidade mencionará sempre o fundamento legal e a causa da sanção disciplinar.

Art. 129. A advertência será aplicada por escrito, nos casos de violação de proibição constante do art. 117, incisos I a VIII e XIX, e de inobservância de dever funcional previsto em lei, regulamentação ou norma interna, que não justifique imposição de penalidade mais grave.

Art. 130. A suspensão será aplicada em caso de reincidência das faltas punidas com advertência e de violação das demais proibições que não tipifiquem infração sujeita a penalidade de demissão, não podendo exceder de 90 dias.

§ 1º. Será punido com suspensão de até 15 dias o servidor que, injustificadamente, recusar-se a ser submetido a inspeção médica determinada pela autoridade competente, cessando os efeitos da penalidade uma vez cumprida a determinação.

§ 2º. Quando houver conveniência para o serviço, a penalidade de suspensão poderá ser convertida em multa, na base de 50% por dia de vencimento ou remuneração, ficando o servidor obrigado a permanecer em serviço.

Art. 131. As penalidades de advertência e de suspensão terão seus registros cancelados, após o decurso de três e cinco anos de efetivo exercício, respectivamente, se o servidor não houver, nesse período, praticado nova infração disciplinar.

Parágrafo único. O cancelamento da penalidade não surtirá efeitos retroativos.

Art. 132. A demissão será aplicada nos seguintes casos:

I – crime contra a Administração Pública;

II – abandono de cargo;

III – inassiduidade habitual;

IV – improbidade administrativa;

V – incontinência pública e conduta escandalosa, na repartição;

VI – insubordinação grave em serviço;

VII – ofensa física, em serviço, a servidor ou a particular, salvo em legítima defesa própria ou de outrem;

VIII – aplicação irregular de dinheiros públicos;

IX – revelação de segredo do qual se apropriou em razão do cargo;

X – lesão aos cofres públicos e dilapidação do patrimônio nacional;

XI – corrupção;

XII – acumulação ilegal de cargos, empregos ou funções públicas;

XIII – transgressão dos incisos IX a XVI do art. 117.

Art. 133. Detectada a qualquer tempo a acumulação ilegal de cargos, empregos ou funções públicas, a autoridade a que se refere o art. 143 notificará o servidor, por intermédio de sua chefia imediata, para apresentar opção no prazo improrrogável de 10 dias, contados da data da ciência e, na hipótese de omissão, adotará o procedimento sumário para a sua apuração e regularização imediata, cujo processo administrativo disciplinar se desenvolverá nas seguintes fases:

I – instauração, com a publicação do ato que constituir a comissão, a ser composta por dois servidores estáveis, e simultaneamente indicar a autoria e a materialidade da transgressão objeto da apuração;

II – instrução sumária, que compreende indiciação, defesa e relatório;

III – julgamento.

§ 1º. A indicação da autoria de que trata o inciso I dar-se-á pelo nome e matrícula do servidor, e a materialidade pela descrição dos cargos, empregos ou funções públicas em situação de acumulação ilegal, dos órgãos ou entidades de vinculação, das datas de ingresso, do horário de trabalho e do correspondente regime jurídico.

§ 2º. A comissão lavrará até três dias após a publicação do ato que a constituiu, termo de indiciação em que serão transcritas as informações de que trata o parágrafo anterior, bem como promoverá a citação pessoal do servidor indiciado, ou por intermédio de sua chefia imediata, para, no prazo de cinco dias, apresentar defesa escrita, assegurando-se-lhe vista do processo na repartição, observado o disposto nos arts. 163 e 164.

§ 3º. Apresentada a defesa, a comissão elaborará relatório conclusivo quanto à inocência ou à responsabilidade do servidor, em que resumirá as peças principais dos autos, opinará sobre a licitude da acumulação em exame, indicará o respectivo dispositivo legal e remeterá o processo à autoridade instauradora, para julgamento.

§ 4º. No prazo de cinco dias, contados do recebimento do processo, a autoridade julgadora proferirá a sua decisão, aplicando-se, quando for o caso, o disposto no § 3º do art. 167.

§ 5º. A opção pelo servidor até o último dia de prazo para defesa configurará sua boa-fé, hipótese em que se converterá automaticamente em pedido de exoneração do outro cargo.

§ 6º. Caracterizada a acumulação ilegal e provada a má-fé, aplicar-se-á a pena de demissão, destituição ou cassação de aposentadoria ou disponibilidade em relação aos cargos, empregos ou funções públicas em regime de acumulação ilegal, hipótese em que os órgãos ou entidades de vinculação serão comunicados.

§ 7º. O prazo para a conclusão do processo administrativo disciplinar submetido ao rito sumário não excederá 30 dias, contados da data de publicação do ato que constituir a comissão, admitida a sua prorrogação por até 15 dias, quando as circunstâncias o exigirem.

§ 8º. O procedimento sumário rege-se pelas disposições deste artigo, observando-se, no que lhe for aplicável, subsidiariamente, as disposições dos Títulos IV e V desta Lei.

Art. 134. Será cassada a aposentadoria ou a disponibilidade do inativo que houver praticado, na atividade, falta punível com a demissão.

Art. 135. A destituição de cargo em comissão exercido por não ocupante de cargo efetivo será aplicada nos casos de infração sujeita às penalidades de suspensão e de demissão.

Parágrafo único. Constatada a hipótese de que trata este artigo, a exoneração efetuada nos termos do art. 35 será convertida em destituição de cargo em comissão.

Art. 136. A demissão ou a destituição de cargo em comissão, nos casos dos incisos IV, VIII, X e XI do art. 132, implica a indisponibilidade dos bens e o ressarcimento ao erário, sem prejuízo da ação penal cabível.

Art. 137. A demissão, ou a destituição de cargo em comissão por infringência do art. 117, incisos IX e XI, incompatibiliza o ex-servidor para nova investidura em cargo público federal, pelo prazo de cinco anos.

Parágrafo único. Não poderá retornar ao serviço público federal o servidor que for demitido ou destituído do cargo em comissão por infringência do art. 132, incisos I, IV, VIII, X e XI.

Art. 138. Configura abandono de cargo a ausência intencional do servidor ao serviço por mais de 30 dias consecutivos.

Art. 139. Entende-se por inassiduidade habitual a falta ao serviço, sem causa justificada, por 60 dias, interpoladamente, durante o período de 12 meses.

Art. 140. Na apuração de abandono de cargo ou inassiduidade habitual, também será adotado o procedimento sumário a que se refere o art. 133, observando-se especialmente que:

I – a indicação da materialidade dar-se-á:

a) na hipótese de abandono de cargo, pela indicação precisa do período de ausência intencional do servidor ao serviço superior a 30 dias;

b) no caso de inassiduidade habitual, pela indicação dos dias de falta ao serviço sem causa justificada, por período igual ou superior a 60 dias interpoladamente, durante o período de 12 meses;

II – após a apresentação da defesa a comissão elaborará relatório conclusivo quanto à inocência ou à responsabilidade do servidor, em que resumirá as peças principais dos autos, indicará o respectivo dispositivo legal, opinará, na hipótese de abandono de cargo, sobre a intencionalidade da ausência ao serviço superior a 30 dias e remeterá o processo à autoridade instauradora para julgamento.

Art. 141. As penalidades disciplinares serão aplicadas:

I – pelo Presidente da República, pelos Presidentes das Casas do Poder Legislativo e dos Tribunais Federais e pelo Procurador-Geral da República, quando se tratar de demissão e cassação de aposentadoria ou disponibilidade de servidor vinculado ao respectivo Poder, órgão, ou entidade;

II – pelas autoridades administrativas de hierarquia imediatamente inferior àquelas mencionadas no inciso anterior quando se tratar de suspensão superior a 30 dias;

III – pelo chefe da repartição e outras autoridades na forma dos respectivos regimentos ou regulamentos, nos casos de advertência ou de suspensão de até 30 dias;

IV – pela autoridade que houver feito a nomeação, quando se tratar de destituição de cargo em comissão.

Art. 142. A ação disciplinar prescreverá:

I – em 5 anos, quanto às infrações puníveis com demissão, cassação de aposentadoria ou disponibilidade e destituição de cargo em comissão;

II – em 2 anos, quanto à suspensão;

III – em 180 dias, quanto à advertência.

§ 1º. O prazo de prescrição começa a correr da data em que o fato se tornou conhecido.

§ 2º. Os prazos de prescrição previstos na lei penal aplicam-se às infrações disciplinares capituladas também como crime.

§ 3º. A abertura de sindicância ou a instauração de processo disciplinar interrompe a prescrição, até a decisão final proferida por autoridade competente.

§ 4º. Interrompido o curso da prescrição, o prazo começará a correr a partir do dia em que cessar a interrupção.

Título V – DO PROCESSO ADMINISTRATIVO DISCIPLINAR
Capítulo I – Disposições Gerais

Art. 143. A autoridade que tiver ciência de irregularidade no serviço público é obrigada a promover a sua apuração imediata, mediante sindicância ou processo administrativo disciplinar, assegurada ao acusado ampla defesa.

§§ 1º. e 2º. (*Revogados pela Lei 11.204, de 2005*)

§ 3º. A apuração de que trata o *caput*, por solicitação da autoridade a que se refere, poderá ser promovida por autoridade de órgão ou entidade diverso daquele em que tenha ocorrido a irregularidade, mediante competência específica para tal finalidade, delegada em caráter permanente ou temporário pelo Presidente da República, pelos presidentes das Casas do Poder Legislativo e dos Tribunais Federais e pelo Procurador-Geral da República, no âmbito do respectivo Poder, órgão ou entidade, preservadas as competências para o julgamento que se seguir à apuração.

Art. 144. As denúncias sobre irregularidades serão objeto de apuração, desde que contenham a identificação e o endereço do denunciante e sejam formuladas por escrito, confirmada a autenticidade.

Parágrafo único. Quando o fato narrado não configurar evidente infração disciplinar ou ilícito penal, a denúncia será arquivada, por falta de objeto.

Art. 145. Da sindicância poderá resultar:

I – arquivamento do processo;

II – aplicação de penalidade de advertência ou suspensão de até 30 dias;

III – instauração de processo disciplinar.

Parágrafo único. O prazo para conclusão da sindicância não excederá 30 dias, podendo ser prorrogado por igual período, a critério da autoridade superior.

Art. 146. Sempre que o ilícito praticado pelo servidor ensejar a imposição de penalidade de suspensão por mais de 30 dias, de demissão, cassação de aposentadoria ou disponibilidade, ou destituição de cargo em comissão, será obrigatória a instauração de processo disciplinar.

Capítulo II – Do Afastamento Preventivo

Art. 147. Como medida cautelar e a fim de que o servidor não venha a influir na apuração da irregularidade, a autoridade instauradora do processo disciplinar poderá determinar o seu afastamento do exercício do cargo, pelo prazo de até 60 dias, sem prejuízo da remuneração.

Parágrafo único. O afastamento poderá ser prorrogado por igual prazo, findo o qual cessarão os seus efeitos, ainda que não concluído o processo.

Capítulo III – Do Processo Disciplinar

Art. 148. O processo disciplinar é o instrumento destinado a apurar responsabilidade de servidor por infração praticada no exercício de suas atribuições, ou que tenha relação com as atribuições do cargo em que se encontre investido.

Art. 149. O processo disciplinar será conduzido por comissão composta de três servidores estáveis designados pela autoridade competente, observado o disposto no § 3º do art. 143, que indicará, dentre eles, o seu presidente, que deverá ser ocupante de cargo efetivo superior ou de mesmo nível, ou ter nível de escolaridade igual ou superior ao do indiciado.

§ 1º. A comissão terá como secretário servidor designado pelo seu presidente, podendo a indicação recair em um de seus membros.

§ 2º. Não poderá participar de comissão de sindicância ou de inquérito, cônjuge, companheiro ou parente do acusado, consangüíneo ou afim, em linha reta ou colateral, até o terceiro grau.

Art. 150. A comissão exercerá suas atividades com independência e imparcialidade, assegurado o sigilo necessário à elucidação do fato ou exigido pelo interesse da Administração.

Parágrafo único. As reuniões e as audiências das comissões terão caráter reservado.

Art. 151. O processo disciplinar se desenvolve nas seguintes fases:

I – instauração, com a publicação do ato que constituir a comissão;

II – inquérito administrativo, que compreende instrução, defesa e relatório;

III – julgamento.

Art. 152. O prazo para a conclusão do processo disciplinar não excederá 60 dias, contados da data de publicação do ato que constituir a comissão, admitida a sua prorrogação por igual prazo, quando as circunstâncias o exigirem.

§ 1º. Sempre que necessário, a comissão dedicará tempo integral aos seus trabalhos, ficando seus membros dispensados do ponto, até a entrega do relatório final.

§ 2º. As reuniões da comissão serão registradas em atas que deverão detalhar as deliberações adotadas.

Seção I – Do Inquérito

Art. 153. O inquérito administrativo obedecerá ao princípio do contraditório, assegurada ao acusado ampla defesa, com a utilização dos meios e recursos admitidos em direito.

Art. 154. Os autos da sindicância integrarão o processo disciplinar, como peça informativa da instrução.

Parágrafo único. Na hipótese de o relatório da sindicância concluir que a infração está capitulada como ilícito penal, a autoridade competente encaminhará cópia dos autos ao Ministério Público, independentemente da imediata instauração do processo disciplinar.

Art. 155. Na fase do inquérito, a comissão promoverá a tomada de depoimentos, acareações, investigações e diligências cabíveis, objetivando a coleta de prova, recorrendo, quando necessário, a técnicos e peritos, de modo a permitir a completa elucidação dos fatos.

Art. 156. É assegurado ao servidor o direito de acompanhar o processo pessoalmente ou por intermédio de procurador, arrolar e reinquirir testemunhas, produzir provas e contraprovas e formular quesitos, quando se tratar de prova pericial.

§ 1º. O presidente da comissão poderá denegar pedidos considerados impertinentes, meramente protelatórios, ou de nenhum interesse para o esclarecimento dos fatos.

§ 2º. Será indeferido o pedido de prova pericial, quando a comprovação do fato independer de conhecimento especial de perito.

Art. 157. As testemunhas serão intimadas a depor mediante mandado expedido pelo presidente da comissão, devendo a segunda via, com o ciente do interessado, ser anexada aos autos.

Parágrafo único. Se a testemunha for servidor público, a expedição do mandado será imediatamente comunicada ao chefe da repartição onde serve, com a indicação do dia e hora marcados para inquirição.

Art. 158. O depoimento será prestado oralmente e reduzido a termo, não sendo lícito à testemunha trazê-lo por escrito.

§ 1º. As testemunhas serão inquiridas separadamente.

§ 2º. Na hipótese de depoimentos contraditórios ou que se infirmem, proceder-se-á à acareação entre os depoentes.

Art. 159. Concluída a inquirição das testemunhas, a comissão promoverá o interrogatório do acusado, observados os procedimentos previstos nos arts. 157 e 158.

§ 1º. No caso de mais de um acusado, cada um deles será ouvido separadamente, e sempre que divergirem em suas declarações sobre fatos ou circunstâncias, será promovida a acareação entre eles.

§ 2º. O procurador do acusado poderá assistir ao interrogatório, bem como à inquirição das testemunhas, sendo-lhe vedado interferir nas perguntas e respostas, facultando-se-lhe, porém, reinquiri-las, por intermédio do presidente da comissão.

Art. 160. Quando houver dúvida sobre a sanidade mental do acusado, a comissão proporá à autoridade competente que ele seja submetido a exame por junta médica oficial, da qual participe pelo menos um médico psiquiatra.

Parágrafo único. O incidente de sanidade mental será processado em auto apartado e apenso ao processo principal, após a expedição do laudo pericial.

Art. 161. Tipificada a infração disciplinar, será formulada a indiciação do servidor, com a especificação dos fatos a ele imputados e das respectivas provas.

§ 1º. O indiciado será citado por mandado expedido pelo presidente da comissão para apresentar defesa escrita, no prazo de 10 dias, assegurando-se-lhe vista do processo na repartição.

§ 2º. Havendo dois ou mais indiciados, o prazo será comum e de 20 dias.

§ 3º. O prazo de defesa poderá ser prorrogado pelo dobro, para diligências reputadas indispensáveis.

§ 4º. No caso de recusa do indiciado em apor o ciente na cópia da citação, o prazo para defesa contar-se-á da data declarada, em termo próprio, pelo membro da comissão que fez a citação, com a assinatura de duas testemunhas.

Art. 162. O indiciado que mudar de residência fica obrigado a comunicar à comissão o lugar onde poderá ser encontrado.

Art. 163. Achando-se o indiciado em lugar incerto e não sabido, será citado por edital, publicado no *Diário Oficial da União* e em jornal de grande circulação na localidade do último domicílio conhecido, para apresentar defesa.

Parágrafo único. Na hipótese deste artigo, o prazo para defesa será de 15 dias a partir da última publicação do edital.

Art. 164. Considerar-se-á revel o indiciado que, regularmente citado, não apresentar defesa no prazo legal.

§ 1º. A revelia será declarada, por termo, nos autos do processo e devolverá o prazo para a defesa.

§ 2º. Para defender o indiciado revel, a autoridade instauradora do processo designará um servidor como defensor dativo, que deverá ser ocupante de cargo efetivo superior ou de mesmo nível, ou ter nível de escolaridade igual ou superior ao do indiciado.

Art. 165. Apreciada a defesa, a comissão elaborará relatório minucioso, onde resumirá as peças principais dos autos e mencionará as provas em que se baseou para formar a sua convicção.

§ 1º. O relatório será sempre conclusivo quanto à inocência ou à responsabilidade do servidor.

§ 2º. Reconhecida a responsabilidade do servidor, a comissão indicará o dispositivo legal ou regulamentar transgredido, bem como as circunstâncias agravantes ou atenuantes.

Art. 166. O processo disciplinar, com o relatório da comissão, será remetido à autoridade que determinou a sua instauração, para julgamento.

Seção II – Do Julgamento

Art. 167. No prazo de 20 dias, contados do recebimento do processo, a autoridade julgadora proferirá a sua decisão.

§ 1º. Se a penalidade a ser aplicada exceder a alçada da autoridade instauradora do processo, este será encaminhado à autoridade competente, que decidirá em igual prazo.

§ 2º. Havendo mais de um indiciado e diversidade de sanções, o julgamento caberá à autoridade competente para a imposição da pena mais grave.

§ 3º. Se a penalidade prevista for a demissão ou cassação de aposentadoria ou disponibilidade, o julgamento caberá às autoridades de que trata o inciso I do art. 141.

§ 4º. Reconhecida pela comissão a inocência do servidor, a autoridade instauradora do processo determinará o seu arquivamento, salvo se flagrantemente contrária à prova dos autos.

Art. 168. O julgamento acatará o relatório da comissão, salvo quando contrário às provas dos autos.

Parágrafo único. Quando o relatório da comissão contrariar as provas dos autos, a autoridade julgadora poderá, motivadamente, agravar a penalidade proposta, abrandá-la ou isentar o servidor de responsabilidade.

Art. 169. Verificada a ocorrência de vício insanável, a autoridade que determinou a instauração do processo ou outra de hierarquia superior declarará a sua nulidade, total ou parcial, e ordenará, no mesmo ato, a constituição de outra comissão para instauração de novo processo.

§ 1º. O julgamento fora do prazo legal não implica nulidade do processo.

§ 2º. A autoridade julgadora que der causa à prescrição de que trata o art. 142, § 2º, será responsabilizada na forma do Capítulo IV do Título IV.

Art. 170. Extinta a punibilidade pela prescrição, a autoridade julgadora determinará o registro do fato nos assentamentos individuais do servidor.

Art. 171. Quando a infração estiver capitulada como crime, o processo disciplinar será remetido ao Ministério Público para instauração da ação penal, ficando trasladado na repartição.

Art. 172. O servidor que responder a processo disciplinar, só poderá ser exonerado a pedido, ou aposentado voluntariamente, após a conclusão do processo e o cumprimento da penalidade, acaso aplicada.

Parágrafo único. Ocorrida a exoneração de que trata o parágrafo único, inciso I do art. 34, o ato será convertido em demissão, se for o caso.

Art. 173. Serão assegurados transporte e diárias:

I – ao servidor convocado para prestar depoimento fora da sede de sua repartição, na condição de testemunha, denunciado ou indiciado;

II – aos membros da comissão e ao secretário, quando obrigados a se deslocarem da sede dos trabalhos para a realização de missão essencial ao esclarecimento dos fatos.

Seção III – Da Revisão do Processo

Art. 174. O processo disciplinar poderá ser revisto, a qualquer tempo, a pedido ou de ofício, quando se aduzirem fatos novos ou circunstâncias suscetíveis de justificar a inocência do punido ou a inadequação da penalidade aplicada.

§ 1º. Em caso de falecimento, ausência ou desaparecimento do servidor, qualquer pessoa da família poderá requerer a revisão do processo.

§ 2º. No caso de incapacidade mental do servidor, a revisão será requerida pelo respectivo curador.

Art. 175. No processo revisional, o ônus da prova cabe ao requerente.

Art. 176. A simples alegação de injustiça da penalidade não constitui fundamento para a revisão, que requer elementos novos, ainda não apreciados no processo originário.

Art. 177. O requerimento de revisão do processo será dirigido ao Ministro de Estado ou autoridade equivalente, que, se autorizar a revisão, encaminhará o pedido ao dirigente do órgão ou entidade onde se originou o processo disciplinar.

Parágrafo único. Deferida a petição, a autoridade competente providenciará a constituição de comissão, na forma do art. 149.

Art. 178. A revisão correrá em apenso ao processo originário.

Parágrafo único. Na petição inicial, o requerente pedirá dia e hora para a produção de provas e inquirição das testemunhas que arrolar.

Art. 179. A comissão revisora terá 60 dias para a conclusão dos trabalhos.

Art. 180. Aplicam-se aos trabalhos da comissão revisora, no que couber, as normas e procedimentos próprios da comissão do processo disciplinar.

Art. 181. O julgamento caberá à autoridade que aplicou a penalidade, nos termos do art. 141.

Parágrafo único. O prazo para julgamento será de 20 dias, contados do recebimento do processo, no curso do qual a autoridade julgadora poderá determinar diligência.

Art. 182. Julgada procedente a revisão, será declarada sem efeito a penalidade aplicada, restabelecendo-se todos os direitos do servidor, exceto em relação à destituição do cargo em comissão, que será convertida em exoneração.

Parágrafo único. Da revisão do processo não poderá resultar agravamento de penalidade.

(...).

LEI 8.137, DE 27 DE DEZEMBRO DE 1990

Define crimes contra a ordem tributária, econômica e contra as relações de consumo, e dá outras providências.

Capítulo I – Dos Crimes Contra a Ordem Tributária

Seção I – Dos Crimes Praticados por Particulares

Art. 1º. Constitui crime contra a ordem tributária suprimir ou reduzir tributo, ou contribuição social e qualquer acessório, mediante as seguintes condutas:

I – omitir informação, ou prestar declaração falsa às autoridades fazendárias;

II – fraudar a fiscalização tributária, inserindo elementos inexatos, ou omitindo operação de qualquer natureza, em documento ou livro exigido pela lei fiscal;

III – falsificar ou alterar nota fiscal, fatura, duplicata, nota de venda, ou qualquer outro documento relativo à operação tributável;

IV – elaborar, distribuir, fornecer, emitir ou utilizar documento que saiba ou deva saber falso ou inexato;

V – negar ou deixar de fornecer, quando obrigatório, nota fiscal ou documento equivalente, relativa a venda de mercadoria ou prestação de serviço, efetivamente realizada, ou fornecê-la em desacordo com a legislação:

Pena – reclusão, de dois a cinco anos, e multa.

Parágrafo único. A falta de atendimento da exigência da autoridade, no prazo de 10 dias, que poderá ser convertido em horas em razão da maior ou menor complexidade da matéria ou da dificuldade quanto ao atendimento da exigência, caracteriza a infração prevista no inciso V.

Art. 2º. Constitui crime da mesma natureza:

I – fazer declaração falsa ou omitir declaração sobre rendas, bens ou fatos, ou empregar outra fraude, para eximir-se, total ou parcialmente, de pagamento de tributo;

II – deixar de recolher, no prazo legal, valor de tributo ou de contribuição social, descontado ou cobrado, na qualidade de sujeito passivo de obrigação e que deveria recolher aos cofres públicos;

III – exigir, pagar ou receber, para si ou para o contribuinte beneficiário, qualquer percentagem sobre a parcela dedutível ou deduzida de imposto ou de contribuição como incentivo fiscal;

IV – deixar de aplicar, ou aplicar em desacordo com o estatuído, incentivo fiscal ou parcelas de imposto liberadas por órgão ou entidade de desenvolvimento;

V – utilizar ou divulgar programa de processamento de dados que permita ao sujeito passivo da obrigação tributária possuir informação contábil diversa daquela que é, por lei, fornecida à Fazenda Pública:

Pena – detenção, de seis meses a dois anos, e multa.

Seção II — Dos Crimes Praticados por Funcionários Públicos

Art. 3º. Constitui crime funcional contra a ordem tributária, além dos previstos no Decreto-lei n. 2.848, de 7 de dezembro de 1940 – Código Penal (Título XI, Capítulo I):

I – extraviar livro oficial, processo fiscal ou qualquer documento, de que tenha a guarda em razão da função; sonegá-lo, ou inutilizá-lo, total ou parcialmente, acarretando pagamento indevido ou inexato de tributo ou contribuição social;

II – exigir, solicitar ou receber, para si ou para outrem, direta ou indiretamente, ainda que fora da função ou antes de iniciar seu exercício, mas em razão dela, vantagem indevida; ou aceitar promessa de tal vantagem, para deixar de lançar ou cobrar tributo ou contribuição social, ou cobrá-los parcialmente:

Pena – reclusão, de três a oito anos, e multa;

III – patrocinar, direta ou indiretamente, interesse privado perante a Administração Fazendária, valendo-se da qualidade de funcionário público:

Pena – reclusão, de um a quatro anos, e multa.

Capítulo II – Dos Crimes Contra a Ordem Econômica e as Relações de Consumo

Art. 4º. Constitui crime contra a ordem econômica:

I – abusar do poder econômico, dominando o mercado ou eliminando, total ou parcialmente, a concorrência mediante:

a) ajuste ou acordo de empresas;

b) aquisição de acervos de empresas ou cotas, ações, títulos ou direitos;

c) coalizão, incorporação, fusão ou integração de empresas;

d) concentração de ações, títulos, cotas, ou direitos em poder de empresa, empresas coligadas ou controladas, ou pessoas físicas;

e) cessação parcial ou total das atividades da empresa;

f) impedimento a constituição, funcionamento ou desenvolvimento de empresa concorrente;

II – formar acordo, convênio, ajuste ou aliança entre ofertantes, visando:

a) à fixação artificial de preços ou quantidades vendidas ou produzidas;

b) ao controle regionalizado do mercado por empresa ou grupo de empresas;

c) ao controle, em detrimento da concorrência, de rede de distribuição ou de fornecedores;

III – discriminar preços de bens ou de prestação de serviços por ajustes ou acordo de grupo econômico, com o fim de estabelecer monopólio, ou de eliminar, total ou parcialmente, a concorrência;

IV – açambarcar, sonegar, destruir ou inutilizar bens de produção ou de consumo, com o fim de estabelecer monopólio ou de eliminar, total ou parcialmente, a concorrência;

V – provocar oscilação de preços em detrimento de empresa concorrente ou vendedor de matéria-prima, mediante ajuste ou acordo, ou por outro meio fraudulento;

VI – vender mercadorias abaixo do preço de custo, com o fim de impedir a concorrência;

VII – elevar, sem justa causa, o preço de bem ou serviço, valendo-se de posição dominante no mercado:

Pena – reclusão, de dois a cinco anos, ou multa.

Art. 5º. Constitui crime da mesma natureza:

I – exigir exclusividade de propaganda, transmissão ou difusão de publicidade, em detrimento de concorrência;

II – subordinar a venda de bem ou a utilização de serviço à aquisição de outro bem, ou ao uso de determinado serviço;

III – sujeitar a venda de bem ou a utilização de serviço à aquisição de quantidade arbitrariamente determinada;

IV – recusar-se, sem justa causa, o diretor, administrador, ou gerente de empresa a prestar à autoridade competente ou prestá-la de modo inexato, informação sobre o custo de produção ou preço de venda:

Pena – detenção, de dois a cinco anos, ou multa.

Parágrafo único. A falta de atendimento da exigência da autoridade, no prazo de 10 dias, que poderá ser convertido em horas em razão da maior ou menor complexidade da matéria ou da dificuldade quanto ao atendimento da exigência, caracteriza a infração prevista no inciso IV.

Art. 6º. Constitui crime da mesma natureza:

I – vender ou oferecer à venda mercadoria, ou contratar ou oferecer serviço, por preço superior ao oficialmente tabelado, ao fixado por órgão ou entidade governamental, e ao estabelecido em regime legal de controle;

II – aplicar fórmula de reajustamento de preços ou indexação de contrato proibida, ou diversa daquela que for legalmente estabelecida, ou fixada por autoridade competente;

III – exigir, cobrar ou receber qualquer vantagem ou importância adicional de preço tabelado, congelado, administrado, fixado ou controlado pelo Poder Público, inclusive por meio da adoção ou de aumento de taxa ou outro percentual, incidente sobre qualquer contratação:

Pena – detenção, de um a quatro anos, ou multa.

Art. 7º. Constitui crime contra as relações de consumo:

I – favorecer ou preferir, sem justa causa, comprador ou freguês, ressalvados os sistemas de entrega ao consumo por intermédio de distribuidores ou revendedores;

II – vender ou expor à venda mercadoria cuja embalagem, tipo, especificação, peso ou composição esteja em desacordo com as prescrições legais, ou que não corresponda à respectiva classificação oficial;

III – misturar gêneros e mercadorias de espécies diferentes, para vendê-los ou expô-los à venda como puros; misturar gêneros e mercadorias de qualidade desiguais para vendê-los ou expô-los à venda por preço estabelecido para os de mais alto custo;

IV – fraudar preços por meio de:

a) alteração, sem modificação essencial ou de qualidade, de elementos tais como denominação, sinal externo, marca, embalagem, especificação técnica, descrição, volume, peso, pintura ou acabamento de bem ou serviço;

b) divisão em partes de bem ou serviço, habitualmente oferecido à venda em conjunto;

c) junção de bens ou serviços, comumente oferecidos à venda em separado;

d) aviso de inclusão de insumo não empregado na produção do bem ou na prestação dos serviços;

V – elevar o valor cobrado nas vendas a prazo de bens ou serviços, mediante a exigência de comissão ou de taxa de juros ilegais;

VI – sonegar insumos ou bens, recusando-se a vendê-los a quem pretenda comprá-los nas condições publicamente ofertadas, ou retê-los para o fim de especulação;

VII – induzir o consumidor ou usuário a erro, por via de indicação ou afirmação falsa ou enganosa sobre a natureza, qualidade de bem ou serviço, utilizando-se de qualquer meio, inclusive a veiculação ou divulgação publicitária;

VIII – destruir, inutilizar ou danificar matéria-prima ou mercadoria, com o fim de provocar alta de preço, em proveito próprio ou de terceiros;

IX – vender, ter em depósito para vender ou expor à venda ou, de qualquer forma, entregar matéria-prima ou mercadoria, em condições impróprias ao consumo;

Pena – detenção, de dois a cinco anos, ou multa.

Parágrafo único. Nas hipóteses dos incisos II, III e IX pune-se a modalidade culposa, reduzindo-se a pena e a detenção de um terço ou a de multa à quinta parte.

Capítulo III – Das Multas

Art. 8º. Nos crimes definidos nos arts. 1º a 3º desta Lei, a pena de multa será fixada entre 10 e 360 dias-multa, conforme seja necessário e suficiente para reprovação e prevenção do crime.

Parágrafo único. O dia-multa será fixado pelo juiz em valor não inferior a 14 nem superior a 200 Bônus do Tesouro Nacional – BTN.

Art. 9º. A pena de detenção ou reclusão poderá ser convertida em multa de valor equivalente a:

I – 200.000 até 5.000.000 de BTN, nos crimes definidos no art. 4º;

II – 5.000 até 200.000 BTN, nos crimes definidos nos arts. 5º e 6º;

III – 50.000 até 1.000.000 de BTN, nos crimes definidos no art. 7º.

Art. 10. Caso o juiz, considerado o ganho ilícito e a situação econômica do réu, verifique a insuficiência ou excessiva onerosidade das penas pecuniárias previstas nesta Lei, poderá diminuí-las até a décima parte ou elevá-las ao décuplo.

Capítulo IV – Das Disposições Gerais

Art. 11. Quem, de qualquer modo, inclusive por meio de pessoa jurídica, concorre para os crimes definidos nesta Lei, incide nas penas a estes cominadas, na medida de sua culpabilidade.

Parágrafo único. Quando a venda ao consumidor for efetuada por sistema de entrega ao consumo ou por intermédio de distribuidor ou revendedor, seja em regime de concessão comercial ou outro em que o preço ao consumidor é estabelecido ou sugerido pelo fabricante ou concedente, o ato por este praticado não alcança o distribuidor ou revendedor.

Art. 12. São circunstâncias que podem agravar de um terço até a metade as penas previstas nos arts. 1º, 2º e 4º a 7º:

I – ocasionar grave dano à coletividade;

II – ser o crime cometido por servidor público no exercício de suas funções;

III – ser o crime praticado em relação à prestação de serviços ou ao comércio de bens essenciais à vida ou à saúde.

Art. 13. (*Vetado*)

Art. 14. (*Revogado pela Lei 8.383, de 30.12.1991*)

Art. 15. Os crimes previstos nesta Lei são de ação penal pública, aplicando-se-lhes o disposto no art. 100 do Decreto-lei n. 2.848, de 7 de dezembro de 1940 – Código Penal.

Art. 16. Qualquer pessoa poderá provocar a iniciativa do Ministério Público nos crimes descritos nesta Lei, fornecendo-lhe por escrito informações sobre o fato e a autoria, bem como indicando o tempo, o lugar e os elementos de convicção.

Parágrafo único. Nos crimes previstos nesta Lei, cometidos em quadrilha ou co-autoria, o co-autor ou partícipe que através de confissão espontânea revelar à autoridade policial ou judicial toda a trama delituosa terá a sua pena reduzida de um a dois terços.

Art. 17. Compete ao Departamento Nacional de Abastecimento e Preços, quando e se necessário, providenciar a desapropriação de estoques, a fim de evitar crise no mercado ou colapso no abastecimento.

Art. 18. (*Revogado pela Lei 8.176, de 8.12.1991*)

(...)

Art. 22. Esta Lei entra em vigor na data de sua publicação.

Art. 23. Revogam-se as disposições em contrário e, em especial, o art. 279 do Decreto-lei n. 2.848, de 7 de dezembro de 1940 – Código Penal.

LEI 8.397, DE 6 DE JANEIRO DE 1992

Institui medida cautelar fiscal e dá outras providências.

(...)

Art. 4º. A decretação da medida cautelar fiscal produzirá, de imediato, a indisponibilidade dos bens do requerido, até o limite da satisfação da obrigação.

§ 1º. Na hipótese de pessoa jurídica, a indisponibilidade recairá somente sobre os bens do ativo permanente, podendo, ainda, ser estendida aos bens do acionista controlador e aos dos que em razão do contrato social ou estatuto tenham poderes para fazer a empresa cumprir suas obrigações fiscais, ao tempo:

a) do fato gerador, nos casos de lançamento de ofício;

b) do inadimplemento da obrigação fiscal, nos demais casos.

§ 2º. A indisponibilidade patrimonial poderá ser estendida em relação aos bens adquiridos a qualquer título do requerido ou daqueles que estejam ou tenham estado na função de administrador (§ 1º), desde que seja capaz de frustrar a pretensão da Fazenda Pública.

§ 3º. Decretada a medida cautelar fiscal, será comunicada imediatamente ao registro público de imóveis, ao Banco Central do Brasil, à Comissão de Valores Mobiliários e às demais repartições que processem registros de transferência de bens, a fim de que, no âmbito de suas atribuições, façam cumprir a constrição judicial.

(...).

DECRETO DE 4 DE JANEIRO DE 1993

Cria a Comissão destinada a receber denúncias e reclamações relativas a irregularidades de atos da Administração Pública Federal.

Art. 1º. Fica criada Comissão destinada a receber denúncias e reclamações relativas a irregularidades e a atos de improbidade na Administração Pública Federal direta, indireta e fundacional, integrada pelo Ministro da Justiça, que a presidirá, pelo Secretário Executivo, Consultor Jurídico e o Secretário de Estudos Legislativos, daquele Ministério.

§ 1º. Portaria ministerial, a ser expedida no prazo máximo de 10 dias, estabelecerá as normas a serem observadas no encaminhamento das denúncias e no seu processamento.

§ 2º. As providências solicitadas pela referida Comissão terão prioridade de atendimento pelos órgãos diretamente afetados e serão atendidas no prazo máximo de 10 dias, com informações precisas sobre os fatos apurados ou em exame.

§ 3º. Instalada a Ouvidoria-Geral da República, no âmbito do Ministério da Justiça, a Comissão a que se refere esse artigo será extinta, transferindo-lhe o seu acervo e todos os expedientes em andamento.

Art. 2º. Fica o Ministro da Justiça autorizado a requisitar servidores e equipamentos da Administração Pública Federal, necessários ao funcionamento da Comissão criada por este Decreto.

Art. 3º. Este Decreto entra em vigor na data de sua publicação.

Art. 4º. Revogam-se as disposições em contrário.

PORTARIA MJ-19, DE 19 DE JANEIRO DE 1993

Art. 1º. As representações a que se refere o art. 1º do Decreto de 4 de janeiro de 1993, contendo denúncias e reclamações relativas a irregularidades e a atos de improbidade na Administração Pública Federal direta, indireta e fundacional, poderão ser formalizadas verbalmente ou por meio de carta missiva, devendo o denunciante expor os fatos de forma precisa, apresentando as provas ou indícios pertinentes.

Parágrafo único. As representações verbais serão reduzidas a termo por servidor indicado pela Comissão.

Art. 2º. As representações serão autuadas no Protocolo-Geral do Ministério da Justiça e armazenadas por meio de código, na Comissão.

Art. 3º. A identidade do denunciante e do denunciado será preservada, em sigilo, até o final da investigação.

Art. 4º. Das irregularidades de que tiver notícia, a Comissão fará prévio exame e, se lhe parecer cabível, remeterá aos órgãos a elas relacionados os indícios ou provas que recolher, para a efetivação das providências que se fizerem necessárias.

Parágrafo único. As providências de que trata este artigo terão prioridade de atendimento pelos órgãos requeridos que prestarão as informações à Comissão, no prazo máximo de 10 dias, nos termos do § 2º do art. 1º do Decreto de 4 de janeiro de 1993.

Art. 5º. Apurada a representação, a Comissão proporá ao seu presidente:

I – arquivamento do processo, se infundada;

II – arquivamento do processo, se o órgão diligente houver, de modo próprio, sanado as alegações do denunciante;

III – encaminhamento dos ilícitos administrativos e penais ao Ministério Público, ao Tribunal de Contas da União e à Secretaria de Polícia Federal, conforme a natureza do procedimento cabível.

Parágrafo único. Em qualquer fase, será dada ciência ao denunciante da tramitação do processo, quando solicitado.

Art. 6º. O Secretário de Estudos Legislativos exercerá as funções executivas da Comissão, inclusive, no que diz respeito às medidas de que trata o art. 4º desta Portaria.

Art. 7º. Esta Portaria entra em vigor na data de sua publicação, observado o § 3º do art. 1º do Decreto de 4 de janeiro de 1993.

LEI 8.666, DE 21 DE JUNHO DE 1993

Regulamenta o art. 37, inciso XXI, da Constituição Federal, institui normas para licitações e contratos da Administração Pública e dá outras providências.

Capítulo I – Das Disposições Gerais

(...)

Seção II – Das Definições

Art. 6º. Para os fins desta Lei, considera-se:

(...)

II – Serviço: toda atividade destinada a obter determinada utilidade de interesse para a Administração, tais como: demolição, conserto, instalação, montagem, operação, conservação, reparação, adaptação, manutenção, transporte, locação de bens, publicidade, seguro ou trabalhos técnico-profissionais;

III – Compra: toda aquisição remunerada de bens para fornecimento de uma só vez ou parceladamente;

(...)

Seção V – Das Compras

(...)

Art. 15. As compras, sempre que possível, deverão:

(...)

II – ser processadas através de sistema de registro de preços;

(...)

§ 1º. O registro de preços será precedido de ampla pesquisa de mercado.

§ 2º. Os preços registrados serão publicados trimestralmente para orientação da Administração, na imprensa oficial.

§ 3º. O sistema de registro de preços será regulamentado por decreto, atendidas as peculiaridades regionais, observadas as seguintes condições:

I – seleção feita mediante concorrência;

II – estipulação prévia do sistema de controle e atualização dos preços registrados;

III – validade do registro não superior a um ano.

(...)

Seção VI – Das Alienações

Art. 17. A alienação de bens da Administração Pública, subordinada à existência de interesse público devidamente justificado, será precedida de avaliação e obedecerá às seguintes normas:

I – quando imóveis, dependerá de autorização legislativa para órgãos da Administração direta e entidades autárquicas e fundacionais e, para todos, inclusive as entidades paraestatais, dependerá de avaliação prévia e de licitação na modalidade de concorrência, dispensada esta nos seguintes casos:

(...)

b) doação, permitida exclusivamente para outro órgão ou entidade da administração pública, de qualquer esfera de governo, ressalvado o disposto nas alíneas *f*, *h* e *i*;

c) permuta, por outro imóvel que atenda aos requisitos constantes do inciso X do art. 24 desta Lei;

(...)

f) alienação gratuita ou onerosa, aforamento, concessão de direito real de uso, locação ou permissão de uso de bens imóveis residenciais construídos, destinados ou efetivamente utilizados no âmbito de programas habitacionais ou de regularização fundiária de interesse social desenvolvidos por órgãos ou entidades da administração pública;

g) procedimentos de legitimação de posse de que trata o art. 29 da Lei n. 6.383, de 7 de dezembro de 1976, mediante iniciativa e deliberação dos órgãos da Administração Pública em cuja competência legal inclua-se tal atribuição;

h) alienação gratuita ou onerosa, aforamento, concessão de direito real de uso, locação ou permissão de uso de bens imóveis de uso comercial de âmbito local com área de até 250 m² e inseridos no âmbito de programas de regularização fundiária de interesse social desenvolvidos por órgãos ou entidades da administração pública;

II – quando móveis dependerá de avaliação prévia e de licitação, dispensada esta nos seguintes casos:

(...)

b) permuta, permitida exclusivamente entre órgãos ou entidades da Administração Pública;

(...)

Capítulo II – Da Licitação

Seção I – Das Modalidades, Limites e Dispensa

(...)

Art. 23. As modalidades de licitação a que se referem os incisos I a III do artigo anterior serão determinadas em função dos seguintes limites, tendo em vista o valor estimado da contratação:

I – para obras e serviços de engenharia:

a) convite – até R$ 150.000,00;

b) tomada de preços – até R$ 1.500.000,00;

c) concorrência – acima de R$ 1.500.000,00;

II – para compras e serviços não referidos no inciso anterior:

a) convite – até R$ 80.000,00;

b) tomada de preços – até R$ 650.000,00;

c) concorrência – acima de R$ 650.000,00.

§ 1º. As obras, serviços e compras efetuadas pela Administração serão divididas em tantas parcelas quantas se comprovarem técnica e economicamente viáveis, procedendo-se à licitação com vistas ao melhor aproveitamento dos recursos disponíveis no mercado e à ampliação da competitividade sem perda da economia de escala.

§ 2º. Na execução de obras e serviços e nas compras de bens, parceladas nos termos do parágrafo anterior, a cada etapa ou conjunto de etapas da obra, serviço ou compra há de corresponder licitação distinta, preservada a modalidade pertinente para a execução do objeto em licitação.

§ 3º. A concorrência é a modalidade de licitação cabível, qualquer que seja o valor de seu objeto, tanto na compra ou alienação de bens imóveis, ressalvado o disposto no art. 19, como nas concessões de direito real de uso e nas licitações internacionais, admitindo-se neste último caso, observados os limites deste artigo, a tomada de preços, quando o órgão ou entidade dispuser de cadastro internacional de fornecedores, ou o convite, quando não houver fornecedor do bem ou serviço no país.

§ 4º. Nos casos em que couber convite, a Administração poderá utilizar a tomada de preços e, em qualquer caso, a concorrência.

§ 5º. É vedada a utilização da modalidade convite ou tomada de preços, conforme o caso, para parcelas de uma mesma obra ou serviço, ou ainda para obras e serviços da mesma natureza e no mesmo local que possam ser realizados conjunta e concomitantemente, sempre que o somatório de seus valores caracterizar o caso de tomada de preços ou concorrência, respectivamente, nos termos deste artigo, exceto para as parcelas de natureza específica que possam ser executadas por pessoas ou empresas de especialidade diversa daquele do executor da obra ou serviço.

§ 6º. As organizações industriais da Administração Federal direta, em face de suas peculiaridades, obedecerão aos limites estabelecidos no inciso I deste artigo também para suas compras e serviços em geral, desde que para a aquisição de materiais aplicados exclusivamente na manutenção, reparo ou fabricação de meios operacionais bélicos pertencentes à União.

§ 7º. Na compra de bens de natureza divisível e desde que não haja prejuízo para o conjunto ou complexo, é permitida a cotação de quantidade inferior à demandada na licitação, com vistas a ampliação da competitividade, podendo o edital fixar quantitativo mínimo para preservar a economia de escala.

§ 8º. No caso de consórcios públicos, aplicar-se-á o dobro dos valores mencionados no *caput* deste artigo quando formado por até três entes da Federação, e o triplo, quando formado por maior número.

Art. 24. É dispensável a licitação:

I – para obras e serviços de engenharia de valor até 10% do limite previsto na alínea "a", do inciso I do artigo anterior, desde que não se refiram a parcelas de uma mesma obra ou serviço ou ainda para obras e serviços da mesma natureza e no mesmo local que possam ser realizadas conjunta e concomitantemente;

II – para outros serviços e compras de valor até 10% do limite previsto na alínea "a", do inciso II do artigo anterior, e para alienações, nos casos previstos nesta Lei, desde que não se refiram a parcelas de um mesmo serviço, compra ou alienação de maior vulto que possa ser realizada de uma só vez;

III – nos casos de guerra ou grave perturbação da ordem;

IV – nos casos de emergência ou de calamidade pública, quando caracterizada urgência de atendimento de situação que possa ocasionar prejuízo ou comprometer a segurança de pessoas, obras, serviços, equipamentos e outros bens, públicos ou particulares, e somente para os bens necessários ao atendimento da situação emergencial ou calamitosa e para as parcelas de obras e serviços que possam ser concluídos no prazo máximo de 180 dias consecutivos e ininterruptos, contados da ocorrência da emergência ou calamidade, vedada a prorrogação dos respectivos contratos;

V – quando não acudirem interessados à licitação anterior e esta, justificadamente, não puder ser repetida sem prejuízo para a Administração, mantidas, neste caso, todas as condições preestabelecidas;

VI – quando a União tiver que intervir no domínio econômico para regular preços ou normalizar o abastecimento;

VII – quando as propostas apresentadas consignarem preços manifestamente superiores aos praticados no mercado nacional, ou forem incompatíveis com os fixados pelos órgãos oficiais competentes, casos em que, observado o parágrafo único do art. 48 desta Lei e, persistindo a situação, será admitida a adjudicação direta dos bens ou serviços, por valor não superior ao constante do registro de preços, ou dos serviços;

VIII – para aquisição, por pessoa jurídica de direito público interno, de bens produzidos ou serviços prestados por órgão ou entidade que integre a Administração Pública e que tenha sido criado para esse fim específico em data anterior à vigência desta Lei, desde que o preço contratado seja compatível com o praticado no mercado;

IX – quando houver possibilidade de comprometimento da segurança nacional, nos casos estabelecidos em decreto do Presidente da República, ouvido o Conselho de Defesa Nacional;

X – para compra ou locação de imóvel destinado ao atendimento das finalidades precípuas da Administração, cujas necessidades de instalação e localização condicionem a sua escolha, desde que o preço seja compatível com o valor de mercado, segundo avaliação prévia;

XI – na contratação de remanescente de obra, serviço ou fornecimento, em conseqüência de rescisão contratual, desde que atendida a ordem de classificação da licitação anterior e aceitas as mesmas condições oferecidas pelo licitante vencedor, inclusive quanto ao preço, devidamente corrigido;

XII – nas compras de hortifrutigranjeiros, pão e outros gêneros perecíveis, no tempo necessário para a realização dos processos licitatórios correspondentes, realizadas diretamente com base no preço do dia;

XIII – na contratação de instituição brasileira incumbida regimental ou estatutariamente da pesquisa, do ensino ou do desenvolvimento institucional, ou de instituição dedicada à recuperação social do preso, desde que a contratada detenha inquestionável reputação ético-profissional e não tenha fins lucrativos;

XIV – para a aquisição de bens ou serviços nos termos de acordo internacional específico aprovado pelo Congresso Nacional, quando as condições ofertadas forem manifestamente vantajosas para o Poder Público;

XV – para a aquisição ou restauração de obras de arte e objetos históricos, de autenticidade certificada, desde que compatíveis ou inerentes às finalidades do órgão ou entidade;

XVI – para a impressão dos diários oficiais, de formulários padronizados de uso da Administração e de edições técnicas oficiais, bem como para a prestação de serviços de informática a pessoa jurídica de direito público interno, por órgãos ou entidades que integrem a Administração Pública, criados para esse fim específico;

XVII – para a aquisição de componentes ou peças de origem nacional ou estrangeira, necessários à manutenção de equipamentos durante o período de garantia técnica, junto ao fornecedor original desses equipamentos, quando tal condição de exclusividade for indispensável para a vigência da garantia;

XVIII – nas compras ou contratações de serviços para o abastecimento de navios, embarcações, unidades aéreas ou tropas e seus meios de deslocamento, quando em estada eventual de curta duração em portos, aeroportos ou localidades diferentes de suas sedes, por motivo de movimentação operacional ou de adestramento, quando a exigüidade dos prazos legais puder comprometer a normalidade e os propósitos das operações e desde que seu valor não exceda ao limite previsto na alínea "a" do inciso II do art. 23 desta Lei;

XIX – para as compras de materiais de uso pelas Forças Armadas, com exceção de materiais de uso pessoal e administrativo, quando houver necessidade de manter a padronização requerida pela estrutura de apoio logístico dos meios navais, aéreos e terrestres, mediante parecer de comissão instituída por decreto;

XX – na contratação de associação de portadores de deficiência física, sem fins lucrativos e de comprovada idoneidade, por órgãos ou entidades da Administração Pública, para a prestação de serviços ou fornecimento de mão-de-obra, desde que o preço contratado seja compatível com o praticado no mercado;

XXI – para a aquisição de bens destinados exclusivamente à pesquisa científica e tecnológica com recursos concedidos pela CAPES, FINEP, CNPq ou outras instituições oficiais de fomento a pesquisas credenciadas pelo CNPq para esse fim específico;

XXII – na contratação do fornecimento ou suprimento de energia elétrica, com concessionário ou permissionário do serviço público de distribuição ou com produtor independente ou autoprodutor, segundo as normas da legislação específica;

XXIII – na contratação realizada por empresas públicas e sociedades de economia mista com suas subsidiárias e controladas, direta ou indiretamente, para a aquisição de bens ou serviços, desde que o preço contratado seja compatível com o praticado no mercado;

XXIV – para a celebração de contratos de prestação de serviços com as organizações sociais, qualificadas no âmbito das respectivas esferas de governo, para atividades contempladas no contrato de gestão.

XXV – na contratação realizada por Instituição Científica e Tecnológica – ICT ou por agência de fomento para a transferência de tecnologia e para o licenciamento de direito de uso ou de exploração de criação de criação protegida.

XXVI – na celebração de contrato de programa com ente da Federação ou com entidade de sua administração indireta, para a prestação de serviços públicos de forma associada nos termos do autorizado em contrato de consórcio público ou em convênio de cooperação.

XXVII – na contratação da coleta, processamento e comercialização de resíduos sólidos urbanos recicláveis ou reutilizáveis, em áreas com sistema de coleta seletiva de lixo, efetuados por associações ou cooperativas formadas exclusivamente por pessoas físicas de baixa renda reconhecidas pelo poder público como catadores de materiais recicláveis, com o uso de equipamentos compatíveis com as normas técnicas, ambientais e de saúde pública.

XXVIII – para o fornecimento de bens e serviços, produzidos ou prestados no País, que envolvam, cumulativamente, alta complexidade tecnológica e defesa nacional, mediante parecer de comissão especialmente designada pela autoridade máxima do órgão.

XXIX – na aquisição de bens e contratação de serviços para atender aos contingentes militares das Forças Singulares brasileiras empregadas em operações de paz no exterior, necessariamente justificadas quanto ao preço e à escolha do fornecedor ou executante e ratificadas pelo Comandante da Força.

Parágrafo único. Os percentuais referidos nos incisos I e II do *caput* deste artigo serão 20% (vinte por cento) para compras, obras e serviços contratados por consórcios públicos, sociedade de economia mista, empresa pública e por autarquia ou fundação qualificadas,na forma da lei como Agências Executivas.

Art. 25. É inexigível a licitação quando houver inviabilidade de competição em especial:

I – para a aquisição de materiais, equipamentos, ou gêneros que só possam ser fornecidos por produtor, empresa ou representante comercial exclusivo, vedada a preferência de marca, devendo a comprovação de exclusividade ser feita através de atestado fornecido pelo órgão de registro do comércio do local em que se realizaria a licitação ou a obra ou o serviço, pelo Sindicato, Federação ou Confederação Patronal, ou, ainda, pelas entidades equivalentes;

II – para a contratação de serviços técnicos enumerados no art. 13 desta Lei, de natureza singular, com profissionais ou empresas de notória especialização, vedada a inexigibilidade para serviços de publicidade e divulgação;

III – para contratação de profissional de qualquer setor artístico, diretamente ou através de empresário exclusivo, desde que consagrado pela crítica especializada ou pela opinião pública.

§ 1º. Considera-se de notória especialização o profissional ou empresa cujo conceito no campo de sua especialidade, decorrente de desempenho anterior, estudos, experiências, publicações, organização, aparelhamento, equipe técnica, ou de outros requisitos relacionados com suas atividades, permita inferir que seu trabalho é essencial e indiscutivelmente o mais adequado à plena satisfação do objeto do contrato.

§ 2º. Na hipótese deste artigo e em qualquer dos casos de dispensa, se comprovado superfaturamento, respondem solidariamente pelo dano causado à Fazenda Pública o fornecedor ou o prestador de serviços e o agente público responsável, sem prejuízo de outras sanções legais cabíveis.

(...)

Capítulo IV – Das Sanções Administrativas e da Tutela Judicial

(...)

Seção III – Dos Crimes e das Penas

Art. 89. Dispensar ou inexigir licitação fora das hipóteses previstas em lei, ou deixar de observar as formalidades pertinentes à inexigibilidade:

Pena – detenção, de três a cinco anos, e multa.

Parágrafo único. Na mesma pena incorre aquele que, tendo comprovadamente concorrido para consumação da ilegalidade, beneficiou-se da dispensa ou inexigibilidade ilegal, para celebrar contrato com o Poder Público.

Art. 90. Frustrar ou fraudar, mediante ajuste, combinação ou qualquer outro expediente o caráter competitivo do procedimento licitatório, com intuito de obter, para si ou para outrem, vantagem decorrente da adjudicação do objeto da licitação:

Pena – detenção, de dois a quatro anos, e multa.

Art. 91. Patrocinar, direta ou indiretamente, interesse privado perante a Administração, dando causa à instauração de licitação ou à celebração de contrato, cuja invalidação vier a ser decretada pelo Poder Judiciário:

Pena – detenção, de seis meses a dois anos, e multa.

Art. 92. Admitir, possibilitar ou dar causa a qualquer modificação ou vantagem, inclusive prorrogação contratual, em favor do adjudicatário, durante a execução dos contratos celebrados com o Poder Público, sem autorização em lei, no ato convocatório da licitação ou nos respectivos instrumentos contratuais, ou, ainda, pagar fatura com preterição da ordem cronológica de sua exigibilidade, observado o disposto no art. 121 desta Lei:

Pena – detenção, de dois a quatro anos, e multa.

Parágrafo único. Incide na mesma pena o contratado que, tendo comprovadamente concorrido para a consumação da ilegalidade, obtém vantagem indevida ou se beneficia, injustamente, das modificações ou prorrogações contratuais.

Art. 93. Impedir, perturbar ou fraudar a realização de qualquer ato de procedimento licitatório:

Pena – detenção, de seis meses a dois anos, e multa.

Art. 94. Devassar o sigilo de proposta apresentada em procedimento licitatório, ou proporcionar a terceiro o ensejo de devassá-lo:

Pena – detenção, de dois a três anos, e multa.

Art. 95. Afastar ou procura afastar licitante, por meio de violência, grave ameaça, fraude ou oferecimento de vantagem de qualquer tipo:

Pena – detenção, de dois a quatro anos, e multa, além da pena correspondente à violência.

Parágrafo único. Incorre na mesma pena quem se abstém ou desiste de licitar, em razão da vantagem oferecida.

Art. 96. Fraudar, em prejuízo da Fazenda Pública, licitação instaurada para aquisição ou venda de bens ou mercadorias, ou contrato dela decorrente:

I – elevando arbitrariamente os preços;

II – vendendo, como verdadeira ou perfeita, mercadoria falsificada ou deteriorada;

III – entregando uma mercadoria por outra;

IV – alterando substância, qualidade ou quantidade da mercadoria fornecida;

V – tornando, por qualquer modo, injustamente, mais onerosa a proposta ou a execução do contrato:

Pena – detenção, de três a seis anos, e multa.

Art. 97. Admitir à licitação ou celebrar contrato com empresa ou profissional declarado inidôneo:

Pena – detenção, de seis meses a dois anos, e multa.

Parágrafo único. Incide na mesma pena aquele que, declarado inidôneo, venha a licitar ou a contratar com a Administração.

Art. 98. Obstar, impedir ou dificultar, injustamente, a inscrição de qualquer interessado nos registros cadastrais ou promover indevidamente a alteração, suspensão ou cancelamento de registro do inscrito:

Pena – detenção, de seis meses a dois anos, e multa.

(...).

LEI 8.730, DE 10 DE NOVEMBRO DE 1993

Estabelece a obrigatoriedade da declaração de bens e rendas para o exercício de cargos, empregos e funções nos Poderes Executivo, Legislativo e Judiciário, e dá outras providências.

Art. 1º. É obrigatória a apresentação de declaração de bens, com indicação das fontes de renda, no momento da posse ou, inexistindo esta, na entrada em exercício de cargo, emprego ou função, bem como no final de cada exercício financeiro, no término da gestão ou mandato e nas hipóteses de exoneração, renúncia ou afastamento definitivo, por parte das autoridades e servidores públicos adiante indicados:

I – Presidente da República;

II – Vice-Presidente da República;

III – Ministros de Estado;

IV – membros do Congresso Nacional;

V – membros da Magistratura Federal;

VI – membros do Ministério Público da União;

VII – todos quantos exerçam cargos eletivos e cargos, empregos ou funções de confiança, na Administração direta, indireta e fundacional, de qualquer dos Poderes da União.

§ 1º. A declaração de bens e rendas será transcrita em livro próprio de cada órgão e assinada pelo declarante.

§ 2º. O declarante remeterá, incontinenti, uma cópia da declaração ao Tribunal de Contas da União, para o fim de este:

I – manter registro próprio dos bens e rendas do patrimônio privado de autoridades públicas;

II – exercer o controle da legalidade e legitimidade desses bens e rendas, com apoio nos sistemas de controle interno de cada Poder;

III – adotar as providências inerentes às suas atribuições e, se for o caso, representar ao Poder competente sobre irregularidades ou abusos apurados;

IV – publicar, periodicamente, no *Diário Oficial da União*, por extrato, dados e elementos constantes da declaração;

V – prestar a qualquer das Câmaras do Congresso Nacional ou às respectivas Comissões, informações solicitadas por escrito;

VI – fornecer certidões e informações requeridas por qualquer cidadão, para propor ação popular que vise a anular ato lesivo ao patrimônio público ou à moralidade administrativa, na forma da lei.

Art. 2º. A declaração a que se refere o artigo anterior, excluídos os objetos e utensílios de uso doméstico de módico valor, constará de relação pormenorizada dos bens imóveis, móveis, semoventes, títulos ou valores mobiliários, direitos sobre veículos automóveis, embarcações ou aeronaves e dinheiros ou aplicações financeiras que, no país ou no exterior, constituam, separadamente, o patrimônio do declarante e de seus dependentes, na data respectiva.

§ 1º. Os bens serão declarados, discriminadamente, pelos valores de aquisição constantes dos respectivos instrumentos de transferência de propriedade, com indicação concomitante de seus valores venais.

§ 2º. No caso de inexistência do instrumento de transferência de propriedade, será dispensada a indicação do valor de aquisição do bem, facultada a indicação de seu valor venal à época do ato translativo, ao lado do valor venal atualizado.

§ 3º. O valor de aquisição dos bens existentes no exterior será mencionado na declaração e expresso na moeda do país em que estiverem localizados.

§ 4º. Na declaração de bens e rendas também serão consignados os ônus reais e obrigações do declarante, inclusive de seus dependentes, dedutíveis na apuração do patrimônio líquido, em cada período, discriminando-se entre os credores, se for o caso, a Fazenda Pública, as instituições oficiais de crédito e quaisquer entidades, públicas ou privadas, no país e no exterior.

§ 5º. Relacionados os bens, direitos e obrigações, o declarante apurará a variação patrimonial ocorrida no período, indicando a origem dos recursos que hajam propiciado o eventual acréscimo.

§ 6º. Na declaração constará, ainda, menção a cargos de direção e de órgãos colegiados que o declarante exerça ou haja exercido nos últimos dois anos, em empresas privadas ou do setor público e outras instituições, no país e no exterior.

§ 7º. O Tribunal de Contas da União poderá:

a) expedir instruções sobre formulários da declaração e prazos máximos de remessa de sua cópia;

b) exigir, a qualquer tempo, a comprovação da legitimidade da procedência dos bens e rendas, acrescidos ao patrimônio no período relativo à declaração.

Art. 3º. A não apresentação da declaração a que se refere o art. 1º, por ocasião da posse, implicará a não realização daquele ato, ou sua nulidade, se celebrado sem esse requisito essencial.

Parágrafo único. Nas demais hipóteses, a não apresentação da declaração, a falta e atraso de remessa de sua cópia ao Tribunal de Contas da União ou a declaração dolosamente inexata implicarão, conforme o caso:

a) crime de responsabilidade, para o Presidente e o Vice-Presidente da República, os Ministros de Estado e demais autoridades previstas em lei especial, observadas suas disposições; ou

b) infração político-administrativa, crime funcional ou falta grave disciplinar, passível de perda do mandato, demissão do cargo, exoneração do emprego ou destituição da função, além da inabilitação, até cinco anos, para o exercício de novo mandato e de qualquer cargo, emprego ou função pública, observada a legislação específica.

Art. 4º. Os administradores ou responsáveis por bens e valores públicos da Administração direta, indireta e fundacional de qualquer dos Poderes da União, assim como toda a pessoa que, por força da lei, estiver sujeita à prestação de contas do Tribunal de Contas da União, são obrigados a juntar, à documentação correspondente, cópia da declaração de rendimentos e de bens, relativa ao período-base da gestão, entregue à repartição competente, de conformidade com a legislação do Imposto sobre a Renda.

§ 1º. O Tribunal de Contas da União considerará como não recebida a documentação que lhe for entregue em desacordo com o previsto neste artigo.

§ 2º. Será lícito ao Tribunal de Contas da União utilizar as declarações de rendimentos e de bens, recebidas nos termos deste artigo, para proceder ao levantamento da evolução patrimonial do seu titular e ao exame de sua compatibilização com os recursos e as disponibilidades declarados.

Art. 5º. A Fazenda Pública Federal e o Tribunal de Contas da União poderão realizar, em relação às declarações de que trata esta Lei, troca de dados e informações que lhes possam favorecer o desempenho das respectivas atribuições legais.

Parágrafo único. O dever do sigilo sobre informações de natureza fiscal e de riqueza de terceiros, imposto aos funcionários da Fazenda Pública, que cheguem ao seu conhecimento em razão do ofício, estende-se aos funcionários do Tribunal de Contas da União que, em cumprimento das disposições desta Lei, encontrem-se em idêntica situação.

Art. 6º. Os atuais ocupantes de cargos, empregos ou funções mencionados no art. 1º, e obedecido o disposto no art. 2º, prestarão a respectiva declaração de bens e rendas, bem como remeterão cópia ao Tribunal de Contas da União, no prazo e condições por este fixados.

Art. 7º. As disposições constantes desta Lei serão adotadas pelos Estados, pelo Distrito Federal e pelos Municípios, no que couber, como normas gerais de direito financeiro, velando pela sua observância os órgãos a que se refere o art. 75 da Constituição Federal.

Art. 8º. Esta Lei entra em vigor na data de sua publicação.

Art. 9º. Revogam-se as disposições em contrário.

DECRETO 983, DE 12 DE NOVEMBRO DE 1993

Dispõe sobre a colaboração dos órgãos e entidades da Administração Pública Federal com o Ministério Público Federal na repressão a todas as formas de improbidade administrativa.

Art. 1º. Os órgãos e entidades da Administração Pública Federal direta, indireta e fundacional, observadas as respectivas áreas de competência, cooperarão, de ofício ou em face de requerimento fundamentado, com o Ministério Público Federal na repressão a todas as formas de improbidade administrativa.

Art. 2º. Para os fins previstos na Lei n. 8.429, de 2 de junho de 1992, os órgãos integrantes da estrutura do Ministério da Fazenda, inclusive as entidades vinculadas e supervisionadas, por iniciativa do Ministério Público Federal, realizarão as diligências, perícias, levantamentos, coleta de dados e informações pertinentes à instrução de procedimento que tenha por finalidade apurar enriquecimento ilícito de agente público, fornecendo os meios de prova necessários ao ajuizamento da ação competente.

Parágrafo único. Quando os dados envolverem matéria protegida pelo sigilo fiscal ou bancário, observar-se-á o disposto na legislação pertinente.

Art. 3º. Este Decreto entra em vigor na data de sua publicação.

LEI 8.884, DE 11 DE JUNHO DE 1994

Transforma o Conselho Administrativo de Defesa Econômica – CADE em autarquia, dispõe sobre a prevenção e a repressão às infrações contra a ordem econômica e dá outras providências.

TÍTULO I – DAS DISPOSIÇÕES GERAIS

Capítulo I – Da Finalidade

Art. 1º. Esta Lei dispõe sobre a prevenção e a repressão às infrações contra a ordem econômica, orientada pelos ditames constitucionais de liberdade de iniciativa, livre concorrência, função social da propriedade, defesa dos consumidores e repressão ao abuso do poder econômico.

Parágrafo único. A coletividade é a titular dos bens jurídicos protegidos por esta Lei.

(...)

TÍTULO V – DAS INFRAÇÕES DA ORDEM ECONÔMICA

(...)

Capítulo III – Das Penas

Art. 24. Sem prejuízo das penas cominadas no artigo anterior, quando assim o exigir a gravidade dos fatos ou o interesse público geral, poderão ser impostas as seguintes penas, isolada ou cumulativamente:

(...)

II – a proibição de contratar com instituições financeiras oficiais e participar de licitação tendo por objeto aquisições, alienações, realização de obras e serviços, concessão de serviços públicos, junto à Administração Pública Federal, estadual, municipal e do Distrito Federal, bem como entidades da Administração indireta, por prazo não inferior a cinco anos.

(...).

DECRETO 1.171, DE 22 DE JUNHO DE 1994

Aprova o Código de Ética Profissional do Servidor Público Civil do Poder Executivo Federal.

Art. 1º. Fica aprovado o Código de Ética Profissional do Servidor Público Civil do Poder Executivo Federal, que com este baixa.

Art. 2º. Os órgãos e entidades da Administração Pública Federal direta e indireta implementarão, em 60 dias, as providências necessárias à plena vigência do Código de Ética, inclusive mediante a constituição da respectiva Comissão de Ética, integrada por três servidores ou empregados titulares de cargo efetivo ou emprego permanente.

Parágrafo único. A constituição da Comissão de Ética será comunicada à Secretaria da Administração Federal da Presidência da República, com a indicação dos respectivos membros titulares e suplentes.

Art. 3º. Este Decreto entra em vigor na data de sua publicação.

CÓDIGO DE ÉTICA PROFISSIONAL DO SERVIDOR PÚBLICO CIVIL DO PODER EXECUTIVO FEDERAL

Capítulo I

Seção I – Das Regras Deontológicas

I – A dignidade, o decoro, o zelo, a eficácia e a consciência dos princípios morais são primados maiores que devem nortear o servidor público, seja no exercício do cargo ou função, ou fora dele, já que refletirá o exercício da vocação do próprio poder estatal. Seus atos, comportamentos e atitudes serão direcionados para a preservação da honra e da tradição dos serviços públicos.

II – O servidor público não poderá jamais desprezar o elemento ético de sua conduta. Assim, não terá que decidir somente entre o legal e o ilegal, o justo e o injusto, o conveniente e o inconveniente, o oportuno e o inoportuno, mas principalmente entre o honesto e o desonesto, consoante as regras contidas no art. 37, *caput*, e § 4º, da Constituição Federal.

III – A moralidade da Administração Pública não se limita à distinção entre o bem e o mal, devendo ser acrescida da idéia de que o fim é sempre o bem comum. O equilíbrio entre a legalidade e a finalidade, na conduta do servidor público, é que poderá consolidar a moralidade do ato administrativo.

IV – A remuneração do servidor público é custeada pelos tributos pagos direta ou indiretamente por todos, até por ele próprio, e por isso se exige, como contrapartida, que a moralidade administrativa se integre no Direito, como elemento indissociável de sua aplicação e de sua finalidade, erigindo-se, como conseqüência em fator de legalidade.

V – O trabalho desenvolvido pelo servidor público perante a comunidade deve ser entendido como acréscimo ao seu próprio bem-estar, já que, como cidadão, integrante da sociedade, o êxito desse trabalho pode ser considerado como seu maior patrimônio.

VI – A função pública deve ser tida como exercício profissional e, portanto, se integra na vida particular de cada servidor público. Assim, os fatos e atos verificados na conduta do dia-a-dia em sua vida privada poderão acrescer ou diminuir o seu bom conceito na vida funcional.

VII – Salvo os casos de segurança nacional, investigações policiais ou interesse superior do Estado e da Administração Pública, a serem preservados em processo previamente declarado sigiloso, nos termos da lei, a publicidade de qualquer ato administrativo constitui requisito de eficácia e moralidade, ensejando sua omissão comprometimento ético contra o bem comum, imputável a quem a negar.

VIII – Toda pessoa tem direito à verdade. O servidor não pode omiti-la ou falseá-la, ainda que contrária aos interesses da própria pessoa interessada ou da Administração Pública. Nenhum Estado pode crescer ou estabilizar-se sobre o poder corruptivo do hábito do erro, da opressão, ou da mentira, que sempre aniquilam até mesmo a dignidade humana quanto mais a de uma Nação.

IX – A cortesia, a boa vontade, o cuidado e o tempo dedicados ao serviço público caracterizam o esforço pela disciplina. Tratar mal uma pessoa que paga seus tributos direta ou indiretamente significa causar-lhe dano moral. Da mesma forma, causar dano a qualquer bem pertencente ao patrimônio público, deteriorando-o, por descuido ou má vontade, não constitui apenas uma ofensa ao equipamento e às instalações ou ao Estado, mas a todos os homens de boa vontade que dedicaram sua inteligência, seu tempo, suas esperanças e seus esforços para construí-los.

X – Deixar o servidor público qualquer pessoa à espera de solução que compete ao setor em que exerça suas funções, permitindo a formação de longas filas, ou qualquer outra espécie de atraso na prestação do serviço, não caracteriza apenas atitude contra a ética ou ato de desumanidade, mas principalmente grave dano moral aos usuários dos serviços públicos.

XI – O servidor deve prestar toda a sua atenção às ordens legais de seus superiores, velando atentamente por seu cumprimento, e, assim, evitando a conduta negligente. Os repetidos erros, o descaso e o acúmulo de desvios tornam-se, às vezes, difíceis de corrigir e caracterizam até mesmo imprudência no desempenho da função pública.

XII – Toda ausência injustificada do servidor de seu local de trabalho é fator de desmoralização do serviço público, o que quase sempre conduz à desordem nas relações humanas.

XIII – O servidor que trabalha em harmonia com a estrutura organizacional, respeitando seus colegas e cada concidadão, colabora e de todos pode receber colaboração, pois sua atividade pública é a grande oportunidade para o crescimento e o engrandecimento da Nação.

Seção II – Dos Principais Deveres do Servidor Público

XIV – São deveres fundamentais do servidor público:

a) desempenhar, a tempo, as atribuições do cargo, função ou emprego público de que seja titular;

b) exercer suas atribuições com rapidez, perfeição e rendimento, pondo fim ou procurando prioritariamente resolver situações procrastinatórias, principalmente diante de filas ou de qualquer outra espécie de atraso na prestação dos serviços pelo setor em que exerça suas atribuições, com o fim de evitar dano moral ao usuário;

c) ser probo, reto, leal e justo, demonstrando toda a integridade do seu caráter, escolhendo sempre, quando estiver diante de duas opções, a melhor e a mais vantajosa para o bem comum;

d) jamais retardar qualquer prestação de contas, condição essencial da gestão dos bens, direitos e serviços da coletividade a seu cargo;

e) tratar cuidadosamente os usuários dos serviços, aperfeiçoando o processo de comunicação e contato com o público;

f) ter consciência de que seu trabalho é regido por princípios éticos que se materializam na adequada prestação dos serviços públicos;

g) ser cortês, ter urbanidade, disponibilidade e atenção, respeitando a capacidade e as limitações individuais de todos os usuários do serviço público, sem qualquer espécie de preconceito ou distinção de raça, sexo, nacionalidade, cor, idade, religião, cunho político e posição social, abstendo-se, dessa forma, de causar-lhes dano moral;

h) ter respeito à hierarquia, porém sem nenhum temor de representar contra qualquer comprometimento indevido da estrutura em que se funda o Poder Estatal;

i) resistir a todas as pressões de superiores hierárquicos, de contratantes, interessados e outros que visem obter quaisquer favores, benesses ou vantagens indevidas em decorrência de ações morais, ilegais ou aéticas e denunciá-las;

j) zelar, no exercício do direito de greve, pelas exigências específicas da defesa da vida e da segurança coletiva;

l) ser assíduo e freqüente ao serviço, na certeza de que sua ausência provoca danos ao trabalho ordenado, refletindo negativamente em todo o sistema;

m) comunicar imediatamente a seus superiores todo e qualquer ato ou fato contrário ao interesse público, exigindo as providências cabíveis;

n) manter limpo e em perfeita ordem o local de trabalho, seguindo os métodos mais adequados à sua organização e distribuição;

o) participar dos movimentos e estudos que se relacionem com a melhoria do exercício de suas funções, tendo por escopo a realização do bem comum;

p) apresentar-se ao trabalho com vestimentas adequadas ao exercício da função;

q) manter-se atualizado com as instruções, as normas de serviço e a legislação pertinentes ao órgão onde exerce suas funções;

r) cumprir, de acordo com as normas do serviço e as instruções superiores, as tarefas de seu cargo ou função, tanto quanto possível, com critério, segurança e rapidez, mantendo tudo sempre em boa ordem;

s) facilitar a fiscalização de todos atos ou serviços por quem de direito;

t) exercer, com estrita moderação, as prerrogativas funcionais que lhe sejam atribuídas, abstendo-se de fazê-lo contrariamente aos legítimos interesses dos usuários do serviço público e dos jurisdicionados administrativos;

u) abster-se, de forma absoluta, de exercer sua função, poder ou autoridade com finalidade estranha ao interesse público, mesmo que observando as formalidades legais e não cometendo qualquer violação expressa à lei;

v) divulgar e informar a todos os integrantes da sua classe sobre a existência deste Código de Ética, estimulando o seu integral cumprimento.

Seção III – Das Vedações ao Servidor Público

XV – É vedado ao servidor público;

a) o uso do cargo ou função, facilidades, amizades, tempo, posição e influências, para obter qualquer favorecimento, para si ou para outrem;

b) prejudicar deliberadamente a reputação de outros servidores ou de cidadãos que deles dependam;

c) ser, em função de seu espírito de solidariedade, conivente com erro ou infração a este Código de Ética ou ao Código de Ética de sua profissão;

d) usar de artifícios para procrastinar ou dificultar o exercício regular de direito por qualquer pessoa, causando-lhe dano moral ou material;

e) deixar de utilizar os avanços técnicos e científicos ao seu alcance ou do seu conhecimento para atendimento do seu mister;

f) permitir que perseguições, simpatias, antipatias, caprichos, paixões ou interesses de ordem pessoal interfiram no trato com o público, com os jurisdicionados administrativos ou com colegas hierarquicamente superiores ou inferiores;

g) pleitear, solicitar, provocar, sugerir ou receber qualquer tipo de ajuda financeira, gratificação, prêmio, comissão, doação ou vantagem de qualquer espécie, para si, familiares ou qualquer pessoa, para o cumprimento da sua missão ou para influenciar outro servidor para o mesmo fim;

h) alterar ou deturpar o teor de documentos que deva encaminhar para providências;

i) iludir ou tentar iludir qualquer pessoa que necessite do atendimento em serviços públicos;

j) desviar servidor público para atendimento a interesse particular;

l) retirar da repartição pública, sem estar legalmente autorizado, qualquer documento, livro ou bem pertencente ao patrimônio público;

m) fazer uso de informações privilegiadas obtidas no âmbito interno de seu serviço, em benefício próprio, de parentes, de amigos ou de terceiros;

n) apresentar-se embriagado no serviço ou fora dele habitualmente;

o) dar o seu concurso a qualquer instituição que atente contra a moral, a honestidade ou a dignidade da pessoa humana;

p) exercer atividade profissional aética ou ligar o seu nome a empreendimentos de cunho duvidoso.

Capítulo II – Das Comissões de Ética

XVI – Em todos os órgãos e entidades da Administração Pública Federal direta, indireta, autárquica e fundacional, ou em qualquer órgão ou entidade que exerça atribuições delegadas pelo Poder Público, deverá ser criada uma Comissão de Ética, encarregada de orientar e aconselhar sobre a ética profissional do servidor, no tratamento com as pessoas e com o patrimônio público, competindo-lhe conhecer concretamente de imputação ou de procedimento susceptível de censura.

XVII – *(Revogado pelo art. 25 do Decreto n. 6.029, de 1º.2.2007)*

XVIII – À Comissão de Ética incumbe fornecer, aos organismos encarregados da execução do quadro de carreira dos servidores, os registros sobre sua conduta ética, para o efeito de instruir e fundamentar promoções e para todos os demais procedimentos próprios da carreira do servidor público.

XIX – *(Revogado pelo art. 25 do Decreto n. 6.029, de 1º.2.2007)*

XX – *(Revogado pelo art. 25 do Decreto n. 6.029, de 1º.2.2007)*

XXI – *(Revogado pelo art. 25 do Decreto n. 6.029, de 1º.2.2007)*

XXII – A pena aplicável ao servidor público pela Comissão de Ética é a de censura e sua fundamentação constará do respectivo parecer, assinado por todos os seus integrantes, com ciência do faltoso.

XXIII – *(Revogado pelo art. 25 do Decreto n. 6.029, de 1º.2.2007)*

XXIV – Para fins de apuração do comprometimento ético, entende-se por servidor público todo aquele que, por força de lei, contrato ou de qualquer ato jurídico, preste serviços de natureza permanente, temporária ou excepcional, ainda que sem retribuição financeira, desde que ligado direta ou indiretamente a qualquer órgão do poder estatal, como as autarquias, as fundações públicas, as entidades paraestatais, as empresas públicas e as sociedades de economia mista, ou em qualquer setor onde prevaleça o interesse do Estado.

XXV – *(Revogado pelo art. 25 do Decreto n. 6.029, de 1º.2.2007)*

LEI COMPLEMENTAR 101, DE 4 DE MAIO DE 2000

Estabelece normas de finanças públicas voltadas para a responsabilidade na gestão fiscal e dá outras providências.

(...)

Capítulo IV – Da Despesa Pública

Seção I – Da Geração da Despesa

Art. 15. Serão consideradas não autorizadas, irregulares e lesivas ao patrimônio público a geração de despesa ou assunção de obrigação que não atendam o disposto nos arts. 16 e 17.

Art. 16. A criação, expansão ou aperfeiçoamento de ação governamental que acarrete aumento da despesa será acompanhado de:

I – estimativa do impacto orçamentário-financeiro no exercício em que deva entrar em vigor e nos dois subseqüentes;

II – declaração do ordenador da despesa de que o aumento tem adequação orçamentária e financeira com a lei orçamentária anual e compatibilidade com o plano plurianual e com a lei de diretrizes orçamentárias.

§ 1º. Para os fins desta Lei Complementar, considera-se:

I – adequada com a lei orçamentária anual, a despesa objeto de dotação específica e suficiente, ou que esteja abrangida por crédito genérico, de forma que somadas todas as despesas da mesma espécie, realizadas e a realizar, previstas no programa de trabalho, não sejam ultrapassados os limites estabelecidos para o exercício;

II – compatível com o plano plurianual e a lei de diretrizes orçamentárias, a despesa que se conforme com as diretrizes, objetivos, prioridades e metas previstos nesses instrumentos e não infrinja qualquer de suas disposições.

§ 2º. A estimativa de que trata o inciso I do *caput* será acompanhada das premissas e metodologia de cálculo utilizadas.

§ 3º. Ressalva-se do disposto neste artigo a despesa considerada irrelevante, nos termos em que dispuser a lei de diretrizes orçamentárias.

§ 4º. As normas do *caput* constituem condição prévia para:

I – empenho e licitação de serviços, fornecimento de bens ou execução de obras;

II – desapropriação de imóveis urbanos a que se refere o § 3º do art. 182 da Constituição.

(...)

Capítulo VIII – Da Gestão Patrimonial

Seção II – Da Preservação do Patrimônio Público

Art. 44. É vedada a aplicação da receita de capital derivada da alienação de bens e direitos que integram o patrimônio público para o financiamento de despesa corrente, salvo se destinada por lei aos regimes de previdência social, geral e próprio dos servidores públicos.

Art. 45. Observado o disposto no § 5º do art. 5º, a lei orçamentária e as de créditos adicionais só incluirão novos projetos após adequadamente atendidos os em andamento e contempladas as despesas de conservação do patrimônio público, nos termos em que dispuser a lei de diretrizes orçamentárias.

Parágrafo único. O Poder Executivo de cada ente encaminhará ao Legislativo, até a data do envio do projeto de lei de diretrizes orçamentárias, relatório com as informações necessárias ao cumprimento do disposto neste artigo, ao qual será dada ampla divulgação.

Art. 46. É nulo de pleno direito ato de desapropriação de imóvel urbano expedido sem o atendimento do disposto no § 3º do art. 182 da Constituição, ou prévio depósito judicial do valor da indenização

DECRETO 6.029, DE 1º DE FEVEREIRO DE 2007

Institui Sistema de Gestão da Ética do Poder Executivo Federal, e dá outras providências.

Art. 1º. Fica instituído o Sistema de Gestão da Ética do Poder Executivo Federal com a finalidade de promover atividades que dispõem sobre a conduta ética no âmbito do Executivo Federal, competindo-lhe:

I – integrar os órgãos, programas e ações relacionadas com a ética pública;

II – contribuir para a implementação de políticas públicas tendo a transparência e o acesso à informação como instrumentos fundamentais para o exercício de gestão da ética pública;

III – promover, com apoio dos segmentos pertinentes, a compatibilização e interação de normas, procedimentos técnicos e de gestão relativos à ética pública;

IV – articular ações com vistas a estabelecer e efetivar procedimentos de incentivo e incremento ao desempenho institucional na gestão da ética pública do Estado brasileiro.

Art. 2º. Integram o Sistema de Gestão da Ética do Poder Executivo Federal:

I – a Comissão de Ética Pública – CEP, instituída pelo Decreto de 26 de maio de 1999;

II – as Comissões de Ética de que trata o Decreto nº 1.171, de 22 de junho de 1994; e

III – as demais Comissões de Ética e equivalentes nas entidades e órgãos do Poder Executivo Federal.

Art. 3º. A CEP será integrada por sete brasileiros que preencham os requisitos de idoneidade moral, reputação ilibada e notória experiência em administração pública, designados pelo Presidente da República, para mandatos de três anos, não coincidentes, permitida uma única recondução.

§ 1º. A atuação no âmbito da CEP não enseja qualquer remuneração para seus membros e os trabalhos nela desenvolvidos são considerados prestação de relevante serviço público.

§ 2º. O Presidente terá o voto de qualidade nas deliberações da Comissão.

§ 3º. Os mandatos dos primeiros membros serão de um, dois e três anos, estabelecidos no decreto de designação.

Art. 4º. À CEP compete:

I – atuar como instância consultiva do Presidente da República e Ministros de Estado em matéria de ética pública;

II – administrar a aplicação do Código de Conduta da Alta Administração Federal, devendo:

a) submeter ao Presidente da República medidas para seu aprimoramento;

b) dirimir dúvidas a respeito de interpretação de suas normas, deliberando sobre casos omissos;

c) apurar, mediante denúncia, ou de ofício, condutas em desacordo com as normas nele previstas, quando praticadas pelas autoridades a ele submetidas;

III – dirimir dúvidas de interpretação sobre as normas do Código de Ética Profissional do Servidor Público Civil do Poder Executivo Federal de que trata o Decreto no 1.171, de 1994;

IV – coordenar, avaliar e supervisionar o Sistema de Gestão da Ética Pública do Poder Executivo Federal;

V – aprovar o seu regimento interno; e

VI – escolher o seu Presidente.

Parágrafo único. A CEP contará com uma Secretaria-Executiva, vinculada à Casa Civil da Presidência da República, à qual competirá prestar o apoio técnico e administrativo aos trabalhos da Comissão.

Art. 5º. Cada Comissão de Ética de que trata o Decreto no 1171, de 1994, será integrada por três membros titulares e três suplentes, escolhidos entre servidores e empregados do seu quadro permanente, e designados pelo dirigente máximo da respectiva entidade ou órgão, para mandatos não coincidentes de três anos.

Art. 6º. É dever do titular de entidade ou órgão da Administração Pública Federal, direta e indireta:

I – assegurar as condições de trabalho para que as Comissões de Ética cumpram suas funções, inclusive para que do exercício das atribuições de seus integrantes não lhes resulte qualquer prejuízo ou dano;

II – conduzir em seu âmbito a avaliação da gestão da ética conforme processo coordenado pela Comissão de Ética Pública.

Art. 7º. Compete às Comissões de Ética de que tratam os incisos II e III do art. 2º:

I – atuar como instância consultiva de dirigentes e servidores no âmbito de seu respectivo órgão ou entidade;

II – aplicar o Código de Ética Profissional do Servidor Público Civil do Poder Executivo Federal, aprovado pelo Decreto 1.171, de 1994, devendo:

a) submeter à Comissão de Ética Pública propostas para seu aperfeiçoamento;

b) dirimir dúvidas a respeito da interpretação de suas normas e deliberar sobre casos omissos;

c) apurar, mediante denúncia ou de ofício, conduta em desacordo com as normas éticas pertinentes; e

d) recomendar, acompanhar e avaliar, no âmbito do órgão ou entidade a que estiver vinculada, o desenvolvimento de ações objetivando a disseminação, capacitação e treinamento sobre as normas de ética e disciplina;

III – representar a respectiva entidade ou órgão na Rede de Ética do Poder Executivo Federal a que se refere o art. 9º; e

IV – supervisionar a observância do Código de Conduta da Alta Administração Federal e comunicar à CEP situações que possam configurar descumprimento de suas normas.

§ 1º. Cada Comissão de Ética contará com uma Secretaria-Executiva, vinculada administrativamente à instância máxima da entidade ou órgão, para cumprir plano de trabalho por ela aprovado e prover o apoio técnico e material necessário ao cumprimento das suas atribuições.

§ 2º. As Secretarias-Executivas das Comissões de Ética serão chefiadas por servidor ou empregado do quadro permanente da entidade ou órgão, ocupante de cargo de direção compatível com sua estrutura, alocado sem aumento de despesas.

Art. 8º. Compete às instâncias superiores dos órgãos e entidades do Poder Executivo Federal, abrangendo a administração direta e indireta:

I – observar e fazer observar as normas de ética e disciplina;

II – constituir Comissão de Ética;

III – garantir os recursos humanos, materiais e financeiros para que a Comissão cumpra com suas atribuições; e

IV – atender com prioridade às solicitações da CEP.

Art. 9º. Fica constituída a Rede de Ética do Poder Executivo Federal, integrada pelos representantes das Comissões de Ética de que tratam os incisos I, II e III do art. 2º, com o objetivo de promover a cooperação técnica e a avaliação em gestão da ética.

Parágrafo único. Os integrantes da Rede de Ética se reunirão sob a coordenação da Comissão de Ética Pública, pelo menos uma vez por ano, em fórum específico, para avaliar o programa e as ações para a promoção da ética na administração pública.

Art. 10. Os trabalhos da CEP e das demais Comissões de Ética devem ser desenvolvidos com celeridade e observância dos seguintes princípios:

I – proteção à honra e à imagem da pessoa investigada;

II – proteção à identidade do denunciante, que deverá ser mantida sob reserva, se este assim o desejar; e

III – independência e imparcialidade dos seus membros na apuração dos fatos, com as garantias asseguradas neste Decreto.

Art. 11. Qualquer cidadão, agente público, pessoa jurídica de direito privado, associação ou entidade de classe poderá provocar a atuação da CEP ou de Comissão de Ética, visando à apuração de infração ética imputada a agente público, órgão ou setor específico de ente estatal.

Parágrafo único. Entende-se por agente público, para os fins deste Decreto, todo aquele que, por força de lei, contrato ou qualquer ato jurídico, preste serviços de natureza permanente, temporária, excepcional ou eventual, ainda que sem retribuição financeira, a órgão ou entidade da administração pública federal, direta e indireta.

Art. 12. O processo de apuração de prática de ato em desrespeito ao preceituado no Código de Conduta da Alta Administração Federal e no Código de Ética Profissional do Servidor Público Civil do Poder Executivo Federal será instaurado, de ofício ou em razão de denúncia fundamentada, respeitando-se, sempre, as garantias do contraditório e da ampla defesa, pela Comissão de Ética Pública ou Comissões de Ética de que tratam o incisos II e III do art. 2º, conforme o caso, que notificará o investigado para manifestar-se, por escrito, no prazo de dez dias.

§ 1º. O investigado poderá produzir prova documental necessária à sua defesa.

§ 2º. As Comissões de Ética poderão requisitar os documentos que entenderem necessários à instrução probatória e, também, promover diligências e solicitar parecer de especialista.

§ 3º. Na hipótese de serem juntados aos autos da investigação, após a manifestação referida no *caput* deste artigo, novos elementos de prova, o investigado será notificado para nova manifestação, no prazo de dez dias.

§ 4º. Concluída a instrução processual, as Comissões de Ética proferirão decisão conclusiva e fundamentada.

§ 5º. Se a conclusão for pela existência de falta ética, além das providências previstas no Código de Conduta da Alta Administração Federal e no Código de Ética Profissional do Servidor Público Civil do Poder Executivo Federal, as Comissões de Ética tomarão as seguintes providências, no que couber:

I – encaminhamento de sugestão de exoneração de cargo ou função de confiança à autoridade hierarquicamente superior ou devolução ao órgão de origem, conforme o caso;

II – encaminhamento, conforme o caso, para a Controladoria-Geral da União ou unidade específica do Sistema de Correição do Poder Executivo Federal de que trata o Decreto n o 5.480, de 30 de junho de 2005, para exame de eventuais transgressões disciplinares; e

III – recomendação de abertura de procedimento administrativo, se a gravidade da conduta assim o exigir.

Art. 13. Será mantido com a chancela de "reservado", até que esteja concluído, qualquer procedimento instaurado para apuração de prática em desrespeito às normas éticas.

§ 1º. Concluída a investigação e após a deliberação da CEP ou da Comissão de Ética do órgão ou entidade, os autos do procedimento deixarão de ser reservados.

§ 2º. Na hipótese de os autos estarem instruídos com documento acobertado por sigilo legal, o acesso a esse tipo de documento somente será permitido a quem detiver igual direito perante o órgão ou entidade originariamente encarregado da sua guarda.

§ 3º. Para resguardar o sigilo de documentos que assim devam ser mantidos, as Comissões de Ética, depois de concluído o processo de investigação, providenciarão para que tais documentos sejam desentranhados dos autos, lacrados e acautelados.

Art. 14. A qualquer pessoa que esteja sendo investigada é assegurado o direito de saber o que lhe está sendo imputado, de conhecer o teor da acusação e de ter vista dos autos, no recinto das Comissões de Ética, mesmo que ainda não tenha sido notificada da existência do procedimento investigatório.

Parágrafo único. O direito assegurado neste artigo inclui o de obter cópia dos autos e de certidão do seu teor.

Art. 15. Todo ato de posse, investidura em função pública ou celebração de contrato de trabalho, dos agentes públicos referidos no parágrafo único do art. 11, deverá ser acompanhado da prestação de compromisso solene de acatamento e observância das regras estabelecidas pelo Código de Conduta da Alta Administração Federal, pelo Código de Ética Profissional do Servidor Público Civil do Poder Executivo Federal e pelo Código de Ética do órgão ou entidade, conforme o caso.

Parágrafo único. A posse em cargo ou função pública que submeta a autoridade às normas do Código de Conduta da Alta Administração Federal deve ser precedida de consulta da autoridade à Comissão de Ética Pública acerca de situação que possa suscitar conflito de interesses.

Art. 16. As Comissões de Ética não poderão escusar-se de proferir decisão sobre matéria de sua competência alegando omissão do Código de Conduta da Alta Administração Federal, do Código de Ética Profissional do Servidor Público Civil do Poder Executivo Federal ou do Código de Ética do órgão ou entidade, que, se existente, será suprida pela analogia e invocação aos princípios da legalidade, impessoalidade, moralidade, publicidade e eficiência.

§ 1º. Havendo dúvida quanto à legalidade, a Comissão de Ética competente deverá ouvir previamente a área jurídica do órgão ou entidade.

§ 2º. Cumpre à CEP responder a consultas sobre aspectos éticos que lhe forem dirigidas pelas demais Comissões de Ética e pelos órgãos e entidades que integram o Executivo Federal, bem como pelos cidadãos e servidores que venham a ser indicados para ocupar cargo ou função abrangida pelo Código de Conduta da Alta Administração Federal.

Art. 17. As Comissões de Ética, sempre que constatarem a possível ocorrência de ilícitos penais, civis, de improbidade administrativa ou de infração disciplinar, encaminharão cópia dos autos às autoridades competentes para apuração de tais fatos, sem prejuízo das medidas de sua competência.

Art. 18. As decisões das Comissões de Ética, na análise de qualquer fato ou ato submetido à sua apreciação ou por ela levantado, serão resumidas em ementa e, com a omissão dos nomes dos investigados, divulgadas no sítio do próprio órgão, bem como remetidas à Comissão de Ética Pública.

Art. 19. Os trabalhos nas Comissões de Ética de que tratam os incisos II e III do art. 2º são considerados relevantes e têm prioridade sobre as atribuições próprias dos cargos dos seus membros, quando estes não atuarem com exclusividade na Comissão.

Art. 20. Os órgãos e entidades da Administração Pública Federal darão tratamento prioritário às solicitações de documentos necessários à instrução dos procedimentos de investigação instaurados pelas Comissões de Ética.

§ 1º. Na hipótese de haver inobservância do dever funcional previsto no *caput*, a Comissão de Ética adotará as providências previstas no inciso III do § 5º do art. 12. § 2º. As autoridades competentes não poderão alegar sigilo para deixar de prestar informação solicitada pelas Comissões de Ética.

Art. 21. A infração de natureza ética cometida por membro de Comissão de Ética de que tratam os incisos II e III do art. 2º será apurada pela Comissão de Ética Pública.

Art. 22. A Comissão de Ética Pública manterá banco de dados de sanções aplicadas pelas Comissões de Ética de que tratam os incisos II e III do art. 2º e de suas próprias sanções, para fins de consulta pelos órgãos ou entidades da administração pública federal, em casos de nomeação para cargo em comissão ou de alta relevância pública.

Parágrafo único. O banco de dados referido neste artigo engloba as sanções aplicadas a qualquer dos agentes públicos mencionados no parágrafo único do art. 11 deste Decreto.

Art. 23. Os representantes das Comissões de Ética de que tratam os incisos II e III do art. 2º atuarão como elementos de ligação com a CEP, que disporá em Resolução própria sobre as atividades que deverão desenvolver para o cumprimento desse mister.

Art. 24. As normas do Código de Conduta da Alta Administração Federal, do Código de Ética Profissional do Servidor Público Civil do Poder Executivo Federal e do Código de Ética do órgão ou entidade aplicam-se, no que couber, às autoridades e agentes públicos neles referidos, mesmo quando em gozo de licença.

Art. 25. Ficam revogados os incisos XVII, XIX, XX, XXI, XXIII e XXV do Código de Ética Profissional do Servidor Público Civil do Poder Executivo Federal, aprovado pelo Decreto nº 1.171, de 22 de junho de 1994, os arts. 2º e 3º do Decreto de 26 de maio de 1999, que cria a Comissão de Ética Pública, e os Decretos de 30 de agosto de 2000 e de 18 de maio de 2001, que dispõem sobre a Comissão de Ética Pública.

Art. 26. Este Decreto entra em vigor na data da sua publicação.

RESOLUÇÃO 524, DE 28 DE SETEMBRO DE 2006

Institucionaliza a utilização do Sistema BACEN-JUD 2.0 no âmbito da Justiça Federal de primeiro e segundo graus.

O Presidente do Conselho da Justiça Federal, no uso de suas atribuições legais, e tendo em vista o decidido no Processo n. 2006160474, na sessão realizada em 28 de setembro de 2006, resolve:

Art. 1º. Em se tratando de execução definitiva de título judicial ou extrajudicial, ou em ações criminais, de improbidade administrativa ou mesmo em feitos originários do Tribunal Regional Federal poderá o magistrado, via Sistema BACEN-JUD 2.0, solicitar o bloqueio/desbloqueio de contas e de ativos financeiros ou a pesquisa de informações bancárias.

Parágrafo único. No processo de execução, a emissão da ordem em comento poderá ocorrer desde que requerida pelo exeqüente, face à inexistência de pagamento da dívida ou garantia do débito (arts. 659 do CPC e 10 da Lei n. 6.830, de 22 de setembro de 1980), com precedência sobre outras modalidades de constrição judicial; podendo, nas demais ações, tal medida ser adotada inclusive *ex officio*.

Art. 2º. O acesso dos magistrados ao Sistema BACEN-JUD 2.0 é feito por meio de senhas pessoais e intransferíveis, após o cadastramento efetuado pelo Gerente Setorial de Segurança da Informação do respectivo Tribunal Regional Federal, denominado *Master*.

Parágrafo único. Os magistrados cadastrados na primeira versão do sistema não necessitam proceder a novo cadastramento.

Art. 3º. O Presidente do Tribunal Regional Federal indicará, no mínimo, dois *Masters* ao Banco Central, comunicando a indicação à Corregedoria-Geral do Tribunal Regional Federal.

Parágrafo único. Eventual descredenciamento de *Master*, bem como de qualquer usuário do Sistema BACEN-JUD 2.0, deverá ser imediatamente comunicado pelo

Presidente do Tribunal Regional Federal ao Banco Central e à Corregedoria-Geral do Tribunal Regional Federal.

Art. 4º. Os *Masters* do Sistema devem manter os dados dos juízes, cadastrados ou não, atualizados de acordo com formulário disponibilizado pelo Tribunal Regional Federal.

Parágrafo único. Os dados atualizados dos juízes são: nome e CPF, Tribunal Regional Federal e Vara Federal, se for o caso, a que estejam vinculadas, e se estão cadastrados ou não no Sistema BACEN-JUD 2.0.

Art. 5º. Os juízes devem abster-se de requisitar às agências bancárias, por ofício, bloqueios fora dos limites de sua jurisdição, podendo fazê-lo mediante o Sistema BACEN-JUD 2.0.

Art. 6º. Constatado que as agências bancárias praticam o delito de fraude à execução, os juízes devem comunicar a ocorrência ao Ministério Público Federal, bem como à Corregedoria-Geral do respectivo Tribunal, e relatar as providências tomadas pelo Conselho da Justiça Federal.

Art. 7º. Os magistrados deverão acessar, diariamente, o Sistema BACEN-JUD 2.0 a fim de verificarem o efetivo e tempestivo cumprimento, pelas instituições financeiras, das ordens judiciais por ele emitidas.

Art. 8º. Ao receber as respostas das instituições financeiras, o magistrado emitirá ordem judicial de transferência do valor da condenação para conta judicial, em estabelecimento oficial de crédito.

§ 1º. Na mesma ordem de transferência, o juiz deverá informar se mantém ou desbloqueia o saldo remanescente, caso existente.

§ 2º. O prazo para oposição de embargos ou recursos começará a contar da data da notificação, pelo juízo, à parte, do bloqueio efetuado em sua conta.

Art. 9º. É obrigatória a fiel observância das normas estabelecidas no regulamento que integra o convênio firmado entre o Banco Central do Brasil, o Superior Tribunal de Justiça e o Conselho da Justiça Federal, ao qual também aderiram os Tribunais Regionais Federais.

Art. 10. Esta Resolução entrará em vigor na data de sua publicação, ficando revogadas as disposições em contrário.

ÍNDICE DOS ARTIGOS DA LEI 8.429/1992

Ação de Improbidade – Ação Principal, art. 17, *caput* e § 3º
- Inexistência, improcedência e inadequação da ação, art. 17, § 8º
- Prevenção, § 5º, art. 17
- Requisitos e documentação, art. 17, § 6º

Acordo, conciliação e transação – Impossibilidade, art. 17 e § 1º
Afastamento do agente público – Requisito, art. 20, parágrafo único
Agente público – Conceito, art. 2º
Agravo de instrumento, art. 17, § 10
Alcance e abrangência da lei, arts. 1º, e seu parágrafo único, e 2º
Aquisição de bens – Valores desproporcionais à evolução patrimonial, art. 9º VII
Ato de Improbidade – Conceito, art. 9º e incisos
- Que atenta contra os princípios da administração pública, art. 11 E incisos
- Que causa prejuízo ao erário, art. 10 E incisos
- Que importa enriquecimento ilícito, art. 9º
- Representação, art. 14

Autonomia das sanções, art. 21, I, II

Comissão processante, art. 15
Concurso público – Frustração, art. 11, V
Consultoria e improbidade, art. 9º, VIII
Contratação de serviços por preço superior ao valor de mercado, art. 9º, II
Convênios – Celebração, art. 10, XIV

Depoimentos ou inquirições de autoridades, art. 17, § 12
Despesas não autorizadas, art. 10, IX
Desvio de poder, art. 11, I

Enriquecimento ilícito – Perda de bens, art. 6º
Exploração de jogos de azar, art. 9º, V
Extinção do processo, art. 17, §§ 8º e 11

Fixação das penas e circunstâncias atenuantes e agravantes, art. 12, parágrafo único

Honestidade, Imparcialidade, Legalidade, Lealdade, art. 11, *caput*

Incorporação ao patrimônio particular de bens públicos, art. 10, I, art. 1º

Indenização por representação por ato de improbidade de inocente, art. 19, parágrafo único
Indisponibilidade dos bens do indiciado e Ministério Público, art. 7º *caput* e parágrafo único
Inquérito Policial – Requisição – Processo administrativo, art. 22
Intermediação de verba pública, art. 9º, IX

Legitimados – Ministério Público e pessoa jurídica interessada, art. 17
Licitação – Frustração de processo – Dispensa indevida, art. 10, VIII

Medição – Declaração falsa – Improbidade, art. 9º, VI

Negligência na arrecadação de tributo, art.10, X
Notificação do requerido – Defesa prévia, art. 17, § 7º

Obra ou serviço particular – Veículos – Máquinas e equipamentos, art. 10, XII
Omissão – Improbidade, art. 11, II
Omissão de ato de ofício e improbidade, art. 9º X

Pagamento ou reversão dos bens, art. 18
Particular e ato de improbidade, art. 3º
Penas, art. 12 e incisos
Perda da função pública e suspensão dos direitos políticos, art. 20
Permuta ou locação de bem – Preço inferior – Superior ao de mercado, art. 10, IV, V
Petição inicial – Citação, art. 17, § 9º
Prescrição, art. 23, I e II
Prestação de contas – Ausência, art. 11, VI
Princípios da Administração Pública – Violação, art. 11, *caput*
Processo administrativo e ato de improbidade, arts. 15, 16 e 22
Publicidade – Quebra, art. 11, IV

Quebra de sigilo, art. 11, III, VII

Reparação do dano, arts. 17 e 18
Representação, art. 14
Representação de inocente – Crime, art. 19
Responsabilidade do sucessor, art. 8º
Ressarcimento do dano, art. 5º
– Ações, art. 17 § 2º

Sanções da Lei de Improbidade, art. 12, I, II, III
Servidor público – Declaração de bens e valores
– Exigência legal, art. 13
– Ausência de entrega – Conseqüências, art. 13, § 3º

Utilização de bens, rendas ou valores, arts. 9º, IV e XI, e 10, II.
Utilização de servidores, de veículos, máquinas e equipamentos – Improbidade, art. 9º, IV

Vantagem econômica e ato de improbidade, art. 9º, II
Vantagem patrimonial indevida e ato de improbidade, art. 9º, *caput*
Verba pública – Liberação irregular, art. 10, XI

ÍNDICE JURISPRUDENCIAL REFERENTE ÀS NOTAS DE RODAPÉ

Abrangência da expressão Poder Público referida no art. 12, I – nota 56
Abrangência da LIA – sujeito ativo – nota 12
Ação Popular e LIA
– **conexão** – nota 33
– **diferenciação** – notas 23 e 34
– **litispendência** – nota 22
Acréscimo patrimonial desproporcional – nota 31
Afastamento liminar do cargo, função pública – nota 52
Agente inábil – nota 10
Agente político – nota 2
Ato ilegal – nota 41
Ausência de má-fé – nota 46

Conduta culposa – nota 32
Conduta dolosa necessária para caracterização do ato ímprobo descrito nos arts. 9º e 11º – nota 24
Conduta omissiva – notas 39 e 44
Contratação de advogado – notas 37 e 38
Correção monetária e juros – nota 16

Dano presumido – nota 65
Desconsideração da pessoa jurídica – nota 57
Diferença entre indisponibilidade e seqüestro de bens – nota 19
Dispensa de licitação e conduta culposa – nota 36
Doação irregular – nota 35
Dolo eventual – nota 43

Efeito suspensivo à apelação interposta contra sentença condenatória – nota 53
Enriquecimento ilícito – nota 26

Indisponibilidade de bens
– **adquiridos anteriormente à vigência da lei** – nota 17
– **com base no art. 7º** – nota 18
– **e o** *periculum in mora* – nota 20
Insignificância do fato ímprobo – notas 27 e 30

Patrimônio Público
— **Entidade que receba subvenção do Estado** – nota 14
— **Fundação privada** – nota 13
— **Sociedade de economia mista** – nota 13
— **Subsidiária de Sociedade de Economia Mista** – nota 13
Pena de multa civil – nota 54
Pena de perda de cargo público – impossibilidade – nota 51
Penas de suspensão de direitos políticos e perda de função pública – nota 50 e 51
Princípio da moralidade e impessoalidade – nota 15
Proibição de contratar com a administração pública ou de receber benefícios ou incentivos fiscais ou creditícios – nota 55

Responsabilidade objetiva – nota 40

Seqüestro de bens – notas 60 a 63
Sigilos bancário e fiscal – nota 64

* * *